Елена Коренева

НЕТ-ЛЕНКА

Елена Коренева

НЕТ-ЛЕНКА

Биографическая проза

Москва • АСТ • Астрель • 2007

УДК 821.161.1-312.6
ББК 84(2Рос=Рус)6–4
К66

Выражаю благодарность
Ирине Тулубьевой, Лидии Масловой, Ларисе Захаровой
и всем близким и друзьям, поддержавшим
мой «творческий эксперимент»

В книге использованы фотоматериалы
из личного архива Елены Кореневой.
Авторы фотографий:
на суперобложке — *Алексей Седов*
в фотоальбоме — *Елена Лапина,
Валерий Плотников, Алексей Седов*

Оформление и дизайн обложки
Ирины Сальниковой

Коренева, Е. А.

К66   Нет-ленка : биографическая проза / Елена Коренева. — М.: Астрель:
АСТ, 2007. — 413, [3] с., 64 л. ил.

ISBN 5-17-023064-8 (ООО «Издательство АСТ»)
ISBN 5-271-08421-3 (ООО «Издательство Астрель»)

Я знаю, что не должна писать эту книгу. Сказано ведь: «Можешь не писать — не пиши!» Нет, мне как раз писать очень понравилось...

«Ну закажите мне еще, — что-то такое вякало со дна затылка. — Позвоните и предложите написать еще одну книгу».

И позвонили, и предложили. «Они что, идиоты? — восклицает мой спутник. — Какое продолжение?..»

С тех пор, как я назвала свою автобиографию «Идиотка», я стала трепетно относиться к этому слову. Слово «идиот» и все его производные исполнены для меня теперь многих смыслов.

Ну вот, началось...

УДК 821.161.1-312.6
ББК 84(2Рос=Рус)6–4

Подписано в печать 28.08.2006. Формат 60x90/16. Усл. печ. л. 26,0.
Гарнитура Гарамонд. Печать офсетная.
Доп. тираж 3000 экз. Заказ № 4624081.

ISBN 5-17-023064-8 (ООО «Издательство АСТ»)
ISBN 5-271-08421-3 (ООО «Издательство Астрель»)

Вступление

Я знаю, что не должна писать эту книгу. Сказано ведь: «Можешь не писать — не пиши»! Нет, мне как раз писать очень понравилось...

...вот, продолжила эту мысль и тут же зачеркнула. Как бы поточнее выразиться... Если тебе очень надо, то и напишешь, а нет — то нет. Другое дело — на заказ... Только есть тут хитрость: когда тебе «очень надо» — значит, кто-то еще этого очень захотел и он-то и поможет этому осуществиться. Нет, не он, а Он. Тот, кто дает тебе силу, которой в принципе у тебя нет. (Ведь ты и не писатель, и не так хорошо образована, да и словарный запас...) И даже если будет провал, это тоже — Его разговор с тобой. Успеха Он не гарантирует. Но писать без Него никак не получается. Кстати, хотеть, очень хотеть — это тоже редкость. Один хочет так себе: и то так себе, и это так себе, или вообще ничего не хочет. Это страшная проблема: жить и ничего не хотеть. А другой почему-то упирается, и не сдвинуть его. Хотение тоже от Него. В непреодолимом и слепом хотении кроется намек: киндер, ждет тебя сюрприз. Когда очень хочется, это Он заказывает! Ну, а когда «им», другим надо... Черт его знает, это совсем другая история. И боюсь, ничего не получится. А я еще не знаю, кто постучался в мою дверь, сделав такое предложение: Он или они.

Тот, кто сказал: «напиши», явился в облике редактора издательства, а кто им управляет, если кто-то еще за этим стоит, пока не известно. Мне не известно. Может, я и послала им этот флюид? «Ну закажите мне еще», — что-то такое вякало со дна затылка. «Позвоните и предложите написать еще одну книгу». И позвонили, и предложили. Посмотрим, кто за всем этим стоит. «Да какое продолжение, они что, идиоты? — восклицает мой спутник (у него есть имя, я совсем запуталась в намеках). Это твоя биография, ты ее уже написала, какое продолжение? Идиоты, дураки!» При слове «идиоты» я грущу, а «дураки» меня приводит в норму. С тех пор, как я назвала свою биографию — «Идиотка», я стала ревностно относиться к этому слову. Его нельзя трепать так запросто и раздавать неизвестно кому.

Идея! Сейчас напишу рассказ о зайце. Меня навело на эту мысль последнее рассуждение, что слово «идиот» и все его производные исполнены для меня теперь многих смыслов.

Ну вот, началось...

Глава 1. «Красота и наказание»

Я приехала из Нью-Йорка в Париж, отдохнуть в Европе от Америки. Так делали многие русские, поселившиеся на континенте, по ту сторону океана. Все-таки мы чувствуем себя больше европейцами, чем представителями Нового Света. По крайней мере, хотим себя так чувствовать. Порой даже больше парижанами, нежели москвичами — в наших мечтах. Мы европейцы и по жизненному ритму, и по нервозности, и по меланхолии. Там вроде как дома, в лучшем смысле этого слова. В идеализированном смысле.

У меня было три Парижа, а может, четыре. Впервые я приехала туда как молодая премьерша. И это был Париж с картинки: меня водили и показывали всем известные по фотографиям в энциклопедиях достопримечательности — Эйфелеву башню, Собор Парижской Богоматери, Монмартр, Мулен Руж, знакомили со знаменитостями «с картинки», давали посидеть с ними рядом, в их излюбленных ресторанах, а то и на их родных диванах, поболтать на привычные им в таких ситуациях темы или, скорее, послушать, о чем болтают они. Все это напоминало протягивание пальца в клетку, чтобы потрогать редкое животное. Застывший кадр из воспоминаний того периода: я иду в новом плаще по залитой вечерним солнцем парижской мостовой. Плащ цвета кофе, с легким бликом, небольшими плечиками, расширяющийся книзу в форме трапеции, при ветре подол раздувается, стремясь накрыть меня с головой. Я спешу пересечь площадь, едва поспевая за моим спутником А.К. Он оборачивается, останавливается, смотрит на меня — нас разделяет каких-нибудь метров десять лучистой мостовой — и застывает с улыбкой, словно вспышкой фотокамеры: «Ты сейчас очень красива!» Я давно ждала такого мужского взгляда и наконец получила. Спасибо этой мостовой. Я чувствую свое похудевшее тело, которое болтается в плаще, словно пестик в колокольчике: моя жизнь делает изгиб, вбирая в себя опыт элитарного Парижа. Я пробуждающаяся женщина, в ее изысканном, светском варианте. Мои скулы становятся слепком «тех самых скул», прославленных камерой Ренуара, Годара, Брессона. Вот даже плащ на ветру образует складки вокруг худеющего тела так киногенично, что мой спутник — известный режиссер и эстет, не может отвести глаз. Меня с моим новеньким плащом вот-вот забросят в самую гущу взбитых сливок кинобогемы мира! Я спешу туда, где меня назовут «petite vedette», и куда пропускают только тех, кто успел запечатлеть свой облик и свое дыхание на кинопленке, или свои мысли и чувства на листе бумаги, на холсте, на сцене.

Казалось, что Париж населен только состоявшимися в искусстве людьми, любимцами публики, красивыми, знающими все и вся. Более того, — что он их производит. Живущий в Париже режиссер, философ или известный писатель — это вроде больше, чем другие режиссеры, философы, писатели. Это самые что ни на есть настоящие писатели-режиссеры-философы — они искушеннее, мудрее, интеллектуальнее, внутренне свободнее, коли они состоялись в таком месте, как Париж! За парижанами тогда, в первый приезд, хотелось следить, как за иной породой живых существ — как едят, как веселятся, как обустраивают свои жилища. Особенно потрясала их способность существовать в своих одеждах, простых, конечно, дорогих, конечно, но все равно в тряпках, кофтах, платьях, пиджаках. Поражало что-то неуловимое в манере, и казалось, что никогда нельзя будет это повторить, так как у нас крепостное право только в 1861-м году отменили, а у них уже суфражистки вовсю расходились. Кстати, в другой свой визит в Париж я-таки познакомилась с известным писателем и поэтом, правда, нашим соотечественником — Эдуардом Лимоновым. Поселившись в Париже и продолжив писать уже по-французски, он и там приобрел известность. Это свидетельствует о масштабе его литературной личности — как и о масштабе всех живущих в Париже русских писателей. Будь же он популярен только в Америке или только в России — нам бы не хватало какого-то еще авторитетного мнения.

Мой визит к Лимонову в Париже был по-своему запоминающимся событием. Я пришла к нему, чтобы передать что-то от Юрия Мамлеева (тоже русского писателя, жившего сначала в Америке, потом в Париже, а уже после вернувшегося в Москву). Нет, вру, Лимонова я встречала еще в Корнельском университете, но это было мельком, так что не в счет. А тут я приехала к нему на квартиру. Поднялась по винтовой скрипучей лестнице. Кажется, это был последний этаж, пятый или шестой. Дверь открыла его жена, Наталья Медведева. Она разговаривала басом и была очень внимательна и серьезна. Мне предложили чаю. Вела разговор Наталья, а Эдуард молчал, только изредка бросал одну или две фразы, стоя у окна. Он был одет во все черное. Впрочем, как и я. (Пару раз я поймала его взгляд, изучающий мою щиколотку, белевшую между черным ботинком и черной же брючиной. И тайно понадеялась, что она ему понравится, так как после прочтения его «Эдички» и стихов испытывала перед ним благоговейный трепет.) Когда мы заговорили о том, что на Западе ничего не происходит, а в Москве сейчас все бурлит, Эдик с удовольствием подхватил беседу. Особенно он иронизировал (к моему негодованию) над обуржуазившимися французами, которые, с его точки зрения, ничем, кроме наполнения своего желудка, давно не озабочены. Чаепитие подошло к концу, и я собралась уходить. Наталья прошла в гостиную (где на стене висел портрет Дзержинского), а оттуда направилась в прихожую, ожидая, что я последую за ней к выходу. Я же поднялась с кресла и, прихватив чашки, ложки, все, что лежало на столике, понесла в кухню. Увидев, как я собрала всю посуду и поставила в раковину, Наталья спросила, что это я делаю. Я осеклась, но быстро пошутила, мол, убираю со стола везде и у всех, чисто автоматический импульс после работы в ресторане. Кажется, мое чувство юмора оценили, судя по внезапному удивлению на лице хозяйки. На пороге она одарила меня долгим взгля дом ясновидящей и тихим басом проговорила: «До свиданья, Лена, звоните, не пропадайте». Пока ее рот артикулировал сиюминутное прощанье, глаза излучали сочувствие метафизического свойства, что-то вроде: «И ты, деточка, попалась...». Я тогда решила, что это очень серьезная и глубоко чувствующая женщина, и что меня она неожиданно для себя самой приняла. А может, наоборот — я ее приняла. С Эдиком в тот раз я почти и не разговаривала. Только потом как-то в Москве, столкнувшись с ним на вернисаже художника Юрия Купера, перебросилась парой фраз. «Опять в черном?» — задала я вопрос по существу. Впрочем, я тоже снова была в черном. Он сказал: «Я всегда в черном». Тогда я сострила: «Действительно, что остается человеку, кроме черного цвета и... стихов?» Он одобрительно кивнул, а я спросила: «Пишете?» «Сейчас это никому не нужно, — ответил Лимонов, — я занимаюсь другим». По моей формуле получалось, что он остался с одним лишь черным цветом. О том, что случилось потом, — о заключении Лимонова, — все знают. А теперь и о смерти Натальи в неполных 45 лет, заснувшей и не проснувшейся в своей московской квартире. Эх, Наташка, кто ж напишет про роман с алкоголем и восславит безумие бродячей жизни честного человека? Может, это в который раз сделает твой бывший муж Эдик? В тюремной камере он снова начал писать — без остановки. Так, может, его черный цвет означал просто поиск вдохновения, растраченного в столице гурманов сердца и желудка? Коварный город Париж, а вернее, коварно само желание приобщиться к его красоте.

И вот тогда-то, во вторую поездку, все резко переменилось для меня в Париже, словно меня вдавили лицом в красивую витрину, на которую я так любовалась. После этого я попала внутрь очень сложного и мучительного мира. (Меня понизили с роли молодой русской «vedette» до роли безликого пешехода на франкоязычном тротуаре.) И это был Париж номер два, три, четыре, — когда я приехала в него уже как самостоятельная личность, не с официальным визитом, а как все. И получила от этого города сполна — за свою тепличность и инфантильность, за застарелые иллюзии, в свои двадцать девять-тридцать лет. Может быть, за то, что когда-то надела свой плащ кофейного цвета? Я тогда села и стала писать рассказ в одну страницу машинописного текста о Мечте. О том, что случается с теми, кто слишком долго лелеет свою мечту. Мечта дает кулаком поддых.

«Мечта»

Посвящается Тимуру Джорджадзе — ему первому я дала прочитать эту запись, и он ее одобрил. Особенно восхищался фразой об укатившем куда-то разукрашенном поезде, который и есть твоя жизнь. Его жизнь тоже катилась, гремя колесами игрушечного поезда. Тимур уже ушел. Тебе, Тимурчик.

«Хочется. Это невозможно. Никто об этом не думает, потому что это просто нереально. А ты немного знаешь, что это такое, тебе немножко удалось узнать, что это такое. То ли ты избран знанием, то ли наоборот, проклят мучениями и тоской о почти невозможном, но ты ждешь. Проходит долгое время: дни, вечера, дожди и зимы, и чужие праздники, и твоя жизнь, отмеченная чем-то, лишенным «того», знак чего становится все непонятней и грустнее для тебя своим нераскрывшимся смыслом.

И вот однажды, когда ты уже знаешь, что жизнь твоя укатилась куда-то на своем деревянном разукрашенном поезде, ты узнаешь, что завтра это случится! Это ты увидишь! И соленое живое дыхание того знака, что маячил в твоем мозгу, вдруг становится шумным и раздувает и волнует ноздри, у тебя пересыхает и совсем пропадает дыхание. И вот. Ты входишь. Ты знаешь. Оно здесь. Оно. Где оно? К нему надо подойти. Ноги куда-то бегут, а что же им делать! Нельзя же, ей-богу, войти и сказать: «Вот то, ради чего я жила всю эту жизнь». Ты подходишь и говоришь маленьким голосом, которого никто не слышит. «Это Я!» «Это» складывает два кулака и бьет тебя прямо туда, где открывается рот, потом туда, где что-то брезжит, вспоминая «Оно» или то, что было мечтой, но стало каким-то знакомым, предметом без значения, игрушкой.

Ты получаешь много коротких и очень твердых ударов в плечо, грудь, затем еще раз в плечо. Ты говоришь: «Сейчас!» Ты нащупываешь в кармане пиджака зубную щетку и тюбик с пастой, ты начинаешь чистить зубы и одновременно расчесывать свои спутанные волосы. Пока ты это проделываешь, вокруг тебя образовывается маленький круг наблюдателей. Ты торопишься, потому что у тебя очень мало времени, и чем больше торопишься, тем больше разбрызгиваешь зубную пасту на окружающих. Но кажется, ты преображаешься на глазах у других, так как все начинают удовлетворенно покачивать головами. Ты заканчиваешь процедуру своего преображения и поднимаешь лицо навстречу смотрящим. Все аплодируют. Ты присоединяешься к аплодирующим и больше никогда не вспоминаешь о «знаке», «мечте», «желании» и о каком бы то ни было «путешествии». И вместе с остальными уже спешишь на самолет, который только что привез тебя сюда, но ты уже увлечен другой толпой, спешащей обратно. Ты получаешь билет. Ты спасен. Ты жив. Ты выжил».

Париж номер два, три, четыре состоял из откровений самого непривлекательного свойства, что было связано с моей личной жизнью. Но место действия всегда является соучастником, а отсюда и мой счет к городу. Этот Париж был намного мощнее первого. У него был аромат и вонь одновременно. Он был потливее и тяжелее, реальнее. Тогда я заметила в Париже совсем других людей — ссутулившихся, помятых, суетящихся, прокуренных, неприкаянных. И их утонченность переплеталась с уличной умудренностью. У каждого из них, как я знала теперь, есть рана или две, которые они прячут под своими одеждами. Париж вошел в меня как место драматическое, по-средневековому возвышенный и жестокий. Словно он обрекал тебя на страсти и на гильотину одновременно. На красоту и наслаждение, а затем расплату. В Париже каждый выяснял свои отношения с мечтой. И обязательно должен был принести дань — красоте. Отслужить по ней молебен. В Нью-Йорк, Лондон, Рим ездили за другим. Скажем, в Нью-Йорк — за посвящением в цивилизацию будущего. В Лондон — за торжеством здравого смысла, в Рим — засвидетельствовать конец империи. В Париж — выяснять отношения с идеалом, будь то любовь, искусство, утонченный дух, одним словом, с красотой.

Так, по крайней мере, делала я, кое-кто из моих знакомых и... этот художник. Так он мне сказал. Он был русским эмигрантом и жил уже лет десять в Нью-Йорке, где мы с ним и познакомились. Звали его, кажется, Александром, но возможно, я ошибаюсь. Он был невысокого роста, с блестящей седой шевелюрой и прозрачными голубыми глазами, похожими на вырезанные на листе бумаги дырочки, в которые просматривалось небо. Услышав, что вскоре я собираюсь посетить французскую столицу, он черкнул на клочке бумаги свои парижские номера, в полном убеждении, что я позвоню и мы встретимся. После чего мы разбежались по своим американским квартирам, он, кажется, в Нью-Джерси, а я на Риверсайд-драйв. Придя домой, я было выбросила клочок бумаги с его парижским телефоном в мусорное ведро, но в последний момент передумала — нельзя выбрасывать телефоны художников, а тем более парижские номера. Впрочем, я пишу не о себе, а о Париже, и то в связи с Зайцем, а потому переведу внимание на Александра.

Итак, он, как и я, жил все эти годы в сумасшедшем мегаполисе. Поглядывал на проезжавших суперменов и суперменш, ждал наступления лета, когда сможет отправиться в тихий и уютный старенький Париж. Он думал о том, что арендует там маленькую комнатку или устроится у знакомой. Он предвкушал. Каждый день будет начинаться с того, что он станет разводить краски растворителем, смешивать их заново и шаманить возле свеженького холста. На нем он сможет изобразить все, что осталось невостребованным серыми буднями. А за окном в это время будет гулять теплый парижский ветер и будут позвякивать тарелки в соседнем ресторане. Здесь и голуби воркуют, как в Москве, и ни с того, ни с сего вдруг заиграет шарманка и, покачиваясь в качалке, в перерывах между работой, он будет попыхивать трубкой, потягивать красное вино и, заедая его вонючим сыром, думать о том же, о чем думали они все — Сезанн, Ван Гог и даже Целков с Хвостенко.

Он взял билет на самолет до Парижа, и как только дрогнула под выпущенным шасси дорожка, он сглотнул подступившую внезапно слюну, предвкушая растянутое удовольствие. Прямо из аэропорта Шарля Де Голля он отправился на рынок. Купил необходимое и нащупав в кармане ключик, хранившийся у него все эти зимы, направился по знакомому адресу. И вот он уже сидел в своей временной мастерской и поглядывал на будущее полотно — это был натюрморт в духе Франса Хальса. Почему натюрморт — с лимоном, ножом, гранатом на тарелке, зеленым кочаном капусты и непременным для XVII века дохлым зайцем, серевшим на столе высыхающими лапками, — неизвестно, но именно их выбрал художник в качестве своего медиума, призванного выразить его диалог с Создателем: негодование и смирение, все эти годы. В этом натюрморте он решил излить всю боль своей жизни на чужбине. Постоянное напряжение в ушах от иностранной речи, страх невовремя отправить в налоговую инспекцию ту или иную бумажку, не говоря уже об ужасе, связанном с заполнением этих бумажек, или просто человеческую боль, от не решаемых никем и никогда вопросов: зачем родились, куда уйдем? И тем ли я был занят все это время, если вдруг окажется, что там не черная яма, а тот же Нью-Йорк, Париж, Москва, даже Минск, только в слегка искаженном варианте. И Господь, решающий, когда и за какие заслуги или на какие муки послать тебя. В Париж, в Нью-Йорк, а может, в Самару. «Кто мы, откуда мы, куда мы идем?» — вслед за Гогеном вопрошал и мой художник. В Париже все задавали одни и те же вопросы!

Он работал весь день, пока солнечный луч позволял различать игру света в складках серой ткани, подвешенной в качестве задника. Но вот солнце начинало скользить по стене, бросало изломанный луч на желтый коготь зайца и, сверкнув в последний раз на лезвии серебряного ножа, закатывалось за диван. Опускался вечер. Художник складывал мольберт, бережно прикрывал выставленный им на столе натюрморт плотной тряпкой и, затворив окно, выходил на узкую улочку.

Подставив лицо беззаботному ветру, он отпускал свое тело, позволяя ему отдохнуть от наскучившей за долгую жизнь биографии. Ему было уже за пятьдесят. Первая жена проживала в Москве с их общим ребенком, вторая, не родившая никого, ждала его в снимаемой ими квартире на Манхэттене. Появившаяся в какой-то момент жизни любовница «из своих» как раз перед его отъездом потеряла работу, и ей грозило выселение из занимаемой квартиры. Возможно, что скоро она прибьется к кому-нибудь из знакомых, и он облегченно вздохнет, но вероятнее — она снова начнет колоться, и ему придется вытаскивать ее из комы и запирать на замок дверь подвернувшейся в последний момент комнаты. Жаль... Ведь когда-то он думал об одной-единственной женщине: как она встречает его на пороге со счастливой улыбкой.

Родом он был из Ленинграда. Там же закончил Академию художеств, воспитан был на шедеврах Возрождения, копировал в Эрмитаже скульптуры Микеланджело, полотна Рафаэля, Рембрандта, Веласкеса. И как всякий житель знаменитого города, тяготел к европейскому укладу жизни, раздражался на купеческую ярмарочную неразбериху. Прямые проспекты и вся геометрия бывшей Российской империи настолько вошли в его плоть, стали средоточием самой высокой чувственности, организовали его характер, что не могли сосуществовать ни с советской эклектикой, ни с современной гигантоманией американских небоскребов. Какофония форм, цвета и звука только подчеркивала абсурд его личной жизни, расшатывала возвышенный строй Души. А без соприкосновения с идеалом, на обретение которого требуется так много человеко-минут, лучшие представители человечества гибнут.

Потому он ездил в Париж. В налетавшем внезапно ветре слышались ему крики, призывающие к бунту во имя свободы, равенства и братства, или наоборот — извергающие проклятья этой свободе, чудилась катящаяся по земле голова и перекошенный судорогой рот. Тогда он представлял себя на баррикадах, казненным на гильотине, или выигравшим сражение, потом сосланным на остров. Но чаще шепот листвы доносил до уха женское имя и мужской вздох, заглушавшие имя Господа. Он переносился мысленно в галантный век и целовал протянутую ручку. И тем призывнее звучал орган, приглашая его под своды костела, чтобы в прохладе остудить пока еще живую голову. В этом городе страсти играли каждым, в их пламени горели все — в одиночку и тысячами. Одним словом, именно здесь художник, о котором идет речь, начинал чувствовать себя мужчиной — того возраста и опыта, которыми должно гордиться. И свои эмигрантские терзания он мог наконец соотнести со всемирной историей человеческого поиска, а не просто с глупостью советских чиновников и неудачными браками.

Спустя несколько недель на полу его парижской мастерской было выставлено около десяти готовых работ, каждая представляла собой вариацию на одну и ту же тему. Лимон, гранат, тарелка, нож... И все было бесхитростно и ясно в их строении и сущности, выставленной наружу. То там, то тут появлялась еще какая-нибудь деталь — орешек, косточка сливы, бокал, или вдруг исчезала с задника тряпка, но неизменным оставалось одно: сомкнувший веки заяц. Он кочевал из работы в работу и лежал на столе в окружении тех или иных предметов. А на последнем, самом дерзком, по мнению художника, полотне был изображен один только заяц, раскинувший лапки среди слепой пустоты. Он заключал в своей окаменелости немой вопрос. Что изменилось со времен Франса Хальса? Антураж, эпохи и стили проходят, тушка — жертвоприношение, остается. Неодушевленная натура — бесстрастна. Заяц, превращающийся в тлен, — вызывает сострадание.

«Заходи, покажу свои последние работы, я здесь ненадолго, специально, чтобы писать. Только надо с утра, когда хорошее солнце», — предложил мне художник после того, как мы встретились с ним в русском доме, куда приходили почитать свои сочинения живущие в Париже литераторы. Я согласилась. И спустя сутки уже стояла напротив прислоненных к стенке холстов. Художник брал один из них и, развернув ко мне, задерживал его в воздухе на вытянутой руке. После он отставлял его к противоположной стенке и брал следующий, затем ставил рядом с первым. Наконец, все десять выстроились на полу так, что можно было их сравнивать, отходя или приближаясь. «Ну как тебе?» — спросил он. «Потрясающе, — протянула я и добавила: — натюрморты!» «Что?» — слегка напрягшись, переспросил он. «Я люблю натюрморты, все эти фрукты, стаканы, — залепетала я, стараясь быть искренней, — но заяц, все-таки это дохлое животное...». Он облегченно вздохнул, словно я попала в цель: «Да, заяц! Вот именно, чего он мне стоил!» Не договорив, махнул рукой, не в силах выразить свои чувства. Мы постояли молча, глядя на тарелку с лимоном, ножом и гранатом, изображенными на полотнах, а также на их живые прототипы — настоящий лимон, гранат, орехи — все еще выставленные на столе. «Теперь осталось убраться, выкинуть все, что я тут развел». — И он провел рукой, указывая на лежащие всюду тряпки. «Кстати, возьми, их можно есть!» — И он протянул мне горсть орехов. «А заяц, вы его выбросили?» — полюбопытствовала я, принимая его дары и засовывая их в карманы. «Разве мог я его выбросить?» — укоризненно отозвался художник. «А где он — неужели здесь?» — холодок пробежал по моей спине при мысли, что сейчас обнаружу лежащего где-нибудь зайца. «Ну конечно, нет, он бы провонял давно, если б он был здесь». — В его голосе прозвучало лукавство. «А где же, может, в холодильнике?» — Все показалось мне похожим на игру: я угадываю, а он говорит — тепло, холодно. «Зачем же в холодильнике?» — произнес он и снова смолк. «Ну, чтобы приготовить, я не знаю...». Он как будто этого и ждал. Повернулся ко мне, и слегка наклонившись вперед, зашептал: «Вот именно, разве мог я его приготовить и съесть?» Я представила себе, как заяц опускается в кипяток стоящей на плите кастрюли, и поморщилась: то, что являлось объектом изучения художника, не могло быть банально приготовлено на ужин и потом исторгнуто — известно куда! Он прочитал мои мысли и поддакнул им в такт: «Нет, не мог! И выбросить тоже не мог!» Я кивнула утвердительно. «Понимаешь, какую задачку поставил мне этот заяц — и съесть не могу, и выбросить тоже?» Он вопросительно смотрел на меня, но на самом деле задавал вопрос кому-то еще, невидимо присутствующему в комнате. «Да — стало доходить до меня, — ситуация! Так что же вы с ним сделали?» Мне почему-то стало страшно. Он приободрился и наконец ответил: «Я надел костюм, повязал галстук, завернул зайца в тряпку, положил его в портфель, сел в метро, вышел на улице Инвалид, прошел к Палэ дез Инвалид, выбрал место посимпатичнее, возле раскидистой ивы, затем вынул совок и принялся копать ямку. Достал из портфеля зайца, развернул тряпку, опустил его и засыпал землей. Одним словом, похоронил его, прямо там, в парке. А вечером в мастерской я откупорил бутылку «Вдовы Клико» — в его честь! Представляешь, мой заяц покоится рядом с Наполеоном!» И он впервые за долгие месяцы победоносно рассмеялся.

Как ни обнадеживающе звучит истина: «рукописи не горят», — а значит, не горят и образы на всех существующих полотнах, — но все же грустно, что прототипы этих образов и их создатели горят.

Глава 2. **Сексуальная пятиминутка**

Ну, раз про зайца написала, так можно и про ежика. Пока я тут сочиняла первую главу, мой племянник Кирилл прислал мне такую вот заметку, которую выудил из интернета.

«Голландский ветеринар спас ежа, который, погнавшись за самкой, прищемил забором пенис. Как сообщает газета «The Twentse Courant», животное, лежащее неподвижно рядом с забором, нашел в собственном саду один из жителей голландского города Хенгело. Он заметил, что еж не подает признаков жизни, и вызвал ветеринаров. Когда подъехавший через некоторое время специалист стал рассматривать ежа, он обнаружил, что животное не может выбраться потому, что прищемило досками забора детородный орган. Судя по всему, еж преследовал самку и в возбужденном состоянии попытался пролезть в узкую щель в заборе. Выбраться самостоятельно он уже не смог, так как от боли потерял сознание. Впрочем, и ветеринару вызволить животное из ловушки удалось не сразу. Застрявший в заборе пенис ежа увеличился до 12 см в длину и 2 см в ширину. Чтобы освободить животное, ветеринару пришлось прикладывать к половому органу пакеты со льдом. Однако еж не пришел в себя даже после того, как его спасли. По словам представителей ветеринарной службы, болевой шок был настолько сильным, что животное уже не сможет нормально жить. Сейчас еж находится в зверинце, где через некоторое время страдальца должны усыпить». Такую заметку переслал мне по электронной почте племянник, приписав в конце от себя: «Может, тебе посвятить этому будущую книгу?»

Напишу что-нибудь и думаю: какая-нибудь московская газета интерпретирует эту фразу следующим образом: «Она посвятила свою книгу детородному органу ежика...». Пишу, стараясь, чтоб нельзя было никак придраться, но потом плюю на них — так невозможно. Продолжаю, сжав челюсти.

Здесь почему-то хочется вспомнить про историю

с членом в руках американки, чей кастрированный муж стал национальным героем, борцом за мужские права. Мой знакомый комментирует мое намерение написать сейчас об этом: история известна всем, про нее много писали и говорили. Меня это удивляет, а может, и радует, я-то ждала морально-нравственного укора, а тут наоборот — информированы, знаем-с. Допускаю, но пишу для тех, кто ее не слышал никогда.

Как-то в американской печати была опубликована заметка, которая рассказывала о невероятной истории, произошедшей в молодой американской семье. Жена, уставшая от измен мужа, наконец не выдержала и когда тот в очередной раз поздно ночью вернулся домой и лег в ее постель, встала, взяла нож и отрезала ему член. Естественно, она находилась в состоянии аффекта, а сообразив, что, собственно, наделала, перепугалась и побежала к подруге-соседке, которой все тут же рассказала. Подруга усадила ее в свою машину и направилась прямо в полицейский участок. По дороге наша героиня обнаружила, что отрезанный член супруга все еще зажат в ее кулаке (чем не статуя Свободы?). В омерзении она открыла окно и выбросила его. Приехав в участок, женщины поведали драматическую историю. Первое, что спросили полицейские — где выбросила женщина член своего супруга, и услышав примерный адрес, срочно выехали туда. К счастью, они быстро обнаружили его в траве, и к еще большей удаче для несчастного супруга, рядом находился ночной супермаркет «Seven-eleven». Вбежав в магазин, полицейские отыскали кадку со льдом, в которой хранятся свежезамороженные продукты и положили туда свою находку. Это и решило, видимо, счастливый исход этой трагикомичной ситуации — член в конце концов не пострадал, его смогли пришить, и неверный супруг снова приобрел свое мужское достоинство. (Надо заметить, что такому исходу способствовал также и тот факт, что, будучи по профессии маникюршей, жена пострадавшего сумела сделать аккуратный надрез!) Более того, пострадавший супруг стал чем-то вроде национального героя — его затаскали по теле- и радиоэфирам, выпустили майки с его портретом, даже назвали в его честь движение мужчин, притесняемых своими женами, — одним словом, его жизнь потекла по иному руслу.

Я пересказала эту историю на Высших режиссерских курсах, на лекции Александра Наумовича Митты. Он заговорил тогда об Америке и ее нравах, и чем она отличается от нас или что-то в этом роде. Я вдруг встрепенулась и продолжила его тему этим вот рассказом. В аудитории тогда сидело человек сорок — весь курс. Им было в среднем лет по 25. Когда я закончила свой рассказ и хихикнула, никто меня не поддержал. Наступила гробовая тишина. Я только тогда поняла, что об этом нельзя говорить даже среди такой, довольно молодой, аудитории.

Между тем, пока я набиваю эти строки на компьютере, мне позвонила знакомая американка по имени Мишель. В течение последних недель она предлагала встретиться, чтобы передать мне книгу, модную сейчас на Западе. Ее название звучит довольно вызывающе: «Монологи влагалища», автор — женщина. (Парфенов в своей передаче «Намедни» тоже упомянул скандальную книгу, назвав ее «Монологами вагины», — выкрутился.) Но так как мы обе были заняты и встреча откладывалась, то Мишель продолжала посылать мне короткие записочки по электронной почте с призывами непременно ознакомиться с «Монологами влагалища», а затем непременно сыграть их на московской сцене. «Я считаю, Лена, что именно ты должна и можешь это сделать». Наконец мы встретились. Мишель, которую я не видела месяцев шесть, показалась мне постаревшей и впервые такой печальной. Ее подкрашенные волосы напоминали о седине, и мне было неловко спросить ее, зачем она красит их в такой неудачный цвет. Может, хочет привыкнуть к мысли о том, что скоро станет седой? Я знала ее очень много лет, но общалась редко, иногда раз в три года. Однако она случайно сыграла очень важную роль в моей жизни, познакомив меня с моим будущим мужем, тоже американцем. Я же, в свою очередь, представила ее своему знакомому музыканту, и она вскоре с ним расписалась. Потом и ее, и мой брак расстроились. Теперь мы обе были незамужними бездетными женщинами и находились в том самом щепетильном женском возрасте, который символизирует очень определенный жизненный рубеж. И вполне естественно, наш разговор вскоре соскользнул на тему неудавшейся семейной жизни, и в частности, не рожденных ни ею, ни мной детей. Мы сравнивали наш опыт, проводили параллели и находили противоречия, но главное — понимали, что каким-то образом обе допустили огромную ошибку, коль скоро так весело дошагали до своего женского одиночества в таком не симпатичном для одиночества возрасте. И теперь каждая из нас старалась выдержать предстоящую муку в соответствии со своей индивидуальностью. «Я решила положиться на волю Божью, пусть будет, как суждено», — сказала со вздохом неунывающая Мишель. Я, со своей стороны, предложила ей имеющийся в современной медицине выход: «Можно попробовать доноров — анонимное зачатие, пока не поздно, а?» Микки взглянула в нерешительности. Я продолжила: «Ну, может, у тебя есть кто-нибудь из друзей, кто согласится тебе помочь?» Мишель кивнула утвердительно. Затем вдруг начала рассказывать важную для нее историю: «Ты слишала такого — К...?» — и она назвала фамилию известного в России барда. «Да, конечно, слышала, но лично не знакома...», — отвечала я, не понимая пока, о чем она. «Мы с ним одно врэмья виделись, ну... понимаешь? Я потом всегда чувствовала себя самой-самой — самой красивой, знаешь, каралэвой! Знаешь как это бувает: с одними ты — ну так себе, а с другими кара-лэва. И потом однажды он пришел и сказал, что его бывшей жене очень плохо и она просит уделить ей внимание. И я ему тогда сказала: «Ну, конечно! Иди-иди!» И потом все кончилось. А его жена, оказалось, серьезно болела и вскоре умерла. И тогда ему совсем било не до кого. А теперь я думаю: зачэм? Зачэм я тогда сказала ему «конечно»?» Она вздохнула, проглотив очень большую застарелую печаль. Я слушала ее и понимала, что сказала бы в подобной ситуации то же самое. Таким образом, мы с ней являли группу людей, руководствующихся одними морально-этическими нормами и делающих один и тот же выбор в различных жизненных ситуациях. Не делая исключения даже для любовной, интимной ситуации. И именно этот, вроде бы безукоризненный в человеческом отношении выбор, как теперь нам казалось, был причиной нашего одиночества. Надо было настаивать, запрещать, требовать и ни в коем случае не отпускать ни к какой «плохо чувствующей себя бывшей жене»! Мы напоминали одноклассниц, которые допустили одну и ту же ошибку в контрольной, и нам поставили кол — о чем мы узнали спустя десять лет. «А когда это было, ну с К...?» — поинтересовалась я. «Давно», — отмахнулась она застенчиво. «Где-то в 95-м?» — подталкивала я ее к большей определенности. «Да... пры-мэрно! — протянула Мишель и потом, смутившись, поправилась: — Нет, что я, это было до путча!»

Откровенно говоря, я чувствовала себя почти виноватой в несостоявшейся личной жизни Мишель. Нет, не только потому, что познакомила ее с парнем, за которого она выйдет замуж и не по своей воле разведется. А вообще. Потому что она каким-то образом застряла в России, и все силы у нее ушли на освоение нашего пространства. Романтического пространства. А на Мишель в те годы был спрос, как на всякую американку. Потом это время прошло. Не останься она жить здесь, не заводи она романов с нашими мужиками — была бы сейчас многодетной матерью где- нибудь в Коннектикуте. А я? Я ее полное отражение. Ведь вышла замуж я за однокурсника Мишель по колледжу и с ним же уехала в Америку. И с ним же развелась. И точно так же, как Мишель застряла в России, я застряла в Америке.

Теперь Мишель все более увлекалась вопросами женских прав и социального равенства с мужчинами. Сидя за чашкой кофе, Мишель объясняла, что «Монологи влагалища» — это монологи женщин о самой своей женской сути и впервые так откровенно повествуют от имени разных женщин о том, что мало кто понимает, кроме самих женщин. Эта вещь была поставлена в Штатах и имела колоссальный успех. Одну из ролей сыграла знаменитая Гленн Клоуз. «Она вышла на авансцену, — начала Мишель рассказ о премьере на Бродвее, — и предложила залу повторять за ней: «К!» — говорит Гленн Клоуз, и зал дружно произносит: «К!» Она продолжает: «А!» Все хором: «А!» Она: «Н!» Все: «Н!» Она: «Т!» Все: «Т!» Затем она взмахивает руками, как дирижер, и предлагает произнести целиком все слово: «КАНТ!» (По-английски cunt — жаргонное название женского полового органа.) Зал скандирует: «Кант!» — и эхо разносится по залу. Рассказывая это, Мишель делает исключительно удовлетворенное лицо. Потом через паузу продолжает: «Самое время поставить эту вещь в России, в Москве, и сделать это должна ты, Лена! Я слышала , что ваш рэжис-сор Козак заинтересовался этой веш-йу! Есть такой рэжис-сор Ко-зак?» Обсудив проблему перевода на русский язык английского слова «vagina» (она же «cunt») так, чтобы не было потеряно истинное его значение и решив, что лучше, чем «влагалище», и не скажешь, мы разбежались, договорившись, что вскоре обсудим эту идею. «Пора произнести слово от имени настоящей, освобожденной, независимой женщины и вывести ее окончательно из-под гнета предрассудков и мужского шовинизма», — сказала Мишель напоследок. Придя домой, я заглянула в тоненькую брошюрку и принялась читать невпопад с самой середины. «...У нее множество имен. Одни зовут ее «Шоколадка», другие — «Льдинка», третьи — «Снежок», «Ворчунья», «Подружка» и т.д.», — читала я бесконечно длинный список имен ваджайны, или влагалища. Далее следовало: «Как она пахнет? Она пахнет, как подснежник, капуста, травка, селедка... и т.д.». — Это был не менее длинный список запахов ваджайны. Я мысленно представила, как на премьерном спектакле стою на сцене одного из московских театров, арендованной нашими продюсерами. Название спектакля на афишах, развешанных по городу, гласит: «Монологи влагалища» — в главной роли Елена Коренева. Зал битком набит. В первом ряду сидит благодарная Мишель. Я произношу, обращаясь к аудитории: «Пожалуйста, все хором повторяйте за мной: В! Л! А! Г! А! Л! И! Щ! Е! Теперь все вместе: Влагалище!» Зал хором скандирует: «вла-га-ли-ще!» Я оборачиваюсь и вижу за кулисами лицо продюсера Давида Смелянского, — какое у него выражение? Потом в зале нахожу лицо, ну, допустим, Жени Каменьковича... Ну, скажем, Олега Табакова? Вали Гафта? Саши Калягина? Нет, дальше — ага, Толя Васильев? Он тонко улыбается, уже приятно. А вот наконец Маша Арбатова — она хочет слушать дальше. Но нет, мужики начинают гомерически хохотать, да что там мужики, вон какая-то блондинка выбегает из зала, трясясь от хохота и закрывая лицо ладонями, — да это Танька Догилева! Нет, в Москве нельзя играть спектакль с таким названием. Даже если в жизни... Нет, в жизни это не просто монологи, это плач, стенания, вой, вопль. Это рев — рев Ярославны!

P.S. Только написала этот абзац, которым ужасно довольна, и перечитываю его с улыбкой, как вдруг узнаю, что пьесу собирается ставить режиссер Козак и играть в ней якобы будет Ингеборга Дапкунайте. Название — «Монологи вагины». Да, попроще будет актрисе сказать «вагина», нежели «влагалище». Разница? В первом случае латынь, во втором — русский. А спустя несколько месяцев мне позвонил драматург Михаил Волохов (автор известной пьесы «Игра в жмурики») и предложил сыграть в его последней пьесе «Лесбияночки шума цунами». А там каждое второе слово — все «кант», да «кант». Да не Кант, а... «влагалище», в общем! Он говорил: «Лена, только вы можете, с вашей откровенностью и открытостью...» — и так далее. Короче — напророчила!

Кстати, это интересная проблема — перевод нецензурных, как у нас говорят, выражений с английского, на котором они порой звучат не так скабрезно, как у нас. Мне пришлось с этим столкнуться как-то в Калифорнии. Я решила устроить свой творческий вечер (что мне вообще не свойственно) для русских эмигрантов. И кроме прочего, я выбрала себе для чтения монолог из картины Славы Цукермана «Жидкое небо». Это центральный монолог героини, когда она сидит перед зеркалом и, разгримировываясь, рассказывает свою жизненную эпопею. О том, как ее, примерную школьницу из штата, кажется, Коннектикут, заманили рекламы Нью-Йорка и перспектива стать актрисой или еще кем-то в шоу-бизнесе. Впрочем, как она говорит, ее всегда отвращало будущее типичной американки среднего класса, — улыбчивая домохозяйка с дежурным вопросом «Хау ар ю?», задаваемым всем встречным, в расчете, что тебе ответят одно и то же — «Ол райт!» и пойдут дальше. А по субботам — обязательные гамбургеры и барбекью в кругу семьи, с двумя-тремя соседями в шортах... В Нью-Йорке она обнаружила, что для того, чтобы стать актрисой, сначала надо со всеми перезнакомиться, посещая самые скандальные тусовки. А для этого надо модно одеваться и зарабатывать деньги. А лучший способ для того и другого — стать моделью. Тем более, что на моделей был спрос. А вернее, на тело! Чтобы нравиться, поняла она тогда, необходимо стать как все: принимать наркотики и быть андрогином: мальчиком-девочкой, двуполой, в стиле унисекс. Ведь и это было в моде. Пришлось пройти огонь и воду в городе Нью-Йорке, узнать изнанку шоу-бизнеса: постель с мужчинами, от которых зависела карьера. Или постель с женщинами, по той же причине. Их равнодушие и жестокость. И вдруг героиня фильма обнаруживает странную особенность — все, кто с ней спит, в момент оргазма умирают! Только она остается жива — ведь ей неведомо, что это такое! В конце концов и она это испытывает с прилетевшей инопланетной тарелкой, которая, как выясняется по сюжету, буквально питается этими самыми оргазмами — энергией, которая их сопровождает. Так и она исчезает, «умирает», дематериализовывается, как и все те, кто пережил с ней оргазм. Только у нее это случилось впервые с летающей тарелкой.

Это, конечно, была не совсем фантастика, а скорее, философский фарс-предупреждение. Вскоре после выхода фильма поползли известия о новой смертельной болезни — СПИДе, который многие восприняли как кару за беспорядочный секс. Одним словом, искусство ясно видит будущее. А этот разоблачающий и весьма драматичный монолог (почти как Катерина перед тем, как броситься с обрыва) начинался очень эффектно: «Вы хотите знать, кто я? Я — убийца! Я убиваю...(здесь надо было сказать это слово «кант», но по-русски!) По-английски оно как-то органично вплеталось в монолог — такой монолог! Но по-русски — звучало грязно. Я позвонила Славе в Нью-Йорк и поинтересовалась, как тут быть? Он задумался. Согласился с тем, что проблема существует, и просто перевести на русский это слово нельзя (будто оно обозначает совсем другое, чем в английском). И наконец нашел выход, предложив более обтекаемое слово «секс». Получалось: «Я убиваю сексом!» Я добавила красочный жест, указывающий на местонахождение «секса», и смысл монолога вместе с заложенной в нем энергетической бомбой был, хоть и отчасти, но сохранен. Даже в русском варианте.

А вообще, за иностранную речь можно прятать очень много своих комплексов или же отыгрываться за них на «чужом языке». И это, наверное, тоже одна из причин эмиграции, как и возвращения из нее. Когда готов.

Глава 3. **Он шутит!**

Фу ты! Такое написала... Причем здесь все это? И после ты еще рассуждаешь, кто заказал эту книгу — они или «Он»? Какой же это Он? — такое пишешь, как акын, поешь обо всем, что в голову придет! Так ведь отбор того, что в голову идет, происходит на более высоком уровне. Да и кто сказал, что Ему там пошутить не нравится? Ведь задала же мне вопрос журналистка из Elle: «Есть ли у Бога чувство юмора?» Сначала я ее переспросила, не ослышалась ли: у кого? у Бога? Она кивнула, словно это совершенно очевидный вопрос, который она походя задает своим домочадцам. Бог вегетарианец? Бог носит зонтик во время дождя? Как Бог относится к реформе русского языка, или ему это безразлично? Я долго потом думала, что она имела в виду. Согласитесь, неожиданный вопрос. Но поняла. Так вот ответ: есть, конечно. А как еще тогда объяснить все то нелепое и парадоксальное, чем полна жизнь каждого из нас? Пусть уж лучше — Его юмором. Шутит-с! Даже кажется, что оттого возвышенное неразрывно связано с низким и самым что ни на есть тривиальным. Для сравнения, что ли? Я, например, запомнила с детства такую картинку — на человеческих экскрементах, летом на зеленой траве, так вот, прямо на экскрементах сидели две бабочки! Такие желанные бабочки. Заходило за горизонт багровое солнце, кругом стояла сытая летняя благодать, и тут вдруг на зеленой поляне, среди всей этой благоухающей тишины и покоя — человеческие какашки, а на них две бабочки помахивают крылышками! Это были бабочки «павлиний глаз», их очень хотелось поймать или хотя бы смотреть на них, пока они не улетят, так красиво были выведены сиреневые круги на переливающихся коричнево-лиловых крыльях. Сочетание этих божественных красавиц с тем, от чего хочется отвернуться и заткнуть нос, — было зверским. Сразу одновременно: хочется очень дотронуться, схватить, и — нельзя, невозможно. Для меня было так. Разве это не одна из шуток Господа? И самое поразительное, что это одно из тех врезавшихся мне с детства сильных воспоминаний.

Но есть «шутки» и пострашнее.

Например, смерть от сосиски одной из самых трагичных актрис Москвы. Так, по крайней мере, утверждали собравшиеся на панихиде. «Она подавилась сосиской!» — говорили со слезами на глазах о той, что лежала в гробу с каким-то зловещим лицом. Ведьма, и все тут! А в жизни была, скорее, стареющим подростком, худенькой, длинноногой. Может, панночка? Оттого и ведьмой показалась в гробу. Мы с ней играли одну роль. Вернее, я играла вместо нее, когда у нее случилась очередная депрессия. И был это Гоголь. Агафья Тихоновна. В жизни она была женой художника-диссидента и как-то ночью в ночной рубашке открыла дверь тем, кто пришел арестовывать ее мужа. Муж отсидел и уехал в Америку. Она осталась с дочерью. А по сути — одна. Она пила. Впадала в депрессию, отказывалась играть. А когда играла, то не было ей равных. Была на экране и на сцене смешной, комедийной, острохарактерной или трагичной. И вдруг вот так уйти из жизни? Да смерть вообще... Та, которая приходит не в окружении внуков и правнуков, которым можно дать последние наставления в конце очень долгой, во всем успешной жизни, а в виде внезапно возникшей на пути водителя вентиляционной тумбы метро, в самом расцвете фантастически плодотворной и честной жизни, как это случилось с композитором Артуром Пилявиным. Или в виде трамвая, переехавшего архитектора Гауди, засмотревшегося на свое гениальное и не законченное еще произведение.

А все, что говорят люди, провожая в последний путь своих самых любимых? Молодая женщина, глядя на застывшее в смертельной маске лицо своей матери в гробу, со слезами замечает: «Она сегодня выглядит лучше, чем все последнее время, ты не находишь?» — и на лице ее проступает улыбка. А другая, пока гроб ее матери на катафалке вкатывают в здание крематория, бежит следом, пытаясь оторвать развевающуюся на ветру нитку: «Что ж так неаккуратно, нитка, эх, нитка! Ну всегда у них так!» (Она жила уже лет двадцать в эмиграции и прилетела специально на похороны матери, была художницей, а также хорошей портнихой.) И успокаивается, только оторвав ее после нескольких безуспешных попыток. Есть еще эпизод из разряда черного юмора. Во время поминок одной очень красивой и умной женщины, как только собравшиеся подняли рюмки помянуть ироничную по характеру усопшую, сказали необходимые слова, взглянули в глаза друг другу, приготовились пригубить... и вдруг за окном грянул военный марш. Литавры и трубы, речи и аплодисменты, снова трубы и хор бравых солдат. Потом речь Лужкова в мегафон. Да что же это? Выглянули в окно — открытие памятника Багратиону! Бронзовый всадник на коне смотрел прямо в окна квартиры, где собрались за поминальным столом люди в черном. Несколько недель до этого вечера памятник стоял в чехле, а на него смотрела из своей гостиной красивая, импозантная дама и вспоминала бурную событиями жизнь, до конца которой оставалось совсем немного. Среди прочего она задавалась вопросом: «А скоро ли откроют памятник Багратиону и не испортит ли он пейзаж за окном?» И вот, когда люди в трауре расселись вокруг стола, а хозяйка старинной квартиры смотрела на них теперь уже только с портрета, возле которого стояла полная рюмка водки и ломоть черного хлеба, чехол наконец слетел с бронзового Багратиона. Впрочем, образ покойной каким-то странным образом ассоциировался и с маршами, и с героем войны. Каким образом? Благодаря ее гордости, патриотичности и характеру полководца — она была педагогом, принципиальным педагогом. У нее был царственный профиль, не говоря уже про стать... Мне тогда пришла в голову мысль: «Может, это потому, что в прошлой жизни она была Багратионом?» С точки зрения теории реинкарнации, это возможно.

Нет, очевидно, что все мы похожи на брошенных в неизвестности детей, бредущих по бесконечному лабиринту в большом Луна-парке. Есть здесь и комната ужасов с голографическими привидениями, и комната смеха, и кривых зеркал, и чертово колесо. Ну и конечно, призы, всякие «фанты» для победителей. А послушайте, как звучит наша мудрость, самые ее сливки: благими намерениями устлана дорога в ад. Или мудрость самых мудрых сводится в конце их жизненного пути к фразе: «Я знаю, что я ничего не знаю!» Но и полным хаосом этот жизненный театр не назовешь, чувствуется в нем рука режиссера. И совершенно очевидно, через его драматическое представление проходит тонкая нить юмора.

Ну, например, — а примеров хоть отбавляй, — есть этапные моменты в жизни человека, но они остаются в памяти неотделимы от случайных, парадоксальных обстоятельств, превращаясь в черный юмор судьбы, которую мы творим не только своими руками. Хоть и существует красивое мнение, что многое, что есть человек, — дело его рук, и все же... Так вот, моя дальняя родственница, бедная замечательная тетя Анюта, осталась на всю жизнь одинокой только из-за того, что будучи невестой горячо любимого ею человека, попала как-то раз в неловкую ситуацию прямо у него на глазах. В момент крайне романтический, когда она сидела у него на коленях и выслушивала очередные признания, она (о, ужас!) издала неприличный, впрочем, невинный звук и с тех пор никогда больше не видела своего единственного возлюбленного. А будучи по природе однолюбкой, вообще больше не вышла замуж. Нет, он продолжал добиваться ее руки, но она так и не смогла взглянуть ему в глаза. Что-то в тот роковой день разрушилось для нее раз и навсегда.

Или я... Нет, я вышла замуж, я о другом. До сих пор думаю со странной ухмылкой, что о смерти Сахарова узнала, лежа в постели генерального продюсера самого крупного американского телевизионного канала НВО. Ну и что же? Да дело в том, что я познакомилась с ним, можно сказать, благодаря разговору о Сахарове. Каким-то образом через все наше знакомство и общение прошло имя великого физика-теоретика и борца за гражданские права. И после того утра, когда Майкл Фьюкс (так его звали) сообщил мне, что Сахаров умер, я никогда больше не видела Майкла Фьюкса. Не сочтите за кощунство. Я ничего более не хочу этим сказать, кроме как то, что теперь, думая о кончине Сахарова, я неизбежно вспоминаю, при каких обстоятельствах я об этом узнала. И когда я возвращалась из дома мистера Фьюкса к себе, то неожиданно вспомнила обстоятельства нашего с ним знакомства и пришла к выводу, что начало и конец истории закольцованы именем Сахарова. Произошло это на съемочной площадке картины «Комедия о Лисистрате». Меня подвели к «какому-то важному американскому телевизионщику», чтобы я поболтала с ним по-английски (больше в группе никто не мог этого сделать), он сразу стал мне рассказывать о своем знакомстве с Еленой Боннэр и Андреем Дмитриевичем Сахаровым. А я рассказала ему о своей бабушке, которая пробыла в ссылке и лагерях 22 года, после чего мистер Фьюкс предложил мне свою дружбу, а позднее и роман.

Роману не суждено было развиться в полную силу. Однако, как только определенная цель в отношениях была достигнута, произошел вышеописанный эпизод, после которого все закончилось. И закончилось, как и началось, именем Сахарова. Фьюкс вошел в спальню и сообщил мне трагическую весть. Я встала, позавтракала и ушла. Потом вскоре улетела в Калифорнию и начала там работать в галерее, продавать картины Шемякина. Хотя мистер Фьюкс и предлагал мне поселиться в его доме в Нью-Йорке: «Лена, ты не для того приехала в Америку, чтобы жить на Вашингтон Хайтс!», — но я улетела. Даже присылала ему открытки в Нью-Йорк с работами Шемякина, аккуратно наклеенные на большие картонки — чтобы легче было их рассматривать. Надеялась, что Фьюкс станет моим клиентом — покупателем картин. Когда таких посылок у него скопилось предостаточно, он выслал мне их обратно с запиской: «Зачем ты мне все это шлешь?» Наверное, я шла по пути будущей писательницы, а не актрисы, коль скоро совершала такие необдуманные поступки. Мне, очевидно, нужен был «другой» опыт. Потому что только очень известная, состоявшаяся в Америке актриса может позволить себе расшвыриваться такими людьми, как мистер Фьюкс. Но может, этот случай не совсем вписывается в мою тему: надо было не в постели у Фьюкса лежать — скажет кто-то, а сидеть дома и слушать последние известия.

А все, что касается деторождения? К слову сказать, вы убеждены, что ваши родители — это ваши настоящие родители? Теперь ни в чем нельзя быть уверенным до конца. Ну, скажем, в своем рождении все-таки я уверена. Уж больно похожа на родителей. Хотя мимикрия от многолетнего совместного житья тоже вещь известная (посмотрите на свою собаку). Хотя, впрочем, чему только не способен поверить человек? Например, тому, что у него родился сын или дочь, несмотря на то, что в течение двадцати лет он был бесплоден. Думаю, что даже если у белокожих родителей появится чернокожий ребенок, они поверят, что произошла мутация под воздействием атмосферных явлений или новых иностранных препаратов. Уж больно велика вера в чудо, да и кто знает... Ведь мы ничего не знаем до конца и наверняка! А женщины? Через что приходится им подчас проходить? Недавно мне рассказали удивительную историю. Мать одной юной девушки вышла замуж во второй раз и очень захотела иметь ребенка. Но возраст не позволял. Она решила прибегнуть к донорской клетке — и в качестве донора выступила ее собственная дочь. Вы скажете: «Ну это уж от человека, а не от Него зависит». А я с вами не соглашусь — кто ж ставит человека в такие невероятные условия, когда последний или единственный шанс зависит от такого немыслимого выбора? И разве можно осуждать женщину, стремящуюся любыми путями зачать, стать матерью, если «как у всех» не получилось? И почему это называется «не от Бога»? Человек ведь многое творит своими руками, чего не было при рождении. Например, самолеты или компьютеры. И разве это противно Ему, может, он это и предполагает? Что уж говорить о развивающейся науке, помогающей воспроизводить себе подобных?

Возможно, мои ответы неверны, но вопрос правомерен. Может, все-таки это Он заставляет нас рисковать и преступать условности, развивая по ходу нашу же природу и корректируя представления о дозволенном. От века в век, от десятилетия к десятилетию морально-нравственные нормы пересматриваются, иначе не было бы современной науки медицины. Да и коли желанные дети родятся и приносят своей матери любовь и счастье, то это Ему не должно противоречить. Но в итоге мы не можем быть абсолютно уверены, что вокруг нас не ходят наши генетические братья и сестры, как следствие донорства какого-нибудь голодного студента или студентки, отдавших когда-то свою сперму или яйцеклетку за деньги. Ну и что? Да нет, ничего. Просто вырисовывается совсем иная картина — что есть на самом деле наша жизнь, и кто мы в ней. Не обошлось здесь без чьей-то ироничной ухмылки...

А любовь — разве мало шуток и парадоксов? Например, любовь двадцатитрехлетнего мужчины к женщине, годящейся ему в матери, а то и в бабушки. Или наоборот, любовь к мужчине, который мог бы быть твоим сыном. «Милая! — говорит он тебе голосом мужа. — Я не знаю, когда мы увидимся в следующий раз». И отправляется возить помидоры по ночным дорогам Калифорнии, чтобы заработать себе на учебу в аспирантуре. Лучше и не перечислять, любовь — вся на парадоксах и на преодолении невозможного. О любви лучше не говорить.

А я и не говорила особенно. Только как-то стишок написала.

> Я не знаю
> слово «любовь».
> Это лиловая вязь,
> слабость моей груди,
> желтая перевязь.
> Я уже родилась.

Про такую любовь я точно сказала: не знаю.

Лучше о другой любви. Например, к животным.

«Я сделал все по правилам, позвонил в специальную службу, они приехали, увезли и кремировали Джетку!» — говорит мой двоюродный брат, едва сдерживая рыдания. У него умерла собака, свидетель его брака, развода, последующей личной жизни и всего, из чего состоит, собственно, наша интимная, самая что ни на есть человеческая история. «Можно было получить урну, но я не стал, это уж слишком». «Так зачем тогда кремировал?» — спрашиваю я. «А что, надо было ямку вырыть?» Я поддакиваю. Он трагическим голосом возражает: «Чтоб ее черви съели? Не-е-ет! Ни ей это не нужно, ни мне!»

А все странные совпадения, о которых вспоминаешь после свершившегося трагического факта? Я встретила Юру Богатырева за месяц до его кончины на рок-концерте, где мы оба оказались случайно и увиделись впервые за десять лет. Я кричу ему, перекрикивая грохот усилителей: «Ты еще жив?» А расставаясь, снова кричу ему, удаляющемуся от меня, в сторону своей машины: «Передай привет всем нашим, если встретишь!» «Кому?» — переспрашивает он. «Общим знакомым!» — кричу я весело. И он кивает в знак согласия. И это, оказывается, последняя встреча и последние мои слова, сказанные ему. «ВСЕМ НАШИМ, если встретишь! И уже после его похорон сама перечисляю — Олегу Далю, Володе Высоцкому, Владу Дворжецкому.

Что это, как не шутки Господа? — задаю я вопрос и сама себя одергиваю: кощунство! Разве это Божий промысел, все эти забавные и страшные ситуации, в которые человек попадает по собственной глупости? Или ею же и руководствуется, разгадывая пустой ребус? Но тут же ловлю себя на мысли, что говорю как раз о том абсурде, в котором человек безволен, в который он погружен во времени и пространстве своего земного существования. И даже если этот бренный, материальный мир не в счет со своим абсурдом и мусором, а Дух — вечен и только он и являет гармонию и истину, то все равно мы есть производное этого Духа — и деревья за окном, и бабочка на экскрементах, и наша судьба-индейка. Мы Его поле деятельности, Его порождение и, следовательно, Он должен быть в курсе всего этого абсурда. А если нет? Ну, тогда у Него должен быть какой-то младший помощник, эдакий менеджер, и он-то и устраивает все эти шутки, пока Сам занят более серьезным делом. Ведь человек бабочку на экскременты посадил не своей же рукой, а кто-то другой ему такую любопытную картинку преподнес. Да что там бабочка...

...«И что же все это значит?» — вновь и вновь спрашиваю я.

«Да-а, — тянет задумчиво очень грузный молодой человек, — все это может что-то значить, а может ничего не значить!» Вполне исчерпывающе, скажу я вам! Удивительно, но в этом ответе есть убедительность истины. Можно даже развить эту мысль: все на этом свете, что нас окружает, что-то значит, — и в то же время ничего не значит! Примерно так изъясняются буддисты.

Так или иначе, но этот ответ я как-то получила от своего знакомого американца, члена Гурджиево-Успенского общества эзотериков, после того, как рассказала ему странные, на мой взгляд, вещи, которые происходили со мной в течение месяца-двух.

Но, впрочем, это сюжет для следующей главы.

Глава 4. «Это может что-то значить»

Я тогда жила в Сан-Франциско и посещала группу эзотериков. Нас, новичков, предупредили: «Теперь вам могут начать сниться странные сны, может появиться ясновидение, предвидение будущего — одним словом, то, чего раньше не было. А также станут происходить невероятные, на ваш взгляд, истории. Будьте готовы и не нервничайте. Ваша психика начинает работать на ином, более тонком уровне и принимать ту информацию, которой раньше вы не осознавали. И посыпалось! Я имею в виду, и правда стали происходить разные совпадения и забавные истории.

Ну, например. Я смотрю на электронные часы и вижу симметричные числа: 12-12, 03-03. То есть двенадцать часов, двенадцать минут или три часа и три минуты. Нет чтобы три часа и две минуты, а именно три и три! Когда такое случается раз-два, на это не обращаешь внимание, а когда все время? Нет, не только дома, а и в городе — только гляну на табло с временем, а там обязательно: четыре часа, четыре минуты. «Что мне хотят этим сказать?» — думала я и не находила ответа. Кевин, мой бывший муж, после того, как я ему пожаловалась на такую странность, пошутил: «Ленуся, когда увидишь 6-66, то я поставлю тебе ящик шампанского».

Он, конечно, человек здравый, — может быть, гораздо более здравый и рассудительный, чем я, — всегда остужает разгоряченное сознание своими трезвыми умозаключениями и юмором. Но все-таки и ему свойственны, по крайней мере, две безумные вещи. Мы с ним, к моему крайнему удивлению, оба верим, что имели в детстве контакт с инопланетянами. Так просто, верим и все. Есть какие-то знаки в памяти о том, что это было. Причем, как только мы это выяснили, так и замолчали на эту тему — а чего говорить, когда и так все понятно? Это те, с кем не законтачивались инопланетяне, имеют вопросы, а у нас их нет. Так же мы с ним однажды выяснили, что оба могли бы, в каких-нибудь гипотетических крайних обстоятельствах, поработать проститутками. (Хотела бы я на это посмотреть!) Не знаю, о чем это говорит, не с моральной точки зрения, — здесь ни у кого разногласий быть не может, — а скорее, с психологической: наверное, такой у нас общий подход к авантюре, поиску в области братания со всем человечеством. Но и, конечно, есть в этом что-то от осознания жизни как некоего кино, которое мы вынуждены смотреть не по своей воле, но, видно, хочется потягаться с «режиссером», ведь в финале он все равно поставит титр «Конец». Так вот, даже у моего, вполне уравновешенного супруга было две-три странные идеи. Что ж до меня — я ими переполнена. И тут все эти странности полезли наружу, окружили меня со всех сторон. Такого со мной еще не случалось. Я имею в виду цифры на электронных табло. Потом начались другие совпадения. Подумаю о чем-то, и тут же это «что-то» мне под руку попадается. Книжка какая-нибудь на нужную мне тему. Причем до того я могла много месяцев или лет что-то искать, а тут само с неба падает. Словно между мыслью и ее воплощением нет никакой временной дистанции и никаких препятствий или ошибок.

Так вот все у меня складывалось, как по сценарию. В тот период, сразу после того, как в Москве познакомилась с эзотериками и вошла в их группу или «школу», я получила предложение сниматься в кино у американского режиссера, в его дебютном фильме. Съемки проходили в Сан-Франциско. Надо сказать, что и тут уже было совпадение — в трех часах езды от города как раз располагался основной лагерь этих эзотериков. А я получила возможность работать неподалеку и временами наезжать туда.

В Сан-Франциско я жила несколько месяцев. Город этот очень любила и неплохо знала. Приезжала сюда еще в период своей жизни в Лос-Анджелесе, это всего пять-шесть часов езды на машине. Здесь у меня было немало друзей. Считается, что Сан-Франциско один из красивейших городов мира. И уж точно, климат здесь один из лучших. Мосты утопают в туманах, словно в вуали. Чайки кричат, на набережной жарят каштаны. Дороги убегают резко вверх и так же внезапно катятся под откос. Дух захватывает от красоты. Город знаменит среди прочего тем, что здесь зародилось движение хиппи и все, чем славятся бунтарские 60-е. Это потом эстафету подхватила Англия, а за ней вся Европа, включая и нас. Город интеллектуалов, поэтов, писателей. Многие из них здесь жили — Аллен Гинзберг, Джек Керуак, Нил Кассиди, Уильям Берроуз, Леонард Коэн и другие.

Моим излюбленным делом в этом городе были многочасовые прогулки. Я просто таскалась по дорогам — вверх-вниз, вдоль набережной, с видом на остров, Алькатрас, где когда-то сидела легендарная парочка, Бонни и Клайд. Заходила в галереи, в кафе, брала там чашку кофе, газету и неспешно читала под звуки модной мелодии, наполняющей всякое кафе. Примерно через час я отправлялась в книжный магазин на проспект Колумба, который вытекал прямо из Ломбард-стрит, знаменитой своим витиеватым рисунком, бегущим с крутой горы. На проспекте Колумба находился мой любимый книжный магазин «City Lights Bookstore». Это очень известный магазин в городе. Ему много лет, и в нем разнообразный выбор литературы. Стены украшены плакатами с портретами поэтов и писателей — там и наш Маяковский, и наш Бродский. Пожалуй, магазин этот напоминал библиотеку, так как в нем можно было часами, присев на стул, читать все, при этом не покупая ничего. Так я зачастую и делала. Побродишь, бывало, между полок и уже вроде как заряжаешься хорошей, интеллектуальной энергией. Здесь тебе и философия, и психология, и мистика, не говоря уже о всемирной классике и современной беллетристике. Подойдя к той или иной полке и обнаружив новое имя — сразу запоминай: это новоявленный гений, о котором вот-вот заговорит весь мир. Так, например, я узнала о Джордже Батайе и его книге «Глаз» — психологические опусы на тему эроса, смерти, любви. Правда, я как типичный дилетант в отрыве от магазина и при переселении в другое пространство вскоре забывала все имена и названия книг, так что теперь не смогу вспомнить, кого я там читала.

Но в тот раз я точно знала, что хочу найти в магазине. Да и теперь знаю, так как книга эта стоит у меня на полке и очень мной любима. Это сборник стихов Лоуренса Ферлингетти. Любила я его за стихи и за обложку — с фотографией автора на фоне французской архитектуры, за то, что в его англоязычных стихах встречаются строчки по-французски и имя «Маяковский». За воспоминание о мужчине, который открыл для меня этого поэта. Я захотела иметь эту книжку и пришла в магазин на поиски. Увы! Поиски превратились в пытку. Я обходила полку за полкой, проштудировала заодно Роберта Фроста, Джона Керуака, Уильяма Блейка и других, но Лоуренса Ферлингетти среди них не было. Несколько раз я выходила в другие комнаты магазина, чтобы немного отдохнуть, и тогда застревала возле русской литературы и поэзии, с любопытством читала Марину Цветаеву в английском переводе и вновь возвращалась к поискам Ферлингетти. Почти с остервенением я перебирала книжки на полках, но Ферлингетти не попадался. Отчаявшись, я вышла из магазина и отправилась в кафе выпить кофе и осмыслить свою неудачу. Там я немного встряхнулась и уже перед самым закрытием магазина все-таки решила испробовать удачу в последний раз.

Когда я туда зашла, там было пусто, только я и продавец — студент в очках, слушающий музыку в наушниках. Он покосился на меня, — наверное, мое поведение вызывало сомнение в чистоте намерений. Зачем снова пришла? Чтобы у него не оставалось вопросов, я спросила его, где мне найти поэзию Лоуренса Ферлингетти. Продавец предложил поискать в дальней комнате (в которой я и без того провела не один час). Я вновь нырнула в комнату, где от пола до потолка стояла вся мировая поэзия и со стен на меня смотрело много русских писателей и их заокеанских коллег. Обведя взглядом полки, я зашла в самый дальний угол и, переведя дух, подняла взгляд на полку с книгами. Пробежалась по корешкам и с возмущением убедилась, что фамилии «Ферлингетти» среди них по-прежнему нет. Но я все еще не хотела сдаваться: повернулась на 360 градусов и с новой силой взглянула на полку прямо напротив моего носа. На ней стояла книга неизвестного мне поэта, обложкой повернутая прямо на меня. В глаза бросилась усатая физиономия и имя: Джэк Хиршман. «Не тот!» — язвительно прозвучало в моей голове, и я наконец смирилась с безнадежностью поисков, продолжая раздраженно смотреть на ненужную мне книгу.

В этот момент в комнате раздался грохот и причитания, я обернулась и увидела ввалившегося в дверь высокого человека. Он споткнулся о порог и, видно, сильно ударил ногу, так как продолжал причитать по-английски и ежиться от боли. После чего он приземлился на стул возле небольшого столика и, согнув свою длинную спину, принялся читать газету. «Что случилось?» — обнаружила я свое присутствие, скорее, из вежливости. Мужчина взглянул на меня и неловко засмеялся: «Да ничего особенного, вот споткнулся, это мой палец — болит мой палец, но спасибо за внимание, пустяки!» Я так же вежливо улыбнулась в ответ и снова повернула голову к своему углу с книгами.

И снова увидела обложку неизвестного автора. Усатый тип задорно пялил на меня свою физиономию с обложки. Но тут что-то мне показалось странным, и у меня появилась совсем идиотская мысль: «Забавно, а у дядьки, что ввалился через порог и отбил себе палец, тоже усы, как и у физиономии на обложке неизвестного автора. Может, это одно лицо?» «Ну прям, — возразила я самой себе, — прямо так и входят в комнату поэты, в тот самый момент, когда ты стоишь напротив их книг!» Но ради забавы я все-таки спросила: «Простите! — дядька повернул ко мне усатую голову. — А вы случайно не... — я вновь посмотрела на обложку и прочитала по слогам, — не Джек Хирш-ман?» «Я Джек Хиршман, 24 часа в сутки! — отчеканил он и с ноткой раздражения вскинулся на меня. — А в чем дело?» Я замерла на месте. «Да вот книга — не ваша?» «Наверное, моя!» — легко отозвался он, поднялся со своего стула, подошел к полке и взял книгу в руки. Это был и вправду он. Обрадованная такой неожиданностью, будто я наконец нашла то, что искала, я принялась задавать банальные вопросы: «А вы живете в Сан-Франциско?» и так далее. Он охотно отвечал. Тут я вновь проявила внимание к его ушибленному пальцу, спросив: «Как палец?» (Палец по-английски «toe» — в русской транскрипции: «то».) Он начал оживленно отвечать, что-то говорить про «то» и про свою новую книгу о «то», уже третью. «Чокнутый слегка! — мысленно дала я определение восторженно болтавшему про свой «то» усатику, — как все в Калифорнии!» Единственное, что меня насторожило, — он ставил перед словом «то» частицу «ар», мол, уже пишет третью книгу про «ар-то». «Вы пишете о своем пальце?» — мне было нечего терять. Он помедлил и потом радостно пропел: «Ах, как хорошо вы заметили — то и Арто! Можно провести фрейдистские аналогии... А вы слышали про него?» «Про кого?» «Про Арто, Антонен Арто?» Ах да, конечно, Арто, — я сказала, что слышала. Он обрадовался и принялся расспрашивать меня, откуда я родом и что здесь делаю. Услышав, что из России, он потащил меня через весь книжный. «Россия, —

говорил он по слогам с сильным вывертом, — Ев-ту-щен-ко? Мая-коф-ский?» Наконец, он остановился возле какой-то полки и извлек оттуда тонкую брошюрку, автором которой он являлся. Это была одна из его книг про Антонена Арто. Вынув ручку с пером, он стал надписывать ее. Когда я взглянула, то увидела: «Елене на память от Джэка Хиршмана — Това-рис-че-ства!». Перед тем, как распрощаться, я заикнулась насчет Лоуренса Ферлингетти, — не слышал ли он такого поэта? Каково же было мое удивление, когда он выпалил: «Ларри? Конечно, он же мой друг, мы с ним вместе создали этот книжный магазин! Да, вот его фотография...» — и он снова взял подаренную мне книгу и, пролистав, открыл страницу с черно-белой фотографией. «Это я, а это Лоуренс, или Ларри, — я так его зову». После он пошел шарить со мной по полкам с книгами и наконец выудил сборник, который я искала. Я чувствовала себя именинницей. Как же — встретила человека, который лично знал Ферлингетти! Ох и безумный, наверное, тип, этот Ларри, коль заставил меня идти к себе таким заковыристым путем!

Но с совпадениями того периода еще не вся история. Например, человек звонит как раз в тот момент, когда я о нем подумаю. Но это бывает со всеми, для этого не надо быть членом эзотерической группы. А уж влюбленные — так это просто ясновидящие! Точнее сказать, ясновидящие слепцы. Они чувствуют своего партнера независимо от времени и пространства. Правда, для этого надо быть влюбленным, причем по-настоящему, а не по настроению. Так случилось с Бойдом, моим старым другом. Он увидел во сне то, что происходило со мной наяву, в тот самый период, когда я находилась в Сан-Франциско. Мы с ним тогда перезванивались, но редко, раз в два-три месяца. Дело было вечером, я привела в гости Клода, с которым работала на той самой американской картине и в которого влюбилась. Привела я его в дом, в котором жила у своего знакомого галерейщика. Он был в отъезде, и я решила, воспользовавшись его отсутствием, отдохнуть от тяжелых съемок, а именно погулять по его большому дому, послушать музыку, а заодно искупаться в джакузи. Вечер удался на славу — мы с Клодом влюбились друг в друга окончательно, и водные процедуры этому, несомненно, способствовали. На следующее утро, только закрылась дверь за Клодом, как позвонил мой старый приятель Бойд. Это было редкостью само по себе, так как инициатором звонков всегда была я. Приятно обрадованная такой неожиданностью, я услышала встревоженный голос моего давнего возлюбленного: он рассказывал, что видел во сне, будто мы с ним купаемся в какой-то ванной и за нами наблюдает мой отец. Правда, мой отец явился в облике американского джазмена Джона Колтрейна. О Джоне Колтрейне я прежде не слышала, и Бойд пояснил мне, что это уже умерший гениальный музыкант и что он был черным. А также, что Бойду было неловко во сне, что за нами наблюдает мой отец. Услышав все это, я не на шутку подивилась — не Джону Колтрейну в лице моего отца или наоборот, а тому, что я и вправду принимала длительную ванну с мужчиной, правда, с другим. Но он, в несколько искаженном виде, это телепатически увидел. В конце концов, мне просто стало лестно: «Все еще чувствует меня, — решила я, — коль настроен со мной на одну волну». Но на этом любопытный эпизод не закончился. Спустя недели две я получила письмо от Клода, который после встречи со мной в Сан-Франциско укатил на заработки в город Сакраменто. Письмо начиналось словами: «Слушаю запись Джона Колтрейна и думаю о тебе!» Опять Джон Колтрейн? Я никогда прежде не знала этого музыканта и уж тем более не говорила о нем ни с Клодом, ни с кем другим... Только с Бойдом, который впервые произнес это имя. Естественно, после этого мне сам Бог велел заняться поисками его записей.

Я тоже теперь слушаю его и пытаюсь найти в нем себя. Нахожу, но непременно в компании с Бойдом и Клодом. А может, мы просто все были влюблены? А Джон Колтрейн подобрал нужную мелодию?

Возможно, только влюбленный и может знать наверняка: чего он хочет и что все это значит.

Итак, «некто», или же «никто», заказал мне продолжение «Идиотки» — уже смешно звучит — или просто написать еще что-нибудь, на выбор. (Предвижу возможные упреки в мании величия, — а как еще писать, если этого бояться? и на свой риск прорываюсь дальше.) Я села и стала думать. Перебрала свои истории, которые не вошли в «Идиотку». Составила план — про то и про это еще можно рассказать. (Вот он перед моим носом лежит: первый пункт, второй, третий — нервным таким почерком.) Попыталась сесть за компьютер (теперь купила) и мучаюсь. То тон какой-то приобрету, то закопаюсь в словах. И все мысль скребется: «Нечего тебе писать, у тебя нет идеи, целого». Ведь биографические романы писать просто. Там есть герой — ты. Там есть любовь — он. Там есть его преемники и все, что с этим связано. (Может, назвать эту книгу: «Роман без героя...» — на что-то похоже.) А здесь? Страсти нет. Изначальной, всепоглощающей... Ты же сама веришь в то, что только так и можно писать. А страсть — это свое, затаенное, когда по живому...

Пишу это и думаю — что ж за дерьмо такое пошлое получается? «По живому», «свое, затаенное» — про себя, правда, именно так и думаем, такими словами. А напишешь — и пошлость получается. Нет, не умею я писать. Но что-то меня притягивает в этом, — слова и мысли выскакивают и организуются в узоры и новые смыслы. То нет смысла, то вдруг появится. Будто и не я это, а кто-то другой мной руководит. И снова к этой теме вернулась — так кто-то хочет, чтоб я это написала? Вот я и попробую это проверить. Если Он водит моей рукой (такой неумелой, а Он всегда выбирает неумелую руку, это потом Он делает ее умелой, если захочет), то вы об этом узнаете. А если Его и не было на этот раз, то вся эта словоузорчатость останется в моем «компьютере». В моей голове, то бишь. Нда — голова уже и компьютер, в духе времени, и самое главное, это тоже не лишено смысла. Смыслы, смыслы... Лабиринт какой-то. Я вижу эти коридоры смысла: один, другой, десятый.

О! Вот опять Бойда вспомнила (моего американ-ского друга, возлюбленного, которого пыталась спа-сти от наркотиков), как сидели с ним в кофейне. Да нет, в простой такой дешевой забегаловке. Сидели на-против друг друга, а за нами зеркала — за его спиной и за моей. Какие-то с множеством граней. Так вот, его голова вдруг размножилась и стало их... нет, не десять, а где-то пятьдесят. И наверное, он точно так же и мою башку видел. Так это было похоже на правду, потому и запомнилось, как неразгаданный символ — всего. Про него и про меня, и про все, что вокруг. Вот и Бой-да вспомнила, вылез откуда-то, неспроста! Я часто так думаю: вспомнила, значит, неспроста, — только ког-да об этом молчишь и внутри себя думаешь, то кажет-ся нормальным, чем-то привычным, естественным для тебя. А когда озвучиваешь, то кажется странным: может, вру все? Но нет, не вру — появляются люди в нашей памяти неспроста. Нам посылают мысли, под-сказки и чувства через многие знаки. Совсем незна-чительные, вроде прикосновения. Оттуда...

Мне, например, в один из моих дней рождения по-слала привет моя бабуля. С того света, так сказать. Едва проснувшись и еще лежа в постели с закрытыми глаза-ми, я вдруг почувствовала тонкий укол в сердце. Я даже увидела его — тонкий луч из космоса, пронзив-ший мое сердце. Еще не открыв веки, я сказала: «Бабу-ля!» Почувствовала контакт с ней. Энергетический контакт. И сразу вспомнила: сегодня же мой день рож-дения! Она поздравила меня. Это было совершенно очевидно, так как она возникла в моем сознании на чувственном уровне, через укол в сердце. Я только улыбнулась в ответ — настолько это было ясно. Есть еще кое-что: Света Переладова! Моя подруга по Щуке и однокурсница, ушедшая из жизни в 33 года. Когда я писала свою книгу «Идиотка» и дошла до главы, где рассказываю про Свету, мое знакомство с ней и нашу дружбу, то вдруг — не сразу, а когда уже расписалась вовсю — поняла, что пишу о ней 20-го февраля. Это ее день рождения. То есть я начала писать книгу в апреле 1999 года, и к февралю 2000-го едва написала половину. И в аккурат к концу февраля дошла до рассказа о Свете. Принялась писать эту главу номер 25 в день ее рождения. Ни днем раньше, ни днем позже. Нет, ну что вы об этом думаете? Я мысленно послала ей привет — да, мол, да, пишу, Светуля, знаю, что ты уже знаешь об этом, спасибо тебе! Я все ждала тайно, что слово какое-нибудь у меня на экране компьютера вылезет: прямой ответ или «привет» — но нет. Пока без этого.

Вот я и нашла тему для главы — «Туда». А сразу за ней должна последовать связанная с ней глава — «Оттуда».

У меня нет общего сюжета, я его пытаюсь сотворить. Но не выдумать, а нащупать. Я предполагаю, что он существует вне меня и, следовательно, проступит сам. Посмотрим.

«Туда»
Мы с мамой сидели возле бабушкиной постели. Вот уже примерно месяц, как она ничего не ела, только пила из ложечки, которую ей подносили, слегка приподняв ее голову на подушке. Бабушка умирала.

Она была в сознании, в свойственном ей, ясном и выразительном сознании. Она сказала, что в ее шкафу хранится бутылка кагора. Она хочет, чтобы мы распили ее после ее смерти. Мы с мамой послушно кивнули. Затем она сказала, что не хочет, чтобы ее кремировали. «Нет, только не это!» — произнесла она с чувством. Она вспомнила, что в годы юности присутствовала на кремации своей одноклассницы по гимназии. Тогда позволялось наблюдать за процедурой в специальное окошечко. Увидев свою подругу, поднимающуюся в цветах, словно ожившую в гробу, моя бесстрашная во всем бабушка на всю жизнь затаила испуг и теперь повторяла, глядя в потолок, одну и ту же фразу: «Нет, нет, только не это!» «Что будем делать? — говорила мне мама шепотом. — Нам негде ее хоронить, мы вынуждены кремировать. На Донском, в ее семейном склепе есть место только для урны!» Я молчала. «А не получив ее согласия, как потом кремировать?» — продолжала мама. Мы сидели притихнув, понимая тупиковую ситуацию, которая требовала этичного выхода, а его не было. «Надо как-то ее уговорить!» — сказала мама. Я видела, что она подбирает слова. «Мама! — начала моя мама. — Ну, если все-таки придется, это такая вазочка...». Бабушка молчала. «Маленькая вазочка». — пояснила мама. «Какая вазочка?» — отозвалась вдруг бабушка. Мама вытянула перед собой руки и показала в воздухе обтекаемую круглую форму. Бабушка ничего не ответила. Мы переглянулись и решили, что молчание уже кое-что: похоже на согласие.

«Боже мой, как все это ужасно!» — снова обсуждали мы с мамой ситуацию и связанные с ней терзания: как говорить на такие темы с умирающим? Мы шли по улице Горького от бабушкиной квартиры и говорили о том, что нельзя было произносить при ней. Нас опять сменила Валентина — женщина, которую мы наняли присматривать за бабушкой. Мы были вынуждены прибегнуть к чужой помощи, так как обе работали и не могли проводить 24 часа в сутки возле нее. Пригласили женщину из специального агентства, высокую и крепкую, лет 60-ти. Она всегда просила нас не беспокоиться и живо принималась за дело: вытирала пыль в комнате, мыла пол и подносила бабуле воду. Бабушка ее сразу невзлюбила и просила нас не оставлять ее с ней наедине: «Не верю я ей! — повторяла бабушка гневно, — уберите ее от меня!» Но мы не смогли исполнить ее желание, считая, что лучше кто-то, нежели никто. А Валентина была в тот момент единственной, кто согласился работать. «Бог ее знает, что ей в ней не нравится, — рассуждали мы, — такой у бабули характер — строптивый, упрямый. А может, и вправду, что-то есть в этой женщине, что бабушка чувствует, только что?» И мы оставляли бабушку с длинной Валентиной.

Но сейчас мы были с мамой вдвоем возле ее постели. Вечерело. В окно било яркое осеннее солнце. Оно ложилось на пол яркими квадратами. Бабье лето! Мы сидели с мамой молча и думали. В такие вечерние минуты хочется сидеть всей дружной семьей на даче за чашкой чая с вареньем. На минуту-две даже представилось, что так оно и есть. Я вспомнила, как еще полгода назад привезла бабушку из больницы к себе домой на Грузинскую улицу. Она была тогда еще крепкой, и казалось, что выкарабкается после падения, повлекшего за собой перелом шейки бедра. Нам с мамой с трудом удалось уговорить ее вызвать ночью «скорую», которая и доставила ее в больницу. Очень она не любила больничные стены, а вернее — не доверяла им. Там она продолжала бунтовать и называла, правда по ошибке, палату — камерой. У нее были для того некоторые основания. Отбыв в заключении при Сталине 22 года, она с трудом дала себя увезти в городскую больницу на «скорой». Каково же было наше удивление, когда на стене машины мы увидели портрет рыжего горца, оказавшийся прямо над головой нашей бабули. Заметив его, она не преминула сказать, что портрет сильно приукрашен. «Он был уродом, с низким лбом, а здесь красавец!» — произнесла она брезгливо. Такая вот «скорая помощь» разъезжала по московским ночным вызовам. В больничной палате бабушка все время говорила о том, что хочет домой. А после выписки она сидела в кресле на моей кухне, в знакомых стенах, и я приветствовала ее: «Вот ты и дома!» И тут она произнесла очень странную для нее самой вещь — ведь она была материалисткой, как многие люди ее судьбы и поколения. Она сказала с улыбкой, исполненной какого-то нового знания: «Какой же это дом? Мы здесь не дома!»

Вдруг бабушка издала стон, вернув меня в сегодняшний день. Она вскрикнула: «Я больше не могу так лежать!» Мама подошла к постели, склонилась над ней: «Мамочка, как помочь тебе?» «Я хочу повеситься!» Мы с мамой вздрогнули. «Мама, ты о чем?» «Я хочу повеситься, но у меня нет сил. Я хочу, чтоб вы меня повесили на этой занавеске, я больше не могу так лежать!»

«Мамочка, ты же знаешь, что это невозможно!» — стала урезонивать ее моя мама. «Почему невозможно, возьмите и повесьте меня... Эх вы, трусы!» — настаивала бабуля. Мама села на стул возле меня и мы погрузились в еще более глубокое молчание. Потом переглянулись. Я нарушила тишину: «Ну что?» Мама смотрела на меня вопросительно. «Ты что!» — отозвалась она, прочитав мою мысль. Я попыталась развить эту мысль до логического предела: «Она же просит, надо ей как-то помочь». Мама на секунду задумалась, потом отмахнулась: «Ты с ума сошла, она просидела полжизни, и мы тоже сядем!» А как же ей помочь? Ответа не было.

Она попросила пить, и не успели мы поднести к ее рту ложку с водой, как она стала шевелить руками и губами, как если бы уже пила глоток за глотком с воображаемой ложки. Стало немного не по себе — значит, сознание начинает ослабевать, — но вскоре мы стали наблюдать за ее действиями, и это выглядело очень любопытно: аккуратными движениями она потягивала с воображаемой ложки воображаемую воду. Потом закончила пить и сделала знак, что все. «Как в Щукинском училище — занятие на память физических действий!» — сдерживая смешки, комментировали увиденное мы с мамой. Вскоре бабуля стала звать свою мать, обращаясь к ней, как если бы та была рядом и она ее видела. Стало ясно, что бабушка присутствует в двух реальностях, и вторая, невидимая нам, завоевывает свою территорию пядь за пядью. Так длилось недолго, вскоре бабушка снова была с нами и принялась разговаривать. Она разразилась тирадой — если можно так определить вспышку эмоций, охватившую умирающего человека, — тирадой по поводу Валентины. «Я лучше буду одна здесь лежать, но не с ней!» Нам с мамой тяжело было слышать эти слова, но мы хитрили, стараясь ее успокоить или перевести разговор на другую тему.

Через несколько дней бабушка умерла...

Стояла суббота. Мама вызвала «скорую». Это были, как всегда, очень крупные и мясистые парни. Здоровенный мужик подошел к постели, взял бабушкину руку за запястье, приподнял ее и затем отпустил — рука безжизненно упала на простыню. «Умерла», — сказал крупный парень. «Как — умерла?» — переспросила мама. «Так — умерла», — повторил парень. Мама ничего не понимала, снова спрашивала: «Как, доктор, умерла? Вы снова пощупайте пульс!» Тогда он проделал еще раз движение с бабушкиной рукой, и она снова упала на простыню. Мама вышла на балкон и позвала тоненьким голоском: «Мамочка! Мамочка!» Парни из «Скорой» сказали, что надо вызывать врачей из поликлиники и везти бабушку в морг. Затем ушли. Я побежала в поликлинику, напротив бабушкиного дома. Там мне сказали, что суббота и никого из врачей нет. «А как же быть? Мы же должны отвезти ее в морг...» — дрогнувшим голосом спрашивала я. «Не знаем!» — отвечали мне люди в халатах. Я побежала к маме, пересказала ей ситуацию. Потом снова в поликлинику. На этот раз меня узнали: «Вы —актриса? Из «Романса о влюбленных»? Сейчас пришлем к вам людей, говорите адрес!» Как выяснилось, их медсестра меня узнала. Также пояснили, что это дочка Людмилы Гурченко — мне повезло, что было кому меня узнать.

Спустя еще несколько дней мы с мамой и сестрой Машей разбирали вещи в бабушкиной квартире. Я нашла записку на столе, на которой было выведено неровным почерком: «Нет, нет, только не это!» Я долго гадала: неужели эту записку написала умирающая бабуля. Но все же решила, что вывела эти слова под бабушкин голос сама, сидя возле ее постели. Правда, я этого не помню. Впрочем, кто знает. Вспомнили про бабушкину бутылку с кагором, нашли ее в шкафу. Это был обыкновенный кагор отечественного разлива, судя по этикетке. Впрочем, бутылка оказалась откупоренной и наспех заткнутой чем-то. Когда мы разлили ее содержимое по маленьким рюмкам и пригубили, оказалось, что это морс! Нас передернуло: Валентина! Помешала-таки она нам выполнить бабушкину просьбу. Какие же мы все-таки дураки!

(После того, как я закончила писать это воспоминание, на следующий день дверь бабушкиного шкафа отвалилась — просто осталась у меня в руке, когда я потянула за ручку. Тяжелая, с зеркалом, она легла прямо мне на висок — но, к счастью, зеркало не разбилось. Ну что, зря я все это написала?)

Нелепость. Постоянно присутствует ощущение нелепости во всем, что связано с нашим отношением с Тем миром и теми, кто ушел Туда. Мне совершенно очевидно их присутствие и контакт, в который мы с ними вступаем. Их знаки Оттуда. Они, пожалуй, даже естественнее, чем все ритуалы, сопровождающие память об усопшем. Может, это от того, что мы никак не можем осознать, что мы есть и Тело и Дух в одном лице. И в какой-то момент жизни, называемый «смертью», они разделяются. И нам проще общаться с Духом — коль он бессмертен, — нежели лицезреть умирающее тело. А как жалко это тело! Оно ведь тоже — Я! Сколько усилий и радостей связано с его ростом, существованием, поддержанием в нем жизни.... Возможно, наше тело и есть то единственное, что дается нам только на эту конкретную жизнь, коль скоро тело бренно. Оттого трудно выработать отношение к умирающему телу, которое перестает существовать. Мы ищем в нем Душу, знаем, что тело — временный дом нашей Души, и мы созерцаем останки с любопытством и испугом: находим такую печальную «одежку», с которой, впрочем, так много связано. Заботимся о том, как эта «одежка» будет выглядеть, когда мы уже не сможем ничего поправить. «Я так боюсь умереть в нечистом нижнем белье!» — сказала близкая знакомая. «Так вот, упаду где-нибудь, а белье — нечистое!» «Боюсь умереть, оставшись кому-то должным!» — скажет мой приятель, которому 30 лет. А сколько суеты (священной!) связано с тем, как человек хочет быть похоронен. Как и где? «Развейте мой прах над морем», «в саду», «над могилой родственников, если там больше не будет места!», «Похороните в Кахетии, на холме, возле храма, я любил приезжать туда в отпуск...». И так, мечтая о наличии Духа, прощаемся с телом, — с тем, что можно пощупать, обнять, поцеловать. А земному человеку хочется пощупать, — это также составляющая любви, пока мы здесь. И вот нет тела, есть только Душа, которая является нам.

И с этим я живу. Но никак не могу осознать и смириться с тем, что тело бренно. Как и никто не может. Дуализм, который неразрешим для простого живого человека. Невоцерковленного христианина. А может, для любого живого? Хочется все вернуть назад — тело соединить вновь с Духом и дать ему старое имя. Ан нет — с момента ухода они существуют порознь. Так мы и мечемся, с кладбища — домой, где с облегчением рассматриваем лицо на фотографии, которое только там теперь и есть. И ждем появлений образа в нашей памяти, называя это: снился папа. Затем: «Надо пойти поставить свечку! Снился, значит, Душа мается». А тело? А его уже давно нет.

Только что Пасха прошла. Я постилась по всем правилам и вечером пошла в церковь. Всю службу не смогла выстоять. Но хотя бы так. А утром мы договорились с моим родственником поехать на кладбище, на могилу к родне, на Ваганьково. Мы планировали помянуть папу за несколько дней до того и встретиться в день его рождения, 2-го мая, но Юра — мой родственник, не смог, и теперь вот решили вместе прийти в Пасхальное Воскресение. Я долго колебалась — купить водку — не купить, возилась с банкой для цветов — долго искала подходящую дома, потом зашла в киоск купить минеральную воду под цветы и решилась все-таки взять чекушку водки. С полным пакетом я появилась на кладбище. Жарища стояла, жуть. И народу полно — гуляют, милостыню просят, дети играют, какие-то бездомные сидят у своих сумок, и кудрявый ребенок тоже возле пластиковых сумок, и игрушечный мишка тут же. А за ним, за всем его ворохом — могилы. Вот оно — Пасхальное Воскресение какое, значит! Я никогда не приходила на кладбище вот так — с пакетами, с водкой, с крашеными яйцами. А тут примчалась, да еще назначила у могилы встречу с родственником — последним Кореневым по мужской линии в старшем поколении. Может, потому и примчалась, что поняла — надо! За всех, и за то, что всегда игнорировала родню и праздники семейные и народные, а теперь надо...

Юра был уже здесь. Показал мне веник, который принес из дома, чтоб подмести возле могилы и стряхнуть мусор с мраморного бордюрчика. Я стала разворачивать цветы и ставить в банку. Потом зажгла свечки, воткнула их в землю. Потом мы с Юрой зашли за нашу родовую плиту, пристроились у лавочки, стоявшей у чужой могилы, и стали разливать водку. Юра тоже принес. Мы с ним выпили, не чокаясь, и закусили, он — помидором, я — яблоком. И начали болтать. Я видела, что Юра оживлен, так же, как и я: наверное, не верил до последнего, что я приду. Мы помянули всех родственников, всех шестерых: прабабку, прадеда, деда моего, бабушку, Юриного отца и моего папу. Выпьем и снова возвращаемся к своим — встанем против плиты с их именами и датами и начинаем вспоминать. «Кореневы все много пили, братья», — сказал Юра, глядя на портреты двух братьев — моего деда и его отца, и добавил: «Но алкоголиком никто из них не был!» Это было приятной новостью и звучало с какой-то гордостью. Затем мы посчитали, кто и сколько прожил и кто во сколько лет умер. Потом снова за плиту, к лавочке, и снова пьем, не чокаясь. Ворона прилетела и села на плиту соседней могилы. Мы оглянулись — отметили, что села не на нашу плиту и с облегчением продолжили без остановки стремительную болтовню.

Вскоре я захмелела, да и Юра, наверное, тоже. На душе полегчало, я обратила внимание, что мы с Юрой громко говорим и смеемся, по-семейному устроившись возле могилы. Проходящие мимо задерживали на нас свои взгляды, и мне было приятно — я чувствовала себя частью какой-то долгой традиции и большого семейства. Пыталась временами найти папу в этом потоке слов и торопливых действий. Взгляд шарил то по плите с его именем, то по белым розам, что я поставила в банку, то на катящуюся по свечке восковую каплю. «Неужели он здесь? Какое несимпатичное местечко», — пронеслось, не оставив следа в моем сознании. Но пока мы здесь — и он, значит, здесь, ведь мы пришли сюда, значит, надо было. Значит, что-то здесь есть, кроме праха. И со вздохом, чтоб не задумываться особенно, приняла все как есть. Я пришла к отцу. Куда прийти к нему? Не знаю посредством чего, но чувством я с ним соединялась, и решила, что наше с Юрой веселье и несколько нелепый вид ему по нраву.

Свечки догорали, и мы собрались к другой могиле — в другом конце кладбища, где тоже был похоронен один из четверых братьев Кореневых со своей супругой, ее родителями и родственниками. Но прежде чем двинуться дальше, Юра отломил кусок от кулича и посыпал крошки на могилу: «Чуть-чуть, вот так и хватит, а больше не надо, я не люблю, когда здесь разводят...» — он не договорил, а я подхватила: «Огород!» (Одна моя знакомая в сердцах возмущалась тем, что в одной могиле с ее матерью хоронят всю родню ее второго мужа: «Устроили коммунальную квартиру!») Почему-то именно на кладбище, после небольшой дозы спиртного, начинает работать эдакий лихой юмор. С моим размышлением о могилах, которые не должны превращаться в огород, Юра согласился, потом сказал, что надо яйца оставить по числу похороненных — шесть, так ему жена подсказала. Она осталась дома со своей сестрой, чтобы обсудить хлопоты, связанные с наследством недавно умершей матери. Это была их история. Здесь сегодня — наша.

Мы не без труда, но все-таки нашли и другой наш участок — он был раз в шесть больше первого и огорожен железной решеткой. Пробирались мы к нему по узеньким дорожкам между могил, и когда наконец нашли плиты со знакомыми именами, то сразу остановились обрадованные, словно эти плиты с собственной нашей фамилией и есть наши еще живые родственники, что давно нас тут ждут. Калитка находилась с другой стороны, и ее створки обвивала тугая проволока. Повсюду в проходах между могилами сновали люди с сумками и цветами. Юра предложил перелезть прямо здесь через чугунные колья, чтоб не обходить могилу. Он объяснил, что всегда так делает, когда никто не видит. Юра был ректором МГУ и нарушал правила с оглядкой, но непременно нарушал. «Коренев!» — с удовольствием подумала я о нем. Замахнулась ногой — забор оказался довольно высоким, и очутившись наверху, осторожно, чтобы не сесть на кол, спрыгнула на землю. Оказавшись у могил, положили по тюльпану дяде Коле и тете Кате, снова налили и выпили. Юра сказал, что дядя Коля был биологом и военным одновременно, а также, что он участвовал при испытаниях атомной бомбы и там, наверное, подхватил что-то. Умер он от рака и раньше всех других братьев. Потом Юра указал пальцем на две дальние плиты, что находились на «нашей территории» и сказал: «Вот видишь, Мейерсон и Бардина — это какие-то дальние родственники по отцу тети Кати. — Этот Мейерсон раньше здесь был — он ткнул пальцем прямо под своим ботинком, — а я его туда перенес». «Как это?» — у меня кружилась голова. «Ну, устроил, договорился, чтоб перенесли могилу, а то прям тут был!» «Ну и кому это все принадлежит?» — поинтересовалась я, чувствуя здесь какую-то интригу. «Им — родне тети Кати, этим Мейерсонам и Бардиной, — ответил Юра со вздохом. — А сколько места!» «Так может, поговорить, что им стоит потесниться, дядя Коля-то наш, значит, и мы имеем право на маленький участочек, вон сколько тут еще места?» Но Юра отмахнулся: «Не в моем это характере... просить». Я впервые рассуждала на эти темы, но на кладбище это казалось нормальным, и вид могил принуждал к соответствующим беседам. От этого немного захватывало дух, но возникало и чувство удовлетворения, что выдерживаю беседу на такие щепетильные темы.

Вскоре мы направились в обратный путь, домой на Тверскую. Я пригласила Юру посидеть часок, пообщаться. Он согласился, предупредив, что Валя — его жена — ждет его дома. Выбираясь через Ваганьково к нужной нам аллее, ведущей к выходу, я заметила, что возле многих могил стоят и сидят захмелевшие люди. Они ели и выпивали, громко болтали, что-то вспоминая и чему-то смеясь. Я даже увидела спящего на земле у могилы мужчину. Вот так так! Прямо лег там, где стоял? А может, он кого-то здесь оплакивал? И разве можно отсюда вернуться туда — к пешеходам с сумками, свиданьями, зарабатыванием денег и поездками на море, бурной жизнью — после того, как спишь на могиле? Или это отчаяние от того, что нечего обнять, кроме сырой земли? А ведь это — доведенное до гротеска пасхальное «празднование с усопшими» — и ой, как это понятно, коли на могилах дети с игрушками-мишками и тетки бездомные — их матери, с сумками, да и все это братание живых с мертвыми. Живых ли? А этот спящий у могильного креста? Выпившие люди всегда смотрят в корень.

После того, как мы с Юрой посидели за столом в квартире, на Тверской, я проводила его и он уехал к жене, которая ждала его вместе со своей сестрой. А вечером меня начали преследовать смутные чувства и образы. Я видела улыбающихся с портретов родственников — тетю Катю и дядю Колю, дядю Мишу и дедушку и думала о том, что все, что мы сегодня сказали и съели было сделано за них и вместе с ними. Они молчали, а мы громко и весело смеялись и только пили молча, не чокаясь. И папа молчал. Я почему-то решила, что ему это должно понравиться, как мы с Юрой оживленно болтаем над его прахом. Но я не знаю наверняка. И мне стало очень грустно и страшно — неужели, неужели так: положив яйца на могилу, покрошив крошки от кулича и поставив четное количество подрезанных короче стеблей роз, — я протянула руку своему отцу? Так в детстве я кормила птичек и кукол, и они молчали мне в ответ. Но я была уверена, что без меня они не заснут и если я не суну им ложку в пластмассовый рот, то будут голодными. И я успокаивалась, когда могла их накормить. И только тогда засыпала. И теперь так же. Я «покормила» своих почивших родственников, и это позволило мне заснуть и проснуться, чтобы забыть и не думать о том, на что нет ответа.

А позже, на следующий день, папина вторая жена сказала, что ходят на кладбище только во Вторник, на третьи сутки. Может, оттого так страшно мне стало вечером. Так это и не был настоящий ритуал.

Что ж мы все делаем? Бедные, бедные, какие же мы все дураки.

«Раздавленная бабочка»
Мы остановились. Я не пошла смотреть содержимое магазина «Антик». Обычно это лавки, забитые старыми куклами, вазочками с отбитыми ручками и бюстами Наполеона, покрытыми пылью. Остатки старого быта, которые не вызывают ничего, кроме содрогания, меня не привлекали.

В ожидании К. я крутилась возле машины и вдруг заметила, что на бампере, прямо на вертикально выступающем носу его, бьется крыльями большая бабочка.

Она была еще жива, хоть и намазана на металлическую острую пластину машины. Должно быть, натолкнулась на нос на лету и нанизалась на него. Теперь их было две: головка с крыльями по одну сторону смертельного угла и хвостик, выпукло торчащий по другую. Я взяла бьющуюся часть бабочки за крылья и отняла ее от металла. Сошла с дороги, положила в траву, возле красивого одуванчика. Потом аккуратно обняла пальцами круглую трубочку хвоста и дернула ее. Клейкая жидкость соединяла хвостик с поверхностью машины так крепко, что казалось, вряд ли удастся его отцепить, не потревожив еще сохранившуюся форму. И все же после настойчивой попытки я увидела в своих пальцах удлиненный предметик. Поднесла его к первой половинке — трепещущим крыльям и, опустив хвостик возле головки, подвинула его поближе, чтоб смотрелось, будто она целая. Вид сверху мне понравился — казалось, что живая. «Ну и хорошо, — пробормотала я, разглядывая крылатое существо, — теперь нормальный человек!»

Были это похороны одной несчастной бабочки или ее второе рождение, я так и не знаю. Но твердо убеждена, что всякое созданье Божье подразумевает наличие всех своих частей, а именно — головы и хвоста.

Глава 6. «Оттуда»

На 22 декабря 1999 года было назначено празднование 20-летия картины «Тот Самый Мюнхгаузен». Откровенно говоря, я не понимаю таких юбилеев, как, впрочем, и не понимаю чествования юбилеев, ушедших от нас людей, — любимых, великих, но тем не менее. Наверное, я вообще не понимаю юбилеев, но не во мне дело.

Гриша Горин. Гришечка! До сих пор, да, наверное, никогда не пойму, что Гриша «там», а не здесь. Это действительно невозможно себе представить. Никогда не хочется с этим смириться, всегда больно, но в данном случае что-то совсем другое. Я просто не хочу и не буду в это верить. Я не могу сказать Грише, при Грише — он был... Это смешно, Гриш, правда? Наверное, он сейчас стоит возле меня и смотрит, как я бью по клавишам своего ноутбука. В это я все больше начинаю верить.

Гриша позвонил и сказал, что будем праздновать «Мюнхгаузена» и вечер состоится в старом цирке. Ну, раз Гриша сказал, значит, будем! Я давно, очень давно никого из них не видела: ни Марка Анатольевича, только по телевизору, ни Инны, тоже по телевизору, пару раз Абдулова, в Сочи на фестивале, да Леньку Ярмольника.... Вот и повидаемся, я ведь их люблю, с тех самых пор. А то, что представление состоится в цирке Никулина — так это просто здорово! Весело, по-нашему, по-мюнхгаузеновски! Мы все — Инна, Ярмольник, Абдулов, Кваша , я и Фарада — должны участвовать в каком-нибудь цирковом номере. Мне это еще больше понравилось. Как будто мысли мои прочитал кто-то. Я цирковую арену считаю более похожей на сцену театра, какой она должна быть, чем те, что в наших драматических театрах — прямоугольники. (Я делаю упор на слове «наших», так как в Америке, скажем, очень часто встречаются сцены ареной.) Нет, круг и все тут, как в Древней Греции, в Риме. А зрители рано или поздно делают знак большим пальцем, вверх — оставить жить, вниз — добить. Поэтому Цирк — это здорово. Я позавидовала когда-то актерам, игравшим в Никулинском цирке спектакль о русском императоре Николае Втором. Фокин ставил, Купченко играла Александру, Збруев Николая. Там даже кто-то летал на трапециях, — не видела, но слышала и думала, что это здорово! Вот повезло, кайф словили! А Фокин?! — Только он и должен был такое придумать, он понимает толк в кайфе. Театр — это кайф (может, не все догадываются?) и его надо ловить. Фокин умеет ловить кайф.

Одним словом, я согласилась участвовать в представлении, и назначено оно было на 22 декабря. Примерно, пара недель для подготовки. Мне позвонила режиссер Оксана, сменившая на посту главного режиссера Цирка, безумного гения Гнеушева (Валя сделал очень много потрясающих по фантазии и эстетской красоте номеров, но чем-то восстановил против себя людей из цирка, как бывает с гениями, — видно, сам почувствовал это и ушел.) Так вот, эта самая Оксана спросила, не откажусь ли я качнуться на трапеции? «Ну, так низенько, над самой ареной, совсем не страшно!» Меня сразу приподняло, словно воздушной волной и тут же опустило. — Ух! Уже дух захватывает при мысли... Кто бы мог подумать, что мне предложат то, о чем я тайно мечтала, с того момента, как увидела передачу с Пугачевой, — она пела где-то высоко.... «Пугачева — качалась и пела при этом!» Напомнила мне Оксана о том, что я и сама видела, — ей очень хотелось, чтоб я рискнула. Теперь ведь наступила ее пора доказывать, что такое хороший режиссер циркового представления. Ну, раз Пугачева, то я не смогу отказаться, — Пугачева понимает толк в кайфе. Я тоже ...ну и Фокин. Вот буду лететь под куполом при всем честном народе! Наконец-то! Нашли тебе, Леночка, местечко. Ведьма, Маргарита Николаевна, — кто из женщин хоть раз не летал в своих фантазиях и не бил чужих стекол?

Но через день перезвонил Гриша и зашепелявил так по-доброму в трубку: «Леночка, мы тебе такой номер красивый придумали — ты будешь выезжать в ящике, он сделан в виде котла, и оттуда в клубах дыма появляться, как Венера из пены морской!» Я тут же расстроилась, обидно стало как-то по-детски, словно мне достался самый слабый аттракцион в парке Горького. И я попыталась возразить: «А Оксана сказала, что будет трапеция... мы уже встретиться договорились». Нда, ранехонько ты принялась фантазировать насчет «честного народа», Елена Алексеевна, место тебе отвели малость пониже, даже еще ниже...в котле или коробке в виде котла.(«А как же крылья, мои крылья?!» — пропищало что-то возвышенное во мне.) Но Гриша и слышать не хотел ни о какой трапеции. «Нет, нет! Никакой трапеции, ну ее, давай лучше будешь вылезать из котла, вроде Венеры Милосской. Правда, сначала надо будет полминуты просидеть за кулисами в этом котле, — в ящике таком, что спрятан в котле, а потом его выкатят на сцену и под звуки музыки, из клубов дыма, появишься ты!» «Так это ж, скорее, похоже на Чистилище — котел, пар и я! А вдруг перепутают, не поймут?» — идея с котлом мне сразу не понравилась, она лишала меня нужного и красивого риска: на миру и смерть красна! Но Гриша удивился такой моей фантазии: «Какое Чистилище, что ты. Вене-е-ра!» — протянул он сладко. Я согласилась. Гриша явно обрадовался, что я такая сговорчивая: «Некоторые знаменитости начинают канючить — это не хочу, а вот то хочу!» Нда, будто всю жизнь не Чехова играли, а в Цирке работали. (Словно это их экзамен на профессиональную пригодность — все эти львы, слоны и змеи... Впрочем, хоть профессия актера драматического театра другая, нежели у циркового артиста, но видно какое-то отношение она имеет и ко львам, и тиграм, и мартышкам... вроде как материализация накопившегося: ну-ка иди сюда, львенок, щас я тебе покажу-у-у!)

Тут немного помедлив, Гриша добавил: «Вот единственное... Ты замкнутого пространства не боишься? Там надо будет полминутки в закрытом ящике просидеть». Меня словно потом прошибло: именно этого я боялась больше всего на свете. «Боюсь, очень даже боюсь, уж лучше трапеция!» — Я вновь попыталась нащупать героические резервы, приготовленные мне судьбой на этот случай. Но Гриша по-прежнему считал, что трапеция — большой риск. И мы договорились о репетиции с ящиком. А остальные, что делать будут? Инна — со львами, Ярмольник с шимпанзе, Абдулов с Фарадой, вернее, они оба — Клоуны, Янковский — вот он будет исполнять рискованный трюк: подниматься на тросе под купол цирка! Я позавидовала Янковскому — вот блеснет! Но все-таки настаивать на риске я не решилась. Зачем искать себе... приключений? Выбирает ведь и не Гриша даже, и не я, а кто-то третий. Я так и чувствовала: вся ситуация с цирком и этим 20-летием фильма нам устроена не случайно — свыше. Цирк — это ведь искус, вызов. Не наш вызов, а нам. Что-то древнее. Там и умирать должны на арене. Разговор со смертью. Правда, в такой конфеточной обертке. Нет, что должно, само придет, — вот ведь и пришло.

Прошла еще пара дней, мой телефон молчал, а времени до назначенного празднования оставалось все меньше. Я даже подумала, что все сорвется. Но тут объявился наконец Гриша и слегка извиняющимся тоном предложил: «Знаешь, может, все-таки трапеция, ты как?» Ха! Я же говорила: это кем-то придумано свыше, мне не избежать трапеции! Я обрадовалась. Он продолжал: «Дело в том, что я попробовал этот ящик, влез в него — темно, тесно, как в гробу, нет, не надо. Давай рискнем с трапецией, чуть-чуть тебя качнем, невысоко, и все!» «...а в Париже я на воздушном шаре летала!»

На репетицию в цирк я пошла вместе с Андреем Ташковым. Предложила ему: «Пошли вместе, и мне не так будет страшно, да и ты посмотришь там все». И он согласился. Я знала, что Андрюшке самому очень хочется давно полетать на чем-нибудь, он каждое лето все рвется взлететь на дельтаплане, да то дни выпадают пасмурные или ветреные или еще что-нибудь, все не получается пока. И вот мы подходим к цирку. Волноваться начинаю аж от метро, даже пот выступает на ладонях. Приятное такое и утомляющее чувство!

Пришли. На арене вижу сутуловатую фигуру Олега Янковского. По осанке, движениям и медленному потягиванию табака из трубки понимаю, что он, как и я, перепуган до смерти, но тоже чувствует, что — надо! По залу бегает оживленно один только человек — Гриша. Марк Анатольевич сидит тихо и целиком подчиняется фантазии Горина. Сначала репетируют номер Олега. Ему предстоит подняться под купол на тросе, прикрепленном к поясу на спине. Андрюшка Ташков вдруг срывается с места и просится подняться вместо Олега первым. Его захлестывает детское желание — рискнуть и испробовать что-то новенькое. Олег мысленно оценивает его предложение и, найдя в нем свои резоны (проще подниматься после кого-то на такую верхотуру) — соглашается. И вот Андрюшка уже взвился в воздух — метров на пять. Рот до ушей, на носу поблескивают очки, руки и ноги торчат в разные стороны, как у куклы — эдакий Пьер Безухов на веревочке — и я кричу ему: «Сними очки — разобьешь!» Но он, ехидно посмеиваясь, отказывается, говорит, что специально держит их на носу, чтоб нас обозревать сверху. Я вижу, Андрюшке нравится, что на него все смотрят, в то время как он рискует немного. Но вдруг улыбка исчезает с его лица, и он начинает поглядывать наверх, туда, где сидит человек, его страхующий и где накручивается трос на огромную бобину. Он принимается теребить пояс-страховку у себя на животе. Циркачи кричат ему снизу: «Андрей, не трогай лонжу!» Он их слушается, но теперь поднимается с задранной головой, словно ускоряя тем самым свой подъем. Наконец, на самом верху, ему протягивает руку заряженный там человек, и он же втаскивает его в отверстие купола. После того, как Андрей спустился к нам, сидящим возле арены, выяснилось, что его так беспокоило во время подъема. За спиной, где крепилась к лонже металлическая проволока, раздавался страшный скрежет, точь-в-точь, какой бывает, когда рвется провод. Андрей перепугался не на шутку и решил, что сейчас лопнет трос и ему кранты. Но выяснилось, что этот звук происходил в тот момент, когда трос проворачивался в крепежке, одним словом, он был естественным и Андрея просто никто не предупредил об этом. Спрашивается, почему? Ну, ладно. Видно, такое это дело цирковое, — все строится на риске, коль рискнул, так уж совсем рискнул! После Андрея, по той же траектории, подняли и Олега, — все внизу аплодировали — а он улыбнулся своей знаменитой улыбкой с прищуром, но был белый как мел. Дошла очередь и до моего номера. Сначала меня качнули на трапеции в полутора метрах над ареной, потом подняли повыше, тоже качнули — здорово, как на гигантских качелях, с колоссальной амплитудой в тринадцать метров! Потом я Андрюшку спрашиваю: «Ну, как?» А он: «А повыше нельзя, а то как-то низковато?» Прочитал мои мысли, я тоже поглядывала на большую высоту, но задать вопрос не решалась. «Можно» — отвечают, и поднимаюсь я на козырек того входа на арену, через который вводят слонов (высота соответствующая, метра 4–5). А там уже стремно так стоять, жуть. Но самое стремное — это то, что нельзя заранее садиться на трапецию, а только в полете, когда слетаешь с козырька (с крыши этого входа), и это очень страшно. То есть теряешь пол под ногами и только тогда всем весом пятой точки налегаешь на тонкую, как халлохуп, трапецию, а уж несешься вперед с приличной такой скоростью. И если мимо сядешь или не так крепко схватишься за стороны трапеции руками — тебе же хуже! Очень мне было страшно, да отступать некуда. Двое парней меня внизу раскачивали и одновременно поднимали выше к куполу. А один, Юра, кажется, по имени, заряжал меня наверху, на козырьке. Стали они мне дороже любых родственников, ведь от их работы, я поняла, зависела моя жизнь. Я все время наших репетиций смотрела на них преданными глазами собаки, внутренне проверяя — так ли они мной дорожат или не очень. Но ребята были — отличные. Конечно, номер утвердили. И после первого моего полета Гриша сказал, что молился, стоя внизу, пока я «качалась». Вид у меня был бледный и вцеплялась я в тонкие изогнутые бока трапеции мертвой хваткой, но при этом вся окаменевала. Профессионалам было видно, что у меня сердце в пятки ушло и сижу я как-то криво, но для меня и это было на пределе человеческих возможностей. Оксана, ставившая номер, меня просила расслабиться немного, расправить сутулую спину, откинуться слегка назад. С третьей попытки я это сделала. Весь период репетиций я существовала мысленно с одной идеей: мне послана такая провокация, моему самолюбию и страсти к риску — а так ли я жизнью дорожу? И что мне даже предлагается возможность закончить так свое существование, в цирке, — свалившись с трапеции. Да, да, понимаю, глупо звучит, но представьте, именно так работала моя голова — я готовилась к возможному фатальному исходу и в то же время не могла отказаться. Вот в чем штука и вот почему я так восприняла эту всю историю. Но подтолкнуло меня к мыслям о какой-то карме, связанной с этим номером, следующее. В один из репетиционных дней я позвонила знакомому актеру Федору Михайловичу Валикову. Дело шло к Новому году, и я решила его поздравить. Подошла его дочь, о существовании которой я и не знала прежде, и сказала мне, что Федор Михайлович умер. «Случилось это 13 ноября! — уточнила она, — 22-го будет 40 дней».

Я задумалась. Первое, что сообразила, оправившись от известия, это что 40 дней приходится как раз на день празднования «Мюнхгаузена» в цирке! А 13 ноября — чем-то мне эта дата запомнилась, но чем?

Федора Михайловича я снимала в своей короткометражке, когда училась на Высших режиссерских курсах. Мне нужен был главный герой — старичок.

Мишель

Сестра с сыном

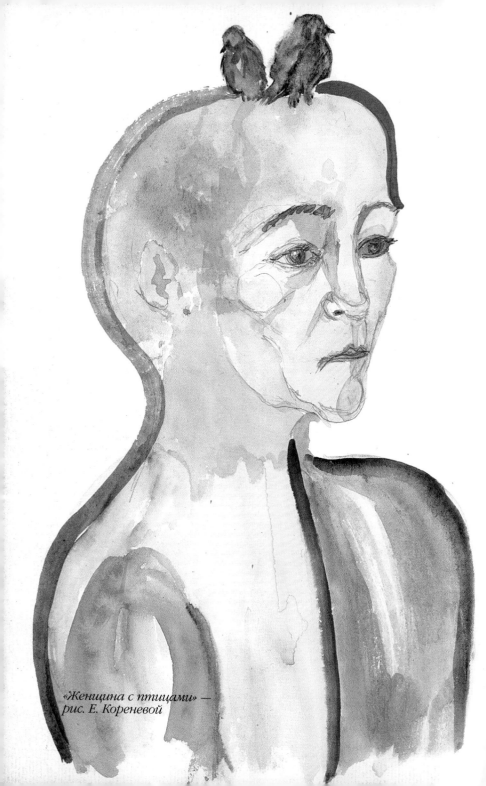

«Женщина с птицами» —
рис. Е. Кореневой

Мама (вверху).
Сестра со мной ...и с клоуном

*Исполнитель итальянских арий в моем детстве — Игорь,
его жена Таня Коренева и сын Андрей*

Мэлена — мамина
кузина и ее дочки:
Катя (слева) и Аня

Фото Б. Балдина (вверху)

Джеймс — герой рассказа
«Вдохновение» (справа)

Париж. 1973 г.

Сильвиан с сыном Себастианом

*На Волковом кладбище. К/ф «Анна Карамазофф».
Реж. Р. Хамдамов*

Папа во ВГИКе

Я с папой   ...и с дедушкой

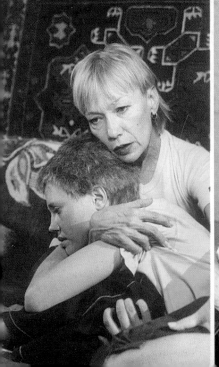

*Деревянная
Мадонна*

*Спектакль
А. Ташкова
«Кофе с Бибо»*

Мой портрет, написанный Юрой Богатыревым. 1977 г.

Кто-то посоветовал сходить в Театр Ермоловой и посмотреть на Федора Михайловича. Кажется, это была «Свадьба» Чехова, и Федор Михайлович играл «генерала». Он был маленького роста, прихрамывал, но настолько колоритен, что казался незаменимым в определенных ролях. Когда мы с ним встретились после спектакля и разговорились, то он мне напомнил, что когда-то работал монтировщиком в театре «Современник». И правда, я вспомнила его по годам, когда и я там работала актрисой. Федор Михайлович был улыбчивым человеком с озорным и очень добрым глазом. Он носил бородку и оттого стал «старичком» уже давно. Теперь ему было 75, но он был на пике своей актерской карьеры, его приглашали в спектакли, он играл талантливо и заразительно. Мой сценарий Федору Михайловичу очень понравился. «Ах, какая история!» — говорил он, покачивая одобрительно головой. Я была слегка удивлена его реакцией, боялась, что предлагать сюжет, в котором речь идет о смерти, может быть бестактностью по отношению к старому человеку. Тем значительнее был его отзыв, он понял идею рассказа не буквально, а воспринял ее как притчу. Артист в нем звучал сильнее. Хотя большой артист и большой человек — приходят к одной и той же истине, а значит, они одно целое. История была о старике вдовце, который потерял свою жену и хочет последовать за ней, чтобы соединиться на том свете. Она является ему в молодом облике, и они беседуют. Несколько раз старик пытается тем или иным путем уйти из жизни, но каждый раз его жена является ему и говорит, что еще не время, да и самоубийц туда, где она — не берут! Наконец, когда приходит естественный момент воссоединиться со своей любимой женой (умереть) и он уже летит по тоннелю навстречу ей, он вспоминает, что оставил на проезжей части стоять старушку, которой нужна его помощь... Перед ним выбор: уйти, наконец, вслед за женой или поступить как джентльмен, переведя полуслепую через дорогу. И так же, как наш старик, эта новая его знакомая старушка частенько видит своего покойника мужа — тот навещает ее. «Вы в загробную жизнь верите?» — спрашивает старушка нашего героя после того, как увидела покойного супруга, присевшего на соседнее кресло. «Не-ет!» — лукавит он, потягивая чай. «А я верю, но ужасно боюсь!» — отзывается она, предлагая подлить еще чайку, и так далее.

На старушку я пригласила актрису Театра Станиславского, как выяснилось позднее — вдову знаменитого Яншина. Она совсем не похожа была на божьего одуванчика, который написан в сценарии, но как-то так получилось, что все «одуванчики» отказались, а она согласилась. Со слезами благодарности говорила: «Лена, спасибо, я так мечтала всегда попасть в кино!» Когда снималась финальная сцена чаепития, я думала про себя: «Каково этим, убеленным сединами людям играть такой сюжет (ей за 80, ему — 75), говорить о смерти? С этой работой было связано много странных совпадений и в то же время многое было в ней продумано и не случайно. Ну, например, все персонажи, их прототипы и даже данные мной им имена были мне близки. Покойница, жена главного героя — Катя. Я любила это имя, и оно ассоциировалось у меня со святостью, на подобии образа Екатерины Савиновой, матери Андрея Ташкова. Я слышала от Евгения Ивановича Ташкова, отца Андрея: «Катя сказала, Катя делала» и т.п. И это всегда было что-то особенное — первозданное, непосредственное, чистое. Старика героя назвать хотелось самым простым русским именем. Назвать Ваней — слишком сказочно, да и как перебить впечатление от Ваньки Жукова? Я назвала его Васей. Так звали моего однокурсника, с которым дружила в тот период. Да и имя живое и веселое. Еще один характер — Рыжий, это парень-подросток. Под ним я подразумевала сына своих хороших знакомых, Поляковых. Он для меня является воплощением всех современных подростков: строптивый, умудренный уличной жизненной правдой, «пофигист»... А вот покойного мужа старушки-одуванчика, который является вместе с Катей с Того Света, назвала Михаилом — так просто, наобум, не задумываясь. Михаил Архангел, библейское имя, хорошее, может, поэтому. Но в моем сегодняшнем окружении нет никаких Михаилов. То же и с самой этой старушкой, — в сценарии она была просто «божьим одуванчиком» — и все. Я искала старенькую, аристократического вида женщину и предположить не могла, что поиск приведет меня к вдове актера Яншина. Тем более, что она оказалась дородной, кокетливой дамой, на голову выше Федора Михайловича. Мне пришлось согласиться на ее кандидатуру в последний момент, не зная, с кем я встречусь. А когда она уже сидела перед камерой и вела по сцене диалог с Федором Михайловичем, я заметила: уж больно прочувствованно она говорит свой текст. На вопрос героя: «Вашего мужа Михаилом звали?» Отвечала: «Да, Михаилом, он очень меня любил!» — и в ее глазах появлялись слезы. «Какая актриса! Здорово!» — лезло мне на ум, но вдруг я задумалась: «А как звали Яншина?» Но, к стыду моему, вспомнить никак не могла. Даже позвонила родственнику, чтоб тот в энциклопедию взглянул. Он перезвонил: «Михаил Михайлович». Ну надо же, как я героя назвала! Будто знала, что у меня появится вдова Михаила Михайловича! А она мне еще новость преподнесла: «Лена, а ведь я в своей альма матер нахожусь!» Мы жили в соседнем с вами доме, там мемориальная доска еще на стене висит». Это она про дом, в котором велись съемки, на Тверской. Опять забавная случайность — я и не задумывалась над этим.

Так вот... теперь, спустя год, в период репетиций в цирке, я узнаю, что Федор Михайлович умер, и случилось это 13 ноября вечером. И сороковой день как раз приходится на наш торжественный и такой пугающий меня юбилей. Далее стала припоминать — что же особенного было 13 ноября? Чем-то мне этот день запомнился... Ага! Мы сидели с мамой возле круглого журнального столика и смотрели телевизор, как вдруг прямо перед нашим носом на стол села божья коровка и поползла. Мы, как два Гулливера, следили разинув рты за движением божьей коровки по окружности. В уме никак не укладывалось: откуда она взялась живая в середине ноября?! Самое забавное было и то, что она потом еще с месяц примерно жила в нашей квартире. И знаете где она нашла себе местечко? На оранжевой салфетке, которой покрыта была настольная лампа — подобное к подобному, защита, конспирация, камуфляж. Я потом рассказывала знакомым: «Представляете, 13 ноября, в Москве, живая божья коровка...это возможно?!» Так это оказался день смерти Федора Михайловича. Это он послал мне знак. Более того, он совершил круг почета перед моим носом — по белому столу, как по арене цирка, в луче света. А сороковой день падает прямо на день нашего выступления! В тот момент, когда его Душа будет покидать нас — скажет нам последнее «Прощай!», я должна лететь на трапеции со словами: «Я лечу к тебе, Карл!»...

Но есть еще нюанс. Гриша Горин придумал для меня и Олега новый текст, который предваряет «полет» Марты, и мы его записали в студии на фонограмму. Последние слова Марты, прежде, чем она взвивается в воздух, звучат так: «Я ждала тебя двадцать лет, два месяца, два дня и две минуты, больше я ждать не в состоянии. Я лечу к тебе, Карл!»... «Я лечу к тебе», — точно как у меня в сценарии. Мой старик каждый раз, проваливаясь в тоннель (в конце которого белое пятно с приятной физиономией), кричит своей жене: «Я лечу к тебе, Катя!» То есть эта фраза — ключевая, при переходе из мира видимого в невидимый.

Одним словом, все эти совпадения, намеки и знаки создали ощущение исполнения какой-то кармической миссии, и я потела, тряслась как цуцик и ждала намеченного на 22-е юбилея. Мои волнения разделяли со мной в полной мере те трое ребят, которые меня страховали. Но в самой полной мере — один человек. Тот, что подставлял мне под пятую точку трапецию в кромешной темноте, пока я колотилась в нервной дрожи, стоя на краешке «козырька». Он командовал: «Готова? Давай!» — и наподдавал мне сзади так, что я слетала с козырька. Я думаю, он понимал, что смелость смелостью, а риск в сегодняшней России — это риск вдвойне: какой-нибудь заржавевший болт или подвыпивший «ковровый» может решить исход дела. Я то же и себе говорила: «Нашла, где подвергать себя риску...у нас риск — не риск, а безумие какое-то». Тем сильнее в моей голове стучали эти мысли, после того как я увидела, из чего состоит моя страховка. Лонжа — тонкий ремешок в два сантиметра с двумя крючками на пупке. При движении диафрагмы или когда вспотеешь, они скользят и могут расстегнуться. Об этом я догадалась, когда заботливый Юра намотал мне перед очередной репетицией изоляционную ленту на эти самые крючки. На мой вопрос: «Зачем это?», — он коротко ответил: «На всякий случай!» И добавил: «Лена, если что...напрягай диафрагму вот так...» — и он продемонстрировал, как надо втянуть в себя живот и напрячь мышцы диафрагмы. «Если что» я расшифровала, как : если свалишься с трапеции и повиснешь на ручной страховке. Я имею в виду петлю, которую я наматывала себе на запястье (она была мне велика при всех вариантах) и крепилась к трапеции. «Это больше психологически», — пояснил мне Юра. «Нда! — подумалось мне, — конечно, психологически, ведь, повисни я, не дай Бог, на этой петле, так рука выскользнет в два счета, хоть два, хоть три раза обмотай ее!» Волнение и страх перед предстоящим сделали меня особенно придирчивой ко всякой ерунде, и неспроста, цирковые сами очень суеверные, а это значит — внимательны ко всяким мелочам.

Наступил день праздника. Мне в гримерную принесли два платья на выбор. Они оба были самыми настоящими платьями моей киношной Марты! Пролежали где-то в костюмерной «Мосфильма» все 20 лет! Такое я видела впервые. Нет, ну в музеях, конечно, но чтобы свое?! Пришлось выбирать, в каком мне выступать. Я выбрала синее, а белое отложила. Перед самим выступлением подошла Оксана, режиссер, и, пару раз взглянув на меня в синем платье, как-то подозрительно спросила: «А почему в синем, а белое что? Может, переоденете?» Я ответила, что синее симпатичнее белого, и я останусь в нем. Оксана только молча отвернулась. Мне стало не давать это покоя:

почему она спросила про цвет платья и почему белое ей показалось лучше синего? И поняла — белое заметнее снизу, где стоят те двое парней, что раскачивают трапецию длинными канатами, словно маятник. Им виднее белое в темноте, чем синее, в которое я одета! Боже, Боже...но уже поздно что-либо менять, и пусть будет как будет. Я ходила бледная, в синем платье, ярко загримированная — специально вызвали гримершу. Мой номер шел вслед за Ярмольником с обезьянами, а до него была Инна со львами. Все нервничали. Инна сновала взад-вперед за кулисами с хлыстом, повторяла свой текст, который ей предстояло произнести с козырька выведенным на арену львам. «Ну, миленький, давай, ну, хороший, опа, молодец, еще разок?!» — ее текст звучал примерно так, и вид у нее был при этом совсем растерянный. Периодически она опускала руку с хлыстом, застывала на месте. Должно быть, погружалась в терзающие ее мысли. За что зацепиться, за какую школу? За Станиславского? А может, за Мейерхольда? Или за весь победоносный опыт Ленкома? За кого, черт подери?! Да, цирковая арена — не сцена, предусмотрительно поднятая над зрителем, здесь не спрячешься, все вывернуто для обозрения в расчете на пробуждение инстинкта. Аудитория, рассаженная в круг, на возвышении, занимает главенствующее место. Актеры под ней, «на пятачке». Масштаб пространства, с куполом на высоте 24 метра, подчеркивает твою малость, в то время как зрителя приравнивает ко «всему миру». Но главное, — запахи и звуки зевающих слонов, тигров и обезьян, — это что-то новенькое, тут нужны какие-то иные приспособления. Кажется, я тоже зевала, на нервной почве. (Подле обезьян перестаешь выпендриваться и делаешь то же, что они.) Решила пройтись в артистический буфет попить кофе. Там уже было полно народу, в том числе знакомые приглашенные. Уселась за столик, и сразу Юра подскочил, смерил меня взглядом, оценил мое состояние и предложил не суетиться, отдыхать, сказал, что сам принесет мне чашку кофе. Я согласилась, попробовала расслабиться, но тщетно, — натянута была, как струна. Тут заметил меня Инин — сатирик, что пил свой кофе за соседним столиком и ничего лучше не придумал, как поприветствовать словами: «Ну что, еще жива?!» Елки-палки, он что — специально?! Юра вовремя подскочил и вступился с упреками: «Типун вам на язык, так нельзя до выступления говорить! тьфу-тьфу-тьфу!» Юра мне рассказывал, как первый год работы в цирке приходил в пять-шесть утра, когда никого еще нет, и залезал на самую верхотуру, под купол, лазил там, смотрел вниз, привыкал к высоте, так как без привычки — кишки выворачивало от страха. Полгода прошло, пока освоился.

Итак, вечер начался, о чем сообщили по внутренней трансляции, и мы могли слышать приветственные возгласы артистов, открывающих вечер. Мой номер — предпоследний. Я много курю и брожу по коридору, наблюдая, как готовятся к выходу все по очереди. Ну, вот и мое выступление подходит. Стою возле двери, что ведет на козырек — мою «сцену». Там полутемно. Доносятся звуки музыки и какие-то сумбурные реплики, смех и аплодисменты зала — это номер Ярмольника с обезьянами. (Бедный Ленька, это потом я узнаю, что во время выступления его тяпнула в глаз одна из шимпанзе и он-то, на самом деле, просто героически доигрывал свой номер, чувствуя, как вырастает у глаза огромная шишка.) Я нервно затягиваюсь сигаретой, рядом со мной Юра. Слышу, как затихают звуки с арены и Юра подает знак — надо пробираться в темноте к моему месту на козырьке. Я делаю последнюю затяжку и хочу потушить сигарету о пожарный ящик, висящий тут же на стене. Но Юра быстро останавливает меня: «Не делай этого!» Я удивленно смотрю на него. Он объясняет: «Просто положи окурок на краешек ящика сверху». «Но ведь она горит, может быть пожар!» — продолжаю я настаивать на своем. «Ничего с ней не случится, делай, как я говорю!» Юра звучит так уверенно, что я кладу горящую сигарету на ящик и мы вместе выходим к моей точке на козырьке. (Конечно! Эти суеверные циркачи, они совсем не так просты, как кажутся на первый взгляд!) Юра несет в руках мою трапецию. Меня трясет, руки как лед. Теперь надо действовать на автомате, отсчет пошел на секунды. Внизу, на арене, появляется в луче света клоун с флейтой и наигрывает лирическую тему из «Мюнхгаузена» — это начало моего номера. Затем звучит наша с Олегом фонограмма. Я жду своих фраз. Юра подсовывает мне под пятую точку трапецию. Успокаивает: «Все хорошо, приготовься!» Проверяет крепежку на запястье. Я вытерла о платье вспотевшие ладони, сжала челюсти и набрала побольше воздуха, чтоб не дрожать. Звучит мой голос в звукозаписи: «...два дня и две минуты, больше я ждать не в состоянии... Я лечу к тебе, Карл!» «Пошла!» — командует Юра, и я чувствую сзади толчок, который выбрасывает меня с козырька в голубую, кружащуюся яму цирка. Где-то подо мной слышатся возгласы: «Ух!» Ведущий произносит мое имя, в зале кто-то ахает — не ожидали. А я уже плыву в состоянии кайфа: самое страшное позади. Эх, Федор Михайлович! Выдалось нам с вами вместе лететь в этот день?!. Только вам немного подальше пришлось... Но какая же я трусиха! Так все красиво прошло, а я боялась. И чего скажете?

После окончания вечера встречаю Олега в коридоре возле гримерной, обмениваемся впечатлениями. Он шепчет мне на ухо: «Я чуть не обосрался от страха!» Я в ответ, хихикая: «Я тоже! Представляешь, знали бы они все, что Коренева и Янковский летают под куполом с улыбками до ушей и в говне?!» Заключив, что мы потрясающая пара, разбежались по гримеркам. Только хотела переодеться, ко мне постучали, — на пороге стоит Татьяна — вдова Юрия Никулина. Протягивает маленький значок с его изображением: «Леночка, это вам от меня, за ваш номер... спасибо!» Вслед за ней появилась иллюзионистка: «Молодец, Лена, я бы в жизни не дала себя уговорить на трапецию!» А вот и мои страховщики, с ними Юра. Поздравляют, похлопывают по плечу. Теперь они могут со мной откровенничать. «Я на канате чувствую себя, как дома, а вот качаться под куполом — не смог бы!» Выясняется, что они оба — канатоходцы и выступали в цирках на высоте 60 метров! Кто бы мог подумать, что у цирковых артистов есть свои идиосинкразии и фобии?! Решив, что непременно стала бы воздушной гимнасткой, не поступи я когда-то в Щукинское, принялась наконец снимать с себя синее, отслужившее мне верой и правдой, мосфильмовское платьице. Повесив его аккуратно на вешалку, присела на секунду, чтобы в одиночестве вкусить радость момента: какое облегчение, все позади... и как это полезно для ощущения радости жизни — ею рисковать! Только я собралась спуститься вниз — к празднующим в баре наш юбилей, как меня подхватила в коридоре улыбающаяся и веселенькая от шампанского Инна: «Лена, пойдем снимемся с шимпанзе, смотри, какие они чудные!» У нее из-под локтя торчала лохматая физиономия, напоминающая карикатуру на кого-то знакомого. «Я их боюсь, слышали, Ярмольника вроде ударила одна?» — попыталась урезонить я Инну. Но мои слова вызвали с ее стороны полное непонимание: «Посмотри, какие они прелестные, как можно упустить такой момент?» И увидев, как Инну затягивают вместе с шимпанзе и дрессировщицей в одну из гримерок для фотографий, автографов и празднования, побежала побыстрее прочь, вниз по лестнице, на первый этаж, в фойе, где зрители и артисты смешались в веселом гуле праздника. Встретив внизу Гришу, услышала: «Леночек, я тебе до конца жизни благодарен, обязательно что-нибудь придумаю для тебя». «За что, Гришенька?» Он: «Ну как, ты же жизнью рисковала ради нас!» Мне было приятно, все-таки он понял, как мне было страшно, — родной человек!

Прошло несколько месяцев, наступила весна, за ней июнь. И тут известие, как снег на голову: «Гриша умер!» На панихиде в театре Ленком, я была недолго, на поминки не пошла. Я до сих пор не могу принять Гришу в прошедшем времени. Спустя какое-то время, вспоминая наше неожиданное действо в цирке, словно специально задуманное кем-то свыше для Гриши и Гришей, стали вылезать какие-то мелочи, напоминающие предзнаменования. Я вспомнила, как незадолго до вечера в цирке была устроена пресс-конференция для теле-, радио- и газетных журналистов. Меня поймал на выходе Олег Янковский и попросил остаться. Я осталась. В центре арены было сдвинуто два длинных стола, за которыми расселись Марк Анатольевич Захаров, Олег, Гриша, Марк Рудинштейн, Максим Никулин и я. Напротив нас, в зале — пресса в большом количестве. Это была рекламная акция, предваряющая юбилейное торжество. Началась пресс-конференция, задали первый вопрос. Вдруг Максим Никулин остановил говорящего резким голосом, обратившись к сидящей вполоборота к арене молодой женщине: «Девушка, немедленно встаньте!» Она примостилась на бортике. «Встаньте и займите место в зале!» Девушка извинилась и, поднявшись, пересела в зал. Говоривший продолжил свою речь. Я очень хотела спросить Максима, в чем дело, зашептала: «А это что, примета?» Максим кивнул утвердительно. И тут через паузу зашептал Гриша, обращаясь к тому же Максиму: «А какая примета?» Максим постарался не развивать тему дальше, сказав односложно: «Плохая!» В цирке нельзя сидеть спиной к арене, а также очень плохо, когда кто-то в цирке грызет семечки. И, по всей вероятности, перед рискованным номером нельзя тушить недокуренную сигарету.

Спустя еще примерно полгода я услышала довольно странную историю из разряда... ну, сами увидите, какого разряда. И связана она с Федором Михайловичем. В тот период я уже играла в антрепризном спектакле «Кофе с Бибо». Это драматургический и режиссерский дебют Андрея Ташкова. Мы с ним и играли главные роли, но помимо нас в спектакле также участвовали Саша Песков и еще две молодые актрисы, исполнявшие в паре одну роль. Наташа Панова и Наташа Селиверстова. Была там и роль девочки, на которую я пригласила свою младшую сестру Сашку, позднее ее стала дублировать очаровательная Катя Грачева — дочка актера Толи Грачева. Так вот, на одном из спектаклей я разговорилась с актрисой Наташей Селиверстовой, игравшей в тот вечер. Наташа работала в Театре Ермоловой, там же, где служил и Федор Михайлович. «А Федора Михайловича помните?» — обратилась я к ней, собираясь рассказать о своих съемках и как он пришелся на роль. «Конечно, помню!» — быстро отозвалась Наташа. Я подхватила: «Я как-то позвонила ему перед Новым годом, и его дочка сказала, что он умер, где-то в ноябре...». Наташа и тут продолжила: «Да, с его смертью странные события связаны!» Я совсем не ожидала, что будет какое-либо продолжение беседы о Федоре Михайловиче и очень внимательно стала слушать. «О его смерти все в театре узнали только во Вторник, так как у нас в Понедельник — выходной. В Воскресенье он вернулся вечером домой со спектакля, ему стало плохо с сердцем, его увезла неотложка в больницу, там в ночь с Воскресенья на Понедельник он умер». А во время похорон наш театральный звуковик стал расспрашивать, как и когда умер Федор Михайлович. Мы ему сказали, что в ночь с Воскресенья на Понедельник. А он и говорит: «Быть такого никак не может». Мы переспрашиваем: «Почему не может быть?» А он: «Потому что я с ним в Понедельник вечером в театре, в своей рабочей комнате, выпивал!» Мы ушам своим не верим, а он продолжает свой рассказ. В выходной день он часто бывал в театре — никого нет, пусто, самое время свои мелкие дела доделать. Короче, сидит он в своей комнате, а тут стук в дверь. Открывает — Федор Михайлович. «Привет! — говорит он звуковику. — Давай выпьем по стопке». Одет по-праздничному, в белой рубашке, в пиджаке, костюме, а на груди — ордена. Звуковик ему: «Федь, чего это ты при параде?» А Федор Михайлович на это — что они с ребятами, однополчанами, встречались, так вот он от их стола сюда и пришел, заглянуть решил. Ну, они вместе выпили, и потом он ушел. Когда звуковик закончил свой рассказ, все погрузились в недоуменную паузу. Потом кто-то подал голос и стал говорить, что этого быть не может и звуковик, видимо, напился пьяный и оттого все перепутал. А звуковик стоит на своем и предлагает спросить у охранника, что в Понедельник театр охранял — тот ведь должен был Федора Михайловича видеть. Разыскали охранника, спросили: «Ты Федора Михайловича когда в последний раз видел?» Он ни секунды не медля отвечает: «Вечером в Понедельник он заходил. Я еще подумал, — охота в выходной день в театр идти, странный народ актеры!»

Наташин рассказ подтвердил мое собственное ощущение, что знаки «оттуда» не простая шутка воображения. Они посылаются нам порой в анекдотичной форме, и смысл этих знаков будет раскрываться по мере нашего движения вверх по «лестнице». Или вознесения — тело постепенно ослабевает, становится прозрачным, пока Душа окончательно не освобождается от него, воспаряя к небесам.

Красиво, а так ли? Или вы считаете, что те, кто от нас уже ушел, подают голос из-под земли? А вообще, есть ли у Духа география в нашем, земном смысле? Наверное, только если Дух имеет дело с нами, здешними. Приходится следовать за нами по пятам — в магазин, на крышу, в подвал, на Черное море, в Анталию или на Черемушкинский рынок, в Четверг, в половину третьего. Мы же всегда существуем в каких-то координатах. И только когда закрываем глаза, то без них. Тогда громче слышно сердце и мысли. А потом, наверное, одни только мысли?

А с другой стороны, все началось с того, что я почему-то написала историю про старика и назвала ее «Переход». (Андрюшка все приставал ко мне: «Зачем старик, откуда старик и кто это будет играть? Откуда у тебя вообще такая фантазия взялась?» — в его вопросах была какая-то настороженность, даже недовольство. Ну конечно, ему-то роли в истории моей нет, только старик, да подросток — из мужских!) В этой истории была стерта грань между нашим миром и тем, загробным. Но лучше назвать его «невидимым». Итак, Они, из Невидимого мира, наблюдают за нами и только иногда дают о себе знать — через чувство, мысль, странные, необъяснимые земной логикой обстоятельства ...а порой — заявляясь в полном параде к одним из нас. Но возможно, все существует только в нашей голове: для одних смерть — свершившийся факт, для других — нет ее. Так, наверное, для звуковика — Федор Михайлович не умер с Воскресенья на Понедельник, а может, и вообще — просто перестал заходить. А для меня — Гриша куда-то уехал из Москвы.

...Нет, Гриша, я подарю тебе напоследок не эту эзотерическую чепуху, а другое. Белый ветер Коктебеля. Ты и Люба стоите, возвышаясь надо мной на камнях-валунах. Я чуть пониже. За спиной — море. Я смеюсь твоей шутке. И запоминаю слова, сказанные о нашем фильме, что «Сибириада» — не твое кино. Хорошее, но не твое. Я намотаю себе на ус возможность такого деликатного ответа. Мы уже давно гуляем вдоль берега и пора возвращаться на территорию Дома творчества. Но мы еще хотим продлить эту прогулку и оттягиваем минуту нашего расставания. Впрочем, завтра мы снова пойдем гулять вдоль моря и я буду благоговеть от того, что стала твоим и Любиным другом и теперь все, что ты скажешь, я услышу. Когда стемнеет, мы будем сидеть на веранде маленького коттеджа в компании с поэтом Юрой Ряшенцевым и пить чай. Весь вечер, промолчав и напившись до раздутого пуза, я вдруг поднимусь со стула и в полной тишине, извиняясь, объясню свой уход одной единственной фразой: «Пойду отолью!» В ответ раздастся гомерический хохот. Я — пай-девочка и немного деревянный Буратино, подхватывала то, что слышала в разговоре других, и это «все» вылетало из моей неопытной головы без цензуры. И впереди у нас еще лето, а потом не одна еще осень и зима, с не одной еще московской весной, еще съемки фильма «Мюнхгаузен», еще встречи в разных домах и Домах, твои возгласы при неожиданной встрече: «Наша девочка!» Еще у нас целая жизнь, по которой растекается, словно по белой рубахе, алое пятно любви. Наша жизнь будет пропитана любовью.

Глава 7. **Прогноз погоды**

Температура в Москве: плюс 17 градусов. Позавчера было 27. Говорят, что скоро будет 32. А в Перу выпал снег. Лето на исходе. Хорошо, что нас с Ташковым успели снять в озере под Рязанью до наступления сентября. Не успели бы — засунули б в воду, непременно засунули бы!

Бросила заботу о сюжетной линии. Не до нее сейчас. Так случается и в жизни. Все бросаешь вдруг. Всякую заботу... Даже можно голову не мыть. Босой ходить. Ну, что еще? Не разговаривать, не отвечать на звонки. Это можно называть депрессией или сумасшествием, или... не знаю. Короче, это удивляет других. Но не тебя. Такой отдых нужен. Отдых от рамок. От плана. От инерции. И он происходит, как взрыв. Тогда все идет без драматургии, так просто. Валится, как снег или дождь. Что Бог пошлет. Смешно — так говорят, когда все равно что свалится: дрянь какая-нибудь. Ничего не ждут. Вот и сейчас так. Это и есть минуты отдыха. Тогда-то и понимаешь, что все равно все происходит само собой и без твоей помощи. А нам все кажется, что если мы отступим и бросим нашу заботу о порядке вещей, то все остановится. Четверг станет субботой. Да нет, не станет. Вот я ничего не делаю, а оно само все складывается...

А между тем, все лето жара в Москве. Духота. Гарью пахнет — тянет из Подмосковья. Там пожары. А в городе что-то бурят и копают. Теперь копают и бурят везде — и в Беляево, и на Тверской, и на Речном, и возле Дома кино, и на уже не Новом Арбате. Кто-то звонит по телефону, и на фоне голоса слышны звуки, доносящиеся из окна, — бурение. «Извини, только окно прикрою!» А через минуту: «Нет, не могу, душно, сейчас окно открою!» А также новости по телевизору: «Столкнулись самолеты», «жертвы», «родители», «представители авиакомпании...» и так далее. А наводнения? Европа поплыла и вместе с ней — вся ее многовековая история, наша история... По телеку суды или приготовления к ним: Лимонов смотрит в кинокамеру, выйдя на время из тюремной камеры, седой, с отросшими волосами. Худой. «Боже, он уже год в Лефортово!» — доходит до меня, как, наверное, и до многих, смотрящих телевизор. Выключи телевизор — и забудешь об этом. Мне стыдно за то, что он там, и я не могу ничего сделать, только воскликнуть: «Боже!» Оправдываюсь тем, что читаю его «Книгу Воды». (А чем оправдаюсь перед шахтерами и рыбаками?) Потом суд над Будановым и мое негодование у телека. А вот и потянулись незапрограммированные смерти. Умер актер, от которого этого никто не ожидал. Я узнала о том, что в моем подъезде на Грузинской умер мой приятель-сосед. Тот, которому я когда-то спускала презерватив на ниточке — шутила и кокетничала. В том же моем подъезде умерли еще три соседа, и все в течение нескольких месяцев. Потом еще. Умерла жена любимого профессора из Щуки. Нам позвонили и позвали на похороны. «Пойдем!» — сказала я Андрею. «Это один из немногих людей, которым можно доверять и довериться. Надо идти». В морге наш педагог все время прижимал к сердцу ее портрет, отвернувшись от гроба. Пришли ученики. Известные лица — по экрану. Юля Оррон — вдова Ромашина. Ира Лачина — дочь Светланы Тома. Они, наверное, сказали себе то же, что и я: «Это единственный из немногих, кому можно довериться и доверять. Наш педагог. Надо идти». На кладбище, стоя за ними, я разглядывала их тоненькие балетные шеи и думала о том, что эта смерть резонирует в них чем-то личным. Юля потеряла мужа — Толю Ромашина. Ира родилась, когда ее мать — Светлана Тома, была уже вдовой. Но все-таки нельзя, чтоб так много и так часто! Нет, это уже не совсем нормально... Стоп, секундочку!

И тут же встык — я даю и даю интервью. Газетам. Ах, черт! И снова эта же крутежка, как всегда с интервью. Я смотрю в глаза тому, кто пришел меня интервьюировать — нормальный человек, симпатичный. Пока. Скоро из него выползет Нечто. Оно выползает всегда из тех, кто берет интервью. (Потому что за ним стоят те, которые требуют от него быть таким. Эти «те» безлики, имя им — редакция и кто-то еще выше, над ней. «Наша газета будет покупаться, если мы оставим немного про вашу личную жизнь, а без нее, без рассказа про «N», она продаваться не будет, — поймите, это не я прошу, это редакция требует».) Он спрашивает, я отвечаю, — мы смеемся, шутим. Он уходит, обещает принести показать текст мне на подпись. Приходит. Я читаю и ужасаюсь — все исправить, все не про то и не так. Я нервничаю и не доверяю. Начинаются перезвоны или ожидание звонков и игра — не звонит, хотя обещал. «Мы решили назвать ваше интервью: Коренева вернулась с того света!» — бойко сообщает мне милый с виду интервьюер. Я упомянула в интервью опыт со светом в конце тоннеля, и вот — покатилось, зацепились! «Ни в коем случае! — кричу я, задыхаясь от возмущения. — Я суеверный человек, не говоря о том, что это грубо и не на тему!» «Точно откажетесь?» — его голос улыбается. Я запинаюсь в ответ, просто не могу подобрать слова от такого напора. Наконец, отдышавшись, говорю: «Послушайте, ведь у вас должна быть элементарная чувствительность к тому, что человеку приятно слышать о себе, что нет, что можно, а что на грани». Голова идет кругом: зачем, зачем я согласилась дать интервью? А дома не могу успокоиться, меня вывернули наизнанку, выпотрошили уже.

«Вы сказали, что общение с журналистами напоминает вам изнасилование?» — задают мне первый вопрос при каждом очередном интервью. Нет, думаю я теперь: в общении с журналистами заложен обман, тебя обманут при любых условиях, перепутают даты, имена и семейное положение. На страницах их газет ты начнешь говорить не своим голосом и пользоваться не своим лексиконом. И обязательно вставят имя известного бывшего любовника... или мужа — кем он был? Потому что им это имя нужно больше того, что происходит в твоей реальной жизни. «Ну, пожалуйста, без него редакция никак не может!» Вы думаете, что я потеряла чувство юмора? Да вряд ли. Скорее, наша жизнь потеряла чувство серьезного. Все то «жареное», что публикуют всякие «толстушки», не имеет отношения к тебе и к тому, что на самом деле с нами со всеми происходит — в одиночку и вместе. Нас нет. Миновали. Кто-то устраивает себе юбилеи на всю страну. Это культурное событие государственной важности, что такой-то — ах, ну конечно! — перевалил за очередной рубеж. «Как, вы не были?» — спросит меня хозяин типографии, когда я приду печатать к нему афиши спектакля. «Юбилей!» — почти прокричит он мне радостно. Он почему-то воспринимает этот юбилей как личное событие. А может, государственное. Ах да, он же, как мы все, смотрит телевизор. Читает газеты. И происходит подмена: своей жизни на чужую. Кстати, — что я и пытаюсь объяснить, — живой жизни на мифическую. Взглянем на его ситуацию. В его офисе обшарпанные стены и десять человек постоянно засыпающих работников. Растворимый кофе и алюминиевый чайник. Они печатают концертные афиши в слабо освещенном помещении. В их распоряжении пока еще только три цвета: черный, синий и красный. «Обстановочка!» — скажет Ташков, выходя из их подвала на свежий воздух. «Как, вы не были на юбилее? Там были все!» — радостно повторит мне директор типографии. Но и он там не был, как и я. Более того, его ждут дома дети и больная жена. Он зарабатывает ей на лекарства. Вся его радость — в чужом и успешном юбилее. Приходя домой и дождавшись, когда заснет его жена и дети, он включает телевизор. Чтоб посмотреть на чужую жизнь и отвлечься от своей. А там кто-то принимает на своей даче президента, и это становится срочным, экстренным выпуском, кто-то женится с постоянной периодичностью, и мы слушаем сводки о протекании этой старой-новой личной, и не совсем личной, жизни. Они нас учат, советуют, журят, развлекают, подбадривают... собственным примером. Нас нет. Они — сволочи!

Я похожа на зверя, а вся ситуация — на травлю. «Нас загнали в угол! Мы обороняемся! Как они могут? Мы звезды! Мы живые люди! Мы люди — мы звезды — мы люди — мы звезды! — думаю я про себя. — Они сволочи!» Приходит Ташков. Он тоже дал кому-то интервью и тоже недоволен. «Черт, я не хотел говорить, но она меня заставила, и меня понесло...» — говорит он с досадой на себя и на то, что поддался провокации. «Ты читала Ветхий Завет? А? А?» — он заведен и еле сдерживает свой гнев и обиду. «Ну, так я не читал и сказал об этом! А что там в Ветхом Завете такого, жизненно необходимого, что я должен это прочитать? Что там есть в нем, а? Она — корреспондентка, наверняка читала, сидела с умным видом, из передачи «Умники и умницы» — наверняка читала. Что еще меня злило, что она сидит и молчит, а я-то болтаю, а она слушает. Ну я и болтаю, нет чтобы ей что-нибудь сказать. Ну, опять меня понесло и про Чехова, что не люблю его, и про Шекспира! Зачем я согласился дать интервью? Я ведь просто потрепаться хочу, когда ругаю Чехова и Шекспира! Вот и на встрече с одноклассниками ругал Чубайса, а все смотрели и слушали. Ну что, не надо было?» «Да нет, — говорю я ему, — лучше говорить правду. В твоем возрасте и при твоем опыте это лучше — ну не читал и не читал! Я тоже так только, заглядывала». «А что он дает, Ветхий Завет? Чего-нибудь дает?» «Да нет, так просто, можно почитать».

Они сволочи. Мы звезды. Мы люди. Повторяю я, как мантру.

Да... а по ночам собака соседская воет, прямо собака Баскервилей. При всей нашей любви к животным... «На каком она этаже живет?» — спрашивает Андрей. «Соседка сказала, на четвертом!» «Жаль!» «Почему?» «Отравить сложно, вот если бы на пятом, он же последний, там можно было бы с крыши скинуть что-нибудь собаке, а так!..» Собаку, к слову сказать, зовут, как выяснилось, Ферри! Это уже сюрреализм. Наслушались рекламы из телевизора, даже собак стали называть дорогими сердцу хозяек именами. Скоро появятся лающие Тампаксы или Афанасии — в честь пива. Полусумасшедшая соседка, которая осмелилась открыто проявить свое раздражение по отношению к воющей ночь напролет собаке, выбегает на улицу и обращается к одинокому псу, очевидно, находящемуся на балконе: «Ферри, ну, перестань! А? Ферри!» Как ни удивительно, но Ферри ненадолго успокаивается. Вой прекращается. Нам радостно — и соседка при деле, и собака дает немного отдохнуть. До того, как появилась Ферри, соседка разговаривала с нами через окно, лишь только на кухне начинала лить из крана вода. Ей нужно было общение, и она искала повод. Бывало это обычно часа в два-три ночи. Из открытого окна, из самой черной темноты, раздавался женский скрипучий голос, продолжавший существующий только в ее голове диалог. Это производило неприятнейшее впечатление, что-то из фильмов ужасов. Кстати, она похожа на немолодых героинь из фильмов Хичкока, такая же Ферри...

Поехала в гости к троюродной сестре Ане. Купила пирожных, стали пить чай и разговаривать. И все про кровь, да взрывы, да убийства. У нее приятельница-соседка работает в ломбарде. Однажды она пообещала прийти к Ане на день рождения и не пришла. Это было в апреле. А потом Аня узнала от нее, что в тот день произошло у нее на работе. Она сидела в дальней комнате и вдруг услышала выстрелы из комнаты, где работает приемщица. Она срочно побежала в туалет, заперлась и потушила свет. Выстрелы раздались снова. Потом кто-то пополз по полу и прямо у двери туалета рухнул. Потом раздался голос директора: «А где вторая?» Она совсем притихла в туалете, потом снова выстрелы, и стало тихо. Через некоторое время ее позвали охранники: «Инна, вылезай, все кончилось!» Она дверь пытается открыть и не может, там тело лежит и мешает. Наконец, ей помогли выбраться. Рассказывают, что пришел к директору ломбарда учредитель и они повздорили. Тогда директор достал пистолет (у него на стене в кабинете висела кобура, так, оказывается, в ней был заряженный пистолет) и начал стрелять в учредителя. Сначала ранил, тот пополз к туалету. Там директор его догнал и снова выстрелил, на этот раз убил. А приемщица, которая спряталась под стол, в этот момент высунулась и все увидела. Тогда он за ней погнался, а она выбежала на улицу. И тут он стал вторую искать, Инну то есть. Но не нашел и застрелился.

Мы с Аней поохали. Разговор шел за поеданием пирожных и потягиванием чая из старинных чашек. На нас смотрели с портретов наши родственники — начиная с прабабок. И под их отстраненными взглядами наша беседа приобретала абсурдный и безумный характер. Боже, знали бы они, о чем их потомки будут беседовать одним знойным полднем в Москве! О чем говорят нынче две современные женщины, приятные во всех отношениях, встретившись после долгого перерыва? О театре? О погоде? О зарубежных путешествиях? О книгах? О романах, может быть? Нет, про то, как ограбили или чуть не ограбили, убили или чуть не убили. Нда... времена пошли, ей-богу. Ну, вроде сцены из Островского или Гоголя — чай пьют, обороты речевые предельно выверенные, вежливые, а содержание — наше, криминальное! Очень это смешно. «Как вам, Мария Антоновна, история с Мариной Павловной? На хозяина лавки наехали, и он застрелился!» «Кто-то подставил, наверное, а крыша-то у него была?» «Как же без крыши, Мария Антоновна, в наши дни?» «Я думаю, Капитолина Митрофановна, все это ведь черный нал, отмывают денежки-то, отмывают — сахарку передайте. — Спасибо, душечка, так вот... откат, говорят, 60, а то и 80%, ну и поделом им!»

А через сутки та же сестра Аня позвонила и с ехидной усмешкой сообщила, что вчера в четыре дня к ней в дом пришла целая процессия, настояв на том, что им необходимо срочно пройти на ее балкон. Это был участковый и люди из ЖЭКа, а также какие-то люди в камуфляже. Они искали у нее на балконе — что бы вы думали? Бомбу! Им позвонили с предупреждением, что на таком-то балконе заложена бомба. Дело в том, что под балконом находится загс. Так что с какого-нибудь ревнивца станется и бомбу положить. Но к счастью, это оказалось только злой шуткой. «Зато мусор вынесли, он там давно лежал, все руки не доходили!» — уже весело сказала Аня.

С известиями о внезапных смертях продыху тоже

нет. Теперь это Артур Пилявин — группа «Квартал». Артур! Как-то летом мы столкнулись возле Кинотеатра повторного фильма. «Пошли кино посмотрим?» Но я не пошла. Хотя и долго жалела об этом. В душе таяла улыбка от взгляда Артура — зеленоглазого и русого. Кто теперь так приглашает сходить в кино? Да кто в кино ходит? Потом вскоре — Сева Абдулов. Он стал с возрастом тихим, улыбчивым человеком, излучающим радость, — дедушка, улыбающийся внучкам. Странно и то, что он пережил дату смерти своего знаменитого друга Высоцкого на пару дней. На день, на три? Я знала его очень давно — молодым. Знала женщин, которых он любил. Он всегда, как мне кажется, был рядом с Володей. Есть такие истории — тихие, рядом с громкими. Его — тихая. Что происходит с самолюбием этих людей? Есть уход из жизни пафосный (пардон!), а есть тихий. Так ушел мой отец. Я как-то задумалась над этим: в каком-то смысле это героизм — уходить в тишине, смирившись с тем, что твой уход не будет замечен никем, кроме самых близких и тоже не пафосных людей. Людей, которые что-то важное понимают потом, людей, все путающих в суете. И их он постарается не потревожить. Ни слова о своем приближающемся уходе, ни одной сопли... Отец моего знакомого перед смертью поделился с ним своим открытием: «Я понял, что Бога нет!» Можно сказать, заявление титана. Кто ж перед смертью-то осмелится? Ведь это очень страшно. Так вот молчать о своем страхе и не пугать этим страхом близких — героизм.

А я, когда ехала из морга в такси, смотрела на серые кирпичные дома, на солнышко, что играло на кирпичных стенах, слушала какую-то нашу радиостанцию с одной из сегодняшних песен: «Упала шляпа — не надо плакать!», «Не сыпь мне соль на рану, не говори навзрыд! Не сыпь мне соль на рану, она еще болит!» — и понимала смерть человека в еще одном аспекте: он, мой папа, никогда больше не услышит эту шутливую, дурацкую песенку. А она и была частью окружавшего его мира. Он не был гладиатором, умирающим на арене при скоплении зрителей. Не был полководцем, принявшим героическую смерть, и по нему не стреляли в небо из пушек и ружей. Его удел, его среда — эта песня, несущаяся из приемника для миллионов растерянных людей. Она звучит сейчас не для него. А для кого? Сейчас я ее слушаю с особым чувством. Для меня сейчас она — это он. Так как она вызывала у него улыбку. Эмоцию. Он ушел со своей эмоцией. Ведь люди — это реакция на окружающий мир. Мой папа радовался ерунде. И вот звучала ерунда. Луч скользнул по мостовой. У женщины возле киоска задралось платье. Очередь возле трамвая стояла, как во сне, уставившись в вечность. Какала собака возле перевернутой мусорной урны. Ерунда. Повседневная, отечественная, живая ерунда. Мне кажется, что именно она составляла его контакт с внешним миром в последние годы. Может, это покоробит иной брошенный взгляд: неужели вы так живете?

А будничная «ерунда» продолжала звучать и раздражать слух и зрение. Устраивала свой маленький концерт. Искала зрителя и слушателя. У такой ерунды всегда бывает очень мало почитателей. А теперь одним стало еще меньше.

А вот и новое известие: Сергей Бодров! Кавказский пленник?

Сумасшедшее время. Все сумасшедшее и сумасшедшее. Так и хочется сказать: сумасшедш-е-е-е время.

«Что с нами?!»

«...Что с нами будет?»

«Ты хочешь жить в этом городе?»

«Вот так и уйдем!»

«Что ты думаешь о монархизме?»

«Причем тут монархизм?»

«Не улыбайся...».

«Я ему сказала, что очень его люблю...».

«Он не слышит...».

«Не слышит?»

«...или не слушает?»

«...Как Генри и Джун».

«Го-мо-сек-су-алы!»

«Ты меня боишься».
«Хочу сахар». «Je veux du sucre».
«Je souffre, Tu souffres, Il souffre».
«Попробуй кусочек!»
К.с.ч.к.
«Заезжайте, когда будете проезжать МИМО».
«Хочу купить муху...».
«Хочу накормить его мясом...».
«Она быстро оправилась после смерти ОТЦА...».
«Хочу остановить ПОЕЗД....».
«Хотел отравить себя в машине...».
«Испугался камня, который попал в ветровое стекло...».
«Где мой диплом?»
«Сделай копию!»
«Что ты сидишь и смотришь?»
«Многие вообще не знают: ЗАЧЕМ?!»
«Его сразу вырвало...».
Не говорите, что я сумасшедшая.
Я — страстная.

Глава 8. **Я не сумасшедшая!**

...прокричала я в трубку со смешком и сразу притихла: снова вспомнила о названии своей книги-биографии, и, ожидая ироничной реакции на том конце трубки, решила поправиться: «Может быть, «идиотка», но не сумасшедшая!» И не ошиблась. «Ха, ха, ха, — раздалось на том конце провода. — Вот и назови так свою вторую книгу!» Какая все это глупость — эта болтовня про «сумасшедшую», про «идиотку» и так далее. Пустяк, но я все время это повторяю и оговариваюсь. А правда, сколько в моей голове историй, в реальности которых я убеждена, но которые при пересказе вслух или на бумаге покажутся абсолютной абракадаброй или женским бредом. Я, например, иногда думала — редко, раза два-три, но думала, что я уже умирала пару раз. Перехожу я как-то улицу и вдруг вижу, что на меня прямо из-за поворота несется на огромной скорости машина. Она выскочила внезапно и, просвистев в миллиметре от меня, унеслась дальше. Меня обдало воздушной волной и на секунду оглушило. От неожиданности я не успела даже сообразить, что и как. Но, очухавшись от шока, поняла, что фактически находилась в секунде от смерти. Да, и уже после того, как машина унеслась, я стала какой-то другой, измененной. И такой вот «другой» женщиной я перешла улицу и поднялась на тротуар. Продолжила свой путь. Тогда у меня и возникла мысль: «Да не могла я выжить, столкновение произошло, я просто раздвоилась!» Может, это и есть моя смерть? Может, она такая, не ощутимая для человека? (Оттого, к примеру, некоторые люди тебя просто не замечают, тогда как ты расположена к ним всей душой. А ведь возможно, что вы с ними уже находитесь в разных мирах.) Вот и я стала существовать сразу в двух, параллельных мирах. Можно сказать, что смерть — это твое рождение в параллельном мире. Ведь «там», по всей вероятности, самое большое удивление — это когда узнаешь, что все продолжается. Получается, что в одном из миров отсутствует информация о том, что стало с той, которую задавила машина. Ведь переживают случившееся обычно свидетели и осиротевшие родственники. А переживания потерпевшего нам пока неизвестны.

Еще можно так посмотреть на проблему. Если у тебя выпадает из сознания тот факт, что с тобой «что-то случилось», то ты, не предполагая, что «нечто» (смерть) произошло, продолжаешь существовать как ни в чем не бывало. Так, человек давно умер, а думает, что жив (зомби). Или у него давно нет головы — ее снесло, а он думает, что мыслит. Или наоборот, у него есть семья, а он уверен, что давно один (решил, что все погибли в авиакатастрофе). Жена ему говорит: «Ну обрати на меня внимание, я же рядом!» А он уставился в телевизор. Или наоборот: он один, а живет так, будто у него полно детей. Дарит всем подарки, беседует со всеми, как с родными, заботится об их спасении — борется за нормальную экологию, например, или предупреждает о скорой гибели всего человечества. А его никто не слушает. От него никак не могут избавиться: чего привязался? Он же убежден, что он их прародитель. И те, кто замечает, что у него другая картина мира, никак не могут ему втолковать, что на самом деле у него есть, а чего нет. Но, как правило, ни у кого на втолковывание нет времени. Так что пока человек случайно не оступится, из-за своих заблуждений, он может пребывать в иллюзиях насчет объективной картины своего существования. И наоборот, он всем втолковывает, что с ним на самом деле произошло, но все верят только тому, что сами знают или хотят знать. Тогда уже этот человек, устав объяснять, плюет и замолкает. И живет так до тех пор, пока другие вдруг случайно не обнаружат — ба! Да вот оно что! Он же и вправду летает! А мы дразнили его: «Бэтмен, Бэтмен!»

Или, например, я уверена, что однажды, когда я лежала ночью в постели, рядом со мной в комнате возникло существо, похожее на гигантского осьминога! Оно вступило в контакт с моим сознанием, чем ужасно меня напугало. Конечно, его появление имело для меня свое объяснение — это было связано с Майклом, вернее даже, это и был Майкл. Кто такой Майкл? Майкл — это парень, с которым я работала в картинной галерее на Родео-драйв, в Лос-Анджелесе. Он был первым, с кем я там познакомилась. Он помогал мне осваиваться в новом городе и на новом месте — в галерее. Мы бродили по лос-анджелесским улочкам, болтали и флиртовали. Майкл был англичанином. В галерее работал шофером и грузчиком — таскал тяжелые картины, скульптуры весом по полтонны, — и был похож на ангела: бледен, голубоглаз и с золотыми кудряшками на голове. Презабавно было наблюдать, как тонкий и гибкий Майкл, бывало, сгибался в три погибели и тащил на себе тяжеленные шедевры. Особенно было любопытно, когда однажды ему пришлось втаскивать бронзовую скульптуру размером 1.70 на метр под названием «Ангел». (Даже фамилию скульптора запомнила — Баскин, однофамилец моего приятеля-актера Илюши Баскина.) Этот скульптор

Баскин любил орнитологическую тематику, а также мифологическую. Был у него Прометей и, кажется, Медея, тоже неподъемные, и все они побывали на спине Майкла. Настоящим ангелом-то был, конечно, он, но об этом мало кто догадывался. Все стояли на втором этаже на ступеньках и сверху руководили — как ему лучше распределиться под такой тяжестью. И все мужчины галереи давали советы, а он тащил «Ангела». Я все беспокоилась, как бы один «Ангел» не раздавил другого, но обошлось.

Майкл подрабатывал в галерее, но его настоящей страстью была музыка: он был ударником, барабанщиком. У себя дома — а он снимал дешевые комнатушки — Майкл репетировал на своих ударных, всяких металлических тарелочках и барабанах. Он говорил, — и я могу подтвердить, — что если не поиграет, то нервничает, а поиграет, сразу успокаивается. Конечно, у него были конфликты с соседями по дому, где он вызывал всеобщее недовольство, и потому Майкл был обречен на жизнь в трущобах — там, где уже все равно, что происходит за стеной. В городе также жил его младший брат, такой же белокурый и тонкий парень, как и Майкл. С ним я тоже общалась, когда братья приглашали меня на прогулку. Они были очень корректны и вежливы, а наши прогулки напоминали подростковое ухаживание с картинки какой-нибудь английской детской книжки: мы ели мороженое и пили безалкогольные коктейли, потом разъезжались по домам. Я вскоре поняла, что младший брат вроде как за старшего рядом с Майклом и очень заботится о его здоровье. И правда, Майкл был нервным и как бы не от мира сего. Я даже поняла, что барабаны появились у него в детстве как своеобразное средство от какого-то недуга. Может, это был аутизм — нежелание контактировать с внешним миром? Одним словом, он чем-то страдал, очевидно, с детства, и это заставляло младшего брата беспокоиться о его состоянии. Он сам говорил о себе так, словно у него всегда все идет с трудом и многое из того, что он очень хочет, не получается. Так он мне однажды сказал, расплакавшись в подушку. «Если бы ты знала, у меня всегда так...». — Он не договорил, отвернулся, а потом я услышала жалобное всхлипывание: «пи-пи-пи!» Конечно, он мечтал прославиться, записать диск и прилепиться к какой-нибудь талантливой группе. Пару-тройку раз я ходила к нему на выступления, и оба раза это были разные группы, так как он успевал рассориться с музыкантами и долго нигде не задерживался.

У нас с Майклом начались было некоторые отношения, которым я была рада, ввиду затянувшегося в тот период одиночества, но к моей досаде, он их как начал, так и резко прекратил, объяснив что-то вроде «делу — время, потехе — час». На самом деле Майкл очень хотел, чтобы у меня все получилось в галерее, чтобы я успешно прошла испытательный срок в два месяца и что-нибудь продала, оттого и решил, что эмоциям не будет места. Меня это тогда больно ударило, так как я только начинала раскочегариваться со своими чувствами, и вдруг такая рассудительность! Но вскоре я смирилась с решением Майкла, хотя наша дружба продолжалась, вызванная необходимостью помогать друг другу в трудном городе Лос-Анджелесе. И все же обоюдное притяжение высекало порой электрические разряды перед каким-нибудь произведением Шемякина или Дэвида Хокни.

Спустя где-то год после моего поступления на работу в галерею Майкл уволился. Вернее, ему пришлось уйти. Его поведение вдруг стало непредсказуемым. Он мог вспылить и, хлопнув дверью, уйти посередине какого-нибудь вернисажа. Или появиться в галерее поздно ночью, под самое закрытие, неожиданно выйдя из-за угла с горящими глазами и белым, как лист бумаги, лицом. Подойдя к висящей на стене картине, он принимался истерически хохотать и высмеивать ее. Кто-то из коллег пошутил, что если бы не был с ним знаком, то принял бы его за маньяка: «С таким лицом врываются в Макдональдс и расстреливают посетителей». Одним словом, случилось то, что, очевидно, и должно было случиться. Его любили хозяева и коллеги, и все же ему предложили уволиться на полгода, предложив помощь в устройстве на другую работу.

Я тяжело переживала увольнение Майкла и в каждое из его редких посещений галереи пыталась его как-то поддержать. Однажды вечером он пригласил меня погулять. Мы брели по какому-то лос-анджелесскому парку, о существовании которого я не знала раньше, и когда стало вечереть, я предложила вернуться из темной аллеи на освещенную улицу. Майкл прочел мне целую лекцию о страхе — что страх это глупость, и бояться вредно, надо просто перешагивать через страх, как через ручей. «Вот смотри!» — сказал он и исчез в темноте за деревьями. «Вот видишь, — продолжал он говорить, скрываясь в тени, — тебе страшно, а здесь никого постороннего нет! Тебе страшно глазами, потому что я в темноте. Нельзя доверять тому, что видишь».

С новой работой у него не ладилось, и он нервничал — деньги были на исходе. Встал вопрос о том, чтобы вернуться домой к родителям, в провинциальный городок где-то на восточном побережье. «Не хочется мне туда возвращаться — у меня там есть враг, но что поделаешь, придется», — признался мне Майкл. «В каком смысле — враг?» — поинтересовалась я. «Ну, женщина, которая меня ненавидит и пытается причинить мне и моей семье всякие страдания. Распустила слухи обо мне, а городок маленький, все теперь меня сторонятся». Я попросила рассказать поподробнее, за что и почему эта женщина так его ненавидит. «Она сделала мне очень больно». «За что, — выпытывала я Майкла, так как он говорил неохотно, — была влюблена в тебя?» «Ну, что-то в этом роде. Я сначала не знал, от кого это зло исходит. Но потом проверил. Оказалось, что это она. Я ей сказал конкретно, что она мне сделала, описал в подробностях, что да как, но она не понимала, откуда я все знаю. Решила, что я влез в ее квартиру, что вскрываю замки и тому подобное». «А как же ты все это узнал?» — пытала я загадочного Майкла. Он долго молчал, потом, глубоко вздохнув, спросил: «Ты когда-нибудь выходила из собственного тела?» «Да», — ответила я Майклу. У меня и вправду был такой опыт. «Ты видела свое тело со стороны?» — уточнил Майкл. «Нет, но я летела через тоннель, про который написано в книге «Жизнь после жизни», я знаю, о чем ты говоришь». «Так вот, я могу выйти из тела и перенестись в нужном мне направлении. Так я следовал за этой женщиной и видел все, что она делала, потом явился к ней ночью и сделал ей в ответ очень больно, так что она это почувствовала. И говорила потом, что я стоял перед ней и что я оборотень. Она почти тронулась от такого опыта и боялась потом ложиться спать». «Господи, а как же ты это сделал?» — недоумевала я. «Ну, так, нужно очень сильно сконцентрировать свое внимание и иметь достаточное основание этого хотеть. Но это опасно. Я не буду больше никому мстить, а потом, люди боятся того, чего не понимают. Я не хочу их пугать». Вскоре нам пришлось распрощаться: Майкл уезжал из города. Напоследок он утешил меня, сказав, что расстояние для него не преграда и он будет навещать меня. «Ты же знаешь теперь, что я могу это делать?» — хитро взглянув на меня, промолвил бледный, как ангел, Майкл.

Я все еще была привязана к нему: это была смесь сочувствия, заботы и благодарности за его изначальное внимание и интерес ко мне. Вполне естественно, что мне было необходимо выговориться, нужен был собеседник для обсуждения проблемы по имени «Майкл». Обсуждать Майкла мне было практически не с кем. То есть я могла это сделать с любым работником галереи. Ну, например, с Вэлери — она ведь рассказывала мне ряд своих историй и про неудавшийся брак, и про последнюю длительную связь, которая закончится позднее тем же фиаско. Но Вэлери была женщиной, и одно время мне даже пришлось ревновать к ней Майкла. Он возил ее домой к покупателям и таскал для нее картины, которые те пачками приобретали. После этих поездок между Вэлери и Майклом установилась раздражающая меня шутливая связь. Они посмеивались над чем-то, он делал ей игривые комплименты, в ответ она краснела и высокомерно отшучивалась. Вэлери была, как и Майкл, англичанкой, но иного социального уровня — леди. Леди, с которой что-то стряслось, и ей пришлось забыть про нянь, слуг и свою усадьбу, оставленную в далекой стране Зимбабве. Но именно такие вот леди склонны позволять себе увлечься молодыми и сильными парнями более низкого сословия. Другое дело — брак: замуж они стараются выйти за потомственных или новых аристократов. А если речь идет просто о связи, здесь важна сила притяжения и возбуждение, которое люди того же сословия у некоторых не в состоянии вызвать. Но главное — она была хорошенькой. Короче, я не могла откровенничать с Вэлери. Впрочем, я вообще не люблю откровенничать с женщинами на личные темы. Поэтому мне пришлось уповать на Чарльза — он был в дружеских отношениях с Майклом, и хоть и был весел, но держался на дистанции со всеми остальными. По профессии он был художником, а в галерее зарабатывал деньги. Чарльз был рыжим, зеленоглазым, подвижным и очень веселым. Он часто подшучивал над клиентами — всякими там японцами, над их манерой говорить с непроницаемой физиономией, над американскими богатеями, подбирающими картины по принципу: стены в туалете голубые, почему бы там не повесить врубелевского «Демона»? А закончив работу, раскланиваясь со всеми, непременно произносил: «Аста ла виста, До звиданья!», смешивая испанский и русский. Ему нравилось, что он работает в окружении русских, корейцев или немного сбрендивших американцев. В общении он был демократичен, поклонялся новому культу Матери-Земли и активно боролся против рекламы алкоголя и сигарет. Одним словом, был в меру богемным, но не размазней. С ним можно было потрепаться о Майкле.

И вот случай представился. Чарльз пригласил меня на ланч в только что открывшееся кафе, где мы еще ни разу не были. Я почувствовала, что он сам провоцирует меня на дружеские откровения и что его, как и меня, затронуло отсутствие Майкла в галерее, а теперь и на всем калифорнийском побережье. Он попросил официантку принести нам два бокала белого вина, после чего предупредил, что угощает меня за свой счет, и мы начали трепаться. Сначала поговорили о галерее, высмеяв и передразнив сотрудников — каждый был колоритен по-своему. Затем он посетовал, что ему трудно продвигать свои работы на рынок — все новое непонятно покупателю. Официантка принесла бокалы с вином, и мы пригубили холодной кисловатой жидкости. Наконец завели разговор о Майкле. Чарльз говорил, а я слушала. Он был серьезен, говорил о том, что Майкл многое сам себе испортил, но и хозяева тоже поступили резко, оставив его в Лос-Анджелесе без шанса на приличные деньги. Ведь он мог подрабатывать только физическим трудом, за который мало платят, а его музыка и вовсе ничего не приносит. Тут мы принялись обсуждать его характер и затронули мои с ним отношения, но так, намеком, а потом стали обсуждать его странности. «Да, — произнес Чарльз задумчиво, — что-то с ним было не так...». Вскоре от вина стало весело. Чарльз сменил тему и принялся подсмеиваться над официанткой. Она была неприветлива, отвечала коротко и резко. Она походила на панка всклокоченными волосами и тяжелыми ботинками на шнуровке, а панки не манерничают даже по долгу службы и даже в Америке. Нам захотелось есть, и Чарльз принялся жестами показывать бегавшей взад-вперед девушке, чтобы она подошла и приняла заказ. Наконец нам удалось подозвать ее к нашему столику. Пока она записывала в книжечку заказ, Чарльз пытался обратить ее внимание на себя, но безуспешно, она даже и не взглянула в его сторону и при первой возможности отошла. Такая неприветливость, а вернее, сосредоточенность сугубо на своем деле была совсем не типична для американских официанток, и мы решили, что она в каком-то смысле исключительна. Наверное, недавно приехала, наверное, из Ирландии... Чувствует себя дискомфортно, стесняется. Одним словом, манеры ее были не калифорнийские.

Через полчаса, прикончив вкуснейшие итальянские блюда и выпив черный эспрессо, Чарльз окликнул странную официантку. Она подошла и протянула нам счет. Чарльз достал из кошелька купюры с мелочью, но прежде, чем девушка взяла деньги, он обратился к ней с ехидной улыбочкой: «Скажите, пожалуйста, как вас зовут?» Она сгребла монеты со столика, положила их в карман и, на секунду задержав взгляд на Чарльзе, низким голосом отчеканила: «Майкл!» После чего резко отошла и скрылась в смежном помещении, оставив нас с Чарльзом сидеть с разинутыми ртами. «Что она сказала?» — очнувшись от оцепенения, переспросил Чарльз. «Она сказала «Майкл!» — с дрожью в голосе ответила я. Мы переглянулись и почувствовали себя пойманными на крючок — то ли своей глупостью, то ли болтливостью, то ли... Майклом. «Н-да, странно. Может, она слышала наш разговор, но в любом случае странно», — попытался прояснить ситуацию Чарльз. Он принялся острить, рассказывать анекдоты, но юмор как-то не шел, и мы постарались побыстрей уйти, чтобы стряхнуть жутковатое впечатление.

После этого случая в кафе я стала осторожнее относиться в своих мыслях к персоне молодого англичанина по имени Майкл. Так или иначе, но его образ вызывал загадочные чувства, и лучше было не упоминать его всуе. И вот как-то ночью я очнулась от страннейшего ощущения чьего-то присутствия возле моей кровати. Мне было совершенно очевидно, что я нахожусь в комнате не одна и что чье-то сознание откликается на каждую мою мысль или чувство. Я стала мысленно задавать вопросы этой сущности и вскоре точно поняла, что это — Майкл. Нет, я не видела его в темноте, только чувствовала присутствие. Оно меня не пугало и ничем не угрожало мне. Просто было настолько мощным и невероятным самим фактом своего появления ночью возле моей кровати, что я старалась продолжать ровно дышать, лежа на подушке, будто так и должно было быть всегда, от начала веков и до их скончания. Тем не менее я задала себе вопрос: какой образ имеет эта сущность, которая меня посетила и которая связана с Майклом. И получила ответ — это гигантский осьминог! Почему Майкл избрал такой образ, чтобы явиться ко мне, я не знаю. Я не знаю многого про осьминогов. Могу только сказать, что у них добрая и умная физиономия и они очень мощные, гораздо мощнее меня. «В конце концов, подумаешь — осьминог. А я, может, маленькая рыбка — мы лежим на дне океана в доисторическую эпоху и телепатически общаемся!»

Возможно, картины Шемякина с изменяющимися формами, заимствованными из мира рептилий, моллюсков и из африканской примитивной живописи, внесли свою лепту в мой ночной кошмар. Майкл на фоне работ Шемякина, испуг, который он вызвал рассказами о себе. А еще вид белокурого, светящегося внутренним светом молодого человека, словно распластавшегося за многочисленными ударными инструментами — тарелочками, барабанчиками и барабанищами, вскидывающего пару своих бледных, надувшихся голубыми жилками рук над гудящими и стрекочущими инструментами, а под ними — отбивающего ритм парой конечностей в джинсах. Конечно, у ударника много ног, много щупальцев — как у осьминога!

Правда, я сама понимаю, что это все логические попытки объяснить свой психологический, чувственный опыт. Для этого прибегаешь к словесным или внешним образам. Однако все это только попытки приблизительно передать то, что изменило тебя раз и навсегда. Потому что если просто скажешь: «Я летела через тоннель и слышала голос, потом поняла, что надо вернуться, и вернулась, и с того момента знаю, что я существую не только здесь, но еще где-то буду существовать даже после остановки сердца», — то тебя никто не поймет. Так же, как и то, что Майкл мог явиться мне в Калифорнии, тогда как физически находился за сотни километров от меня. Да еще в образе осьминога.

И все же я знаю, что Майкл летал, и что я тоже летала. Я понимала то, о чем он мне рассказывал.

Такой опыт остается в человеке и меняет его. Он предлагается не случайно. Из него возвращаешься обогащенным Тайной.

«Полет»

Майклу

В окно влетела птица и, несмотря на скрип кровати, продолжала сидеть на подоконнике. Она к чему-то приглядывалась в комнате, чего-то ожидала. Луч света от окна освещал комнату ровно настолько, что были различимы все населяющие ее предметы, и вся она была незащищенной в этой своей обозреваемости. Но вдруг птица насторожилась, дверь в комнату отворилась, и мама стремительно прошла к окну.

Наутро, когда я спустился к завтраку, стол уже был накрыт. За столом сидел отец и сестра. Они ожидали меня. Как только я сел, все занялись завтраком. Каждый трудился над своей порцией и думал о предстоящем дне. Мамы за столом не было. Но никто из присутствующих не задавал себе вопрос, где она, — кроме меня. Прибор для нее тоже не был поставлен. Ее как будто и не ждали. Я был бледен, и голова кружилась. Воздух замер без движенья, и я не мог вздохнуть. Машинально взялся за вилку с ножом. Мне было стыдно смотреть на папу с сестрой. Поднял голову и взглянул в окно — на меня смотрела птица не мигая.

...Мы неслись над зимним городом, подо мной проносились белые сугробы и расчищающие дорогу машины, знакомые дома, дворы. Мама что-то кричала неподалеку, что-то насчет куртки, которую я должен был застегнуть доверху. «Мне это снилось!» — услышал я ее крик. «Вот так, остановиться во времени, здесь все по-другому...» — долетело до меня. «Они мне уже все рассказали! Знаешь, я очень много грешила, — продолжала кричать она, — я целовалась с другом детства, когда отец уезжал из города и оставлял меня одну, но я никогда не делала от него аборт, это все ложь».

Она вдруг рассмеялась. «Да, я смеюсь, все это очень смешно, так именно и бывает, — против логики, против этики и морали. Смех вместо слез и вины».

«Хочешь конфетку?» — вдруг спросила она, и прежде, чем я ответил, в меня уже летела цветная конфета, которую я едва успел поймать.

«Да, так вот и с твоей бабушкой, моей мамой, мы никак не могли объясниться. Я любила ее, но часто хотелось выгнать ее за дверь, она мешала нам жить. Ты мешала нам жи-и-и-ть! — прокричала она куда-то вверх. — Я любила те-бя-я-я! Но ты нам меша-а-а-ла!» «Ша-а-ла!» — отозвалось где-то в пространстве.

«Надо успеть высказаться, выкричаться, высмеяться», — сказала она, поворачивая ко мне свое лицо, и снова рассмеялась. Лицо ее отражало свет звезд, как будто по нему бежали солнечные зайчики.

«А зачем ты мне тогда поставила грелку на живот?» — крикнул я ей, так как она погрузилась в свои мысли, и я боялся потерять ее.

«Да, прости, дорогой, ты был вторым ребенком, и мне часто было не до тебя. Я поставила тебе грелку, и у тебя открылся аппендицит, мы тебя чуть не упустили. Я думала, ты просто переел перед сном и капризничал. Ах, я была такая легкомысленная и уставшая мать, мы все отправляли тебя в детский сад, нам все казалось, мало времени для нашей любви, мне и отцу».

«Любви-и-и!» — пропела она.

«Ромашки, мои самые любимые цветы! Все хочу в ромашках, платье, детей, мужчину! Я хочу носить туфли, которые мне впору, лодочки, в самый раз. Я всю жизнь набивала мозоли от тесных туфель». Она начала размахивать ногами, как это делают дети, катаясь на карусели.

«Ах, я так рано стала матерью и так надолго! Я хотела бы вот так болтать ногами и хохотать, ходить в кино, ни за что не отвечать. Я так много рожала. Хочется сладости без горечи, легкости, ветра!» Она распахнула руки.

«Я даже не знаю, любила ли я, как могла бы любить? Была ли любима, как хотелось бы? Где тот мужчина, что смотрел на меня однажды в трамвае? Я думала о своем, и вдруг все мое тело начало дрожать, мышцы расслабились, я еле устояла на ногах от того взгляда. Я его чувствовала даже затылком, спиной. Если б я могла любить просто, свободно, как сейчас под ветром, все во мне открыто, я излучаю свет. Смотри!» — она развернулась ко мне. Все ее тело светилось. «Когда все скажешь, все произнесешь вслух, появляется этот свет. Ну скажи что-нибудь!»

«Я боюсь тебя обидеть, ранить», — вылетело из меня само собой.

«Это сейчас невозможно — обидеть. Я не могу быть ранена твоими словами, говори!»

«Я уйду от тебя, вырасту, не возвращу тебе твою любовь. Опоздаю на твои похороны. Ты никогда не станешь молодой. Ты так меня и не узнаешь настолько, насколько ты хотела бы узнать. Я никогда не буду так счастлив, как тебе хотелось, чтобы я был. Ты никогда не будешь носить туфли-лодочки впору!»

«Это все? — прозвучал ее голос совсем рядом, — жаль... И все же, мы пережили это с тобой вместе. Ты тоже грешен, будешь грешен. Иначе ты бы не попал со мной в этот полет. Ты стал свидетелем моего сна, моего откровения. Ты перескочил время, вероятность. Ближе невозможно подойти друг к другу».

Мне захотелось коснуться ее. Я потянулся — но она уже слилась с птицей. В лицо ударил поток света, и я не смог ничего различить. Только слова, произносимые ею, все еще касались меня, совершая дугу, оседали дыханием на моем теле. Руки начали излучать такое же свечение. «Как хорошо, как хорошо, как хорошо...» — отзывалось колокольчиком во мне.

Пока я наблюдал за трансформацией своего тела, мама исчезла окончательно, превратившись в одну из тысячи светящихся точек. Мгновение спустя и я вслед за ней растворился в пространстве.

Было далеко за полдень, когда я вошел в комнату.

— Где мама?

— Вышла пройтись.

Сестра сидела перед мольбертом и резкими штрихами наносила на бумагу контур птицы.

Глава 9. «Московские новости»

Обратила внимание — пятиминутка новостей вытесняет очередную сексуальную пятиминутку. Прямо как у Андрюшки в пьесе героиня говорит: «Какой тут секс? Тут не до секса! Какой тут секс — тут живой бы выбраться!»

Сводка текущих новостей. В Москве Пауло Коэльо. Его принимают как национального героя. Все — от членов правительства (его любит Элла Памфилова) до Никиты Михалкова. От Коэльо ждут прогноза на завтрашний день: как нам жить дальше? Видно, гарью и впрямь не просто так потянуло — нужны установки на дальнейшую жизнь. Причем всем — от домохозяек до уже упомянутых членов правительства. Этим летом все немного сдвинулись. Никаких осадков, и вот... Прокурор Устинов написал книгу, дает пресс-конференцию на книжной ярмарке. А «Идущие вместе» пытаются засадить еще кого-то из писателей-эпатажников. Наш Лимонов уже сидит, а ихнего бывшего заключенного Коэльо принимают на государственном уровне. Абсурд! Меня звали в ту передачу, в которой он был гостем. Я не пошла, потом смотрела ее по телевизору. Пауло Коэльо долго слушал дифирамбы в его адрес через «переводчицу» Елену Хангу, а потом, уже почему-то без перевода, болтовню других гостей эфира. Затем вдруг встал и ушел. «Вы нас покидаете?» — прокричали ему вслед. Он утвердительно кивнул и удалился. Мне закралось подозрение, что внутренним взором он увидел сидящего в это время в камере писателя Лимонова, склонившегося над тетрадкой в свете допотопной зеленой лампы. Я не читала Коэльо в количестве, достаточном, чтобы сказать, чем он мне помог. Но я знаю, что он помогает жить многим российским звездам. Например, Лолите: «Прочитав «Алхимика», я стала по другому смотреть на жизнь». Я хоть и не Коэльо, но мне кажется, я понимаю, почему он встал и ушел. Врать, конечно, очень хочется, но в определенный момент славы — невозможно. Если б он был русским, его могли бы рано или поздно посадить в тюрьму. (Лимонов тоже уходил из эфира со скандалом. Но дайте Коэльо русский язык и несколько лет жизни в Москве для адаптации, и он снабдил бы свой уход парой хлестких фраз.) От этой мысли смешно, хотя по сути должно быть страшно.

Ехала сегодня по Москве на частнике. Попали в жуткую пробку. Я задыхалась, не столько от гари, которая уже неделю одолевает москвичей, а от выхлопных газов огромных многолитражек, которыми был зажат наш «жигуленок» в центре Москвы. Водитель говорил, что революции не было. Имелась в виду революция 17-го года. Ни взятия Зимнего, ни пальбы с крейсера «Аврора». Жертв, и тех только шесть человек. «Оттого все и пошло наперекосяк!» — болтал он, а я отворачивалась к заднему окну, потому что переднее не открывалось. А накануне по телеку я слушала путешественника Сундакова. Он говорил, что Египет с пирамидами — дело рук наших предков. Усыпальницы наших царей — вот что такое пирамиды. И построены они были не ранее, чем в 15-м веке, а уж ни в каком ни в пятом до нашей эры. (Получается, что моя Ярославна из фильма «Ярославна — королева Франции» и Клеопатра — сестры, кровинушки?) Пожалуй, я уже привыкла к такой информации, получаемой каждый Божий день, и никак не реагирую на нее. То есть в этом и состоит моя реакция — я ее встречаю стоически, как кремень. Все равно завтра снова будет что-нибудь в этом же ключе, зачем распыляться на реакцию? Надо привыкнуть к возможности услышать и о сдвиге земной оси, и о затоплении Дрезденской галереи, и о том, что все, что мы видим в небе и изучаем, — только десять процентов того, что там есть на самом деле.

Еще я рассматриваю варианты женской судьбы. В голове возникают фразы недописанного рассказа

«Мать-героиня». «Ты ушел, забрав свою сперму...» — неплохое начало, дикое... а дальше? «Так думала рыжеволосая женщина, крутя баранку подержанной девятки. Ей было серьезно за сорок. А точнее, почти пятьдесят. И в это она никак не могла поверить. Вынув сигарету из пачки, привычным движением зажала ее губами, поднесла зажигалку и жадно затянулась. Испытав облегчение, зло подумала: «Наплевать!» Это просто означало новую войну с окружающим миром. Точнее, новую игру с тем же миром. Как в нее играть? Она пока не знала. Но было время обдумать — сейчас, в машине, пока она едет домой со своими вещами. «Что же делать? Объявлять открытую войну или тайную?» Оставаться тем, что она есть, — открытая война, приспосабливаться — тайная. Орать на всех перекрестках — я еще не успела, но я готова успеть, пока еще не все закончено... Или никому ничего не говорить, да и не думать вовсе ни о каких переменах, которые несет возраст? Ну, например, она хочет иметь ребенка, как хочет двадцатилетняя женщина, а ее ровесницы уже бабушки? Она никогда не соответствовала своему возрасту. И многое делала с опережением. «Да, да, — уверяла себя она, сворачивая в переулок к своему дому, — я плевала на законы, установленные обществом, и вместе с ними на законы природы. И вот тебе на... просчиталась!» Она никак не могла понять — как это могло выйти, что она не родила ни одно человеческое существо. Ей казалось, что вышла ошибка и можно как-то это быстренько исправить. Быстренько... В ужасе сознавала, что все это ей не снится и она действительно допустила очень грубую ошибку. «Но попытаюсь! — успокаивала она себя. — Буду бороться до последнего!»

Она привыкла бороться с самыми невероятными обстоятельствами, отказываясь верить в самые очевидные истины. И как всегда происходит с борющимся, на пути тут же выстраивались непреодолимые препятствия. Все новые и новые. Так и ей — пришлось уехать от него, по его же просьбе. Нет, в буквальном смысле. Он сказал, чтобы она собрала вещи и переехала к себе. Она никак не среагировала. Решила отменить реакцию, и у нее получилось. Единственное, что она спросила его, уходя: «Ты дашь мне сперму?» Он согласился. Она облегченно вздохнула — знала, что у нее будет его сперма. Она не совсем была уверена в том, что использует ее. Но все равно на сердце было легко при мысли о ней. Уже легко, в сравнении с тем, что было пару недель назад. А пару недель назад был траур по их общему эмбриону. Ему было две недели или того меньше. Его день рождения она отметила 14-го. А 28-го был уже день траура по нему. Она видела дни рождения и походы в первый класс чужих детей. Она давно наблюдала за чужими детьми. Они кашляли, капризничали, их рвало в самолете, их мамы подставляли им пакеты, вынимали носовые платки, укутывали в маленькие одежки, в которых детям было тесно, но это была радость. Для тех матерей. Она чувствовала это. И вспоминала, что сама праздновала день рождения своего эмбриона и потом его смерть. Ей не на кого было пенять. Она никого не обвиняла. Просто теперь она довольствовалась мыслями, похожими на фантастический сон о своих будущих детях. А вернее, о будущей беременности. Только иметь шанс думать об этом — это почти материнство! «Куда страшнее, если настанет день, когда нельзя будет даже пробовать», — ловила она себя на ужасной мысли. Но пока она аккуратно выполняла все предписания врача — принимала таблетки, делала уколы. Убегала в общественный туалет, когда была не дома, доставала из сумки шприц и ампулы — и колола себе гормоны по предписанию врача в одно и то же время. Однажды даже сделала укол прямо на улице — забежав за «Макдональдс», туда, где стояли мусорные контейнеры. Прохожий дядька заметил ее, остановился, она улыбнулась ему, и он пошел дальше. «Вот так у нас борются с наркоманией! — мелькнула язвительная мысль. — Но мне это сейчас как нельзя более кстати, что всем на всех наплевать».

Она следила за своим настроением и самочувствием. Боялась резко двигаться и переживать. Иногда вспоминала, что это преждевременно, но потом снова забывала и вела себя, как собравшаяся рожать женщина. Однако жизнь словно ополчилась против нее и ее желания стать матерью: то потеряет работу, на которую рассчитывала, и вместе с ней деньги, то наоборот, согласится на путешествия по городам и весям ради тех же денег, и это измотает ее, потом станет возить огромные сумки в больницу ближайшей родственнице, готовящейся к операции, потом мужчина огорошит предложением расстаться. А тут еще врач высказала предположение, что рано или поздно ей придется прибегнуть к донорской яйцеклетке. Это было очередным ударом. Но не отменяло основной задачи — родить. Надо было понять, где взять донорскую клетку в случае, если придется? И вообще, почему она об этом думала, если считала себя верующим человеком? А ей хотелось считать себя верующим человеком. Ей было страшно не быть верующим человеком. И она все думала и думала. Наверное, она думала об этом потому, что была женщиной. Современной женщиной. А современной женщине предлагалось отменить «последний шанс», отпущенный ей природой, и воспользоваться еще несколькими шансами, которые ей дает современная наука. Она звонила своим родственницам и выясняла, сколько им лет. И никак не объяснив свой вопрос, прощалась. А потом представляла, как спросит их: «Не согласитесь ли дать мне вашу яйцеклетку?» И как они должны среагировать?

А теперь ее мужчина повел себя плохо. Попросил, чтобы она забрала свои вещи. Она взяла термос, кроссовки, книгу по фэн-шуй, флакон духов, пилки для ногтей, махровый халат, босоножки и ушла. Зимние свитера и шубу она оставила в расчете на то, что зимой он передумает и она вернется. «Как это странно — уйти от мужчины, но иметь в пробирке его сперму...» — вела она с собой бесконечный тайный разговор. Тайный, потому что это нельзя было обсуждать ни с кем из знакомых и родственников. Как и возраст. Ах, сколько тайн запрятано за пазухой у каждого человека!.. Так вот эта — ее тайна.

Однако незаурядная ситуация, в которой она оказалась, принесла ей несколько любопытных открытий. Например, она поняла, что даже если мужчина решил расстаться, но отдал свою сперму, женщина чувствует приобретение, а не потерю. Это рождает удивительный покой. У нее даже появилась совсем крамольная мысль: «Сперму не использовать, а просто так... держать!» Может, только это ей и надо? Быть хозяйкой мужской спермы. Правда, у всякой неожиданной радости есть свой конец, его приближают подвохи судьбы. Вот, например, если она использует эту сперму и ничего не получится, она не забеременеет, а зимой он не передумает, что она будет делать тогда? Ага, она сможет обратиться к другим мужчинам. Она представила, как ищет по книжечке телефон подходящей кандидатуры. Даже взяла книжку в руки и пробежала глазами по номерам и фамилиям. Целый алфавит! «Кто у нас тут на букву «А»? Так... У этого неприятное лицо, этот молод, а этот стар. Посмотрим на «Б»... Ага! У него на ее счет всегда были виды — но прилипчивый, потом не отвяжется... Вот еще... симпатичный, но неизвестно, что у него за наследственность. Ах, есть еще вот этот, правда, женат, но так мило на нее реагирует, может, поймет и пойдет навстречу?» Она представила, как звонит ему. Назначает свидание. Они сидят в кафе, заказывают пирожные, потом обсуждают американскую кинопремьеру, общих знакомых, погоду. Она гадает, — когда и как лучше начать разговор на свою женскую тему: после того, как съест пирожное, или в процессе? Бедный, он и не предполагает, что на него сейчас обрушится. Но пирожное оказывается несъедобным, и она задает вопрос в лоб: «Ты дашь мне свою сперму? Я выбрала тебя, потому что ты... хороший человек... и рост, и глаза подходящие, всегда в чистой обуви, пользуешься мужским одеколоном, носом не хлюпаешь, где на карте находится Канада, знаешь, что в наши дни большая редкость... Это будет тайна, мы никому не скажем, а потом... ты меня никогда не увидишь. Так что твоя жена ничего не будет знать. Правда, наши дети могут встретиться спустя много лет. Они даже могут полюбить друг друга. И, лежа в постели, он спросит ее: «А твой отец тоже физик-теоретик?» Его это будет волновать, так как фамилия его настоящего отца будет такой же, как фамилия ее отца. О том, что он живет с отчимом, он узнает из разговора, который подслушает. Но любовь у детей не сложится... Ведь так чаще всего бывает в любви. Так что и здесь опасаться нечего. Будем на это рассчитывать. Нет, конечно, есть чего опасаться. Но шанс очень маленький. Да и потом, мы всегда идем наперекор опасениям. Так почему бы не попробовать?» Закончив свой мысленный монолог, она вздохнула с облегчением — как хорошо, что в алфавите столько букв! И закрыла телефонную книжку.

А через пару месяцев она в очередной раз рассматривала своих эмбрионов на экране лабораторного компьютера. Ей позволили зайти в кабинет и взглянуть. Она видела, как они дышали, перемещаясь по квадрату серого монитора, и толкали друг друга. Это было самое радостное зрелище из тех, что она видела: подошла к калитке детского сада и наблюдает за своими детьми... Она называла их мысленно «детьми». Иногда забывалась и при посторонних говорила: «мои дети». И представляла при этих словах круглые делящиеся клетки. Потом спохватывалась, вспоминала, что ее «дети» и дети той женщины, с которой она говорила сегодня в очереди, это разные дети. Ее детям было двадцать дней, а этим — 6 и 8 лет. Она была матерью эмбрионов. Но об этом знала только она и две женщины в белых халатах. «Не простудитесь, маленькие, как вы там без меня?» — думала она ласково о своих эмбрионах. Свое материнство она переживала в одиночестве. Только раз, встретившись с ним, сказала в запале: «У нас общие эмбрионы!» Он взглянул на нее и ничего не ответил. Не понял. «Какие же мужики непонятливые!» — думала она, закрывая за ним дверь.

Через двое суток ей подсадили эмбрионов. А вечером он позвонил и попросил отвезти его в больницу. Ему было плохо — приступ. Летом у него обострялась астма. «Ну и как ты собирался обойтись без меня?» — то ли горько, то ли сладостно стало ей при этой мысли. Она быстро оделась, села в машину и уже через час вела его по длинной аллее клиники. Он падал, поднимался, она усаживала его на скамейку. Он тяжело дышал. «Ничего, еще чуть-чуть, потерпи», — говорила она ему. А про себя молилась: «Только бы дойти, успеть». И потом спохватывалась: «Мне надо быть осторожней, я — мать эмбрионов!»

Так прошло лето, осень, зима, наступила снова весна и снова лето. В тот вечер она смотрела по телевизору ночную передачу. В ней рассказывалось про наркоманов и бездомных детей. Она встала, взяла пепельницу и, вынув сигарету из пачки, привычным движением зажала ее губами. Прикурила от зажигалки. Зазвонил телефон. Она сняла трубку. Звонивший сообщил, что маму выписывают из больницы, просили приехать, забрать. Она откашлялась и, найдя голос, попросила: «Можно денька два-три подождать? Я завтра должна быть на панихиде, а послезавтра лечу на один день в Красноярск... работа». В больнице согласились. Положив трубку и переключив программу телевизора, услышала голос диктора: «...войска вторглись на территорию...», «бомбардировки продолжаются», «пропал корреспондент», «пришло известие о смерти...», «горят нефтяные...», «горят леса московской области, площадь пожаров...», «жильцы дома эвакуированы», «обвиняемый признался...», «на 44-м году жизни...», «разыскивается»... Подумала: «В Москве премьера фильма о конце света... Вот почему...».

Я сижу в пробке, и мне лень вылезти из машины, чтобы спуститься в метро. Меня мутит, я почти не дышу. Достаю сигарету — почти сигару и закуриваю. Я понимаю, что сейчас один из тех моментов, которые торчат в жизни, как черные дыры, когда нужно просто лечь на дно своей души, прижаться к этому дну и дать волнам проскочить, прежде чем выплывешь на поверхность и глотнешь свежего воздуха. Нужно принять позу эмбриона и нырнуть вглубь своей души, пока не будет позволено снова вынырнуть. «Эмбрион» — забавное слово. Разве мы не эмбрионы, а смерть — не есть наше космическое рождение? Оно наступает тогда, когда душа созрела. По отношению к загробному воплощению сейчас я эмбрион, зародыш. Сколько еще рождений суждено мне, и сколько из этих рождений человек вроде меня не осиливает? Есть физическое рождение, как и физическая смерть, а есть психологическое, духовное. По сути дела, наиболее знакомое нам состояние — это ожидание рождения. И когда я говорю: «Я родилась» — то всего лишь тешу себя этой мыслью. Потому что невозможно родиться окончательно...

Есть такое мнение, что наша телесная оболочка — это кокон, в котором созревает душа. Когда она готова, то сбрасывает оболочку и устремляется ввысь... Об этой выси пока я ничего не знаю.

«Вдохновение»

Джеймсу

...Это был один долгий день. Своды потолка цвета кобальт, половицы — в травянисто-зеленом.

Ты мазал все вокруг себя краской — стены, стулья, лавки, табуретки, полки, толчок в туалете и трубы в ванной комнате: розовый, желтый, зеленый. Все, включая меня — сидящую, стоящую и лежащую здесь. Но чаще всего ты рисовал облака. Они выражали основное состояние твоей души. Белые облачка на синем небе.

«Чтобы покрыть все это пространство краской, потребуется целый год!» — думала я, оглядывая высоченные стены гигантской студии.

Пространство было огромным, но я почему-то назвала эту студию Клеткой. Наверное, здесь останавливалось время. Во всяком случае, оно текло иначе, нежели за ее пределами. Каждый зашедший сюда моментально превращался в добровольного пленника. Клетка, в которой неизбежно разыгрывалась чья-либо история, проживалась или рассказывалась. После каждой истории оставались в Клетке мелкие вещи. Полудрагоценные камни, засушенные бабочки, мексиканские кольца, открытки. Среди этой дамской ветоши были разложены всякого рода приспособления, необходимые для художника: холсты, карандаши, кисточки, распылители.

Здесь можно было кататься на роликах от стены к стене, беря при этом хороший разбег. Что ты часто и делал. В такие минуты я наблюдала за тобой с трехметровой высоты — именно туда ты поместил свою постель, на которую надо было взбираться по деревянной лестнице. «Кто бы мог подумать, что тебе пятьдесят, а ты все еще не нашел своего места...».

Мне нравилось здесь. Но больше всего я любила сидеть на высоком крутящемся стуле против просторной стены и глазеть на нее. Чуть слева от меня, в масштабе 2 на 2 метра, красовались луковицы Новодевичьего монастыря, написанного хозяином. Хозяин Клетки был иностранцем. Он срисовал монастырь с открытки, хотя однажды зимой побывал в Москве и воочию убедился в его существовании. «Слишком холодно для жизни!» — сказал тогда его сын, который путешествовал вместе с ним.

Я восприняла изображение монастыря на стене как знак, — ты предчувствовал наше знакомство. Но смотрела я, сидя на высоком стуле против стены, не на Девичий монастырь, а на пустое пятно чуть правее от него. Раньше там висела картина, но потом ты ее продал, и теперь на ее месте образовался белый квадрат нерасписанной стены. «Окно для очередной порции облаков!» Я пыталась представить, чем ты заполнишь это белое пятно.

Ты говорил, что никто никогда так пристально не смотрел на пустую стену. Будто заворожила меня эта дырка.

Последнее время тебе не работалось. Никак не мог найти сюжет для следующей картины. Ты нервничал. Я обсуждала с тобой твое состояние, меряя шагами мастерскую взад-вперед, глядя на звезды, облака, стрелы на стенах и на мебели. Недоумевала: что же еще к этому можно прибавить? Но успокаивалась при мысли, что пройдет день-два, и ты придумаешь что-нибудь. На тебя снизойдет вдохновение. В том, что моя поддержка не пройдет даром, я не сомневалась.

В наших разговорах и твоей маете незаметно прошла неделя.

Подъехав к дому и оставив на стоянке машину, я поднялась на шестой этаж. Приоткрыла дверь в Клетку и замерла. Робкий свет играл с пухом на полу, превращая его в поляну одуванчиков. «Загадочное место — откуда это намело? Давно пора прийти мексиканке и убраться здесь!» Бросив сумку у порога и сделав два шага к своему излюбленному месту, я остановилась. У меня возникло ощущение постороннего присутствия. Резко повернула голову: «Кто это?» Мне не ответили, но словно услышав чей-то вздох, я взглянула на стену. Она была расписана. Огромная биоморфная фигура распласталась на месте пустого пятна, от пола до потолка. Она смотрела на меня, куда бы я ни пошла, не давала спрятаться, даже за закрытой дверью, следила за каждым моим движением. И вдруг я поняла, что она мне странно знакома... Ну конечно — она чем-то похожа на бледный эмбрион! Ее очертания были неровны, отчего создавалось жутковатое впечатление, что эмбрион дышит. Да, да! Именно эмбрион, плавающий в водах, несущий признаки жизни. Я задержала взгляд на стене чуть дольше, взглянула на изображение пристальнее и узнала в нем черты своей души!

Моя душа, словно расплющенная и увеличенная, была спроецирована на стену!

«Ничего себе! — думала я. — Куда это она выскочила!» А может, она была у меня украдена или, наоборот, отдана добровольно?

Но день подошел к концу. Ты переходил к другим отношениям.

Ты вошел и сказал:

«Все кончено».

«Да, картина завершена», — ответила я, подхватила оставленную у входа сумку и переступила порог Клетки.

В теле ощущалась непривычная легкость.

«Ты лишилась души, — по крайней мере, на один день!» — шепнул внутренний голос. Застегнув поплотнее куртку и подняв ворот, я направилась в сторону севера. Опускалась ночь. Город засыпал. Пробуждалась Вселенная.

Глава 10. **Мы люди, мы звезды**

Я, кажется, нашла прием, и пока он меня манит. Такой прием — мои рассуждения о том, как я трудно приступаю и сочиняю общую конструкцию, а потом в конце воскликнуть: «Ну, вот я и написала!» Тут как бы должна быть двойная штука — я пытаюсь написать, рассуждаю открыто об этом... и по мере рассуждений о том, что же мне писать, я пишу рассказы про людей и ситуации, а на самом деле — это и является приемом. Публичное одиночество, как у актеров: существовать на глазах у полного зала, как будто наблюдателей нет. А тут — показать читателю, что я, не умея писать и не зная, о чем пишу, написала-таки книгу. С другой стороны, разве пишут только тогда, когда изначально знают про что? Да может, и нет. Во-первых, сам процесс завораживает, просто не можешь не увлечься им. Может, это и есть то самое: «Можешь не писать?» — ответ: «Нет, не могу не писать!» А не как на партсобрании: «У вас есть что сказать народу? Если нет, то даже и не пытайтесь!» Так вот, я строю свое повествование произвольно: сама с собой якобы беседую, а на самом деле они, читатели — все это слышат. В этом штука — я еще намекаю на присутствие высших сил. Мол, они-то мной и руководят, если пишется, а вам — читается. А в конце книги: вот и написала! Если, конечно, напишу... черт подери! Это я опять для Него сказала, чтоб не спугнуть. Вдруг решит, что я зазналась, много на себя взяла, и отберет. Кто же это со мной и с вами беседует? Если так пойдет дальше, придется книгу называть «Квартира номер...». Самая пора написать про сумасшедших. Вообще говоря, все мы немножко того...

«Ты, наверное, слышала, что психиатры сами слегка не в себе?» — знакомый врач-психиатр был на подъеме. С виду — молод, краснощек, похож на русского сказочного витязя. На теле — белый халат нараспашку. Из открытых дверей палаты, за его спиной доносилось причитание медсестры: «Ну мы ж вам только давление хотим измерить, да что ж такое... Дайте же руку, мы ничего не сделаем плохого!» Пациент не давался и кричал в ответ: «Девушка-а-а! Д-е-е-евушка, шансонетка! Исполнительница шансона!» Сделав вид, что ничего особенного не происходит, я подхватила тему, предложенную врачом: «Да, говорят, что с годами психиатры сами становятся странными — это результат общения с пациентами. Так?» «Верно, предполагается даже, что люди, выбравшие такую профессию, изначально имеют некоторые проблемы с психикой и вытесняют таким образом собственные отклонения. Одним словом, у нас тут последнее время у всех голову снесло. Я имею в виду наших врачей. Все сдвинулись. Достал один врач метлы по знакомству. Ну, метлы, чтобы пол подметать. Так другой стал их распределять. Первому обидно, что он достал, а распределяет их не он. Вроде лавры у него отнимают, и потом это вопрос значимости: кто главный. Тот, кому доверили распределять эти метлы по отделениям, получается главнее. Они поссорились — два психиатра. И такую войну начали, не на жизнь, а на смерть, что поставили всю клинику на дыбы. А дело все из-за метелок. И таких историй каждый день все больше и больше». В этот момент зазвонил телефон. Врач снял трубку и вступил в диалог: «У нас такого пациента нет. Я не знаю, как его самочувствие! Я говорю вам, что к нам не привозили человека с такой фамилией, поэтому не могу ответить вам, какое у него самочувствие. Чего вы от меня хотите? У нас нет в отделении никакого Сергеева, как же я могу вам сказать о его самочувствии? Так это не 25-е отделение, а 31-е. Звоните туда. Значит, надо было раньше звонить, если они уже трубку не снимают. Ну, значит, надо было с работы позвонить. Я понимаю, что у вас работа тяжелая, но если вас волнует его состояние, то должны были звонить с работы. Чем я могу вам еще помочь? Нет, я не пойду в 25-е и я не знаю, как его самочувствие. Нет, у нас такого пациента нет. Поняли? Ну конечно! До свидания!» Положив трубку, он многозначительно улыбнулся: «Нет, окончательно все сошли с ума! Требуют, чтобы я ответил о состоянии здоровья пациента, которого я в глаза не видел! Я объясняю, они снова спрашивают: «Ну, как он себя чувствует?» Из палаты снова послышались крики: «Шансонетка, исполнительница шансона!» Я полюбопытствовала: «А почему вы ему не дадите успокоительное?» Врач напряженно улыбнулся: «Так он с успокоительным, это просто его перманентное состояние, он не понимает, где находится, он вообще ничего не понимает...».

История с метлами показалась мне забавной и чисто российской формой отклонения. Тут дело и не в психиатрии. Но я тут же вспомнила подобный разговор в Америке с моим другом, тоже психиатром. Он высмеивал свою профессию и пациентов. Приходя домой, он с хохотом рассказывал о впечатлениях дня. Его обостренное чувство юмора, дурашливость и веселость наводили на мысли о своеобразном транквилизаторе, который он вынужден принимать вроде молока «за вредность». Он рассказывал, что когда он еще был аспирантом и проходил практику в клинике, 80-летняя женщина лезла к нему целоваться взасос, как только очнулась от клинической смерти. Он возобновил работу ее сердца, приложив к грудной клетке специальный аппарат. Этот аппарат, по его словам, изобрел какой-то русский. Оказавшись один на один с другом, у которого остановилось сердце, будущий изобретатель, следуя интуиции, воспользовался вантузом, и это примитивное приспособление совершило чудо: сердце друга заработало. После успешного опыта он внедрил в производство свою идею, и до сих пор лучше этого вантуза никто ничего не изобрел. Как тут не воскликнуть: голь на выдумки хитра! Получается, у нас самая талантливая «голь», вон сколько наших изобретений по всему миру!

Мой приятель по вечерам, попивая вино и затягиваясь скрученной сигаретой с травой, рассказывал истории из практики одна другой безумнее. Теперь он уже имел лицензию и свою собственную клиентуру. На мою просьбу однажды проконсультировать меня он ответил отказом, сказав, что с друзьями, родней и знакомыми нельзя работать врачам его профиля. Врач не имеет права на личные эмоции и пристрастное отношение к пациенту. Так что мне оставалась роль наблюдателя за другом-психиатром, приходящим домой. То, что я видела и слышала, очень напоминало мне поведение актера, отыгравшего сложный спектакль — те же бурные эмоции, песни, иногда танцы, одним словом — экзальтация. На стенах его квартиры висели работы его бывшей пациентки. Детский рисунок с тремя портретами — папа и девочка с братом. Эта пациентка покончила с собой. А радостно выписанный на картинке папа, как выяснилось, занимался с ней любовью. Мой приятель сидел на диване, под рисунком на стене, затягивался сигаретой и расслаблялся. Я почти никогда не видела его грустным. Просто иногда он залезал в свою широкую постель и целыми сутками не выходил из спальни.

Выйдя из кабинета знакомого московского психиатра, к которому я заглядывала иногда поболтать, пригласить в театр или посоветоваться, я думала о том, что он впервые заговорил со мной об изнанке своей профессии. Мы знали друг друга достаточно долго, и я не была его пациенткой, поэтому было можно. А может, он пожаловался потому, что наши профессии объединяло сходство проблемы. Если теория с вытеснением своей психологической и психической неадекватности посредством наблюдения за себе подобными верна, то получается, что все мы делимся на две группы: тех, кто контролирует свое сумасшествие, и тех, кто на это не способен.

Здесь почему-то я соскальзываю на тему талантов и поклонников. Это тоже про наблюдателей и наблюдаемых. Правда, в данном случае наблюдение происходит обоюдно — это условие взаимоотношений между людьми публичных, артистических профессий и теми, кто является «потребителями» их труда. Правда, последствия этого «наблюдения» для двух сторон — разные.

«Лена, вы меня не помните? Я Берта Львовна — двоюродная тетка вашего соседа по Грузинской улице, того, что жил справа от вас на одной с вами площадке! Как вы можете меня не помнить? А Игорька тоже? Лена, я старая женщина, Игорек уехал в Германию, я осталась совсем одна». С момента, как я подняла трубку телефона, на моем лице застыла гримаса раздражения — «Берту Львовну» я сильно подозреваю в розыгрыше и уж точно напрочь ее не помню. «Что вы хотите, говорите прямо, — спрашиваю я Берту, — вы поймали меня на пороге, я очень спешу!» Но Берта продолжает в том же духе: «Леночка, я вас не задержу, выслушайте меня. Неужели вы не помните Игорька? Это очень странно! А мама, ваша мама здорова? Она жива? Ну, слава Богу! Так вот, Леночка, а я совсем одна осталась и некому обо мне позаботиться!» «Что вы хотите от меня?» — Берту я уже тихо ненавижу, но бросить трубку не могу — как-то неловко. «Да, да, да, Леночка, я к делу... Игорек уехал в Германию и даже не звонит мне! А вы были в Германии?» «Нет, не была», — вру я Берте, не раздумывая. «Неужели не были, вы не были в Германии?» «Не была, Берта... Львовна, я сейчас буду вынуждена повесить трубку, я спешу, или говорите, зачем вы позвонили, или...». «Леночка, у меня бельмо на глазу — она начинает хныкать в трубку, — я ничего не вижу!» «Бедная, бедная Берта Львовна!» — выражаю я сочувствие чисто стилистически, оставаясь, впрочем, равнодушной, так как в существование Берты не до конца верю, — но чем же я могу помочь?» «Лена, я еврейка!» — кричит в трубку Берта окрепшим голосом. Я сдерживаю себя, чтоб не сказать ей: «Сочувствую», и вместо этого говорю: «Ну?!» Берта выпаливает наконец: «Вы не могли бы помочь продвинуть мою очередь по отъезду в Германию?» Я испытываю облегчение, как от решенного кроссворда, и одновременно злорадство:

«Да что вы, Берта Львовна, этим, наверное, МИД занимается, у меня нет никаких знакомых в МИДе!» «Но что же мне делать?» — срывающимся голосом кричит Берта. «Терпеть!» — отвечаю я по привычке и добавляю в придачу: «Крепитесь, крепитесь, крепитесь!» — бросаю трубку и вылетаю из дома. «Надо жить, дядя Ваня... что же делать, надо жить!»

Почему они думают, что я могу что-то, чего они не могут сами? Почему ко мне обращаются с личными проблемами? Просят денег? Почему от одного человека другой, такой же человек, ждет чуда?

«Потому!» — отвечаю я себе самой. И вспоминаю, как трепещу перед... перед кем я трепещу, чтоб не соврать? Я трепетала перед Бродским. И даже перед Лимоновым. Перед Эфросом. Ой да, перед Александром Годуновым! Нет, еще перед Барышниковым... Я бы трепетала перед скульптором Джакометти, как трепетала перед работами Дали. Просила бы я у них помощи? Не знаю. Но я понимаю, почему просят. Я же задавала Бродскому вопросы, на которые искала ответ.

Так и мы, для кого-то — звезды. А ведь мы люди. Статус человека, который не пошлет на три буквы, потому что он или она — любимцы. Вернее, любимцы не мы, а те, кого мы сыграли. Как Марта мюнхгаузеновская или Ася тургеневская может послать кого-нибудь? Приходится соответствовать, не разрушать иллюзию. Коль за такое дело взялась — быть создателем иллюзии о прекрасном, нельзя разочаровывать. Но это совсем не просто!

Вообще не просто, что называется, «держать лицо». В эмиграции особенно: надо соответствовать извечному представлению о нас как об отзывчивых, добрых русских людях, которые придут друг другу на помощь в трудную минуту. И в случае с известным именем это тем более необходимо, так как про черствость какого-нибудь Бори Заборова забудут, а про твою, Лена Коренева, неотзывчивость будут помнить и слагать байки. (Да что там я? Какие же байки слагают про высокомерие Николсона, к примеру! Или Набокова...)

В Нью-Йорке мне как-то позвонил совершенно незнакомый мужчина и, сославшись на даму, которую я однажды встречала, как на общую знакомую, попросился у меня переночевать. Он объяснял, что оказался без ночлега и я его последний шанс, иначе ему придется остаться на улице. Я сказала, что должна подумать и чтобы он перезвонил через час. За окном между тем вечерело. Я положила трубку и принялась решать проблему. Если откажу — кто-то останется без крова, а я окажусь сукой, а не добрым человеком, которым меня считают. Да я и сама себя такой считаю. А пущу... кого я пущу на ночь? Мало ли кто может назвать знакомое вам имя — и на этом основании вы должны ему верить? Я же в квартире одна, а ночью темно, а он — мужчина. Отказаться у меня были все основания, причем так, что не подкопаешься. Я жила в квартире приятельницы Ксюхи с тремя ее кошками, пока хозяйка где-то путешествовала. Могу сказать ему, что квартира не моя, а хозяйка просила меня в нее никого не впускать в ее отсутствие... Да так оно и было. Пока я думала, за окном стремительно опускался вечер. Боже, я все-таки стерва, — уже восемь часов вечера, а человек еще ждет моего ответа. А я тяну. Впрочем, он мне явно помешает провести вечер наедине с самой собой. Я такая сейчас злая, настроение ужасное, а тут будет посторонний, придется говорить ему: «Добрый вечер», чай ему предлагать, на вопросы отвечать... Фу! Пошли они все... и этот тоже, перезвонит, скажу: «Извините...». Он позвонил, и я сказала: «Приезжайте, только я очень занята, не смогу вам уделить внимания, так что пеняйте на самого себя!»

Я и вправду была в мрачнейшем настроении. Да и выглядела соответствующе — на мне был лиловый халат до пят, а на ногах черные кожаные сапоги. Для улицы. Я была в эмоциональном разброде, и внешний облик соответствовал моему состоянию. Переодеваться я не стала. Позвонил домофон, который не сработал, и пришлось спускаться вниз, открывать незнакомцу входную дверь. Я напустила на себя еще более суровый вид и солдатским шагом направилась на первый этаж.

Передо мной стоял человек с лицом, как тогда показалось, Иисуса Христа. Он был худощав, со светлыми русыми волосами, спускавшимися волнами до плеч, голубыми глазами и хитро-стеснительной улыбкой. Его внешность сразу развеяла мои опасения, но маску суровости я не сняла. Мы поднялись в квартиру, я показала, где он будет спать, и предложила чай. Сказала, что смотрю телевизор и сама ужинать не буду. Гость вежливо ходил на цыпочках в туалет, спальню и на кухню, поглядывая в мою сторону с улыбкой, а затем отправился спать. Уже утром, убирая в квартире перед приездом Ксюхи, когда гостя и след простыл, я вспоминала его улыбку, свое предубеждение и думала о том, что выглядела с его точки зрения забавно — в кожаных сапогах и домашнем халате, я смотрела телевизор с выключенным звуком! И на предложение попить вместе чай отвечала сдержанно: «Спасибо, здесь очень интересная передача».

В благодарность за ночлег, а может, за мой странный и неприветливый вид, молодой человек вскоре позвонил мне и пригласил на Бродвейское модное шоу — «М. Баттерфляй»! Я поразилась такой красиво оформленной благодарности и согласилась. После шоу мы с ним долго сидели в кафе и разговаривали. С тех пор прошло уже лет пятнадцать, и мы по-прежнему дружим. Бывает же!

Но порой под именем «поклонник» или «поклонница» скрываются абсолютные крэзи. Так случилось с Андреем Ташковым. Ему стали приходить посылки со страннейшим содержимым: стиральный порошок, килограмм сосисок, пачка презервативов, чистые конверты, килограмма два-три гречневой крупы, горох, мыло и тому подобное. Никакой записки от поклонницы, только ее обратный адрес и имя — Галина Чурсина. Потом дама объявилась на пороге его квартиры и, не застав его, оставила пакет с аналогичным содержимым у соседей. На этот раз она приложила записку: «Вы мне назначили встречу по телевизору, и вот я пришла, но вас не застала. Больше не приду, но вы можете заходить, днем я бываю одна». Прилагался адрес и телефон. Соседи объяснили, что одета дама была во все черное, в мужского фасона шляпе с полями и с черными волосами до плеч. Ведьма! — решила я и стала уговаривать Андрея позвонить в милицию. Но он отказался, считая, что милиции нечего предъявить — посылки? «Ну, поклонница, что в милиции могут на это сказать?» «Поклонник, между прочим, застрелил Джона Леннона, после того как тот дал ему свой автограф!» — эмоционально объясняла я. Но и это Андрея не убедило: «Мы ж не в Америке!» Этот аргумент окончателен при любом нашем российском беспределе, возразить на него нечего. Мы и правда в России. Но на этом приставания «поклонницы» не закончились, и однажды, ответив на телефонный звонок в его доме, я услышала поток женской брани, перемежавшийся с угрозами, что наконец убедило Андрея сходить в милицейский участок. Даме позвонили, пригрозили, что в следующий раз придут к ней с наручниками, и звонки с посылками прекратились. Правда, отец Андрея получил спустя пару месяцев денежный перевод на 100 рублей от некой Чурсиной. Придя к нему в гости, мы услышали, что вся семья в замешательстве: почему актриса Чурсина прислала вдруг Евгению Ивановичу сто рублей? И как этот жест расценить — как благодарность или вызов? Но вскоре я сообразила, что сумасшедшая поклонница носила известную фамилию, правда, имя было другим. Мы поняли, что это ее рук дело, и повеселились. Впрочем... Что ж тут смешного? Да и сумасшедшая ли? За всеобъемлющим словом «поклонница» человек может скрывать какие угодно интересы и цели.

И все же магия человека, прославившего свое имя незаурядными делами, велика. Общаясь с очень известными людьми, которым я не считаю себя ровней и которые стали моими кумирами еще в детстве, я испытываю благоговение. И это очень приятное, просветляющее чувство. «Как хорошо, что есть люди, которые лучше меня!» — сказал кто-то из великих современников. Чувство восторга перед более сильным, более красивым, более мужественным, более... и в придачу элемент чуда. «Он» смог или «она» смогла то, что кажется нам не под силу — это расширяет возможности каждого из нас и дает надежду. Но и глупая радость поклонницы чужого имени и таланта меня не миновала. Причем в достаточно комичном варианте. Хочу поделиться несколькими эпизодами из своей эмигрантской жизни.

Итак, чем же я хочу похвастаться? Тем, что ночевала в доме у Барышникова, о чем он не знает. Было это в Нью-Йорке. Незадолго до того моя московская приятельница Регина Козакова (бывшая супруга Михаила Козакова) приехала в Америку из Москвы и, пока не купила там собственное жилье, остановилась на какое-то время у Михаила Барышникова. Они были в приятельских отношениях еще до его эмиграции. Однажды мы с ней засиделись за полночь в разговорах в ресторане «Самовар», где я работала, и она предложила мне продолжить разговор «у Миши», там же и переночевать. Она сказала, что его нет в городе, и знать он об этом не должен. (Прости, Регина, что не сдержала слово и пишу об этом.) Собственно, как я говорила, мои радости поклонницы — всем понятные и глупые, так что ничего в этом факте особенного нет, только забавное. Мы с Региной бегали по просторной квартире и хихикали, как дурочки. Регина устроила мне прогулку по апартаментам, как экскурсовод, а я разглядывала стены, мебель, книги и все, даже самые бытовые вещи, казались скрытыми реликвиями, за каждой проглядывал Мишин пуант или фуэте, его победоносный путь и безусловный интеллект. Я запомнила акварели Максимилиана Волошина на стене, что мне импонировало, так как я любила их с детства. Потом мы поужинали за столом Михаила Барышникова, выпили в честь гостеприимного хозяина, и я улеглась на отведенную мне кровать. Кто на ней спал до меня? Возможно, Джессика Ланг, а может, и сама Лайза Минелли? Нет, сны у меня были не балетные, откровенно говоря, я и не помню, были ли сны вообще. Я только спросила Регину, перед тем как заснуть: «А что будет, если он приедет?» «Ой, что будет! — воскликнула Регина, хлопнув себя по щеке рукой, но тут же успокоилась. — Да нет, Мишка не приедет». Одно могу сказать — спать было очень удобно: спокойно и защищенно, как в деревне. Вот что значит — быть на вершине... чужой славы!

Но это не единственный случай из моей коллекции поклонницы, спавшей в домах всемирно известных людей. Я также однажды оказалась в доме знаменитых голливудских актеров — Гэри Олдмана и Умы Турман. Тоже когда их не было дома. Тогда они были мужем и женой и жили «на холмах». Под «холмами» подразумеваются Голливудские холмы (там, где висит знаменитая надпись — «Hollywood»). Обычно те, кто приобрел статус в Голливуде, живут там — на холмах или в пригороде Лос-Анджелеса, местечке Малибу. С «холмов» открывается очень красивый вид на равнину — на сам Лос-Анджелес. Он мерцает бесчисленными огоньками, словно лицами тех, кто в поте лица зарабатывает себе славу, позволяющую подняться на холмы и поселиться под вывеской «Голливуд». Моя приятельница Аленка Баранова дружила с Гэри. Она ставила ему русский акцент, когда он готовился к роли Освальда в фильме Оливера Стоуна «JFK». Иногда Гэри просил Алену помочь ему в качестве его секретаря или по дому. В тот момент я как раз объявилась из Москвы — погостить. Гэри с Умой отсутствовали, и моя подруга жила у них, поливая цветы и отвечая на звонки. «Приезжай ко мне на гору, посмотришь, как Гэри и Ума живут! — загадочно сообщила Аленка. — Тем более, что мне здесь страшновато одной по ночам, собаки воют». И я, конечно, не стала отказываться, только спросила: «А они не явятся вдруг, неожиданно?» Но получила убедительное: «Да что ты!»

В доме у Гэри и Умы царил художественный бардак. Несметное количество модных журналов, разбросанных повсюду мелочей женского туалета, пепельницы, флаконы мужских и женских духов. Ночевали мы с Барановой в спальне на огромной кровати, полной подушек и кружевных простыней. Так и улеглись вместе — болтать было проще, да и не так страшно — на горе темно и тихо. Как только наболтались и стало клонить в сон, я сказала Барановой: «Спокойной ночи». А она напоследок предложила: «Не будем гасить весь свет, так спокойнее, в туалет ночью сходить или что...». Я согласилась, решив, что прежде Баранова никого никогда не боялась. Но только я повернулась на другой бок, как тут же мой взгляд упал на стопку книг возле кровати. Я попыталась прочитать название той, что сверху, и обнаружила «Дракулу» Брэма Стокера. Меня передернуло. Но любопытство возобладало, я потянулась за второй, третьей, затем рассыпала стопку... На каждой книге стояло имя «Дракула» и сияла осклабившаяся физиономия кровожадного любовника. Я подскочила как ошпаренная. Огляделась и обнаружила, что вся спальня завалена стопками книг с одним и тем же названием. «Ален, что это у него столько книг о Дракуле?» Надо сказать, что ночью это малоприятное открытие. Но Баранова уже уползала в первый сон: «Гэри готовится к ро-о-ли... будет играть Дра-а-а-кулу! Спокойной н-о-о-чи, Ленусик!»

А ровно через год Баранова снова кричала мне в трубку: «Ленка, приезжай ко мне, можешь переночевать, диктую адрес, это на Холливуд-Хиллз! Дом обалденный, посмотришь!» Теперь она поливала цветы в доме у сестры Брижит Бардо, с которой была знакома. Я же в то лето по обыкновению приехала в Лос-Анджелес навестить друзей, правда, теперь свалилась на Аленкину голову не одна, а с тем же молодым человеком Клодом, с которым в течение нескольких лет продолжала роман, курсируя между Москвой и Калифорнией. Дом и вправду оказался «обалденным» — много восточных ковров, тропических растений, буддистских скульптур, а также антикварной мебели. Нам с Клодом пришлось спать на диване конца века, он потрескивал, но был, наверное, самым красивым ложем, на котором я когда-либо отдавалась любовным переживаниям. «Не сломать бы!» — то и дело шепотом напоминали мы друг другу. «Эй там! Ничего не сломайте!» — вторила нам Баранова из соседней комнаты, возлежа на не менее драгоценных диванах.

А спустя пару недель после той ночи Аленка сообщила, что из Франции вернулась хозяйка дома и приглашает Алену и «ее подругу, приехавшую из Москвы», поужинать к ней домой. Как выяснилось, Мижану (Мари-Жан) симпатизировала русским, как большинство французов. «Только не подай вида, что ты уже была в ее доме!» — строго наказала мне Аленка. И я отправилась в гости к сестре Брижит Бардо. Она была привлекательной сухопарой женщиной с тонкими чертами лица, зелеными глазами, рыжеватой копной волос и абсолютно без косметики — ничего общего в ее чертах со знаменитой Брижит я не обнаружила. Казалось, даже наоборот — она была ее антиподом, скорее, стареющая хиппи-интеллектуалка. Хозяйка была гостеприимна, непосредственна и проста в общении. Рядом с ней за столом восседал ее молчаливый супруг, Патрик — некогда красавец-актер, игравший в ряде французских фильмов.

Незадолго до этой встречи я прочитала мемуары Брижит Бардо, изданные издательством «Вагриус» в серии «Наш 20-й век», и решила, что это очень кстати — есть о чем поговорить. Улучив подходящий момент, когда между мной и хозяйкой дома установился непринужденный контакт, я упомянула о книге. «Вы знаете, в России опубликованы мемуары вашей сестры, и я как раз их недавно прочитала». Мижану, казалось, была немного удивлена или даже встревожена этой информацией и переспросила, о какой книге идет речь, о первой или второй. Я сказала, что о первой, не будучи уверенной наверняка. «И вы знаете, — решилась выразить я свое впечатление, — меня очень тронула эта книга, местами я чуть не плакала от того, как тяжело ей было выносить свою мировую славу и как жизнь была с ней жестока. Очень грустная история!» Мижану внимательно выслушала меня и вдруг сказала: «Брижит на самом деле — железная женщина и была такой всегда, не верьте этому впечатлению — она очень сильный человек, никогда не давала себя в обиду и всегда делала то, что хотела!» Я так и не поняла — то ли младшая сестра защищала репутацию своей старшей сестры, то ли, наоборот, намекала, что та, мол, не сахар. О том, что она далеко не сахар, более того, придерживается ультраправых националистских убеждений, чуть ли не фашистка, поддерживает такого политика, как Ле Пен, мне пришлось слышать от некоторых знакомых французов.

После ужина Патрик пригласил нас посмотреть его оранжерею. Мы вышли из дома и пошли за хозяином вдоль узких дорожек, спускавшихся ступеньками по довольно крутому склону горы. Влюбленный в свои зеленые детища, он рассказывал и показывал, перечислял экзотические названия, любуясь ими, словно своими детьми. Я же любовалась красотой стареющего мужского лица и его доброй улыбкой, но интереса во мне все его экзотические любимцы не вызывали, как я ни силилась продемонстрировать обратное. На одной из дорожек произошел казус — я неловко оступилась и высоким каблуком наступила случайно на палец тонконогой Мижану, — хозяйка закатила глаза от боли, но быстро сменила свою гримасу на нейтрально-вежливое лицо. Мне было жаль, что я подпортила впечатление о себе в глазах хозяйки и ее супруга. Если бы не это, мне казалось, они были почти очарованы Барановой и ее русской подругой, приехавшей из Москвы. Ну а я и вправду была приятно обрадована знакомством с этой милой и скромной парой, находящейся в родстве с железно-несчастной Брижит. Уходя и прощаясь с хозяевами, я бросила ностальгический взгляд на антикварный диван, вспоминая недавнюю ночь с Клодом, после чего спустилась с холмов, унося свои воспоминания в более скромные апартаменты — через равнину Лос-Анджелеса и дальше, в район Санта-Моники, где дует ветер с океана и забываются все печали в гомоне безымянной толпы.

Есть в моей «коллекции» еще встреча с одним неоспоримым «авторитетом» американского кинематографа. Оговорюсь, что это коллекция поклонницы, к которым я и причисляла себя в Америке. Соответственно, я была наблюдателем, и только, не преследуя при встрече с местными знаменитостями никаких других целей. Мой близкий знакомый, продюсер Том Ладди, пригласил меня как-то поехать с ним в имение Фрэнсиса Копполы. Было это в Сан-Франциско, и ехать надо было часа два на север от города. Когда я согласилась на поездку — а как можно было не согласиться? — Том сообщил, что с нами также поедет Изабелла Росселлини. Услышав это, я поняла, что задача усложняется. Ибо трепетала перед этими именами, как трепещет каждый зритель. Ведь право на общение на равных, как с коллегами, нужно заработать, с моей точки зрения. А я тогда не была работающей в Америке актрисой. Будучи немного посвященной в психологию человека, отмеченного славой, я понимала, что должна испытывать Изабелла при встрече со мной — безымянной русской женщиной. Для нее я была, скорее, зрителем. И я знала наверняка, что нельзя говорить с ней ни о ее ролях, ни о кинематографе, ни тем более о Дэвиде Линче — только если она сама затронет одну из перечисленных тем. Изабелла незадолго до того рассталась с режиссером «Твин Пикса» Дэвидом Линчем и, очевидно, переживала свое одиночество. Она была хоть и грустна, но держалась очень независимо.

Стояла страшная жара. Я надела джинсы, розовую хлопчатобумажную майку, потертую, с маленькими дырочками, — она была старой, но очень любимой — и туфли на каблуке. Выбирая одежду «на выход», я всегда балансирую между двумя желаниями. С одной стороны, понимаю, что надо выглядеть «прилично», то есть одеться, как полагается при выходе «в люди», с другой стороны, я хочу соответствовать своему внутреннему состоянию, настроению и соображениям личного комфорта. И, как правило, я выбираю второе. Машина Тома подхватила меня на Ломбард-стрит. Там я всегда останавливалась у знакомого галерейщика в его симпатичном домике. Сев на заднее сиденье, я оказалась за Изабеллой. Том сидел за рулем и вел беседу. Они подивились такому странному выбору места для жизни моего знакомого — улица полна туристов, и арендная плата высокая. Затем перешли на общие темы, коснулись кино в России и жизни вообще. Глядя на гордый профиль Изабеллы, я пришла к выводу, что основное качество ее красоты — это порода: прямая осанка, длинная шея, естественность и основательность самоощущения. Она была проста, но в то же время судила категорично и жестко обо всем, о чем говорила. Я также отметила, что на ее лице не было косметики.

Добравшись наконец до имения Копполы, мы минут двадцать шли по огромной территории, покрытой высоченными соснами, прежде чем оказались у дома. По пути мы наткнулись на настоящий корабль, стоящий в траве среди деревьев, словно памятник Летучему Голландцу. Том пояснил, что это реальный корабль, который Фрэнсис снимал в одной из своих ранних картин. Когда мы поднялись по лестнице, нас встретила жена Копполы — Элли (Элеонор). Она предложила что-нибудь выпить, и я попросила чашку кофе, сославшись на жажду. Том сделал мне замечание, что кофе, наоборот, вызывает жажду, а не утоляет ее, но я решила не менять решения. Изабелла принялась оживленно болтать с Элли. Та была мила, и я бы сказала, настолько скромно себя держала, что и мне захотелось говорить, смеяться и всячески развлекать ее. Что я и сделала, как только меня стали расспрашивать снова о России. Том сказал чуть позже, что Элли удивительная женщина, она много лет состоит в браке с Фрэнсисом и многое пережила — и его романы, и гибель сына. Фрэнсис, по словам Тома, отнесся к гибели сына мистически — решил, что это кара за его фильм «Апокалипсис сегодня». Кара или жертвоприношение. А Элли не просто домохозяйка, она режиссер-документалист и сделала фильм о съемках «Апокалипсиса», в котором ее муж предстает гениальным монстром, диктатором.

Через некоторое время нас пригласили пройти к Фрэнсису, которого все это время интервьюировал какой-то корреспондент во дворе соседнего дома. Интервью как раз подошло к концу, когда мы появились в поле зрения известного итальянца. Мне было смешно наблюдать, как он позирует для фотокамеры, стесняясь нас, наблюдателей, раздражаясь на свой огромный живот и на фоторепортера, но при этом старается «держать лицо» и отрабатывать свою роль «селебрити» (знаменитости). Это было знакомо и понятно. Поприветствовав Изабеллу, Тома, который работал много лет в его кинокомпании «Зоотроп», и меня, он пригласил нас присоединиться к коллективному ланчу. Фрэнсис устраивал его для своей новой съемочной группы прямо на улице. Мы прошли к третьему по счету строению, которое оказалось его собственной звукозаписывающей студией. Во дворе были выставлены длинные столы в форме буквы «П». Здесь было оживленно — парни, девушки и более солидные по возрасту люди шныряли с полными тарелками и занимали свои места вокруг Фрэнсиса. Меня усадили прямо напротив него и Изабеллы. Тут я сплоховала и стала безумно нервничать — о чем с ним говорить, пока он ест суп, или что отвечать, когда он спросит меня о чем-нибудь. Лезть первой с вопросами или шутками мне не хотелось, а вернее, я была не в состоянии. А сидеть и спокойно пережевывать пищу, словно я пришла сюда только за этим, было тоже невозможно. Поверьте, есть суп напротив Копполы — это все-таки шок. Самое ужасное, что я совершала тяжелейшую нервную работу по отключению своих мыслей от столь неординарного для себя события, но получалось это с трудом. В моей голове мелькали названия картин: «Апокалипсис», «Крестный отец»-1, 2, 3... И я все гнала и гнала от себя застывшие в сознании кадры: Аль Пачино в первой картине, во второй, третьей... Изабелла посмотрела в мою сторону, кажется, заметив мои тщетные усилия, затем остановила взгляд на дырочке возле моего воротника. Я встретила ее взгляд и ответила ей непроницаемым женским выражением: такие дела, что поделаешь? Наконец Коппола оторвался от своей тарелки и поднял взгляд на меня.. «Вы балерина?» — поинтересовался он. Ах, как мне было приятно, что он принял меня за балерину! Значит, шея у меня тоже длинная и осанка стройная... «Нет, — сказала я голосом девушки, — но я занималась и танцем тоже, я — актриса... из России!» «Боже мой, — тут же пронеслось в голове, — как это пошло звучит: я — актриса! — сейчас подумает, что я пришла наниматься к нему на работу». А разве я бы не хотела? Ужас в том, что очень хотела бы, и не прочитать это на моем лице невозможно!

Откровенно говоря, это все, что я помню из той встречи. Единственное ощущение, которое я унесла оттуда — это сильное чувство, которое вдруг родилось во мне и вызвано было образом Копполы. Мне захотелось чем-то с ним поделиться, смеяться, плакать... одним словом, я вдруг почувствовала прилив альтруистических чувств, но выплеснуть их я не успела.

На обратном пути я была более оживлена и принялась болтать с Изабеллой. Помню, разговор зашел о том, как трудно оставаться в актерской профессии с возрастом. «Вы никогда не хотели заняться режиссурой?» — спросила я Изабеллу. «Нет, ни в коем случае, только не режиссурой», — и она многозначительно и иронично переглянулась с Томом. Мне показалось, что это была отрицательная реакция на режиссеров-мужчин — ведь ее мужем когда-то был гениальный Мартин Скорсезе и уже упомянутый Дэвид Линч, не говоря об отце — режиссере Роберто Росселлини. «А вот я бы хотела — только не знаю, режиссер ли я». — Уже тогда мне стали приходить мысли об учебе на режиссерских курсах. «Так в чем проблема? — задорно подхватила тему Изабелла. — Надо взять камеру и поснимать, тогда станет ясно, режиссер ты или нет!» Я поежилась — такой простой выход из положения мне и не снился. А Том, к которому я обращалась незадолго до того с просьбой дать мне характеристику для поступления в Калифорнийский университет на режиссуру, тогда, помню, сказал: «Орсон Уэллс вообще не учился на режиссера, просто снял кино, и стало ясно, что он гениальный режиссер!» Но характеристику все-таки дал.

Я продолжала любопытствовать у Изабеллы: «А стать модельером вам бы не хотелось?» «О, это так трудно, большая конкуренция, и к тому же нужно очень много денег, чтобы начать», — отозвалась она на мою идею. Остановившись попить кофе, мы заглянули в магазинчик и там, купив кусок хорошего французского сыра, Изабелла с ноткой самоиронии обратилась к Тому: «Том, как ты думаешь, может, мне начать производить сыр и назвать его «Изабелла»?» Уже когда мы подъезжали к городу, как-то невзначай всплыло имя Дэвида Линча, и я сказала: «Простите, Изабелла, а ваш друг — Дэвид Линч, он...». — Но она прервала меня: «Он мне не друг!» «Даже не друг?» — переспросила я в замешательстве. «Теперь — даже не друг!» В то лето Изабелла снималась в какой-то калифорнийской картине и жила в гостинице в Сан-Франциско. Мы подвезли ее, и когда она попрощалась и вышла, я долго смотрела на ее удаляющуюся фигуру. За спиной у нее висел маленький рюкзачок, и шла она в горку — в ее фигуре и походке было выражено гораздо больше воли, характера и бесповоротности в принятии решений, чем во всех исполненных ею мелодраматических ролях. Вот она какая — дочь Ингрид Бергман и Роберто Росселлини!

И все же совсем недавно, зайдя в парфюмерный магазин, я обнаружила там духи «Изабелла Росселлини» и вспомнила наш разговор. Забавно.

Ладно, хватит об этом, а то покажусь какой-то Золушкой от кинематографа. И все же слышу, как напрашивается у кого-то вопрос: «Ну, а наши? Наши звезды? Есть что рассказать эдакого?» С точки зрения «зрителя» уже не могу, так как рассказывать о коллегах, прикидываясь сторонним наблюдателем, исполненным азарта любопытствующей поклонницы — не имею права. Если только с юмором...

До недавнего времени у меня была шутка. На вопрос, заданный себе: что всплывает в памяти при имени Камы Гинкаса? Я отвечаю: витрина с клизмами!

Было это в аптеке, на улице Климашкина. Я изучала на витрине клизмы с явным удовлетворением, так как почему-то нигде не могла найти то, что было нужно, и наконец набрела на целую выставку разного рода клизм. И вот стою я и вдумчиво выбираю ту, что получше, как вдруг чувствую, что рядом кто-то также удовлетворенно сопит. Обернулась и увидела благородный профиль уважаемого мною режиссера. Я, конечно, смотрела нашумевший спектакль «К.И.». И была лично знакома с Гинкасом — принимала его у себя. Он приходил говорить со мной о будущем проекте — присматривался ко мне, искал актрису. Мы вели с ним сугубо театрально-душевно-интеллигентские беседы. Проект тот он сделал в конце концов с другой актрисой, и с тех пор прошло много времени. И вдруг... встреча возле витрины с клизмами! Пять лет спустя! Я тогда ему сказала: «Ведь вот в чем проблема, теперь буду вспоминать вас по душной аптеке и витрине с клизмами!» И правда, упоминая его, я долгое время оговаривалась: «А я как-то Гинкаса встретила в аптеке, мы с ним клизму выбирали!» Нелепость обладает не меньшей силой, чем труды высокого интеллекта.

Но теперь, правда, у меня появилось более свежее впечатление. На днях я снова встретила Каму. Я ехала в машине вдоль Тверской и заметила ссутулившуюся фигуру и седую щетину. «Алексей Симонов?» — решила я. И тут же вспомнила о трагедии, которую тот недавно пережил, потеряв сына. Машина то ехала, то останавливалась в пробке, и пешеход то отставал, то снова нагонял мою машину. Наконец возле Маяковки мы встали как вкопанные на светофоре, и я узнала в прохожем Каму Гинкаса. Но машина снова дернулась. Я успела открыть окно и крикнуть: Ка-ма! Он поднял лицо, вгляделся, узнал, улыбнулся. Я сжала кулак и подняла руку в приветствии: «Но пасаран!» Он быстро среагировал и послал мне ответный жест, согнув руку и сжав кулак. Это было спустя неделю после штурма ДК железнодорожников, в котором три дня держали заложниками актеров, музыкантов и зрителей спектакля «Норд-Ост». А потом был траур.

Хотелось бы верить, что впредь я буду вспоминать своих знаменитых коллег по таким вот жизнеутверждающим и решительным жестам.

Глава 11. **Почему в кино всегда так?**

В кино всегда так. И пусть не говорят, что все это нам только кажется. Что снимаешь, то и происходит в жизни. Это первое. Второе: на площадке — бардак, это с точки зрения постороннего. А для своих — типичный художественный хаос. Как говорят, «съемки фильма — это постоянный поиск выхода из безвыходной ситуации». Может, это хаос, из которого рождается шедевр? Может. И постепенно грань между происходящим на площадке перед камерой и за ее пределами — стирается. Вы не заметили, как меняется наша с вами жизнь? Возможно, это благодаря нашему с вами постоянному творческому процессу?

Два мнения посторонних, наблюдавших съемки впервые. Первое: «Да-а-а, трудная у вас работа, очень трудная, а так, не видя, и не подумаешь!» Второе: «После того, как увидел, как вы это снимаете, — перестал смотреть телевизор».

В самом начале съемок актриса, игравшая сцену на мосту, оступилась и вывихнула ногу. Она пятилась от камеры и ногой попала в дырку. После этого она стала хромать. Только дело в том, что по роли ее героиня тоже была хромой, и как раз на ту самую ногу. А по сценарию в деревне, о которой идет речь в фильме, происходят всякие странные вещи, чудеса или... мистика. На следующий день, когда второй режиссер увидела актрису выходящей из своего номера и хромающей на одну ногу, у нее стало нехорошо на душе, — почудилось что-то эдакое. Чудеса начались.

Пиротехнику тем летом делать на площадке было нечего — торфяник горел, и все было покрыто дымовой завесой. Окна в гостинице приходилось закрывать — и это летом, при 30-градусной жаре! А в сентябре, когда досниимали сцены, не снятые летом у озера, выпал снег. Он начал падать огромными хлопьями и оставался лежать на земле. Весь берег вдоль озера покрылся белым, и картинка получалась, как в январе. Но выкрутились — ведь по сценарию в этой маленькой деревушке происходят чудеса. «Ой, какое чудо — снег выпал!» — кричала моя героиня новый, только что сочиненный текст. «Смотри, Аркаша, снег!» Аркашу играл Андрей Ташков. У Андрея слова моей героини не вызвали радости, наоборот, раздражение — ему было очень холодно. Сниматься пришлось в летней майке, так как рука его персонажа была видна на крупном плане в отснятом в «летнюю» погоду материале. А режиссер собирался монтировать встык солнечные сцены и эти, последние, снежные.

По сюжету Андрюшин персонаж — сильно пьющий человек. Андрей не пил. Пили все остальные. То холодно, то торфяник горит, то еще что. Но не только пили. Рабочие разыскали траву в огородах и варили ее. Трава оказалась коноплей. Я была, наверное, единственным человеком из съемочной группы, кто смог ее опознать. Жила в Америке все-таки. А там все — от детей до дряхлых стариков и домохозяек — знают, как выглядит марихуана. Уж больно часто устраивают манифестации те, кто хочет ее легализовать. Прошлой весной я купила хлопковую сумку с изображением характерного листика и носила ее на плече, убежденная, что это маленькое хулиганство будет многим понятно. Отнюдь — никто не знал, что это такое.

Итак, каждый справлялся со съемочным процессом как мог. Кто прибегал к конопле, кто к горячительному. В результате на площадке постоянно не хватало нужного реквизита, не говоря уже о работниках. Нужна скатерть-самобранка? Вместо нее — короткая клееночка. Рыбища огромная — щука или стерлядь? Вместо нее полный бидон мелких карасей. «Ну может, они уху приготовили вместо огромной рыбы?» — предложила я режиссеру, чтобы спасти съемочный день. «Нет! С этой сцены начинаются чудеса, — кричал он гневно, — огромную рыбу должны доставлять из багажника машины, вытащенной из озера после урагана. Отменяем съемку, пусть ищут рыбу!»

А вокруг — просторы, озера, красота. Озер там много, и про каждое местные рассказывают, что на дне его затоплена церковь! Иногда они спорят: «Это в Белом озере — церковь!» «Нет, это в Масясево». «Да, нет, в Озерках. Поехали на Озерки!» «Не езжайте на Озерки, там чесотка! Местные искупались и заболели!» А местные болели... каждые выходные, это точно. Среди луж и ухабин то и дело обнаруживалось лежащее тело. Как-то мы ехали на съемку в проливной дождь, и одна не очерствевшая сердцем актриса попросила остановить машину: «Там человек лежит, поднять надо, простудится!» Местный шофер попытался ее отговорить — мол, ему там хорошо лежать. Но она настояла на своем. Мужчину подняли, довели до ближайшего дома, завели в подъезд и положили. «Жена подберет своего козла!» — сказала актриса, садясь обратно в машину. Возле «тела» в луже лежал пакет, полный клубков шерсти со спицами. Клубки раскатились, и подбирать их оказалось непростым занятием — эдаким сизифовым трудом — может, по ниточке жена вычисляла, где был ее благоверный? «Нес своей жене вязанье, наверное, этим как-то подрабатывают, у них же здесь нищета!» Я с любопытством и приятным удивлением слушала эту актрису, решив, что быть матерью полезно — пробуждаются материнские, а попросту — человеческие чувства к ближнему.

Да и лето такое выдалось, особенное. Кто-то сходил за грибами в лес, и его укусила ядовитая змея, лежит в больнице. Шершень укусил девочку — не довезли. Членов группы покусали осы. Нескольких отвезли в больницу — отек горла и лица. «Приезжайте сюда летом, так хорошо, воздух, тишина, здесь многие сдают дома, да и продают тоже! Вот Юлий Ким — композитор, здесь уже много лет живет. Ему нравится. Только вот в мае — комаров много, прямо бежишь, бежишь побыстрее — и юрк в дом. Нужно перетерпеть. Если можете перетерпеть, то приезжайте. Но зато уже в июне их нормальное количество, как везде.

В пятницу 13-го машина с режиссером и его женой попала в аварию. Ехал пьяный велосипедист из местных. Он резко свернул влево, на проезжую часть, машина, что шла первой, свалилась в кювет, стараясь спасти жизнь местному пьянице, а наш водитель врезался в велосипедиста. Тот упал, потом поднялся весь в крови и куда-то исчез. Его потом искали: «Может, умер? Сначала пошел — в состоянии шока, а потом упал и умер?» Съемка 13-го началась с большим опозданием. Вечером 13-го осветитель, молодой и неопытный, выпрыгнул со второго этажа гостиницы — поссорился с кем-то. Потом лежал в номере, поломался немного. Но вскоре встал, зажило.

«Вы слышали, возле больницы, где мы вчера снимали, нашли убитую молодую женщину, беременную. Местные говорят, что она пошла в баню одна и не вернулась. А спустя три дня ее нашли. Маньяк какой-то!» «Зачем же она в баню одна пошла?» «А почему бы женщине не пойти в баню одной, если она местная, наверное, много раз ходила в баню, ей же и в голову не могло прийти, что такое может случиться!»

Моральный дух съемочной группы начал падать, как столбик градусника. Это принимало самые разные формы. Сначала пошла полоса замен вторых режиссеров и ассистентов, декораторов и реквизиторов. Потом выгонять людей перестали, просто перемещали их с должности на должность — администратор становился ассистентом, ассистент — вторым режиссером, и даже мама снимавшейся девочки-подростка успела поруководить.

Почему-то большинство работников группы были одесситами. Как стало ясно из кулуарных разговоров, на Одесской киностудии не так давно произошло большое ЧП, и теперь кто-то сверху помогал своим землякам с работой в Москве. Но, видно, в Одессе и вправду было очень большое ЧП, так как черноморцы явно пребывали в заторможенном состоянии. А может, в Одессе все происходит в замедленном ритме — южане все-таки. Сознание одесситов размагничивалось прямо на ходу. «Не узнаете ли, когда обед привезут?» «Сейчас схожу, узнаю!» — резво отзывается ассистентка по актерам. Через сорок минут сворачиваю на лесную тропинку, чтоб самой дойти до базы и узнать, что с обедом. В перспективе просеки вижу склоненную женскую фигурку — ассистентка собирает ягоды. «Как с обедом, узнали?» — ору я актерским голосом. «Ах, Леночка, иду, иду, сейчас узнаю». Еще через полчаса вся группа, как загипнотизированная, идет на восток от съемочной площадки, — туда, говорят, уехала белая «Нива» с обедом. Дойдя до поляны на востоке, кто-то зоркий замечает «Ниву», мелькнувшую в кустах с западной стороны. Вся группа отправляется в сторону, указанную «зорким». К поляне с предполагаемым обедом уже поредевшая группа подходит в еще более заторможенном состоянии. Народ обсуждает что-то постороннее и в принципе забывает, зачем сюда шел. Так и останавливаются. Встают в кружок, словно на коктейле, продолжая говорить о чем-то далеком от кино и обеда. Вскоре есть уже никому не хочется. «А что мы ходим? — подает кто-то голос. — Снимать осталось сорок минут, нет времени на обед!» Прогулочным шагом, парами и тройками, все начинают двигаться в направлении съемочной площадки, продолжая начатый разговор. «Кореневу накормите, Коренева снялась!» — кричит одна из одесских женщин. Я отказываюсь. «Мне уже ничего не надо», — настаиваю я и стараюсь разыскать машину, которая отвезет меня в гостиницу. Ко мне подходит девушка, временно исполняющая обязанности администратора. У нее слезы на глазах: «Лена, умоляю вас, съешьте обед, я вам его сейчас привезу!» Приходится согласиться. Я понимаю, что для нее это вопрос профессиональной чести. Наконец я присаживаюсь под кустом с пластмассовой тарелкой и вилкой и начинаю прокалывать застывший кусочек трески. «Нет, больше не могу», — решаю я спустя несколько минут, отставляя тарелку. «Детям отдайте, дети голодные!» — тянет ко мне руку администратор. «А они будут это есть?» «А как же!» Появившиеся как из-под земли, дети все с удовольствием съедают.

Через сутки я собираюсь возвращаться в Москву. Жду машину возле домика, в котором расположена дирекция группы. Там обсуждают график дальнейших съемок и занятости артистов на ближайшие дни. Вот и машина подъехала, но прежде, чем отправиться в четырехчасовое путешествие до столицы, я хочу узнать свое расписание. Наконец, на крыльце появляется ассистентка по актерам. «Когда вызовете в следующий раз?» — спрашиваю я. Не медля ни секунды, она четко произносит: «Лена, в ближайшие четыре дня ты свободна!» Пока она это говорит, из той же двери на крыльцо выходит второй режиссер, добавляет: «Лена, послезавтра у тебя съемка!» Обе женщины переглядываются, потом смотрят на меня. Пауза. Они ждут моей реакции. «Ясно!» — отвечаю я, стараясь поскорее прервать гипноз и вырваться из общего ритма абсурда. Получив взаимоисключающую информацию, бодро прощаюсь с ними: «До свиданья!» Женщины хором вторят мне: «До свиданья!» Я сажусь в машину и уезжаю. Женщины на лестнице долго смотрят вслед не мигая.

Помимо людей в съемки вовлечены были и животные. Снимали борова Панкрата, гусей с неизвестными мне именами, безымянных котят и корову Малинку. У Малинки был только один глаз — по словам ее хозяина, за ней как-то погналась собака, и она налетела на сук и выколола глаз. У Малинки был очень грустный вид из-за одного глаза, впрочем, она с нами намучилась — ждала, ждала своего дубля и очень нервничала. Пастух ее уж и так уговаривал и эдак, а ей надоело стоять на одном месте и отгонять мух. В нужный момент Малинка исчезла. Это не сразу заметили, начали снимать. Режиссер командует: «И теперь погнал пастух корову... А где корова? Ко-ро-ва где?!» Началась паника. «Кто за коровой смотреть должен?» И наконец все увидели, как Малинку опять гонят в кадр из ближайшего леса. Сбежать не удалось. А жаль. Позже судьба Малинки сложилась совсем трагично — при транспортировке, когда ее грузили подъемным краном в машину, она умерла. Кто-то сказал, что от испуга, кто-то, что ее хозяин был не в себе, вроде как выпил и перетянул ей на шее веревку, и она задохнулась. У Малинки с самого начала был такой вид — обреченный! Спустя месяц продолжили съемки на озере уже с другой коровой. Ее тоже чуть ли не из Москвы привезли — не всякая корова может сниматься в кино! Когда уже приступили к съемкам и оператор посмотрел в глазок камеры, то вдруг обнаружил, что новая корова другого цвета. Малинка была белой с рыжими пятнами, а эта черная с белыми. Снимать бросили, начали выяснять, что делать... Но нашли выход: пригласим в Москве дизайнера — он на компьютере исправит цвет коровы. Съемки продолжились.

К счастью, среди людей не было жертв. Тьфу-тьфу-тьфу... Хотя и наблюдались всякие отклонения в поведении, но это для киношников вещь привычная — то один впадет в пламенный гнев, то с другим случится истерика, — через пять минут все успокаиваются, и снова в кадре актер улыбается, за камерой тоже улыбаются и даже смеются. До драк не доходило. Только раз попытался оператор набить физиономию представителю администрации, но его вовремя остудили — вместо физиономии разбился упавший на пол компьютер. Но это было еще до съемок, в подготовительный период.

То, что для матерых киношников дело привычное — нервный стресс для новичков. Им тяжелее. Например, нашему лихтвагенщику пришлось сложно. О том, что этот маленький, тщедушный человек работает в группе, и тем более на таком огромном агрегате, как лихтваген, никто до поры до времени не догадывался. О его существовании узнали, только когда собрались ехать в Москву большой группой актеров. Остановились возле базы, где жила часть группы, дверь «газели» отворилась, и в машину вошел, не здороваясь, маленький загадочный человек с чемоданчиком. Сел. Молчит. Не общается. Ни на кого не смотрит. Вид у него был такой, словно он только что вылез из шахты — чумазый, волосы всклокочены. Все замерли и, преодолевая неловкость, попытались выяснить: кто он и куда едет. Он односложно ответил: «В Москву!» — и снова погрузился в себя. Попытались принюхаться — может, пьяный, — да нет, не пахнет вроде. Но глаз какой-то остановившийся. Тогда ассистентка позвонила в дирекцию и спросила, не должен ли с нами кто-то еще ехать в Москву. Ей ответили: должен лихтвагенщик. Ах, ну тогда конечно. Кто-то достал пакет с сушками. Предложили ему сушку. Молча взял. В глаза не смотрит. Так до Москвы и доехал. А потом снова появился на съемочной площадке, спустя сутки. С тех пор, как обнаружилось наличие в группе этого безмолвного человека, к нему стали приглядываться, да и он сам давал о себе знать.

Помреж так описывал свою встречу с лихтвагенщиком. «Приближается... Издалека смотрит прямо в глаза. Готовишь руку для рукопожатия... Не меняя траектории взгляда, обходит и продолжает движение, не здороваясь. Так было несколько раз. Ощущение странное!» Помреж догадался потом, что лихтвагенщик выбирает его в качестве ориентира для передвижения. Как капитан использует маяк. И когда машину водит — едет прямо по разделительной полосе, посередине. Те, кому случалось ездить с ним, зарекались садиться еще раз — бледные вылезали из лихтвагена. «Почему ты только правой рулишь?» И получали ответ: «Левая у меня побаливает!» Так он несколько раз заваливался в кювет. Едут ребята как-то на съемку, видят — опять он застрял: «Может, тебе помочь чем? Бензин перекачать или на буксире вытащить?» «Не нужно», — отвечает. Часа через три появляется на площадке. «Как выбрался?» — спрашивают. «Проезжие мужики бензину перекачали и на буксире вытащили». «А, ну, понятно!» — отозвались ребята. Одним словом, его странный вид и поведение стали всем заметны, и нашлась добрая женская душа, которая вступила с ним в беседу: «Что да как, как себя чувствуете?» А он на это говорит: «Я нормальный человек был. Это здесь со мной что-то произошло, сам не пойму что». Она ему посоветовала пойти в церковь и поставить свечку.

Кстати, первоначальное название фильма этого было «Жуть». Потом его переименовали в прямо противоположное по смыслу. Типа «Безоблачное небо» — для благозвучия и конечно, из суеверия. И все же «жуть» нет-нет, да проглядывала через это «безоблачное небо».

Местные тоже были как на подбор. Например, водителя одного взяли — работы у них в деревне нет совсем, а деньги, понятно, нужны. Он радостный такой ездил на своем «жигуленке», а на площадке с любопытством за всем наблюдал. Со всеми фотографировался. Симпатичный парень — высокий, волосы вьющиеся, глаза карие — красавец. Сказал, что молдаванин по отцу, а мать местная. Везет он меня как-то в гостиницу и рассказывает: «Жена у меня совсем молодая, я ее в баре встретил. Заехал как-то поздно, смотрю — девчонка стоит. Ну, разговорились, она спрашивает, — домой не подвезешь, а то поздно заканчиваю. Ну, подвез ее. Быстро потом у нас все получилось. Она крепкая такая — хохлушка. А через неделю в загс пошли. Пришли, я ее паспорт взял, смотрю — мама родная, какая ж у нее фамилия!» — рассказывая, он бьет себя по лбу: «Нет, ну ты себе представить не можешь, какая у нее фамилия в паспорте! Я ж ее все Милка да Милка, а про фамилию и не спросил». «Ну какая же фамилия?» — пытаю я его. «Фамилия у нее — Борщ!» Он делает паузу и снова повторяет «Мила Борщ! Надо же человеку с такой фамилией быть! Свекор рассказывает, — жена его в больнице как-то с почками больными лежала. Так он звонит в больницу и спрашивает: «У вас там Борщ с почками лежит...». — Трубку на том конце бросают, он еще раз набирает номер и повторяет: «Борщ лежит у вас ...с почками!» Снова трубку вешают. Тогда он догадался, что дело в фамилии, перезвонил и пояснил, что больная по фамилии Борщ лежит. Они-то к своей фамилии привыкли и не понимают, как со стороны это выглядит! Но фамилию она мою, конечно, взяла. (Теперь Людмила Эндзин.) А то Борщ, да Борщ... Нда-а, ну пока все ничего, все у нас нормально, она ребенком так увлеклась, что тихая стала, а то ж хохлушка, они ж все такие... не знаешь, чего от них ждать».

Когда обстановка на площадке и за ее пределами стала приобретать совсем болезненный, а то мистический характер, позвонили генеральному продюсеру, попросили приехать и разобраться. Но продюсер приехать не смог — он, по его словам, плыл в это время на яхте, где-то далеко. Пришлось продолжать бороться с чертями собственными силами. А точнее, с покойниками. «А вдоль дороги мертвые с косами стоят!» — примерно так и было дело дальше.

Привожу запись Андрея Ташкова, которую он сделал в качестве памятки для себя, чтоб вести учет съемочным дням. А то вдруг потом забудешь и денег не выплатят.

24 — Сижу с Леной на будке с собакой + свинья.

25 — У больницы. Передаю лекарство.

26 — Вечер. В морге все вместе.

Так вот... Привозят меня в тот день, 26-го, прямо из Москвы на площадку и говорят, что это больничный двор. Потом указывают на небольшое одноэтажное строение и говорят, что это морг, и сниматься будем там. Я посмеялась, решила, что разыгрывают. Нет, говорят, это правда морг, и снимать будем в нем. Актеров в той съемке занято было человек восемь, не считая остальной съемочной группы — оператора, его помощников, осветителей, режиссера, ассистенток и других. Я поохала, повозмущалась: «Как можно, да и зачем нужно снимать в морге?» Ну подумаешь, один из героев играет временно умершего человека. «Временно», потому что он потом оживает. «Неужели нельзя было найти другое помещение — зубной кабинет, к примеру, да ту же кухню какого-нибудь ресторана или столовой, коли оператору кафельные стены нужны?» Но меня успокаивают: «Да он уже лет десять как бездействует, это неработающий морг!» Ну, началась съемка, и мне пришлось зайти в помещение. Захожу в предбанничек и тут же вылетаю из него, зажав нос рукой — стоит тяжелый затхлый запах, и вздохнуть просто невозможно. Именно тяжелый, словно на плечи что-то опустили. Все остальные актеры и работники группы как-то приспособились, анекдотами сыплют, а я не могу там находиться, и все тут. Чуть что — за порог, на улицу, и дышу, дышу, а как зовут в кадр, так я набираю воздуха и вхожу, задержав дыхание. Как команда «стоп» прозвучит — я опять бежать оттуда. Причем лицо у меня так перекосилось, гримаса такая страшная, что и расслабиться не могу — плохо мне почему-то в этом неработающем морге. А ведь я только в предбанничке снималась — а другие-то актеры в «разделочной», или как она называется, я туда и не заходила.

Все понемножку приспособились к ситуации, пошутили, посмеялись, покричали, потом начали что-то попивать для равновесия душевного. А мне все плохо — вот-вот зарыдаю. Вторые режиссеры как увидят мою физиономию, так успокаивают: «Лена, да сказали ж тебе, что морг не работает уже десять лет, здесь ничем пахнуть не может!» А я им: «Может, я экстрасенс, чувствую что-то: не могу там находиться, и все тут». Был, правда, еще один актер, которого успокаивать пришлось. Тот самый, который должен был лежать на месте покойника, а потом оживать. Здоровый такой парень, боксом, кажется, занимался, а как увидел, куда ему лечь придется, под белую простыню, так побледнел, испариной покрылся и замолчал. К нему режиссер подошел и говорит: «Отнесись к этому как к работе... работа у тебя такая!» Актер сидит и перед собой смотрит не мигая. Молчит. Чувствую, что матерится про себя. Я ему ох как не позавидовала в тот момент! Решила, что окажись на его месте — сорвала бы съемку, а сниматься бы не стала. Позвали его в кадр. Уложили, простыней закрыли, скомандовали «мотор», стали снимать. Весь остальной народ в это время на улице находился — дышал. Темнеть начало, сумерки. Вдруг со стороны двора кричит кто-то: «Эй вы там, закончили?» Все обернулись и смотрят, кто это там в темноте? А это группка женщин, человека четыре, стоят вдалеке, носилки держат. Кто-то ответил: «Снимаем еще!» А они: «Ну, мы ждать больше не можем!» И пошли медленно в нашу сторону, морга то бишь. Поближе подошли, стало видно — покойника несут. «Посторонитесь, дайте пройти!». А ребята из рабочих взялись женщинам помогать. Съемки остановили, режиссер вылетел на улицу, ему объясняют: «Принесли покойника!»

— Как, морг ведь неработающий?!

— Работающий, работающий! — прокричал кто-то, и на него тут же зашикали. Тут и выяснилась хитрость. Администрация пошла на сговор с местным патологоанатомом, заплатила ему, и он обещал, что покойников не будет, их временно отнесут в другое место. Но он напился и слово не сдержал. К концу рабочего дня стали возвращать покойников. А место занято — там актер лежит. Режиссер принял решение доснимать и предложил всем войти внутрь. До конца смены оставалось три часа. За это время еще двоих покойников принесли. Да запах такой пошел откуда-то, ну просто жуть! Даже оператор не выдержал — выйдет на улицу чайку в перерыве попить, встанет в «неправильной» точке и тут же отскакивает. «Что за запах?» — недоумевали все по очереди. Администрация объясняла: «Это с болота, рядом болото!» Только потом сообразили, что для нас морг был временно освобожден.

Ходил среди группы во время съемок какой-то человек. Длинный, худой, с остановившимся взглядом, да такой учтивый, всем помощь предлагал. Все ко мне подходил, и то чайку в кружке принесет, то вдруг на плечи что-нибудь теплое накинет. Мне от его взгляда нехорошо делалось и от его услужливости тоже. Наконец, в очередной раз, когда он мне на плечи пальто мужское бросил, я вскинулась на него: «Не подходите близко! Спасибо за помощь, но она мне не нужна!» Так это патологоанатом и был. Когда съемка закончилась, режиссер подошел ко мне и, разводя руками, объясняться стал: «Что поделаешь, такая у нас профессия!» Но мое сердце не дрогнуло: «Неужели в другом месте нельзя было снимать, зачем этот натурализм?». «Легче в состояние входить, атмосфера помогает», — настаивал режиссер. «На что система Станиславского? — говорила я уже по дороге со съемки Андрею Ташкову. — В Америке, когда я должна была играть отрывок из Уильяма Сарояна, когда моя героиня напивается, режиссер мне запретил пить по-настоящему, говорил, что это состояние нужно сыграть, и был прав!» Я раз и навсегда решила, что подменять игру реальностью с целью получения хорошего дубля — безнравственно. Но в кино всегда так и получается.

На следующий день после той съемки пошел слух, что в местное отделение милиции принесли заявление о пропаже инструментов из морга. Оказалось, от патологоанатома. Началось разбирательство. «Да зачем мне нужны его инструменты? — недоумевал реквизитор. — Что я с ними делать буду?» На него почему-то указали как на возможного похитителя. «Отдай инструменты, тебе говорят!» — настаивал исполнительный директор. «Да ему приснилось, что у него вообще инструменты были, какие инструменты, подумай!» Потом скандал сам собой рассосался. Все поняли, что патологоанатому с утра захотелось опохмелиться, и он решил денег выудить. История с моргом на этом закончилась. «Хотел бы я посмотреть на Де Ниро в наших условиях, — подытожил все произошедшее Ташков, — ...скис бы через неделю!»

Но вот закончился последний съемочный день, а точнее — утро. Меня повезли домой на студийной машине ровно в половине четвертого утра. Едем мы с водителем по проспекту Мира, пусто кругом, редкие машины мчатся на хорошей скорости, и вдруг нам гаишник знак своим жезлом делает, остановиться требует. Водитель послушался, вышел: «За что остановили?» Гаишник что-то про превышение скорости сказал, потом стал вопросы задавать: «что снимаете», да «где снимаете», да «кого везете». Тот ему ответил, что снимаем сказку такую, добрую, но с мистикой, а везет он актрису, и она очень устала, ее не надо из машины на холодный воздух выводить, чтобы заглянуть ей в лицо... Высаживать меня гаишник не стал, осекся, а вот расспрашивать водителя не прекратил. Тот ему вкратце уже всю свою жизнь рассказал, что сам в милиции служил и до лейтенанта дослужился, но бросил и пошел работать в кино. Наконец, гаишник исчерпал свои вопросы и отпустил моего водителя. Он сел в машину, отъехал и говорит: «Странный какой-то тип попался. Сказал — не выйдет ваша картина! Я ему: почему не выйдет? А он мне: в том районе, где вы снимали, — полно черной магии. У меня в четырех поколениях все колдуны были — я знаю, не выйдет, и все!» Я ему сказал, что сам в милиции раньше работал. Он на это: «У тебя только один ангел-хранитель на правом плече, а надо, чтобы три было! Поэтому ты из милиции и ушел...». И отпустил. Обдолбанный, что ли, или пьяный. Сумасшедший. Таких еще не встречал!»

Вот вам и последний съемочный день!

Но картина, без сомнения, получится хорошей. И зрителям понравится — их же с нами не было. А о том, как все это делается, мало кто знает из посторонних.

Глава 12. **Мне снятся звезды**

А между тем мне стали сниться политики и звезды. Зарубежные звезды. Не наши. Наши — друзья, когда они мне снятся, то я говорю — снятся друзья. А этих я не знаю, и это совсем другое дело. Раньше я думала, что политики и звезды снятся только дебилам. Теперь я так не думаю. Просто нужна мечта... мечта о людях. Наверное, раньше мне она не была нужна.

Снилась... Мадонна! Забыла, что там было, кажется, разговор какой-то. Вот это да! 8 сентября. Я ей напоминала, как встретила ее в Лос-Анджелесе на выставке, и она припоминала или делала вид: «А-а-а! Помню, помню!» Может быть, снилась оттого, что накануне мелькнула мысль о сюжете фильма, где героиня встречает всех знаменитостей просто так, ни для чего, причем ездит по миру и, скажем, берет автограф и задает один-два идиотских, ничего не значащих вопроса типа: ваше любимое блюдо? А процесс проникновения «туда» длителен и серьезен, может быть, также приятен и долог, исполнен приключений, но обязательно приходится преодолевать бюрократические препоны и искать аудиенции у «звезды», с теми же непреодолимыми сложностями, которые окружают особу королевского титула. А также просто климатические и географические трудности: расстояния, перелеты. А результат должен оказаться тривиален, и даже очень! «Звезды», которых так жаждут увидеть «простые смертные», почесывают задницу, сидя в шезлонге, у них несварение желудка, Достоевского они не читали и путают его с Толстым и вообще больше думают о постройке сауны в своем новом загородном доме, когда соглашаются сниматься в очередном «шедевре», мечтают о том, что приведут туда молодую блондинку для отдыха. С одной стороны, все это приближает их к нам и слегка разочаровывает, с другой — волей судьбы — оставляет их на недосягаемой высоте, за тройными заборами с пятерной охраной, в своих усадьбах-дворцах, а мы продолжаем мечтать о них в своих снах, и в этом идиотизм и загадка!

Вчера вечером увидела в картине Доминика! По телеку, кажется, по Ren TV. Американско-финский фильм. Пародия на американский альтруизм и сектантство. Он в главной роли. Ничего... возмужал, постарел, отяжелел, но ему это идет. Забавно. Выбор материала понравился. Там есть немного российской атрибутики. Пятиконечная звезда на книге про Че Гевару. Слово «мама» на стенке полицейской камеры. И в конце титр — «Владивосток. Через два года». Там он русский тракторист, и к нему бежит его подружка из предыдущих сцен, с термосом и молоком. Надо было смотреть сначала, чтобы все понять. Смешно. К чему бы?

Это, как выяснилось позже из программки, европейский фильм — франко- финский... итало-бельгийский или испанский. Там продюсером Аки Каурисмяки или его брат, кажется, он еще играет одну из ролей. В русских символах, появлявшихся в этом фильме, мне почему-то чудилась его память обо мне. Думала: «Это он на съемках предложил на стене написать слово «мама». Всегда такие вот мысли лезут в голову...

Спустя примерно год после того, как я увидела Доминика в этой картине, я встретила в Доме кино американского актера-режиссера Жан-Марка Барра. Меня пригласил на ужин с ним и его соавтором Кирилл Разлогов. Нужен был человек, говорящий по-английски, из актеров. Я пошла. Жан-Марк приезжал в Москву с премьерой своего режиссерского дебюта «Слишком много плоти». Мне Марк и его фильм очень понравились. Я с ним подружилась. Он, конечно, был мне известен по фильмам Ларса Фон Триера. Так как он живет в Париже, я поинтересовалась, не знаком ли он с Домиником. И попала в точку. Он сказал, что снимался с ним в начале 90-х в фильме — как раз в том, который я видела по телеку. Там, правда, у него малюсенький эпизод, а у Доминика — главная роль. Он похвалил Доминика, сказав, что во время съемок фильма пришло известие о гибели в автокатастрофе его жены-бельгийки. Доминик полетел в Париж на похороны. Потом вернулся на съемки и, по словам Марка, держался очень мужественно. Вот так! Я потом звонила Доминику и говорила с ним — узнавала адрес, чтобы послать ему в подарок «Идиотку». Ни слова не сказала про то, что сообщил мне о нем Марк. Когда я звонила Доминику, он собирался ехать в Хельсинки на Новый год. Почему в Хельсинки? «Моя жена — финка!» — ответил Доминик. Такое вот продолжение имеют разные жизненные истории. Позднее я послала ему свою книгу международной почтой. Дарственная надпись гласила: «Это в своем роде уникальная книга — ты никогда не сможешь ее прочитать. Зато можно фантазировать о чем угодно». Он, получив книгу, ответил: «Спасибо! Хорошие фотографии...». Дело в том, что Доминик ни слова не знает по-русски.

На днях встретилась с Ириной Скобцевой на «Мосфильме». Она: «Бонни сказал», «Бонни сделал...». Я про себя: кто такой? Потом дошло — Бондарчук! Было полное смещение того и этого миров, так как она говорила о нем и почти меня сбила с толку, словно он ждет ее дома! Я была сильно пьяна, объясняла ей: «Простите, я выпила, меня напоили на пробах!» Это была правда. Я пробовалась в картине «Веселые похороны» у Володи Мирзоева и в сцене пила водку. Почему-то поставили настоящую водку. И все бы ничего, но я до проб три дня голодала — хотела быть совсем легкой, похудевшей. Так вот, на пустой желудок я в трех дублях залпом пила водку из стакана, и мне сильно в голову ударило. Я шла под ручку со Скобцевой и слегка покачивалась. Мы шли по каким-то мосткам (на «Мосфильме» перманентный ремонт) и обе боялись потерять равновесие. Два экспоната советского кинематографа в страхе сломать шейку бедра. Молодые девчонки, которые сопровождали нас по этим лабиринтам, ассистентки, воспринимали наш разговор и наше покачивание как фарс, — а ведь это и есть типичное состояние отдавших все кинематографу актрис: стирание грани между прошлым и настоящим, реальным и сочиненным.

Снились сны. Я между Америкой и Москвой, вернее — Нью-Йорком и Москвой. Как будто я не сказала Машке, сестре, которая находится в Нью-Йорке, что смылась к ночи из Нью-Йорка в Москву (только во сне такое и возможно). Она мне звонит, строит какие-то планы на утро, типа: пойдем завтра по магазинам! а я в Москве — слушаю ее по телефону, еще не сказав, где я. Еще там фигурировала машина — белый лимузин вечером... Ощущение скорости и беспечности. Возникла мысль — снять фильм «Сны», где все может быть с вывертом. Тут же посмотрела документальную ленту о Бунюэле — те же сны, сюрреализм! А что сны? Преодоление запретов, табу, выход наружу скрытого, а также нарушение физических законов, тяготения. Полеты, преувеличенные размеры, отсутствие причинно-следственных связей (что за понятие такое?). В ощущении — свобода и нечто детективное: расследование своих и чужих мотивов, возможностей, намерений. Хулиганство, простота.

Позвонил из Вермонта Кевин и сообщил о болезни матери. Фатальный диагноз. Я взяла ее адрес и собираюсь написать письмо — думаю о том, что писать.

С момента нашего с Кевином развода я ее не видела уже лет десять или больше. Надо писать. Покаянное письмо? Дружеское? Сострадательное? Нет, веселое!

Кажется, сегодня или вчера снился Маккартни, Пол. Мы с ним очень по-свойски общались, я одобряю его действия. Действия? Он собирается жениться на бывшей модели — калеке, она без одной ноги. Причем тут я?

Постоянно всплывают воспоминания из раннего детства. Я вижу дорожку дачного поселка, она бежит в траве вдоль забора, потом исчезает за поворотом. Я знаю, что мы идем к даче тети Стеллы. Также помню поездки-прогулки со Стеллой и Соломоном — я, Маша, Катя. Где это было? В Абрамцеве? Где-то под Москвой, в старых усадьбах. Голос тети Стеллы во сне, очень тонкий и почти нараспев: «Прощай, нежнейшая из душ!» Машка и мама в том же сне идут мне навстречу через двор, движутся по диагонали, боком. На голове у них береты в форме перчаток — с пальчиками-гребешками. Они хихикают.

Еще помню цветы купавы, желтые кувшинки. С ними ассоциируется дача дяди Вани и тети Лили. Резкий запах от кустов, от листьев. Перезревшая клубника уродливых форм в грядках. Огурцы, помидоры. Помидоры в Одессе и в детском саду. Какие-то клады, секреты — зарытый в земле розово-зеленый помидор. Персиковые деревья в Одессе. Каштаны! Каштановые деревья! Слово «крыжовник». Я в сандалиях, которые только что куплены и жмут. Мама спрашивает: хорошо? Я отвечаю: хорошо! И иду, глядя на носки. Мы с Машкой готовим для родителей варенье из розовых лепестков в Одессе, в киношной гостинице под шутливым названием «Куряж». Варенье получается очень сладким и жидким, но пахнет розой.

Привидения, тени ушедших родственников, французские духи, мокрый пейзаж, ночная мошкара, звезды, лица.

Грязная посуда, долларовые купюры, тяжелое вино, легкое вино, гороскопы, глянцевые журналы. Мое лицо в зеркале, лица других на фотографиях, некоторые имена. Прогноз погоды. Телефонные номера. Стирание памяти. Сны.

Снился Борис Немцов! Целый день после этого ходила с приятным ощущением. Может, он обо мне в это время читал, — так, в перерыве между заседаниями в Думе. Впрочем, он сейчас очень занят. А кто его знает, может, и взял какую-нибудь газету в руки и так, от нечего делать, наткнулся на что-нибудь про меня. И поэтому вдруг мне приснился. Видела потом вечером его по телеку, и он стал как-то роднее. Поразительное дело — сон. Может, он мне Петьку напоминает? Одним словом, не понимаю, как мне мог присниться Немцов.

В Америке мне снился Рейган.

«Снился сон, что я сижу с Рейганом за столом и прошу у него автограф, причем это так, само собой разумеющаяся ситуация. Я только проснувшись поняла, что это был Рейган. Я даже больше сосредоточилась на Сергее Б., который сидел рядом. Играла музыка, я ей подпевала и одновременно что-то поднимала, вроде цветов, упавших на пол. Тут я проснулась от телефонного звонка, и знакомый женский голос сказал: «Лен, это я, Таня Догилева!» Она мне спросонья показалась тоже само собой разумеющейся здесь, рядом. Потом она сказала радостно: «Я в Нью-Йорке!» И я окончательно проснулась. Полдня я пыталась сообразить, как поехать в Бафоло, но потом отказалась от этой идеи — 10 часов езды и 73 доллара за билет, с неизвестным концом этой встречи: кто, куда и как. Она же будет в Бостоне на день-два, я ее там и увижу».

О, Господи! Приснился Путин. Он сидел в углу комнаты, в которой были танцы, и гипнотизировал меня своим взглядом. Как в школьные годы с каким-нибудь мальчиком. Одет был просто. Совсем другой образ, нежели в телеке. Одним словом — мужчина, и я с ним кокетничаю, повернувшись к нему спиной — то есть делаю вид, что не замечаю его взглядов. Проснулась утром, вспомнила, что Путин — это президент в пиджаке и галстуке. «Нет, это уж точно спятила. К чему снятся президенты?» Но в сонник заглядывать не стала. Наверное, это к старости. А может, все-таки к беде? А вдруг к успеху? Уж больно веселое у меня последнее время настроение, да и зовут все время в разные компании.

Снился Андрей Битов. Я как-то случайно прижалась к нему и почувствовала его плоть. Сильную и твердую, как палка. Потом он мне демонстрировал маленькое чудное насекомое типа паучка — он опустил его в банку с водой, и тот увеличился раз в сто, стал большим паучищей. Вроде как с соевыми полуфабрикатами — намочишь, и они вырастают из крохотных комочков в нормальные котлеты. Странный сон — дающий силы! Но... Битов?

Сообщение из телевизора. В Иерусалиме монах провел в келье 23 года, получая пищу в корзинке, которую ему каждый день поднимали на веревке. Выйдя из нее, сказал: «К концу 23-го года кое-что начал понимать».

Позвонила А.К. Что-то хотела у него узнать. Поболтали. Я рассказала ему про мою личную жизнь здесь, в Москве, и последние годы в Штатах. Про Клода, который на 16 лет меня младше, А.К. сказал: «Какая разница, если это любовь?» Обнадежил. Про Джеймса, который всегда оказывался с богатыми женщинами, А.К сказал: «Я знаю такой тип мужчин...». Потом рассказала ему, что мне все время снится Дэвид Боуи.

Снился Дэвид Боуи. Перед сном видела его концерт по телеку. WoW! Будто мы с ним сидим за длинным деревянным столом. Он делает мне комплименты, что у меня красивые руки. Я выхожу его провожать на лестницу с ручкой и бумажкой и хочу взять его телефон. Он как-то стушевывается и просто исчезает, линяет, дематериализуется, так сказать.

Днем медитировала. Появилась мысль: подними голову, это все-таки голова, а не кастрюля, чтоб ей так висеть на позвоночнике. Самой понравилось.

...Андрей, глядя в окно вечером: «Смотри, разве мы в России?» В темноте загораются английские голубые буквы рекламы во весь горизонт: DaeWoo — и так каждый вечер! А Влад Скипр, по подобному же поводу: «Я устал видеть в окно это IBLO!» — реклама OLBI наоборот.

Включила телек — НТВ, час ночи, опять Дэвид Боуи! У меня с ним тайная связь! Но зачем же он мимикрировал... на лестнице? Может, это началось в 60-е? Тогда в московском метро я столкнулась в вагоне с двумя англичанами. Они говорили по-английски и сказали, глядя на меня: «Funny girl!» Я была одета в пальто в клеточку, синюю с красным, и на голове у меня был капюшон! Вид у меня был как всегда — задумчивый и сонный. Гном! Ведь Дэвид был в Москве тайно. Я об этом где-то вычитала. Правда, это было в 70-х. Увы! Мне нравятся его разные глаза, зеленый и карий. А также неправильные зубы — клыки на месте вторых верхних, ямочки... и все остальное. Конечно, еще его «многоканальность», как говорит Павел. То, что он и поет и сочиняет музыку, стихи, и играет в кино, и занимается живописью. «Пространство для воображения» — хорошее название для книги. Это слова Дэвида, сказанные им в беседе с Артемом Троицким. Может, Троицкий похож на Боуи? Сейчас кажется, что похож. Love me, love me, love me, say you do... Let me fly away with you... Wild is the wind!..

Ох, здорово! Он трогает, пробуждает какую-то точку сути, любви. Любви к чему? Человека к своему Року!

Вычитала в «Мудрости Тао» цитату: если не знаешь, чем заняться — мети! Если потерял цель — мети! Зачитала Петьке и Андрею. Андрюшка тут же отреагировал: «Тогда я должен ехать в Беляево и мыть посуду!»

Мне кажется, чтобы писать, нужно входить в роль пишущего. То есть «пишущий» — это тоже роль. Для писания автору нужно создавать особую жизнь. Интерьер, пейзаж и состояние. Кажется, Бальзак ставил ноги в ведро с горячей водой? Поэтому, когда знакомый из Сан-Франциско сказал: «Приезжай сюда месяцев на шесть и пиши книгу, там ты ее не напишешь, а материал ты уже собрала, — я сказала «нет». Потому что получается, как в кино, — нужно параллельное проживание, то есть режиссура, провоцирование сюжета. Больше даже разыгрывание роли: я пишу, я детектив, я бродяга. Рвань — нирвань! А город Сан-Франциско про другое. Для другой книги.

По радио: «...И никто не мог подумать, что такая талантливая, красивая, успешная женщина так, в сущности, одинока и несчастна. Она осталась сиротой в раннем...». Тоска, осень! У всех ревматизм и у всех развод! ...Не у всех!

«Это нарушение прав личности! — кричала моя героиня своему любовнику. — Твоя жена сказала: развода не будет никогда! Она что, справлялась у Нострадамуса? Ты бы спросил ее тогда: что будет? Ну, развода не будет, а что будет? Ты ее спросил??? Это ущемление прав человека! Нет, она просто Командор! Ты — Донна Анна, а я получаюсь Дон Жуан в этом раскладе!»

...Анаис Нин, чтобы написать книгу «Шпион в доме любви», пустилась во все тяжкие.

«Ты сказал: Я хочу развестись. А она что: Только через мой труп»?

Я свою книгу назвала «Идиотка», а Петька решил свою назвать «Эгоист».

Опять снился Дэвид. Он похудел и подстригся. Мы с ним гуляем, прогуливаемся. Поговорили. Он поинтересовался, как мои дела, как мама, Маша. Я рассказала про смерть тети Баси, про налоги и про несостоявшийся развод.

Проснулась. Рядом лежит Андрей. Дэвид ушел. Название книги: «Виртуальная любовь». Любовь в сознании, диалоге, во сне.

«Я представляю себя бегущей по булыжникам узкой улочки, идущей в гору. В лунной дорожке. Луна поднимается из-за моего плеча, преследуя меня. Луна, на которой кто-то расставил предметы яйцеобразной и цилиндрической формы, а Армстронг установил силиконовую капсулу, в которой отражается мой бег по булыжной мостовой. Шелковый подол моего платья волочится и темнеет от пыли, а влажный воздух распрямляет завитые в локоны волосы. Я вижу себя героиней романа, по которому поставлен фильм. Это — самое начало, по которому чувствительный и нервный зритель может догадаться о многом. Название «Как я сошла с ума». От кого бегу я? Ведь на улице никого нет. От Луны. Я бегу от Луны, узнав из журнала «7 дней», что Луна обитаема. Обитаема? По крайней мере, пришельцами с других планет. Это свидетельствуют астронавты Армстронг и Митчелл, по словам статьи из «7 Дней». Может быть, я бегу от радости? Ведь радость пугает и обращает человека в бегство. Та самая Луна, которая знакома нам, как соседка, но которую, в общем-то, приятно было считать необитаемой, оказалась чьим-то домом. Эта пустая квартира заселена. Это — домик охотника. Космическая гостиница у дороги. Домик космического охотника. Я обезумела, и мне это нравится. Я бегу на встречу... и кто-то фиксирует мой бег. Посторонний наблюдатель — Луна? Космическая камера? Кто-то снимает Большое кино. Кто? Никто не знает — «кто».

В таком случае, Дэвид, ты увидишь этот фильм в своем сне. И может, Дэвид, я уже бегу по твоей картине, написанной маслом? Ведь то, что мы делаем, в чем-нибудь да отражается, не так ли?

«...По синему полотну неба бродит девочка. Она оберегаема сном. Она ничего не боится».

Глава 13. **Все ждут любви**

Хочется написать о любви. О той любви и этой. Такой и такой. О всякой. О любви-сострадании. К брошенным детям, сбившимся в стайки, — здесь есть кому тебя поддержать: одно крохотное плечико к другому — и уже они сила. Сила перед шагающими мимо башмаками 38-го или 43-го размера, на которые они взирают из грязного угла метро, молча очищаясь дымящейся палочкой восточного благовония — кто ее им подарил? Сам Кришна?

К старухам, ковыляющим с кошелкой на тоненьких ножках. К стареющим женщинам, которые перестали быть женщинами, и клок волос торчит из-под берета совсем уж неприкаянно и не надо его приглаживать: все равно ты уже не женщина. К спившимся мужикам всех возрастов, потерявшим (а вернее, обронившим и не подобравшим вновь) смысл жизни. И гуляют они, как голодные отчаявшиеся псы, предав забвению свое мужское достоинство. И лают, и скулят, и юродствуют.

Другая любовь: сосет твою кровь и ноет, и похожа на наваждение. У нее есть имя и фамилия, и «только это лицо», и «только эти глаза» и «одни-единственные» губы. А может, она похожа на болезнь — опасная любовь... к одному-единственному существу, неповторимому, никогда и нигде. Она ярко светит одним-единственным огнем в темноте и укорачивает твой век, если прервется. Она пахнет смертью и жертвой. Забыть, забыть, если хочешь быть среди людей. Нет другого пути, как забыть такую любовь, пока она не утянула тебя в свой омут.

Есть светлая любовь. Она является в виде чуда, в которое ты уже не веришь. Редкая любовь. Она греет долго, и возможно, что навсегда. Она оставляет тебя живой, здоровой, кормит тебя и питает. Она никогда не обрекает тебя на смерть и провожает в дорогу, ничего не обещая, но воодушевляя! Спасибо такой любви — что она не так коварна. Она хочет малого и требует взамен пустяк. Она почти незаметна. Но стоит воззвать к ней, и она отзовется, как бумеранг.

И еще есть любовь. Любовь к жизни. Когда все потерял, и нет больше смысла, ради кого жить, но почему-то человек выжил, и тогда он несет свое исхудалое тело и любит все, что есть в этой неодушевленной пустоте, и говорит: «Какое это все счастье! И этот ливень, и этот мороз, и эта грязь, и старая кошка с подбитым хвостом, как благодарю тебя я, Господи, что ты дал мне все это...».

Все мечтают о любви. Мечтают, когда одни, мечтают, когда в браке.

«Я еще не пережил свою первую любовь. Как это должно быть — с цветами, с ухаживаниями, с тонкими романтическими переживаниями — всегда что-то мешало. Те два брака, и до них несколько женщин, — все это не так было. С мучениями, с проблемами. С одной была страсть, безумие. Я чуть не женился. Она ночевала в моем родительском доме и считалась моей невестой. Потом я узнал, что она переспала с моим другом и с одним знакомым, и еще, и еще. Все говно страсти я узнал и потом закрыл свое сердце... на двадцать лет».

— Что для тебя «говно страсти»? — спрашиваю я своего приятеля, который рассказывает мне о наступившем в его личной жизни кризисе.

— Говно страсти? Это когда тебя ведет слепая сила, и ты все время следуешь за объектом своей страсти, просто стоишь напротив ее окон и ждешь. Только быть рядом, и все! Ты одержим. Не можешь прожить без мысли о ней ни секунды. Теперь я иногда ее встречаю и думаю, что это не та женщина, о которой я мечтал. Она стала похожа на танк, на тетку с рынка — такой напор в разговоре, во взгляде.

— А что было с последней женой?

— Она пожалела меня. Я тогда остался один, развелся. Она увидела, что у меня расстегнута ширинка, и сделала мне замечание. Я смутился. Потом она предложила поехать вместе в магазин и купить мне брюки. Мы купили брюки, и она сказала: «Женишься на мне, одену тебя, как конфетку!»

— А тебе захотелось, чтоб тебя кто-то одевал?

— Да нет, просто захотелось семьи, в самом простом понимании этого слова, в мещанском даже. Чтобы слоники стояли на шкафчике. А когда женился, то понял, что она меня в бараний рог согнет. Она без этого не может. Такой характер!

— Ну, это с последней, а с предыдущей что было? Вы ж любили друг друга?

— Когда каждые три месяца переезжаешь на новую квартиру, ютишься в двенадцати метрах, стоишь в очередь в туалет со всеми соседями по коммуналке, то в конце концов все заканчивается. Так и у нас случилось.

— Ну а с той что, живешь в гражданском браке?

— Я стал относиться к ней как к другу, понимаешь? Не к женщине, а другу! Все ей сказал прямо. Мы с ней разъехались по разным квартирам. Она очень близкий, родной человек. Но без чувства нет смысла в жизни. И вот, вдруг у меня открылась чакра любви! Я чувствую, что где-то есть «та самая» женщина. Я еще не знаю, кто она, но предвкушаю ее появление. Я встретил одну. Ей 23 года. Профиль мне ее понравился. Так я ей уже год звоню. Хочу в театр с ней пойти. Сяду рядом и все пойму, может, это все моя иллюзия насчет нее. А еще мне стала звонить одна женщина из прошлого. Это я ее мысленно вызвал. У меня же открылась чакра, и я предчувствовал появление человека. И вдруг она звонит. Я ее как-то встретил во время гастролей — пришла ко мне в номер, журналистка. Провел с ней несколько дней. Так, для сексуального самоутверждения. Давно было. И тут она нашла мой телефон и стала звонить. Слова ласковые произносит, SMS-ки на мобильный телефон шлет (она в другом городе живет), а я ничего не чувствую... странно даже. Но, может, это она и есть — та, которую я жду. Первая молодая очень, чует мое сердце, что ей нужен принц под парусами. А эта, что звонит — у нее жизненный опыт. У нее есть жених, семейный человек, так он из-за нее инфаркт схватил.

— И зачем тебе это нужно?

— Да, что-то здесь не то. Но ведь зачем-то она появилась?

...Так говорил мой знакомый. А спустя месяц поехал снова на гастроли и встретился со звонившей ему женщиной. «Любимый, мой любимый!» — говорила она ему. И он решил, что это его судьба. Вспомнил, что прежде ему мало кто так говорил. Ни первая жена, ни вторая... Но после того, как женщина провела сутки в его номере, он обнаружил пропажу всего своего гонорара. Он не хотел обвинять ее. Но больше было некого — после той ночи она исчезла. Просто перестала ему звонить. «Лучше б ты 23-летнюю в театр пригласил», — советовала я своему незадачливому знакомому.

Вернувшись в Москву, мой приятель впал в депрессию и попал в больницу. Жена ухаживала за ним. Их отношения восстановились. «Любимый, мой любимый!» — теперь говорила она ему и напряженно ждала, когда на его лице проступит улыбка. Она считала, что годы, проведенные вместе, и все те жертвы, на которые она шла ради него, и есть любовь, но только она забывала ему об этом сказать. Да к тому же она пыталась заговорить его любовную чакру. Ведь чакра открылась и источала любовь.

Любовь, любовь, любовь. Какая ты — светлая или мутная, омут или ручей, и зачем приходишь ты, смущая нас вопросами без ответа: «Что такое любовь?» «Это ты, любовь?» «Ты одна, любовь, или вас несколько, а, любовь?»

«Я ушел от своей жены к другой женщине, когда моя жена была на восьмом месяце беременности. Мы ждали второго ребенка. Ты можешь себе такое представить?» — делился со мной своими тайнами привлекательный молодой человек, с которым мы пили кофе в одной из московских забегаловок. Я знала, что у него молодая жена и ребенок. А также, что он тонкий, глубоко чувствующий мужчина, давно живущий самостоятельной жизнью, имеющий собственный бизнес и диплом психолога. Спонтанные поиски нового опыта, как мне казалось, ему вряд ли были свойственны. Тем невероятнее звучали его откровения. «Кто я такой после этого? Я просто снял квартиру и жил с любовницей, а жене сказал, что заболел и мне надо побыть одному. Потом любовница узнала, что моя жена должна родить, и ушла. Я вернулся к жене, и знаешь, что я сделал? Всю ту любовь, которую я хотел, но не смог растратить на любовницу, я стал отдавать своей жене. В жизни всякое может случиться, а она самый преданный мне человек! До сих пор не могу поверить, что я мог с ней так поступить».

— Да-да, так бывает, наваждение из ниоткуда, — вторила я своему симпатичному знакомому, выслушав его историю и отхлебнув из чашки черный кофе, — казалось, знаешь себя на все сто, а потом выясняется, что в тебе что-то дремлет и вдруг просыпается и выплывает на поверхность. Мой бывший муж мне тоже объяснял, что увлечения — вещь преходящая, и как хорошо, влюбившись в кого-то, знать, что есть у тебя неизменное — твой брак. Мол, и романы тогда даже интереснее становятся. Но я с ним спорила, говорила, что каждый раз, влюбляясь, верю, что это то самое, что искала всю жизнь. В конце концов я разрушила свой брак, а нового не случилось, и теперь думаю, что в его словах была доля правды. Вот и ты тоже говоришь: «Всю нерастраченную на другую женщину любовь я вернул своей жене», — здорово звучит. А как это? Ну да ладно, если у тебя получилось.

Этот молодой человек и не подозревал, наверное, что являлся мне ночью в снах, и я уже давно вела с ним продолжительный роман. Появлялся он, как правило, когда мне было плохо. Он покидал свою жену и детей, переносился в мой сон и всегда утешал меня. Когда при свете дня мы встречались с ним в кафе и я выслушивала мелочи его жизни, а потом делилась с ним своими, он давал мне советы, как поступить в сложной личной ситуации, а я его за это благодарила. Случалось, после особо эротического сновидения, я смущалась, встретившись с ним взглядом, а однажды, не выдержав, спросила в лоб: телепатией не владеешь? Он ответил «нет», продолжая в упор разглядывать мое смущение. Я с облегчением вздохнула. Но что-то мне подсказывало, что он догадывался о наших с ним ночных похождениях.

Любовь, любовь?..

Моя подруга, пережившая два брака, в которых сама инициировала развод после долгих лет терпения и попыток устроить свое семейное счастье, наконец отдала свои фотографии в международное брачное агентство. Ей предложила это знакомая, которая там работала. «Дай фотографии, запиши несколько слов на видеопленке, что ты теряешь?» Она так и сделала. Спустя несколько месяцев ей позвонили из агентства и сказали, что ею заинтересовался 62-летний американский гражданин. С этого началась переписка моей знакомой с ее будущим мужем. А через несколько месяцев он приехал в Россию для личной встречи. Когда он уехал, она была на седьмом небе от счастья. «Мы так подходим друг другу: играли, как дети, целыми сутками, ели и лежали в постели две недели, и все это практически без знания языка. Неужели после всех лет брака и романов мне надо было найти своего мужчину через интернет?» В многочисленных телефонных разговорах со мной она, все еще не веря в свое счастье, вспоминала своих бывших возлюбленных, с которыми надеялась на долгую совместную жизнь. «Каждый из них — и она перечисляла всех поименно — был эгоистом и думал только о себе. Один — актер, хранил, как святыню, память о покойной жене, о совместном ребенке даже слышать не хотел, и спустя четыре года ожиданий его визитов в Москву моя любовь иссякла. Мой бывший муж, интеллигентный человек, но абсолютно лишенный эмоций, — чиновник, этим все сказано. Хоть бы он поругался со мной, проявил свои чувства, так нет. Я все время говорила, говорила, а он кивал головой и пытался сгладить все шероховатости, ложась на диван с журналом. Полное ощущение, что я жила в одиночестве. А тот писатель, с которым у меня был роман, то и дело спрашивал: «Ты видела меня по телевизору? Ну как на мне смотрелся новый галстук?» А когда я попросила его помочь с пропиской в Москве, он испугался. Сам

Фото Алексея Седова

любовь волнует

«Идиотка» Елена

«Идиотка» Елена Коренева
вдохновляется кризиса

и ДЕЛО

Коренева причисля
себя к идиотам

Досье «Курьера»

Елена Коренева родилась 3 октября 1953 года. Окончила Театральное училище им. Б.Щукина (1975) и Высшие режиссерские курсы (мастерская А.Митты), с 1975 — актриса театра «Современник», затем — драматического театра на Малой Бронной. С 1982 жила за рубежом. Сейчас живет в России.

Снималась в фильмах:
«Вас вызывает Таймыр» (1970),
«Пой песню, поэт...» (1971),
«Назначение» (1973),
«Романс о влюбленных» (1974),
«Вишневый сад» (1975),
«Сентиментальный роман» (1976),
«Ася» (1977),
«Сибириада» (1978),
«Ярославна, королева Франции» (1978),
«Сватовство гусара» (1979),
«Утренний обход» (1979),
«Тот самый Мюнхгаузен» (1979),
«Идеальный муж» (1980),
«Ленин в Париже» (1981),
«Яблоко на ладони» (1981),
«Покровские ворота» (1982),
«Maria's Lovers» (1984),
«Комедия о Лисистрате» (1989),
«Чернов/Chernov» (1990),
«Лекция для одинокого мужчины» (1990),
«Каштанка» (1994),
«Обаяние дьявола» (1994),

Август 2002г.
№ 34 (1139)

АРГУМЕНТЫ

НАВОДНЕНИЕ В ЕВРОПЕ · НАЧАЛО ВСЕМИРНОГО ПОТ

Премьеры Гастроли

РОМАНС О ВЛЮБЛЕННЫ

Когда Лене Кореневой стукнуло 25, ее мама сказала: «Нормальные люди и в 50 лет не переживают половину твоего». До встречи с ней Андрей Ташков был трижды женат. Но семейное счастье эти двое обрели только друг с другом.

*Папа на съемках своего первого фильма в Одессе (вверху)
и мы с Машкой*

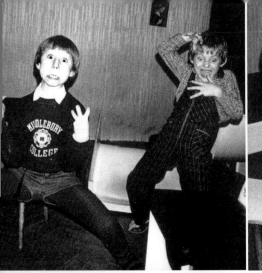

*Племянник Кирилл
с другом Денисом*

...и сам по себе

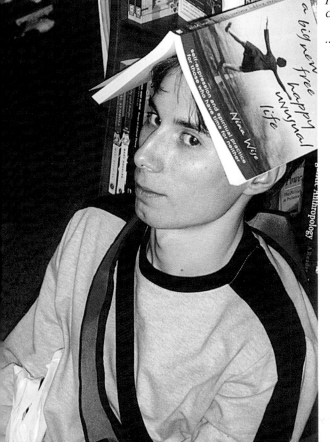

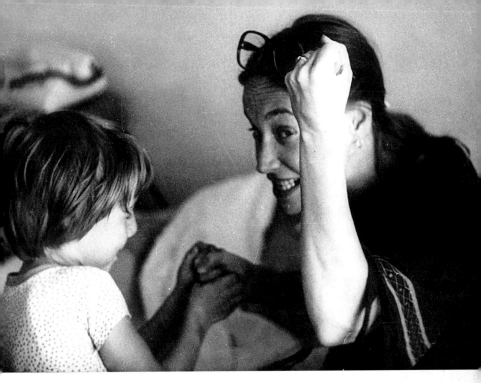

Старшая сестра Манек

Кевин и я в Северной Каролине. США. 1983 г.

Кевин

Хэллоуин в Америке

*С родителями Кевина —
Бетти и Мерфи*

С младшей сестрой Сашкой

Саша в детстве
...и взрослая с актерами
А. Песковым и А. Ташковым

Андрей Ташков (вверху)... и я с ним

Я и Андрей в спектакле
«Кофе с Бибо»

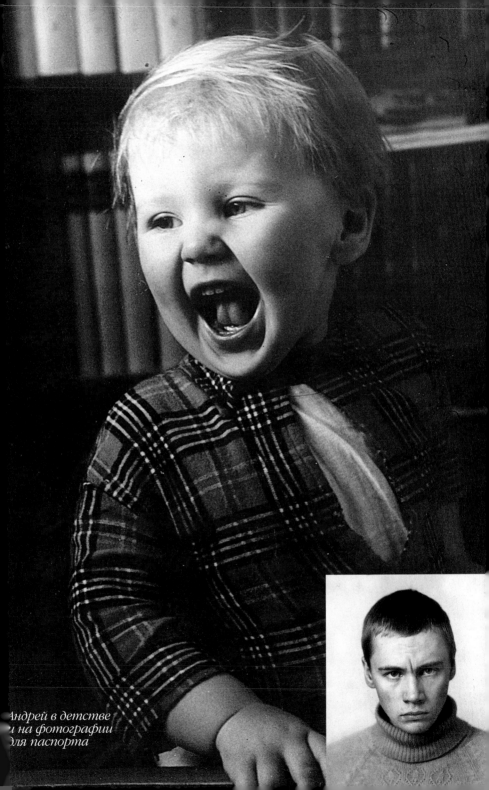

*Андрей в детстве
и на фотографии
для паспорта*

А. Песков, Е. Коренева, А. Ташков — съемки для афиши к спектаклю «Кофе с Бибо». Фото Е. Лапиной.

*Андрюша — автор,
режиссер и исполни-
тель главной роли*

*Ташков и я
в левитации*

Иннокентий Смоктуновский

Désir d'ailes

Е. Коренева

Настя Сачинская

об этом сказал десять лет спустя. Я пошла к гадалке, помнишь? Пару лет назад. Она мне тогда нагадала, что у меня будет брак с мужчиной, который живет далеко. Я думала, что это тот актер, а оказалось, нет, американец. Ну, как в это не верить теперь, когда он мне каждый день звонит и повторяет: «Лубимая, жонушка моя!»

И правда, как не поверить?

А любовь, или тема любви, словно посыпалась с неба в эту зиму — все вдруг вспомнили, что есть такое чувство, и начали свой крестовый поход.

Вот и Алешку она настигла. Он приехал погостить из Франции, в первую же неделю встретил женщину и... сделал ей предложение. «Я впервые испытал желание сделать предложение. Я всегда знал, что любовь и брак — это разные понятия. А уж творчество, — а я писатель, — несовместимо с браком. И тут вдруг понял, что это Она. И если я ей не сделаю предложение, то пропущу какой-то очень важный для себя человеческий опыт». Но девушка была замужем, и у нее был ребенок. Несчастный муж попал в драку, и ему проломили череп. Жена ходила в больницу к мужу, и моему другу с его любовью пришлось немного потерпеть. А вернее, много, много терпеть и терзаться: зачем, что не так, и вообще... Нет, что это любовь, он понял сразу. И более того — или эта женщина, или никто и никогда. В конце концов он снова увез свое исцеленное любовью сердце во Францию, а его любимая осталась врачевать мужа, пообещав, что скоро приедет. А что на самом деле будет дальше, по его собственным словам, — никто не знает.

Все задают вопрос: «Что лучше — быть любимым или любить?» И все нехотя отвечают: пожалуй, что любить. А если ты любишь и любим, но любим с того света, то как быть?

«Они все ревнуют меня к моей покойной жене! Даже последняя женщина — с ней все шло, как надо — и та ушла, потому что не выдержала присутствия в моем сердце Насти!» Я пытаюсь урезонить своего друга детства, с которым училась в одной школе и жила по соседству. Объясняю, что пока жив — надо жить и нельзя провоцировать ревность к покойной любимой жене в той, живой женщине, с которой начинаешь отношения. Зачем? Я привожу кучу доводов, в которые по ходу разговора пытаюсь поверить сама, но его аргумент разбивает вдребезги все мои доводы. «Она была мне не просто женой, это никто не хочет понять, она была моей возлюбленной, ты понимаешь, что я имею в виду? Воз-люб-лен-ной!..». Она была, она была, она была... его возлюбленной! Была.

Все ждут любви. И мой друг детства тоже.

И друг из Сан-Франциско ждет любви. Мы встречаемся с ним раз в год, когда он приезжает в Россию, откуда он родом. Он показывает мне фотографии двоих накачанных парней и комментирует: «Вот с этим у меня все уже закончилось, а с этим завязываются сложные отношения». С фотографий на меня смотрят бравые парни, и я задаю естественный вопрос: «Зачем им это? Они пьют, колются, они женаты?» «Женаты, этот, что на правой фотографии, пьет, а делают они это за деньги!» «И сколько ты им платишь?» «Триста!» «Триста долларов?» «Нет, рублей!» У меня холодеют конечности: «За триста рублей?» «Ну, я кормлю их ужином!» — вздыхает мой знакомый из Сан-Франциско. Когда в нашей Думе стал обсуждаться вопрос о возврате в законодательство статьи о гомосексуализме, я позвонила своему знакомому: «Ты слышал? Если закон пройдет, тебе будет опасно приезжать в Москву!» На что он ответил с горечью: «Да, я был бы счастлив, если бы меня расстреляли! Разве в этом дело! Хочется любви, вот, например, я бы мог жить с тобой, но это же невозможно!»

Все ждут и мечтают о любви... Все!

Сижу на записи телевизионной передачи к 14 февраля — Дню святого Валентина. Меня окружают театрально-киношные корифеи, режиссеры и актеры. Тема разговора — любовь. У корифеев вид утомленный, и они явно испытывают неудобство от предстоящей записи, а вернее, от темы. Первая любовь, единственная любовь, любовь на сцене, в кадре, любовь к партнеру и с партнершей, игры в любовь. «Как-то неловко говорить о любви, это все-таки тайна! Так пусть она и останется тайной...» — ежась, сообщает убеленный сединами актер и прячется за стеснительной улыбкой. «Играть любовь могут не все, и не все должны это делать!» — заявляет герой-любовник, известный уже четырем поколениям зрителей. «Я тоже думаю, что о любви лучше в стихах!» — подхватывает еще одна знаменитость женского пола и принимается читать всем знакомое стихотворение. Пара влюбленных, работающая в одном театре, поднимается на невысокую сцену и, взяв в руки по микрофону, начинает исполнять дуэт о любви. Во время пения они синхронно поворачивают головы друг к другу и встречаются взглядами, затем так же синхронно отворачиваются и поют уже на аудиторию. Глядя на них, невольно перебираешь в памяти все, что слышала и читала об их романе: он женат, но влюблен в молоденькую актрису. Она отвечает ему взаимностью. Спустя время, после недомолвок и намеков, они начинают открыто заявлять в прессе о своей любви. Он поражен ее смелостью и решимостью. И теперь — триумфальный союз — перед всеми на сцене. Разница в возрасте у них лет 30, и мысли об угрозе и профилактике простатита неотступно лезут в голову. За эти мысли самой становится стыдно — неужели нельзя поверить в настоящую, красивую, чистую любовь?

«Больная сегодня передача!» — слышу досадливое бурчание своего соседа слева. Он все еще красив своей задорной гусарской красотой. «Почему больная?» — шепотом спрашиваю его, стараясь шептать как можно тише, для чего подныриваю под широкие поля его черной шляпы — неизменный атрибут его имиджа. «Да потому что без юмора. Занудили все какую-то философию. Скучно. Шутить надо!» А чуть позже его приглашают на сцену, и после нескольких вялых попыток ответерться от выступления он все-таки поет песню о любви под принесенную им заранее минусовую фонограмму. Вот так почти все выступавшие — начинали за упокой, своими словами, а заканчивали за здравие, правда «за здравие» предпочитали в иносказательной форме: песни, стихотворения, притчи. «Когда меня пригласили на передачу, я решила отказаться, потому что о любви...» — начинает произносить слова недавно ставшая известной актриса характерного амплуа. Все зовут ее теперь в смешные передачи. «Эх, что ж мне теперь говорить?» — досадливо соображаю, слушая говорящую женщину. Идти я и правда не собиралась. О любви сказать мне было нечего. Я не знаю, что такое любовь. Та любовь, о которой должна была идти речь. Беатриче и Данте, Лаура и Петрарка, Ромео и Джульетта, Лиля Брик и Маяковский, Марина Влади и Володя... Любовь — это то, что я делаю сейчас, и то, что я делала тогда. Это и сейчас, и тогда. Но мне до сих пор кажется, что меня так и не поняли — ни тогда, ни сейчас. Как, впрочем, и я не поняла. «Тебя любили, ты просто этого не замечала» — слова одного из моих друзей.

Но не будем кривить душой, нам всем есть что сказать о любви, мы просто считаем, что пристойнее о ней молчать. Вот так и молчим. А когда наконец заговорим — поднимается давление. И я хотела кое-что сказать публике в эфире на тему нашего молчания, но, поддавшись внутреннему закоренелому испугу, не сказала. Однажды в Америке меня повергли в шок слова моего приятеля: «Я люблю тебя». Произнесены они были невзначай, возле подземного перехода, в который я собиралась нырнуть, а он отправлялся совсем в другую сторону. Услышав «Я люблю тебя», что по-английски звучит «I love you», я замерла, и у меня перехватило дыхание. Так простояла я минуту-другую, ожидая расшифровки вроде: «Будем жить вместе» или, наоборот, «Люблю, но нам пора расстаться», или «Люблю и поэтому отправляюсь жить на Северный полюс, чтобы все обдумать», — но ждала я напрасно, расшифровка оказалась совсем прозаичной. Правда, только на первый взгляд. Приятель увидел мое оцепенение и пояснил: «Я люблю тебя. Пока. До завтра...». Увидев в моих глазах все еще повисший знак вопроса, он продолжил: «Я больше ничего не хочу этим сказать. Разве тебе не говорила мама перед тем, как отправить тебя спать: «Я люблю тебя»?» Сбитая с толку, тем вечером я долго пыталась выработать верную реакцию на его слова. Так привыкла я, что слова о любви выношены годами и месяцами терзаний, долгих раздумий, и решающийся их произнести сильно рискует: ему могут отказать или на основании признаний в любви выдвинуть требования каких-то гарантий, и потом сам будешь не рад: зачем тогда сказал, но ведь это было искренне, вот сейчас, правда, в сердце ничего нет, а обещал...

Одним словом, в любви признаются в редчайшие моменты жизни, ибо в этом и мораль — «любим только раз», и за признанием следует переворот в жизни («тогда женись!»), который, как все перевороты на 180 градусов, влечет последующие трудности. Резюме: говоря «я люблю тебя», подставляй плечо, так как женщина может упасть в обморок. Ей так редко приходится слышать эти слова. Русской женщине. Моего поколения и воспитания женщине. Мне, того периода жизни, еще не привыкшей к Америке, женщине. Так вот — сейчас все по-другому. Последующие годы жизни в Штатах приучили меня говорить и слышать «я люблю тебя» очень часто и в самых не романтических, а как раз наоборот, бытовых, будничных обстоятельствах. Ах, где эти милые воображаемые картинки — лавочка, береза, лунный свет, признание... Нет, это происходило возле стиральных автоматов в подвалах домов, где жила я или мои друзья. Минутное откровение с соседом о прожитом дне, гнев на лендлорда или работодателя, на налоговую инспекцию, пока вытряхиваешь ворох своего дневного прикида и засовываешь его в утробу стирального агрегата, пара слов — намек на пошатнувшиеся личные отношения с «тем парнем, с которым вы меня видели», — и, закурив сигарету, выслушиваешь в ответ историю о скоропостижной смерти друга или об утонувшем двухлетнем племяннике. И когда твое тряпье готово к завтрашним будням и ты приготовилась исчезнуть за створками лифта вместе со своими жалобами и рассказанной им историей, вдогонку несется: «Я люблю тебя!» «Я люблю тебя» — за твоего парня, за лендлорда, который вот-вот тебя выгонит, за налоговую инспекцию, которая отбирает то немногое, что ты заработала, за то, что ты выслушала мой рассказ об утонувшем племяннике и похлопала по плечу в поддержку. «Я люблю тебя» — потому что мир сегодня — это та же война. И каждый живущий воюет. Потому что каждого недолюбил кто-нибудь, когда-нибудь. Поэтому: «Я люблю тебя». Так как завтра уже может быть поздно. В офисах, где мне отказывали в работе и прощались, напутствуя и желая удачи, говорили: «Счастья тебе, мы любим тебя». Возле ночных магазинов средней руки, провожая в ночь, видя, что я навеселе, напутствовали: «Будь осторожна, мы любим тебя». На дорожках студенческих университетов, на порогах домов и лестничных площадках или просто по международному и междугороднему телефону, напоминают: «Помни, я люблю тебя, мы любим тебя, помни!» Даже в письмах перед именем писавшего ставится вожделенное русской женщиной слово «Love». Это терапия — за прошлое и будущее. А может, это знание того, что «лавочки, березки, луны и признания» никогда не будет.

И все же, перефразируя слова Джона Леннона: возможно, любовь — это то, что происходит, пока мы размышляем о том, что такое любовь.

Глава 14. **Идеи носятся**

И вдруг мое писание застопорилось. Книга, я имею в виду. Пустота. Никакой скрытой энергии. Даже страшно стало. Так вот и болтай много после этого. Вдруг бац — и все. Говорю же, Его можно спугнуть неправильным к себе отношением. Ну ничего, я отдышусь, посмотрим, еще выкарабкаюсь. Рано делать окончательные выводы. Самое время сделать пятиминутку. Сексуальную пятиминутку. Этим Его не напугаешь. А вот рутинной чепухой — обязательно. Или высокопарным придыханием.

...«Итак, пятиминутка... сек-су-аль-ная. Э-эй, где-е-е ты?» Нет, не выходит. На пятиминутку меня ничто не сподвигло, и я включаю телевизор. Поздно, часа два ночи. Ах, ах! На сцене колотится Земфира. Что-то эйфорически бессильное есть в ее пении. Я кайфую, глядя МТV! Пытаюсь понять ее песню «Я разгадала знак бесконечность». Кажется, что поняла. Она поет на выдохе, и когда кислород уже должен кончиться, она все равно продолжает. Это и есть: я разгадала знак бесконечность. А может, там вообще не те слова. Ну, так я тоже продолжаю, на выдохе. Взяла в руки глянцевый журнал. Прочитала рубрику: «Новые издания». Там рекламируют книгу молодой, совсем молодой писательницы. Бестселлер. Она тоже вспомнила про Земфиру в похожем ключе и цитирует ее песни. Совпало, прямо в тот же день. Идеи носятся в воздухе. Ага! Есть тема. Вот она.

Идеи носятся... Да, именно так: «Идеи носятся в воздухе» и заражают наши головы. И это всерьез! Я, например, когда придумывала названия своей книги, то было у меня и такое — «Уходящая натура». Я от него отказалась — посоветовал Андрей Ташков: «Ни в коем случае, это что-то под занавес, для женщины тем более — списанный материал». И вдруг встречаю это название у Анатолия Смелянского, которое мне очень нравится применительно к его воспоминаниям о МХАТе. То же и с названием «Мое прошлое — настоящее», еще вариант — «Мое настоящее прошлое» — у кого-то я это встретила, как только сама придумала. Так же и с фильмами. «Предсказание» — когда-то в Америке я написала в своем дневнике: «Можно снять фильм под названием «Предсказание» — и даже наметила сюжет. А в Москве фильм с таким названием и в чем-то близким сюжетом снял Эльдар Александрович Рязанов. Или... «Идиотка» — только назвала, и потом, оказывается, это уже есть — у Достоевского!

Я даже не очень начитанна, но это Он меня заставляет лезть в словарь и проверять — соответствие имен и названий, исторические даты. Ведь когда пишешь книгу, приходится справляться с энциклопедией, так и образовываешься понемногу. Например,

«Идиота» один раз читала, и то галопом, для какой-то чужой надобности. А после выхода своей книги, как услышу рассуждения о романе Достоевского, так прислушиваюсь и диву даюсь: как точно совпало! А совпадает часто и всегда неожиданно, и как потом не объяснять это тем, что это Он постарался? Ищешь ответ и не находишь. Валишь все на Него.

Короче — торопитесь писать и снимать то, что вам пришло в голову, и молчите, молчите об этом, потом не разберетесь, — сознательный это плагиат или бессознательный, который называется: «Идеи носятся в воздухе».

Но особенно мне стало заметно, что этот закон действительно работает — идеи носятся-таки в воздухе и опускаются, как дождь, на несколько голов одновременно, — когда я занималась на Высших Режиссерских Курсах. Нас было много — 43 слушателя. Все амбициозны и робки одновременно. Первые работы просматривались в темном зале, и воздух накалялся от мучений и трепета тех, чью работу смотрел на экране курс. Тут-то и началось — то в одной, то в другой работе появлялись «твои» находки и только «твои» темы! Начинались подозрения в плагиате — заимствуют, твою мать! Даже на этом зеленом, можно сказать, этапе, когда все, что можешь снять, укладывается в полминуты — все равно заимствуют! Немного успокоилась я только тогда, когда сама вдруг обнаружила, что начинаю мыслить теми образами, которые недавно увидела... где? Может, у Бунюэля, а может, у сокурсницы Иры Ситковой. И я поняла, что все находки наши — общие, и глупо претендовать на авторство. В конце концов, автор один — Он. (То же самое и с любовью — только вы полюбите кого-то, и планы наметятся, а тут кто-то еще... и планы у него или у нее те же.)

Конечно, можно поставить и такую задачу — заслужить у Него хорошую и самую свежую идею, пусть она придет сначала в вашу голову, а потом уже кормит целое поколение. Есть произведения-«матрицы» — от них отпочковываются десятки им подобных. Например, Тарантино с его «Криминальным чтивом» или Кустурица уже не один год питают киношный мир своим стилем и иронией. А «Твин Пикс» Дэвида Линча? Все у нас сейчас пытаются снять свой «Твин Пикс» — тема, конечно, очень наша... Можно еще раньше проследить — с так называемыми классиками. Я, например, знаю, что «Первый учитель» Кончаловского вдохновлен фильмами и эстетикой Куросавы, а в Никитином «Механическом пианино» я увидела «Скромное обаяние Буржуазии» Бунюэля. Они там тоже ходят по деревенскому шоссе компанией неприкаянных «вырожденцев». И в этом весь смысл и тонкий юмор: вынести столичную аристократию на девственный ландшафт и посмотреть, как они на нем смотрятся. Нелепо смотрятся. Еще я обнаружила параллели между «Альфавилем» Годара и «Солярисом» Тарковского. Так вот, хочется быть первым в очереди к Нему за идеей, которая завоюет умы. А то частенько приходится восклицать: «Эх, черт, почему я об этом раньше не догадалась?» Например, фильм «Быть Джоном Малковичем» — гениальная идея, на мой взгляд. Она просто была обязана прийти мне в голову! А пришла Спайку Джонзу.

Все равно, все, что мы можем когда-либо придумать свое и хорошее, построено на куче уже созданного до нас — это и называется культурным багажом, наследством. Да, кажется, недавно еще модное течение «постмодернизм» это и проповедовало со всей революционной откровенностью и довело принцип заимствования почти до абсурда. Этот принцип стал самоцелью. А содержание? Оно должно было высечься, как искра, из нового сочетания давно пережеванного, на новом уровне. Да, пожалуй, только отношение и может меняться к одним и тем же сюжетам, и выводы могут делаться новые. Космос расширяется в нашем сознании. Появляются новые ответы на старые вопросы. В постмодернизме все — цитата. Это кубики, буквы неизменного алфавита, из которых можно составить новое слово. Или насытить неожиданным смыслом старое: пример тому — сленговые выражения и набивший оскомину «блин».

Но несмотря на то, что я тогда поняла, я продолжала наблюдать действие закона с идеями, которые вдруг становятся модными и приходят в голову разным людям и даже в разных странах в одно время. У мысли нет проблем с географией, пространством и временем. Так, готовясь к дипломной работе, я написала свой литературный сценарий «Переход», о котором уже упоминала в одной из глав. Основной поворот, оригинальность, так сказать, заключалась там не столько в том, что герой видит свою жену-покойницу и общается с ней как с живой, а в том, что когда он бросается под машину, чтобы умереть и наконец соединиться со своей Катей на том свете, Катя сообщает, что самоубийц не берут туда, где она находится (в раю). То есть его путь к ней лежит через естественное проживание своего срока, что для старика мучительно, ибо существование потеряло смысл с уходом жены. Эту дилемму ему и приходится решать.

Короче, я, обрадованная, что у меня получился оригинальный сюжет с «далеко идущей» темой, вручаю свой сценарий Александру Наумовичу Митте и жду, когда его прочтут на кафедре. Между тем занятия продолжаются и буквально через сутки или двое на лекции, а вернее, на одном из просмотров зарубежных фильмов, тот же Митта объявляет, что в Штатах на «Оскара» номинирован фильм с Робином Уильямсом «Куда приводят мечты». И начинает рассказывать сюжет. Герой — счастливый семьянин, на пике своего счастья погибает, кажется, в катастрофе и отправляется на тот свет. Там он долго не может сообразить, где находится, но вскоре осваивается. В то же время он видит все, что происходит с его супругой на Земле, и узнает, что она покончила собой, не перенеся разлуки с ним. Она тоже попадает на тот свет, только «по другому адресу» — самоубийцы не ровня честно погибшим или усопшим праведникам! Не буду пересказывать дальнейшие перипетии сюжета, возможно, вы уже видели фильм и сами знаете, чем все закончилось. О ужас! Услышав эту историю из уст Митты, я пришла в неистовство — как это возможно? Я только вчера положила ему на стол сценарий, а тут номинант на «Оскара» с аналогичной сюжетной интригой!

Конечно, дело не в призраках умерших, разгуливающих туда-сюда между нами, а в дилемме: эта жизнь бессмысленна в отсутствии самых любимых, а спасительное вроде бы самоубийство не путь для воссоединения с ними на том свете, так как вас, в буквальном смысле, селят в «другой квартире»! Да, это почти фарс, насмешка над основным постулатом христианства: самоубийство — грех. Но здесь не одна ирония, а размышление. Это мне и казалось оригинальным. Самый цимес у меня украли! Эх, Митта! Да причем тут Митта, это ж кто-то в Америке! Одно пришлось сказать себе под нос: нда, идеи плодят себе подобных, как космические кролики, и воплощаются гораздо быстрее, чем мы думаем. И, очевидно, право на первое их воплощение получает тот, кто больше его заслужил. Одна дама по имени Алла, которой я пересказала сюжет с дедом, воскликнула: «Лена, это только что было в фильме Прыгунова-младшего на Московском фестивале, точь-в-точь». «Что там?» — я нервно передернулась. «Он тоже попадает под машину и остается жив!» Я успокоилась. В скольких фильмах попадают герои под машину, — наверное, во многих. Как и общение живых с умершими — сколько уже было про это снято сюжетов! Десять лет назад в американском фильме «Призрак» с Деми Мур, и в «Небе над Берлином», и в «Городе Ангелов» с Николасом Кейджем. Да еще много можно перечислить картин. Обратите внимание — тема общения с умершими полезла вдруг на экран, а значит, и в наше коллективное сознание. Все-таки связь именно такая — не от фильмов в сознание, а наоборот, сознание, мысли и темы требуют от нас своего воплощения. Мы уже спокойно общаемся с призраками умерших, понимая, что они продолжают существовать, контактировать с нашей реальностью и даже влиять на нее! Помню, первые годы моей жизни в Америке меня пугали фильмы про всяких оборотней — поражало их количество! Такой темы не было в советском кинематографе. Я пугалась не оборотней, а того, что они вызваны к жизни американским коллективным бессознательным, следовательно, они существуют! На мой вопрос, заданный знакомому умному человеку: «Как вы думаете, привидения существуют?» — я получила моментальный ответ: «Если написан «Гамлет», значит, существуют!» Я только со временем поняла, что это не просто красивая фраза, а взгляд на суть природы творчества.

Впрочем, бывают и сознательные заимствования. Подражание и диалог свойственны искусству. Намеренные аллюзии или ссылки на известное произведение и автора. За многими образами стоят прообразы из реальной жизни. Иногда кем-то сказанные слова, афоризмы, иногда ситуации. Или просто — переложение своей судьбы в иносказательной форме на экран или бумагу. Я, например, в некоторых случаях просто знаю, когда за мной записывал один мой приятель. Я рассказала ему историю с тоннелем, и ему очень понравилась моя фраза: «цвет терракоты и грохот». Я описывала то, что видела и слышала: «Никаких образов, все вокруг было цвета терракоты, и грохот, словно поезд приближается, а ты стоишь на платформе. Потом провал в тоннель и эйфория при виде света в конце». Он решил назвать свой роман «Цвет терракоты и грохот». Потом я находила свои черты и в других его произведениях, — раскосая и тонконогая любовница, которую его законная супруга, кажется, обзывает — «эта низкорослая и вертлявая», или что-то в этом роде. Это точно было про меня!

А может, это только так кажется? Но ведь платок на бедрах, повязанный героиней Люси Гурченко в «Сибириаде» — это моя привычка? И, и, и... Одним словом, творческие работники — чистильщики, они все подслушивают, подбирают, что лежит не так, и все откладывают «в копилку» — иди потом разбирайся с ними.

Бывают и совсем жутковатые случаи подражания. У моей приятельницы есть дочь, младше меня лет на двенадцать. Такая же худенькая и невысокая, русая. Так ее мать решила, что мы с ней женщины одного плана, и стала «строить» ее под меня. Временами я дарила ей свои вещи, которые стали мне малы, — платья, кофты, плащи. И вот однажды на узенькой дорожке, ведущей к дому, я увидела саму себя, идущую мне навстречу. Сначала стало страшно, потом весело, потом снова страшно. На этом принципе ведь строится и магия тоже! Я перестала дарить подруге свои ношеные вещи — только новые, специально купленные.

Случаются и гротескные ситуации слияния с полюбившимся образом. Мне, например, как-то показалось, что я написала стихотворение, которое принадлежит Марине Цветаевой. «Вы, идущие мимо меня, к не моим и сомнительным чарам...» — это кто говорит? Вроде я... да нет, это же Цветаева! Настолько, казалось, она мне близка, что заученные строки становились моим собственным голосом. Или наоборот — написав как-то стихотворение и не поняв, как и откуда это из меня вышло, я стала сомневаться, — а я ли его автор? Признаюсь, оно мне понравилось и поэтому я подозревала, что просто содрала его у кого-то, но забыла у кого. Вот оно:

...и серая полевая мышь
долго грустит над своим солдатом.

Заронила грусть и не выроню
И не выветришь,
Хоть гуляй под ветром,
Хоть танцуй, да пой,
Колдовство со мной...
Может, мне поплакаться у реченьки,
Исповедаться пред чистой водой,
Крестик свой мне выменять на камешек,
На цветной, зелененький,
На камешек речной.
Но боюсь, заголосят лягушечки
От моей тоски,
От моей любви.
Зацветут цветы,
Цветы яркие,
Цветы дикие.

С другой стороны, что ж тут удивительного — ведь все сочиненное растет из «сора». А «сор» может быть и литературно-культурным, и жизненным.

Кстати, дух соперничества и подражания часто был для меня стимулом к развитию всяких способностей. В школе стала писать стихи — тягалась с одноклассницей, Мариной Тумаркиной, которая первая принесла свои сочинения. Режиссурой увлеклась после того, как услышала от знакомой в Нью-Йорке, Нины Керовой, что она никогда не хотела быть актрисой, а вот режиссером — всегда. Сама Нина была настолько эффектной во всем, что делала, и такой умницей, что я попыталась примерить на себя ее идею силы. Ведь режиссура — проявление еще большей силы характера, нежели актерство, как мне казалось. То же и с писательством. Впечатлилась как-то книгой «Рабы Нью-Йорка», одно время модной в Америке. Даже фильм по ней был снят, правда, не такой удачный, как книга. Ее автор — женщина, эмигрантка, югославка. Это история многих людей, живущих в Нью-Йорке, история безумного, абсурдного муравейника, состоящего из представителей полубогемы, студенчества, эмигрантов с артистическими наклонностями, в общем, близкого мне социального круга. Все персонажи как-то между собой пересекаются, то всплывают, то вновь исчезают из поля зрения героини. Все они чего-то ищут, чего-то хотят, но, в основном, сражаются с городом Нью-Йорком. Получалось, что все они отмечены одним заболеванием: жители Нью-Йорка. Очень точно и про этот неповторимый город, и про оказавшихся в нем людей.

Вернувшись в Москву и поселившись в ней вновь, я сразу попала в водоворот всяких личностей. Естественно, артистически медийного круга. Они сновали вокруг меня и все вместе представляли забавную картину сумасшедшего детского сада. Только «сумасшествие» было, скорее, во внешних обстоятельствах, вроде заразы, которой все, подхватившие ее, переболивали. Я стала ежедневно записывать телефонные разговоры и вообще разговоры, которые со мной вели разные люди по своей инициативе. Причем я не прилагала никакого усилия, чтобы уловить этот поток абсурда, горечи и иронии, — он сам изливался на меня отовсюду. У меня родилась тогда мысль о книге под названием «Рабы Москвы». Но, пожалуй, эти записи лучше выделить в отдельную главу.

Глава 15. Рабы Москвы

«Саша, Маша, Даша!» — я проснулась. Сон о ребенке всегда кончается перечислением имен: я выбираю. Спала ничком. Резким рывком отрываю голову от подушки и ощущаю себя в центре пустого и гулкого пространства квартиры. Моя квартира — это я. Я с ней сражаюсь, люблю ее или не замечаю. «Маша, Саша, Даша», — а ребенка ждет моя сестра, ждет моя подруга, ждет соседка. Чистить зубы, глотая мятную пасту, в холодноватом зеркальном отсеке квартиры, будить себя, пробуждая вкусовые ощущения. Приоткрывая глаз, позволяешь себе увидеть и оценить цвет, формы своего еще сонного, искаженного гримасой лица. От лица в зеркале взгляд скользит по животу и ниже, прямо к пальцам ног, влипшим в кафельный пол и превратившимся в часть незамысловатого орнамента.

Осознав, что все это я, от и до, наградив себя за это струей холодной воды из шланга, я обретаю чувство движения, скольжения ступней по легким половицам уже деревянного пола, я выношу себя в другое пространство.

Ах, это новое пространство — оно вибрирует, приближается и удаляется цветовыми пятнами и звуковыми сигнальчиками. Это производит свое воздействие на слуховые и зрительные центры, и моя голова ощущает себя бокалом с шампанским, который ждет, когда осядет пена. Глаза фокусируются на одном цветовом пятне, кружение постепенно замедляется и затихает, проступает сущность пятна, а за ним и всех других пятен, форм, бликов и переливов. Я вникаю, а вернее, навязываю предметную сущность пятну. Стол. Окно. Дерево в окне. Свет от солнца. Кресло в углу комнаты. Я подхожу к креслу и сажусь в него».

Телефонный звонок! «Лена, — говорю я себе, — очнись, ты в той же комнате, только сейчас не 1976-й год, когда ты рассуждала в своем дневнике о Саше, Маше и Даше, а 1995, 1999, ...2000 какой год?.. Тебе кто-то звонит, и когда ты снимешь трубку и откроешь глаза, то убедишься, что выпрыгнула из прошлого в свое настоящее. Мое настоящее? Ах да! Надо рассеять сновидение и поставить все в порядке хронологической очереди. С тех пор, как ты написала про «Сашу, Машу и Дашу», ты успела съездить в Америку и вернуться. Успела пожить там десять лет. У твоего папы появилась дочка Саша. А у рыжеволосой девушки, с которой тебя однажды познакомил А.К., родилась его дочка Даша. Потом у А.К. родилась дочка Маша, от пятой жены... Все имена заняты!

А ты? Ты успела развестись. Всех друзей, нажитых за десять лет, и всех любимых оставила в Америке. И последняя любовь — самая болезненная при расставании, так как, наверное, самая безобидная, которая не должна была прерываться расстоянием и временем, она стонет в твоем сердце, настигает тебя через океан, следует за тобой по всем квартирам и домам и говорит навзрыд по ночам. Она дает о себе знать сердечными рывками, словно колотится кто-то и горько плачет, расплываясь горячей волной боли, и возвращает тебя туда... Так продолжаться не может! — решаешь ты наконец. Ты тренируешься в телепатии и общаешься с духом того, кого рядом нет и неизвестно, будет ли когда-нибудь еще. Так продолжаться больше не может. Ну что ей делать, этой любви, с ее веселой улыбкой и теплотой калифорнийского ветра, среди московских сугробов и с электрической лампочкой вместо палящего солнца? Что ей делать с ее ожиданием будущего среди людей, отягощенных коммунальным багажом, отцами-пьяницами, советской школой, эпохой Брежнева, капитализмом Ельцина, бомжами в солдатской форме... Среди людей, которым только вчера разрешили почитать Фрейда и носить серьгу в ноздре. Он начинает свою жизнь в 24, а здесь начинают свою в 40, в 50, в 66... Одни в 40 торгуют польскими колготками и челночат — ты знаешь такое слово? — другие в 66 продают журналы в переходе, потому что высшее образование не кормит. А кто-то заканчивает свою жизнь в 40, в 50, в 66.

Пощади эту любовь, говоришь ты себе, и себя пощади — отпусти ее, не думай, переключи внимание на что-нибудь вокруг... это сейчас твое. И ты от этого не убежишь. Ведь не убежала же? Сейчас ты лежишь под своим портретом в рамке и сочиняешь какую-то новую жизнь. Ведь она должна как-то продолжаться. Даже против твоей воли. Самое удивительное, что она продолжается сама по себе и берет тебя в соучастники.

Ты окидываешь взглядом комнату и понимаешь, что твое прошлое — гораздо ближе настоящего. Хотя от него остались только вещи. И они смотрят на тебя, предъявляя счет памяти.

Иногда мне кажется, что вещи приобретаются для того, чтобы потом с ними была связана непростая история. Вот, например, фотопортрет на стене. Какая ж я на нем упитанная! Вид многозначительный и наивный. Портрет. Когда-то Сашка Синицын заставил меня позировать для его камеры, сказав: «Пригодится!» И пригодилось. Мама все годы моего отсутствия жила в этой квартире и часто общалась с портретом — это помогало ей меня ждать. Однажды я позвонила маме из Вермонта, и она сообщила мне о смерти нашего соседа — добродушного и пьющего композитора Валеры З. Я говорила из Вермонта. Там шел дождь. Поговорив, я пошла бродить по зеленым мокрым лужайкам в короткой летней юбке и резиновых сапогах. Вернувшись, написала стихотворение.

Дождь струится. Забываем лица.
С криком и испугом умирает кто-то.
Мама мне расскажет то, что ей приснится.
...Кто-то умирает в летнюю погоду.

Я опять стоптала легкие сандалии.
Слива и крапива — мокрый пейзаж.
А в пустой квартире кто-то вспоминает,
Память ударяет о седьмой этаж.

Каплями из крана капают желанья,
Тот цветок полить бы чайным кипятком.
Я смотрю с портрета, маме спать мешаю.
Тишина ночует с желтым холодком.

А что было потом? Потом было такое, после чего
кажется, что женщина, отправившаяся гулять под дож-
дем в Вермонте, — совсем другой человек, нежели та,
которая вернулась и лежит сейчас на диване. Прошло
еще несколько лет и разных событий, о которых напоминают другие вещи, лежащие в комнате, — прежде чем память перестала давить на тебя своим грузом.
Она стала легкой, почти невесомой. И в этом тоже его
заслуга — того, по кому так ноет сердце. Но и он не
может заткнуть все щели в моем доме, в которые впол-
зает новый опыт, опыт-жизнь. Он только зажег в сердце свечу, и она всегда греет и не гаснет. Наверное,
одна из целей человека — приобретать такую память,
которой дышать легко, как воздухом.
    Ну, фиг с ним, с портретом, на чем бы еще остано-
вить глаз? Фарфоровые вазочки в форме сердца — подарок на свадьбу. Я не смогла, да и не захотела брать
их в Америку. Нет, не хочу путешествовать в том направлении. Лучше поближе к сегодняшнему дню, к
возвращению. Слава Богу, пока еще нет в комнате вещей, вобравших в себя те истории, которыми ты об-
росла, лишь только переступила порог своей квартир-
ры. Этой комнаты. Ну как сделать, чтобы не было историй? Закрыть двери и окна? Заклеить все дыры, не
подходить к телефону, не выходить на улицу? Не говорить «Здрасьте!» улыбающимся тебе людям? Ни в
ком не нуждаться? Быть самодостаточной в личной
жизни? Это как же? Не знаю... но что-то надо делать,
чтобы избавиться от этой кармы — влипать в бесконечно запутанные отношения, тоскуя по тем, кого нет

рядом. Благие намерения! Ты всегда влезала в истории, исполненная благих намерений.

Вернувшись в Москву спустя много лет отсутствия, ты вошла в свою квартиру («моя квартира — это я!») и рухнула на диван. К тебе пришел в гости старый знакомый Валька Эшпай — сын композитора Андрея Эшпая, сам кинокритик, фанат музыки и американского кино. Валя принес две бутылки какого-то розового ликера — цвет был искусственным и подозрительным, он напрочь отбивал желание принять это внутрь. Валя оправдывался: больше ничего не нашел! Просидев часа четыре, Валя опустошил почти все — оставил немного на дне «из вежливости», ведь принес ликер в подарок — и все четыре часа, не останавливаясь, болтал. Когда он поднялся и ушел, ты обнаружила, что у тебя пропал голос. «Пе-тя-я! — у меня пропал голос!» — шептала ты в трубку позвонившему Петьке. «Ты переболтала, сорвала голос, сейчас приеду, привезу фарингосепт!» — кричал новый знакомый Петька. «Я не болтала, болтал Валька Эшпай, а я слушала».

С Петькой вы познакомились на читке пьесы, в которой ты должна была играть, а он делать декорации. Спектакль не состоялся, но вы продолжали общаться. Ты подсела на Петькин романтический крючок после того, как он позвонил и, сообщив о смерти Джульетты Мазины, сказал: «Мы с тобой, как Феллини и Мазина!» Тебя это взволновало, и ты начала с трепетом отвечать на Петькины звонки. Сама же Петьку влюбила в себя неординарными происшествиями вроде потери голоса от того, что долго слушала подвыпившего друга. Но с самого начала — тем, что когда он провожал тебя домой, в съемную комнату на Тверской, стала рассказывать ему, стоя на эскалаторе выше него на пару ступеней, о наркотиках. Твои глаза расширялись при словах «героин» и «кокаин» — и Петькины тоже, вслед за тобой. Движение эскалатора и проезжающие мимо фигуры в пальто, интимность выдаваемой информации — все это зомбировало поэтическую душу. О том, что у Петьки есть очаровательная жена и любимый сын, ты узнала спустя месяца полтора-два. От романа пришлось отказаться в пользу творческой дружбы, а точнее — разговоров. А потом в твоей жизни возник художник Икс. Вон лежат на столе открытки с репродукциями его работ. Сам принес — оставил для тебя у консьержки. Он атаковал тебя своей незаурядной наступательной энергией и первыми словами, сказанными при знакомстве: «У тебя такая чистая аура!» Это произошло в каком-то клубе, где московская театральная компания собралась для записи новогодней передачи. А ты пошутила, когда он отошел, сказав известному театральному художнику, который вас представил: «Секс, только секс!» Твоя шутка оказалась пророческой: на два месяца ты выпала из жизни, посвятив себя постельной и «гуашно-пастельной» стихии Икса.

Звонок! Твой телефон продолжает звонить и предлагает отвлечься от собственных мыслей о прошлом. Нет, еще поболтаю с самой собой — с той собой.

Свою квартиру по возвращении из Америки ты сдала знакомому пожилому американцу, Джеку. Когда он уезжал за границу на две-три недели, ты вновь занимала свое пространство: «Моя квартира — это я!» Теперь, воспользовавшись отсутствием американца и лежа на старом диване, думаешь о том, что звонит не кто иной, как Петька. С Иксом, не считая первых двух недель, все не клеилось. Он исчезал после каждой встречи, и это задевало твое самолюбие. Появлялся все чаще для того, чтобы показаться с тобой в какой-нибудь светской тусовке «для истории» или сняться обнаженным для скандального журнала. Ты не сразу разобралась в Иксе. Окончательно только тогда, когда стала слушать его телевизионные интервью. Но пока ты об этом не думала. Ты вообще не думала о последствиях... Ты всегда предполагала, что тебя окружают только добрые, порядочные люди. Твое сердце открывали парой красивых фраз: «Какие красивые руки!» или «Чистая аура». Это потом ты станешь испытывать недоверие к красивым фразам. Ты поймешь, что в момент переживания чувства человек просто не успевает сформулировать что-то красивое.

О том, как заглушить боль от расставания, произошедшего в Америке, ты решила больше не думать. И пока этому способствовал появившийся в твоей жизни Икс. Даже отсутствующий Икс давал пищу для размышлений, что было хорошо. И конечно, твое настоящее занимал талантливый и щедро звонивший Петька.

Здесь разговор с собой в третьем лице можно было закончить. У меня появилась потребность и силы перевести его в диалог. Пора было подниматься с дивана и ответить звонившему Петьке.

— Здравствуй, Петя.

— «Ахтунг, бэби, ахтунг! — Это Петино приветствие, — ...говорил с Бланком. Он мне: не-е, Петя, я блядь, Петя, блядь, я за деньги все сделаю! А я ему — а я гений!»

— ...а мне, Петь, одна дама (зевок) в Америке сказала: Лен, я за деньги готова срать с Вашингтонского моста! Такая солидная тетка, дочь известного переводчика.

— Ха-ха-ха! Так вот, я написал роман в 40 страниц. Он мне говорит, что это не роман, это рассказ. А я: нет, роман может быть 400 страниц говна, а я глубоко копаю, что-то вроде «Машеньки» Набокова. Не могу придумать название. От названия зависит успех книги. Может, «Дежа вю»? Как это пишется, через «э» или «е»? Может, «Vas ist das»?

— Может, айн, цвай, драй? — произнеся это, тут же вспоминаю, что Петина мама — учительница немецкого.

— Помнишь, как твоя младшая сестра сказала твоей маме по телефону: «Плохо, Натуся, плохо». Вот я и думаю, может, назвать «Ах, папочка, ах»? Это ведь про дочь и отца, и мне нравится мелодия этой фразы. Или «Ох, папочка, ах» или «Ах, папочка, ох»?

— Только, Петь, чтобы не было дурных ассоциаций, а то начнут склонять. Лучше: «Ах, папочка, ах» или «Скоро, папочка, скоро».

— Ты слышала, Пономарев умер? Сказали: «Умер

после продолжительной болезни», но ведь не было никакой продолжительной болезни.

— Петь, как говорил мой друг Менглет: война — х-ня, главное маневры! Но и маневры тоже х-ня, Петя!

— Я говорю, за тобой надо записывать... Ну что, может, встретимся?

— Давай. Сегодня день рождения у Козловского, он его празднует у Терлицкого, звали к шести.

— Хорошо, я забегу в полшестого.

— Давай.

Положила трубку. Сразу раздался международный звонок. Снимаю. Это Женька. Моя подруга из Беркли. Я познакомила ее с Джеком, и она зачем-то закрутила с ним отношения. Думала, что у него есть деньги. «Что от них нужно, Ленок? — объясняла она мне под рюмку водки — другого она не пила. — Деньги! Только деньги. А зачем еще они могут быть нужны, скажи? От любимого мужчины, который потом оказался такой же сволочью, я уже родила сына, что еще? Такая страсть один раз бывает. На большее меня не хватит. Ну, два... Помнишь, я тебе рассказывала про парня, который остался со мной после того, как мне поставили диагноз. А когда я, вопреки прогнозам врачей, выжила, мы с ним какое-то время жили вместе. Это что-то говорит о человеке? Говорит! Он был гонщиком и карточным шулером. Потом он уехал в Европу и не вернулся. Через несколько лет я узнала, что он погиб в автокатастрофе. Вот это еще меня волновало, а потом... Да, был еще итальянец, красиво ухаживал. Почти дала согласие — он предлагал руку, сердце, виллу. Но после того, как он пригласил меня в театр и в антракте я увидела у него в руках тонкий черный шнурок, я все поняла и быстро исчезла. Удавочка, понимаешь? Извращенцы мне не нужны, хотя, конечно... вилла... Теперь я, мягко говоря, нездорова. Лен, мы никому не нужны после сорока, кроме самих себя!»

Мой квартиросъемщик Джек, рано или поздно, но сделал моей подруге предложение. Она сказала, что это была ее тонкая режиссура. Они успели съездить отдохнуть вместе, снимали летом дачу у московских друзей. Потом все резко распалось. Теперь он трусливо-вежливо ее сторонился, а она рвалась на баррикады: сделай, что обещал, сволочь!

— Ленок? Привет, Ленок! Ты там?

— Да!

— А Джек?

— Он уехал.

— Он в Европе?

— Да, в Европе, потом поедет в Штаты. Вернется через пару недель

— Ага! Передай ему, что я не получила чек. Он обещал мне выслать. Я только вышла из больницы. Прошла второй курс облучения. Я не могу работать. У меня нет денег. Он обещал меня поддержать в трудную минуту. Он обещал, он должен. Это его моральный долг за все, что он мне сделал. Я могу просто оказаться на улице. А ты как? Как твоя личная жизнь?

— Да так. Начался роман с одним эксцентричным художником. Он делает себе имя. Последний месяц меня измотал, очевидно, это конец. Но когда очевидно, как дважды два, то не хочется в это верить.

— Нда... голос у тебя плохой, я слышу!

— Все как всегда. Каждый мужчина — повторение предыдущего в новой форме. Так что, я думаю, и тебе рассчитывать на благотворительность Джека не стоит.

— Я на благотворительность не рассчитываю. Его я не обсуждаю как человека, я его, слава Богу, знаю. Я просто напоминаю ему, он мне обещал. Пусть это будет на его совести. Ну, а где ты будешь жить, когда он вернется?

— Не знаю, сниму что-нибудь к осени.

— Ну пока, Ленок, держись!

— И ты держись.

Положив трубку телефона, слезаю наконец с дивана. У американцев есть выражение couch potato — диванная картошка — это про тех, кто все время лежит на диване. Как своевременно об этом вспомнила — я тоже теперь диванная московская проросшая картошка. Но я слезаю на пол и, волоча сонные ноги, иду чистить зубы и мыться, потом на кухню — в ней по-прежнему стоит моя посуда. Джек пользуется всем моим. На кухонном шкафу он приклеил вырезку из английской газеты: «Мозги Ленина: ничего сенсационного!» У Джека этот заголовок вызвал колики. У меня смех Джека вызвал патриотические чувства к Ленину и желание двинуть ему в искусственную челюсть. Потому что это нам можно, а им — нельзя. Статья сообщала, что в результате проведенной в лаборатории экспертизы мозга (в статье было сказано «мозгов») вождя пролетарской революции они были признаны самыми обыкновенными, самыми заурядными мозгами. Что это меняет? Ничего! — решила я и принялась меланхолично пить кофе. Ничего не меняет — ни снег за окном — он по-прежнему белый и синий по вечерам, ни температуру на градуснике — минус 20, а не плюс 10 — хотя бы, ни... Икса, который меня бесит тем, что влез на место Петьки, помогавшего мне забыться более человеческим, гуманным или гуманитарным способом. Мы говорили о пьесах и стихах. А теперь я думаю о постели и об изменах. Фиг с ним, с Иксом.

Может, все-таки позвонить ему и что-нибудь сказать на автоответчик? Набираю номер. Голос Икса говорит: «Оставьте, пожалуйста, сообщение!» Я вешаю трубку, прослушав трижды его голос и предложение что-нибудь сообщить.

Звонок телефона. Кто там еще? Ах да, может звонить Адам. Адам — молодой кинорежиссер. Недавно за свой документальный фильм он получил «Нику». Я смотрела трансляцию по телевизору и наблюдала за его нетривиальным поведением. После объявления победителя его долго искали в зале, уже решили, что не пришел, но тут появился он — растерянный и рассеянный, он долго искал лестницу, чтобы подняться на сцену. В джинсах, с длинными черными локонами ниже плеч, сутулый и неторопливый, получив свою «Нику» и не сказав публике ни слова, сел на сцене на стул в позе печального шизоидного мыслителя. Нет чтобы волосы в хвостик завязать или надеть брюки вместо джинсов, нет — вот так, как ходит в магазин. Впрочем, похоже, что и в магазин Адам не ходит. Уже познакомившись с ним, я узнала, что, выйдя в тот праздничный день из Дома кино на улицу, он долго не мог сообразить: куда же ему ехать? Дома у него не было — жил у друзей или случайных знакомых. Крупная тяжеловатая «Ника» болталась в руке новоявленного молодого гения, ничем не прикрытая: дали — взял и понес. А куда ставить-то? Найти б, где ее поставить... не по улицам же с «Никой» таскаться. Кто-то из прохожих остановился при виде патлатого парня с «Никой» в руке и поприветствовал: «Да я ж вас только что по телевизору видел, вы премию получали! А что вы стоите на холоде, домой не идете, не празднуете?» «Думаю, куда пойти... праздновать», — прогундосил стеснительный Адам и подумал: а не попросить ли прохожего взять на время «Нику» к себе домой, на комод поставить? Но не решился, дядька уже отвернулся и заспешил прочь: «А... ну, конечно, у вас в кино есть куда пойти, вы все время что-то празднуете!»

Меня Адам разыскал, чтобы предложить роль в своем новом фильме. Играть надо было женщину, живущую на улице, — бомжиху. Всем я Адаму подходила, по его собственным словам, но одно мешало — меня узнавали на улице зрители за сорок. «Ты так известна, слишком много снималась. Зачем ты это делала? Надо было в одном фильме сняться, и все... а так тебя все знают, это плохо, очень плохо!» Но было и еще одно обстоятельство — я не жила на улице. То есть и в Америке жила, и в ресторане работала официанткой, и.., и.., и. «Но вот на улице не жила!» — досадовал Адам, — а Рита, девушка из Риги, она имеет перед тобой преимущество — она бомжевала!» Риту Адам в конце концов и утвердил на главную роль. Но мне он звонил, приходил в гости и сообщал о ходе подготовительного процесса.

«Алле», — сказала я басом в трубку.

В трубке: (хлюп-хлюп) ...Привет! Это я, Адам!

— У тебя нос заложен! Ты что, простудился?

— Я болею.

— Ты откуда звонишь?

— Из автомата. Я в городе. Ищу натуру. Сегодня нашел два хороших подъезда и помойку (хлюп-хлюп). Сейчас иду встречаться с одной девчонкой на роль хиппи.

— Актриса?

— Нет, наркоманка! Но очень артистичная. Я ее год назад на рынке встретил. Она телефон кастрюлей прикрывает, чтоб звенело лучше.

— Тебе надо принять что-нибудь против гриппа, Адам.

— Да нет. Я не пью таблетки.

— А... Ну вылечишься, приходи. Я боюсь заразиться.

— Хорошо, я буду на базе вечером. Позвоню.

— Выздоравливай!

Ну все, хватит! Надо срочно выйти на улицу. Иначе начнет кружиться голова от телефонных разговоров. Взгляд снова останавливается на телефоне. Набираю номер почти по инерции. «Если хотите, можете оставить сообщение...». Повесила трубку и вышла из квартиры. Сажусь в лифт — надо спуститься на первый этаж с седьмого. В лифте встречаю незнакомого мужчину. Волосы гладко прилизаны и зачесаны за уши, там — хвостик. Шуршит целлофаном. Стесняется, старается не шуршать, но у него ничего не получается. Даже когда дышит — шуршит. Я подбадриваю его — улыбаюсь. Он отвечает улыбкой. Опускаю глаза в поисках букета в его руке. Нет, в целлофан завернуты книги. А звучит как букет! Говорит с легким акцентом, вроде что-то славянское. «Джобрий джиень! Дож-жвиданья!» Вышел на третьем этаже. Новый сосед? Только раз бывают в жизни встречи... Может, он специально так ездит в лифте и интригует женщин похрустывающим целлофаном, в который завернуты книги? Да, а книги о радостях секса в семейной жизни. «Узнайте своего партнера», или «Раскройте своего партнера», а может — «Удивительное рядом»? Да нет, скорее всего, там Кьеркегор.

На первом этаже встречаю тоненькую Виолетту. Это дочка моих соседей-художников. Дома у них стоит бюст Сталина, прямо на кухне. На Сталине висит что-то новогоднее. А на голову надет берет. Если б я была художником, я б тоже что-нибудь в этом роде устроила в квартире. Но я не художник, и у меня в квартире пусто. «Восточный аскетизм», — говорю я себе в оправдание. Когда я только въехала в новый дом, мама Виолетты решила подарить мне картину, чтоб украсить мои пустые стены. Принесла какую-то абстракцию огромного размера в красно-розовых тонах. Смотрелось интересно. Картину я повесила и потом часто на ее фоне фотографировалась, когда приходилось сниматься для журналов. Всегда с задумчивым, даже грустным лицом. Потом один из фотографов мне сказал, что на картине изображено женское влагалище. Сначала я воскликнула: «Да вы что?!», но потом пригляделась и после долгой паузы согласилась: «А-а-а... да, да, да, ну конечно!» Сниматься на фоне картины перестала, но прежние фотографии размером 60 см на 30 см у меня остались.

Вместе с Виолеттой выходим из подъезда и идем какое-то время рядом. Виолетта печальна и замкнута. Но со мной она разговаривает охотно.

— Раньше я думала: выброситься, что ли, из окна? А теперь думаю — может, съездить в Бостон? Я оттуда привезла все — компьютер, факс, микроволновку. А мама говорит: «Что это ты расставила эти черные гробы? Что у тебя за вкус?» А я ведь ради этого в Америке 5 месяцев работала! Мама мне говорит, что я должна искать себе мужа. Прям, говорит, поставь себе задачу: выйти замуж. Это как работа. Я ведь жила там на Стейтон-Айлэнде. Так я каждый вечер ездила на пароме. Народу полно, все стоят, музыка играет, пританцовываешь, на воду смотришь, ветерок в лицо и статуя Свободы — проплывала каждый день мимо. Хорошо!

— Потом как-то вышла из дома и пошла искать океан. Шла часа два наугад и вышла к океану! Был октябрь, вода 15–16 градусов. На берегу никого. Я разделась — и в воду. Выхожу из воды, а на меня тетка смотрит в купальнике. Полотенцем вытирается, тоже купалась. Мы с ней одни были на всем берегу. Оказалось, она с Украины!

— А почему тогда хочешь в Бостон, а не в Нью-Йорк?

— А мне Бостон больше понравился. Теперь я только об этом и думаю: когда поеду в Бостон?

Расставшись с Виолеттой, я пошла дальше. Свернула на узенькую улочку, зашла в магазин, купила картошку. Вышла снова на улицу. Подняла голову и подставила лицо солнцу: может, загорю? Господи! Как хорошо сейчас дышится! Тихо кругом, хоть секундочку постоять в покое. Мостовая блестела, словно только что прошел дождь. Движение воздуха располагало к надежде. Улица была пустынна, напоминала только что вымытый коридор. Свежий воздух, ясное небо с одним бегущим облаком. Такой могла быть любая безликая улица Нью-Йорка или Парижа, а это — была Москва. Перекинув пластиковый пакет с картошкой через плечо наподобие котомки, я вышла из оцепенения и принялась отмеривать шагами мостовую. Сзади раздался шум мотора. Я на секунду остановилась, прищурилась от солнца. Мимо с гудением набираемой скорости несся аэробус. Солнце положило металлический блик на округлый бок машины и превращало ее в самолет, набирающий скорость перед взлетом. Сидящий за рулем нагнулся к боковому стеклу и бросил жест приветствия. Я увидела широко улыбающееся знакомое лицо, говорящее мне: «Это ты, опять ты, снова ты, как красиво ты идешь! Мы выбрали этот миг для встречи». «Благословляю тебя и твой несущийся аэробус — произнесла я про себя». «Любимая, это я научил тебя так смело идти в одиночестве, и вот ты идешь, какая легкая у тебя походка! Во веки веков, аминь!» Все его слова я сказала себе сама. Возможно, он просто бросил кому-то, сидящему рядом: «Вон, Ленка идет!» Но я себе очень нравилась в тот момент, оттого и думала о нем и о себе красиво.

Подойдя к подъезду и поднявшись по ступенькам, взялась за ручку входной двери. Но не успела ее открыть, как она резко распахнулась, изнутри вылез широкоплечий детина в черном костюме, сгреб меня в охапку и поволок вниз по ступенькам, затем, оттащив на газон, остался стоять, держа меня за рукав и заслоняя от меня вход в подъезд. «Я здесь живу, что это еще такое!» — кричала я, запыхавшись. Но парень не обращал внимания, удерживая меня своим телом от какого-либо движения. Вдруг раздался звук распахиваемой двери и топот ног, спускавшихся по ступенькам. Судя по звуку, спускалась целая рота. Я извернулась и увидела человек восемь мужчин в таких же черных костюмах, как и на парне, что сгреб меня в охапку. Мужики шли в два ряда, а между ними шествовала пара — молодая женщина цокала, как лошадка, на своих высоких каблуках, а рядом с ней, чуть отставая, спускался грузный мужчина. Лишь только парочка сошла на землю, как тут же захлопали дверцы появившихся из ниоткуда «мерседесов». Они поглотили парочку вместе с многочисленной свитой, свистнув шинами, и через секунду-другую, казалось, что ничего и не было. Исчез и парень, что сдерживал меня на газоне. Я и не заметила, в какую минуту он отпустил меня и присоединился к своим. Пораженная увиденным, я вбежала в подъезд и бросилась на консьержку: «Что это было?» «Да банкир какой-то поселился. Это его охрана. Он с женой выходил. Вон и камеры тут поставили, не заметила? И газон металлическим забором обносить взялся. Деньги дал. А его парни тут все время в холле сидят, дежурят, неужели не заметила? Мы уже к ним привыкли. Ну, с одной стороны, хорошо, что он здесь камеры поставил. А с другой стороны, страшно, их же сейчас все время отстреливают. Лучше б съехал, спокойней было бы».

Едва открыв дверь квартиры, слышу звонок телефона. Звонок долгий, беспрерывный. Снимаю трубку — голос Джека.

«Разбудил? Перезвоню».

«Да нет, у меня голос сел. Картошку несла. Ну как там, солнце светит?»

— Да, да.

— А в Париже?

— В Париже было все как надо... хи-хи-хи! Надо будет съездить туда вместе — ты как мое прикрытие для ее мужа. Мы ужинали вместе. Я не сделал ни одной ошибки. Теперь мне ясна их ситуация. У нее очень скучный муж. Но зато у нее есть дом и работа. Она хочет, чтоб я ей доказал, что у меня тоже есть работа и дом. Она очень много работает. Она настаивала на том, чтобы я заехал снова в Париж на обратном пути. Не знаю, что у нее на уме. Я, может, перееду в Париж.

— Из Москвы?

— Нет, из Лос-Анджелеса.

— Но ведь у тебя ничего нет в Лос-Анджелесе?

— У меня полно вещей раскидано по Лос-Анджелесу. Я устал летать туда-сюда, лучше сниму квартиру в Париже. Да, я буду в Москве не 5-го, а 7-го или 8-го.

— Позвони и скажи наверняка, чтоб мне успеть собрать свои вещи.

— Конечно, но я не возражаю, если я тебя застану там... Я никогда не возражал! Хи-хи-хи!

— О, да-да, конечно... конечно!

Закончив разговор с Джеком, я села на стул и закурила. «Зачем купила картошку?» Наверное, потому, что все покупали. Значит, надо. Пригодится. Картошка уж точно пригодится. За окном посыпался снежок, стало сказочно и уютно, я вообразила у себя на руках пушистого котенка, которого вчера продавали в переходе на Тверской. Он лежал у меня на руке, свернувшись клубочком. Я гладила его пушистую головку, а он урчал, и так мы с ним долго сидели на диване, а потом шли, обнявшись, по улице. Я даже брала его в гости.

К слову, о гостях. Сейчас уже около пяти. В полшестого зайдет Петька, и мы пойдем к Терлицкому на день рождения Козловского. Что ему подарить? Может, этого воображаемого котенка? Так одна моя приятельница жаловалась на общего знакомого, который подарил ей на день рождения камешек. «Посмотри! — говорила она, держа на ладони маленький камешек. — Ну можно этого мужика всерьез воспринимать?» А у Терлицкого живет мой американский кот — он его привез из Нью-Йорка. Он достался ему в порядке естественной очереди: от меня — к моей приятельнице Аленке, от нее — к нему. Я все время куда-нибудь уезжала, пришлось отдать. Кот — свидетель нью-йоркских бдений, поселился теперь у Никитских ворот. А Козловскому, который тоже все время в разъездах, зачем кот? Придется ограничиться букетом и какой-нибудь книгой.

Звонок телефона. Снимаю. Это Толя. Известный театральный режиссер. Гений-экспериментатор. Он изобрел собственную систему. Преподает ее в своей лаборатории.

— Ленка, чего ты оттуда уехала?

— Не знаю. Да я и не совсем уехала. А ты?

— Почему я отсюда не уезжаю? Я здесь болею, а там, в Европе, я здоров. Здесь у меня начинается душевная болезнь... Не знаю, чего я здесь сижу. У тебя дети есть?

— Нет. Но хочу!

— Поздно. Будешь, как Сара! Ха-ха-ха! Приходи к нам. Я изобрел систему для актеров. Семь лет, чтобы освоить.

— Сколько?

— Семь! Приходи... отсюда ведь нельзя уезжать, защитный слой нарастает годами, а так ты его теряешь. А мужчины рано или поздно все равно бросают женщин.

— Серьезно?

— Ну конечно. Так что приходи к нам в лабораторию. Поговорим.

— Ладно. На днях зайду.

— Давай.

Надо было срочно собраться до прихода Петьки. Я извлекла из шкафа свои черные брюки и такого же цвета блузку. Сверху надела пиджак. Как мне надоело ходить во всем черном! Но почему-то это основной цвет моего гардероба. Каждый раз, надевая черное, я воображаю, что это впервые: просто такой у меня выбор на сегодняшний день. А завтра... когда вы меня не будете видеть, я надену все красное или бледно-голубое. Ну что поделаешь, если вы меня всегда встречаете всякий раз, когда я решила надеть черное?

Звонок в дверь. Петька! Он вырастает в дверном проеме и орет: «Ахтунг, бэби!» — так, словно мы не виделись лет десять. В моей квартире сразу становится людно. Петьки много — много звуков, много длинных ног и размахивающих рук. Себя Петька называет гением. Я обнаружила у Петьки по меньшей мере два явных признака неординарной личности. Первый — приходя в гости, Петя имеет привычку снять с себя носки, постирать их и повесить сушиться на батарею. За время общения — час-два — носки успевают высохнуть, и уже в свеженьких носках он покидает ваш дом. И второе. В отличие от меня, ведущей диалог про себя, Петька разговаривает сам с собой вслух. Это явный признак гения! Правда, это случается, когда он в туалете. Его монологи могут звучать в полный голос, отчего Петьку рано или поздно разоблачают те, кто с ним общается. «Опять разговаривал? А о чем я говорил?» — спрашивает он, выходя из ванной или туалета. Впервые я это обнаружила, когда мы с ним пошли в гости к французскому бизнесмену, балетоману, чтобы говорить о возможном спонсорстве труппы, в которой танцевала Петькина жена. Я должна была переводить с английского или французского. Бизнесмен говорил и по-русски, правда, плохо. Однажды француз поинтересовался, как сказать по-русски «ma cherie». Ему перевели — «Моя дорогая». Показали, как произнести слово «до-ро-гая». Он долго мучился, пыхтел, возмущался грубыми звуками, а потом, бросив тренировку, воскликнул: «У вас же есть более благозвучные слова, например (в нос) «тушОН-ка говя-жья», почему они не означают: «ma cherie»?

Впервые я услышала, что Петька произносит тирады в туалете, у того самого француза. Когда переговоры закончились с определенным успехом, француз предложил нам немного выпить. Мы согласились. Петька удалился на минутку, а я продолжала болтать в гостиной. Вдруг француз напрягся, поднял палец вверх, сделал мне знак «тише» и прислушался. «Кто это говорит?» — прошептал он через пару секунд с испуганным выражением лица. Но тут же расслабился и заулыбался. «Это Пьер!» После того случая я уверовала, что у Петьки все получится. Я имею в виду с литературой. У всякого таланта должна быть ну хотя бы малюсенькая, самая крошечная, неподдельная... шизофрения (раздвоение личности).

Петька вбежал в квартиру и пошел в туалет — мыть руки. Носки на этот раз он стирать не стал — времени было мало. Но вот что-то талантливое пробормотать себе под нос успел. «Говорил?» — спросил он, выходя из ванной. Я утвердительно кивнула. «А что? Слышала?» «Нет, я приложила ухо к двери, но было неразборчиво», — отчиталась я. «Жаль, кажется, строчка хорошая появилась... У меня сразу из головы выскочило, как из ванной вышел».

По дороге к Терлицкому мы забежали в магазин за цветами, после чего, поймав такси, отправились по нужному адресу. На день рождения мы с Петькой опоздали ровно на сутки. Именинник встретил нас в дверях, взял подарок и букет и сообщил, что день рождения был у него вчера, а сам он вместе с Терлицким через 15 минут уезжает в известный московский клуб. Хозяйка дома, Ирина, вышла к нам и предложила выпить. Я пила кока-колу, так как со вчерашнего вечера договорилась с Петькой, что не буду пить. Петька выпил виски. Я смотрела на своего бывшего кота Кису и спрашивала Петьку: «Ну как, похож? Мое произведение!» Ирина тоже не пила, сказала, что не пьет уже год, так как перестала получать кайф. Ей стало скучно пить. Как выразился какой-то ее друг: «Мы с ней уже выпили свои две ванны!» Потом Ирин муж позвонил снизу — он выбегал прогревать машину — и сказал, что ждет нас. И мы ушли. Я поехала с ними в клуб — развеяться. Петька соскочил. Хотел побродить в одиночестве. Он часто бродил по ночам среди заброшенных домов и спящих троллейбусных парков.

Это был известный артистический клуб, работавший до утра. Здесь собирались вернувшиеся со спектакля или после съемок, а то и просто безработные, но ждущие работы актеры, режиссеры, продюсеры, музыканты, сценаристы или обычные пьяницы, толстые спонсоры и все примкнувшие. Некоторые громко и пьяно смеялись, другие тихо сидели за столиком с остекленелым взглядом — сочиняли что-то и перешептывались с соавтором. По залу бродило много знакомых или известных всем личностей. Ко мне подбежала Света — телевизионный продюсер, подруга, а некогда любовница Икса.

«Икс здесь — ты знаешь?! Я не могла тебе позвонить эти дни, знаю, что ты ждала. Так вот что я хотела сказать... Я тут с тремя переспала за двое суток. И что? Лучше я буду е—ь их, чем они будут е—ь меня. Понимаешь? Если я захочу, чтоб С. меня вы—л, я ему позвоню — он примчится, но я уже не хочу, мне это не надо. Что поделаешь, надо себя делать! Ломать — нет. Держать в руках — нет. Делать! А Икс никогда не изменится. Надо его принимать, какой он есть, или не принимать совсем. Вопрос в том, что ты хочешь. Но это даже хорошо, что нас так встряхивают такие, как Икс. Мы начинаем меняться — браться за себя. Аэробикой вот занялась. А то что сидеть, повесив нос, у разбитого корыта и ломать голову? Ну все!» — Она чмокает меня в щеку и исчезает.

Не успела я сообразить, где сесть или встать, как тут же наткнулась на Икса. Он стоял рядом с высоким плотным человеком, на спине которого лежал тонкий хвостик длинных волос. Увидев меня, Икс сделал приветственный жест. Его собеседник обернулся, и я узнала в нем некоего Б. Человека, которого встречала прежде только однажды, но часто видела его в теленовостях, когда речь шла о дворянском собрании. Он был председателем этого собрания. Наверное, в Москве есть и настоящее дворянское собрание, но это другое. Это дворянское собрание нового типа. Сюда приглашают известных певцов со всей семьей, гадалок, актеров и других полюбившихся народу личностей. Узнала я о существовании такого веселого собрания случайно. Собственно, благодаря Иксу. Ему даровали титул князя, чем он, очевидно, гордился. Я же попала на торжественное вручение грамоты с ним заодно.

Дело было в каком-то дворце культуры. До вручения Иксу грамоты, заверяющей его принадлежность к графскому титулу, пришлось ждать конца другого собрания. Кажется, это были кришнаиты, а может, свидетели Иеговы. Когда же дело дошло до Икса, то выяснилось, что время поджимает, так как через пятнадцать минут зал займет секция акупунктуры и восточных единоборств, потом по списку шла какая-то молодая политическая партия. Одним словом, помещение дворца культуры было нарасхват. Поэтому торжественная церемония вручения Иксу документа была скомкана. Но грамоту Икс получил и даже повесил ее в рамке на стену своей спальни. Теперь Б. обратился ко мне с вежливой улыбкой, распрямившись из поклона, который ему пришлось сделать, чтобы поцеловать мне руку. «Леночка, — говорил Б., — мы давно хотели предложить вам стать членом нашего собрания. В прошлый раз вы так быстро исчезли, что поговорить не успел. Вот вам мой телефон — позвоните. Мы вас ждем — только надо решить с титулом, — вы какой предпочитаете?» «Ха! — кажется, это все, что я успела произнести с кривой усмешкой, как Б. вдруг сам предложил: «Вам, пожалуй, подойдет «графиня» — по-английски будет хорошо звучать — countess». Перспектива стать графиней среди князей вроде Икса меня развлекла. Впрочем, каков поп, как говорится, таков и приход. Нда, веселенькая у них собирается компания! «Нет, на фиг ему это нужно? — продолжала я размышлять об Иксе. От страха, что ли? Может, к власти придут все эти... эстрадники, тогда, наконец, они станут законной аристократией. Причем уже с перестроечным стажем... А может, это просто подпольное общество сюрреалистов? И так может быть.

Ведь когда-то сюрреалисты были первыми коммунистами в Париже. А наши сюрреалисты — монархисты? Шутники, одним словом». Вскоре Б. откланялся — клуб непосвященных был явно не его стихия. А Икс пригласил меня за столик, где его ждали. Я согласилась. Там уже сидел известный театральный актер — из респектабельных красавцев бальзаковского возраста и незнакомый мне моложавый бизнесмен. Когда Икс произносит слово «бизнесмен», получается: «пизнесмен» — наверное, это фрейдистская оговорка. Все были разогреты хорошим вином и пребывали в приподнятом настроении. Икс задал тон светской беседе.

— Я тут взял Лену в гости к К. — Он назвал имя хорошо знакомой всем киноактрисы. — Она собирала друзей в ресторане. Так К. только ее увидела, тут же покраснела!

Актер и бизнесмен удивляются и ждут разъяснений.

— Она оказалась лесбиянкой! — нарушаю я возникшую паузу.

Актер и бизнесмен выражают крайнее удивление.

— Да? — восклицают они хором.

— Не может быть!? — добавляет актер.

Всем известно, что у актрисы К. в течение уже лет тридцати стабильный брак. Свой прочный союз она часто рекламирует в телевизионных интервью. Испытав крайнее удовлетворение от всеобщего шока, я снимаю напряжение: «Шутка!» Актер и бизнесмен издают вздох облегчения.

Моя ирония объясняется тем, что я не хочу вспоминать эту встречу и эту даму. Покраснела она, на мой взгляд, из-за того, что неровно дышит на Икса. Уж не знаю почему. Наверное, любит художников. «Дали и Библия — мои настольные книги!» — кричала она весь вечер, делая глазки Иксу. Сам Икс называл себя русским Дали. Не будь мужа рядом, она, наверное, кричала бы: «Икс и Библия — мои настольные книги!» А потом просто: «Икс — моя настольная книга!» Но мое злословие вызвано на самом деле тем, что она сказала про папу, не говоря о дурацкой ситуации, в которую она так не вовремя меня поставила. Однако Икс продолжает рассказывать дальше.

— Ленин папа хотел ее трахнуть, это мне ее муж рассказал... Там же отвел в угол в ресторане и рассказал. Поэтому она и возмущалась, зачем я Лену привел.

— Да она это выдумала, — вступаю я в разговор. — Он пробовал ее на роль и сказал, что злость никаким гримом не скроешь, и не утвердил. Папа в то время был увлечен совсем другой актрисой... Мои родители в разводе много лет, так что я знаю про все его похождения. Царство ему небесное!

— Да, Ленин папа не так давно умер, хороший был человек, — поддерживает тему Икс.

— Икс, ты же не был с ним знаком! — поясняю я реальное положение вещей.

— Какая разница, — человек-то он был хороший?

Актер понимающе молчит и наблюдает за психологической пикировкой, которая происходит между мной и Иксом. Чувствует мой напряг. В ресторане подают масло и уксус в очень изящной, несколько эротичной стеклянной посуде.

— Какие сосуды! — вырывается у меня.

— Да, похоже на два сплетающихся тела... — печально цедит актер.

— На мужские яйца: одно зеленое, другое темнобордовое, — отчеканиваю я встык и жду реакции моих солидных собеседников. Они молчат. И я делаю вывод, что надо бы прекращать этот разговор: Икс направляет мои мозги в сюрреалистическо-плотское русло... и к желанию эпатировать. Заводим разговор о космонавте, вернувшемся на Землю, о том, что он побил рекорд пребывания в космосе: кажется, провел на орбите около года. Бизнесмен неожиданно взбодрился, залился румянцем и, чуть не треснув по столу от перевозбуждения, прокричал:

— Рекорд... Да уж! Его вернуть не могли оттуда, вот он и просидел дольше всех — а вы — рекорд! Просто вернуть не могли! Забыли там сначала, у нас же вон какие дела тут, события политические, неспокойно, покушения, девальвация, путчи — про него и забыли.

А потом вернуть не могли никак. Начальство на Земле менялось, а что там человек на орбите болтается, — просто забыли.

На этой ноте нас прервал знакомый мне Г.Г., подошедший к нашему столику, и я нашла повод покинуть Икса и его компанию. Г.Г. я знала несколько лет. Он тоже был, как и многие мои знакомые, кинорежиссером, но последние годы снимал клипы для звезд. Мне нравились его клипы. Но это никак не было связано с моим и без того хорошим отношением к Г.Г. Я отправилась блуждать по залу в поисках своего приятеля-именинника и Терлицкого, с которыми сюда приехала. Отыскала — они тоже повстречали здесь знакомых. Договорившись, что меня подвезет домой Г.Г., мы разбежались. Прежде чем нам удалось пробраться к выходу, мы несколько раз останавливались возле той или иной компании. Кто-то то и дело хватал за рукав и целовал в щеку то меня, то Г.Г. Наконец Г.Г. разыскал Сашу, с которым заехал в клуб после съемок клипа. Саша был известным стилистом, работал со звездами эстрады и кино. Когда мы к нему подошли, он рассуждал с никому не известным типом о своем впечатлении от последнего шоу Андрея Б. Речь шла о самом необычном в городе художнике, создающем костюмы для перформансов и демонстрирующем на самом себе свои замысловатые концептуальные идеи.

— Он несет этот крест, — почти кричал Саша на слушающего его парня, — но чувак в это верит! Помню, рассказывает про какую-то загогулину на туфлях, так повернет, эдак и объясняет: а вот так красиво, а вот так еще красивее! Понимаешь? Он в этом живет, совсем в другом измерении, у него другое видение красоты...

Г.Г., одетый во все черное, небритый после бессонной ночи, басом комментирует: «Бедный, бедный!» Отвернув на секунду голову от Саши и Г.Г., я встречаюсь взглядом с направляющейся в сторону выхода актрисой М. Она задорно улыбается мне и, поравнявшись, отводит на секунду в сторону.

М. — привлекательная, неунывающая женщина,

известная всем поколениям зрителей по советским комедиям и музыкальным фильмам. В отличие от многих вылезающих на эстраду, она хорошо поет и часто выступает в музыкальных вечерах и концертах. Вот и теперь она спешила на очередное рождественское выступление и непонятно каким образом оказалась среди компании завсегдатаев клуба. Убедившись, что нас никто не слышит, она на одном дыхании проговорила:

— У меня отец лежит, 85 лет, я его мою, кормлю, он орет, а я на него: «Молчать!» Ты понимаешь? Капризничает! Я дочку решила выписать, а мне друг говорит: «Чего ты ее выписываешь? Может, ты первая помрешь?» А у меня, правда, пятикомнатная квартира, я в ней одна. Все, я подумала, подумала — пойду к нотариусу, завещание оставлю. У моей подруги муж умер — сидел на кухне, упал, умер! В возрасте моего мужа был. Но знаешь, в такие минуты, когда совсем прижимает, вся собираешься и работаешь лучше, столько дел успеваешь переделать...

В этот момент к ней подходят и говорят, что машина ждет ее у подъезда. Она торопливо прощается со мной.

— Ну все, пора ехать! У меня рождественская встреча. Я исполню два романса, орать не буду, буду тихо так, наговаривать. Ну, хорошо, Леночка, я побежала!

Когда она вынырнула из людного зала, я подумала, что ее разговор со мной был вызван отчасти тем, что у меня не так давно умер отец, которого она знала. Оттого и доверилась мне в своих сокровенных мыслях. Ведь она была к тому же всем известной вдовой всем известного мужа.

Я вновь присоединилась к стоящим в кружок Г.Г., стилисту Саше и неизвестному парню. Теперь Саша говорил о Регине — эффектной блондинке, сценаристке, актрисе, просто светской столичной персоне.

— Я ей сделал вчера прядь, вот так! И сегодня смотрю на нее, у нее прядь все еще так лежит, даже не расчесано. Она так на подушку легла и так же встала! Для нее это не важно, и в этом она класс! Она мне говорит: «Воду надо пить, все промывает, очищает. Пью и писаю, пью и писаю!» Так и ходит, прижимая бутылку к груди.

Мой приятель Г.Г. басом добавляет: «Бедная, бедная, бедная...».

Когда мы едем с Г.Г. в его машине, долго молчим. Потом он говорит: «А стилист Саша все жрет да жрет. Я с ним жил на Мальте в одной гостинице. Так я засыпаю, он жрет. Просыпаюсь — опять жрет. В ресторан придем, он облизывается: «Ой, еще пожрем!»

После его слов мы снова едем молча до самого моего дома. Только иногда Г.Г. вздыхает и тихим басом повторяет: «Бедные, бедные...».

Наконец я дома! Снимаю сапоги, шубу, шлепаю в чулках по паркету. «Моя квартира — это я!» — как хорошо звучит. Залезла в шкафчик на кухне, вынула бутылку красного вина и налила себе бокал. Это запасы Джека. В его отсутствие я их сильно уменьшила. Надо будет возместить. Прошла в комнату, села у телевизора, но не включила его. Закурила сигарету. Звонок телефона. Снимаю трубку. Тишина. Молчат. Собралась повесить трубку, вдруг что-то прорезалось — хлюпанье. Может, Адам?

— Адам, это ты? Алле!

— Лена... Здравствуй, я не поздно? — грустный голос Адама.

— Нет, я только пришла... Что случилось?

— Слоненок умер!

— От чего?

— Ну вот так за ним смотрели!

— Прости, какой слоненок?

— В зоопарке.

— А-а-а зачем тебе слоненок?

— Я хотел его снимать!

— А... жалко...

— Ну ладно, Лена, я завтра позвоню.

— Спокойной ночи, Адам.

Включила телевизор. Застала фильм Вуди Аллена «Манхэттен». Он шел с русским переводом, но закадровый английский был сохранен. Я предпочитаю слышать настоящий язык за переводом. Поняла в этот раз его юмор лучше, чем прежде. Финальная фраза: «Мы знаем, что отношения абсурдны, но мы все хотим (неразборчиво)...яйца!» Так легло на мое настроение. Правда, не совсем поняла, что значит «мы все хотим... яйца», но прочувствовала. Наверное, имелось в виду: «Мы знаем, что отношения абсурдны, но мы все высиживаем яйца» или «...все хотим получить яйца». Поднялась с кресла, достала листок бумаги и, усевшись на диван, стала рисовать — яйца, котенка с Тверской, силуэты мужчин... в голову лезли какие-то фразы, и я их записывала.

Ночью мне приснился эротический сон. Мне явился какой-то мужчина. Я не знаю, кто это был. В нем были черты всех мужчин, которых я когда-либо знала, ощущение близости, родства, боли. Я что-то кричала ему без слов и требовала. Потом, испугавшись, проснулась, не успев договорить. Зажгла свет. Моя комната и я в ней. Но диалог с мужчиной продолжался, хотя он ушел от меня еще во сне. Я села и записала.

«Ты вдавливался в мое тело, втискивался в него, потом тебя охватывала судорога и ты несся с ней, пока она не отступала. Я наблюдала изнутри черепа, как если бы череп был скафандром, как ты раскручивал мое тело, мучил и мял его. Временами я тянулась, запрокидывалась, и тогда мне казалось, что руки и ноги удлинялись и тело приобретало текучесть, оно текло, и ты пытался меня схватить и удержать. Я ускользала, и ты отступал. Внутри меня был огонь. Рана. Я хотела, чтобы ты вычерпал ее, но ты был только на подступах. И тогда я, разболтав свою боль, начинала плакать, и она выливалась из меня и, невысказанная, высыхала на лице. Уползай, моя боль, тебе нет ответа. Это крик в тишине».

Успокоенная тем, что высказалась, я погасила свет и снова легла. Но через какое-то время встала, прошла на кухню, вынула початую бутылку вина и наполнила бокал. Я долго пила и курила, делала какие-то записи. И наконец легла и уснула.

Утром, проснувшись, взглянула на исписанный листок бумаги, лежащий на столике возле кровати. Последняя запись, сделанная в 4 утра, гласила: «Показалось, что сигарета «More» на меня ползет». Раздался звонок телефона. Сняла трубку.

— Ахтунг, бэби!

— Ахтунг! Тебе нравится фраза: «Мне показалось, что сигарета «Мор» на меня ползет»?

— Гениально!

Глава 16. «Черно-белый эпизод»

Только что прочитала в журнале о том, что Вуди Аллен написал биографическую книгу «Шутки Господа»! Я ж так главу хотела назвать! Но испугалась и назвала «Он шутит». Даже появлялись мысли назвать так книгу, но мама отговорила, сказала: «Ни в коем случае!»

Да, идеи носятся в воздухе. А сюжеты ходят на двух ногах. Причем порой факт искусства опережает жизненный факт, который повторяет этот сюжет. Это похоже на предсказание. Как часто авторы рассказывают о том, что предсказали в стихах или в прозе свою жизнь. Будьте осторожны в своих мечтах — они могут воплотиться. У меня же есть история совсем, на первый взгляд, незначительная. Но при повторном взгляде она подтверждает телепатическую связь между нашей психикой и тем, что разворачивается в будущем времени. Правда, под фактом в данном случае я подразумеваю факт кинематографа. Я предвидела образ фильма, который мне предстояло посмотреть. Фильм как будто сигнализировал мне на расстоянии, заставляя мыслить одними с ним эстетическими категориями, настраивал на свою волну. Вернее даже, я его прочувствовала, прожила, не зная, о чем сюжет. Опять же вынуждена оговариваться, так как я имею в виду не столько саму историю, рассказанную в фильме, сколько ее образ, воспринятый мной и пережитый — сначала в реальности, потом отпечатанный на кинопленке. Образ фильма и образ моего существования совпали. Почему одно отразилось в другом, или они возникли одновременно — неизвестно. В этом загадка. С возможной разгадкой-моралью: посмотри на себя, вот что происходит с твоей душой. И титр: конец. Мысль, выраженная через образ, воздействует сильнее (проходит кратчайший путь к сознанию). На самом деле мы так и воспринимаем действительность — на вкус, звук и цвет, из которых рождается образ дня или нескольких дней. Иногда человек может очень точно почувствовать конец одного периода и начало другого. Время меняет старую кожу. Было все серым и мглистым, плотным вокруг и тяжелым. И люди являлись такие же — без ясных лиц, смазанные и в темных тонах. Оставляли мутные следы. Пачкали все вокруг. Вдруг что-то наваливается яркими красками, и сумбуром, клочками и обрывками отмечается время, пестрит непрошеными гостями с непонятными целями и ставит все вверх дном. Потом выстраивается в мягкую линию, в пастельных тонах и гармоничном звучании, и приходят только те, кто нес сообщение, которого ждала долго, и вот дождалась.

Свою жизнь в Нью-Йорке я воспринимала в черно-белом цвете. Как черно-белое кино, со всей его драматичностью и примитивностью. Со всей жесткостью. Почему так? Если попытаться расшифровать, то, наверное, потому, что в Нью-Йорке много небоскребов и зеркальных поверхностей, от небоскребов падает тень, а освещенная сторона кажется белой. Нью-йоркцы предпочитают в одежде черный цвет, но белые кроссовки — легче ходить по мостовой. А также... в городе много районов с заброшенными индустриальными зданиями, где не зажигается свет и в которых обитают «темные личности», часто черные личности. Эти люди продают и покупают наркотики и чаще всего — кокаин или его суррогат. Белый порошок. Об этих районах я узнала от своего друга, фамилия которого была Блэк, что значит «черный». В то же время он был блондином и «васпом» — белым англосаксонским протестантом, к которым принадлежат американские сливки общества. Идея белого и черного как доминирующих цветов того периода вошла в меня, и я писала в дневнике: «черно-белое наваждение...», а чуть позже добавила — «квартира в Москве...».

Произошло это в один из моих приездов из Нью-Йорка в Москву. После 1987-го, когда я наконец получила въездную визу, я стала приезжать раз в год, прежде, чем в 1994-м поселилась в Москве окончательно. В тот раз я оказалась в Москве в марте. Еще снег лежал, но в воздухе чувствовалась весна. Весна — возрождение и очищение, которое можно не вынести. Избавление от усталости зимы чревато поражением в схватке за новые силы. Такой я и была, появившись на московском снегу. Уставшее тело и душа, висящая на ниточке. «...И дрожит во мне, словно бубенчик, мой секрет, не раскрытый тобой». Раскройте мой секрет, освободите!

Одета была во все черное, по-нью-йоркски. Черная американская ворона на белом снегу. Не помню точно свои ощущения и чем была забита голова. Могу только сказать, что каждый, с кем приходилось встречаться, стоял для меня по ту сторону невидимой перегородки. Я его разглядывала, оставаясь в стороне. Я, может, и мечтала переступить эту перегородку, но не могла. А скорее, ждала, когда она сама исчезнет. Я вертелась и крутилась, смеялась и рассказывала о себе и городе, в котором жила в те годы, но мой основной багаж оставался не тронут этими разговорами. Я ждала, что крышка откроется, замок спадет и вывалится, и все содержимое этого багажа испарится. Очевидно, что он давил меня. Наверное, мне легче было просто играть в приехавшую с интересными наблюдениями женщину, которую многие знали. То, чего они не знали, тихо затаилось. Отсюда и эксцентрика, которой было окрашено мое поведение.

Я попала в дом одного режиссера. Я знала его прежде, по фильмам и театральным работам. Но не знала ближе — на расстоянии вытянутой руки. А тут оказалась в гостях. Он пригласил меня сам. Наверное, неспроста — мы ведь сами намечаем себе и жертву, и спасителя. И я пошла. Отвечала на вопросы и кокетничала. Вела себя «прилично», как подобает новоявленной леди — из Америки все-таки! Правда, пила вино и курила. Но это не возбраняется. Рассказывала о городе Нью-Йорке, как всегда: что вы хотите услышать от очевидца? А режиссер смотрел на меня и скорее слушал свои мысли, чем говорил. Взгляд и мозг режиссера всегда начеку, по крайней мере, так кажется актерам, и они, почти бессознательно, в общении с режиссером ведут себя, как на кинопробах будущего фильма. Так и я пыталась нащупать, какое же это будущее кино и какой должна быть моя «роль». Женский инстинкт подсказал что-то фарсовое с привкусом ретро — эдакая смесь бунинской загадочной гимназистки и фасбиндеровской порочной женщины. Бунинскую тему хотелось развить — к этому располагал режиссер, а фасбиндеровское, собственное, заглушить. Но чем активнее что-то пытаешься скрыть, тем неожиданнее и настойчивее оно вырывается наружу. И случилось: «леди» куда-то сгинула — что-то вырвалось и понеслось, со слезами, черными от краски, и смехом вперемешку с иронией и исповедью, — «бубенчик зазвенел». Ночь создана для исповедей и катарсиса. Я выруливала в свою исповедь осторожно, месяцами и днями, подыскивала для нее особое время и место. И место случилось — Москва, черно-белая квартира. Время — весна. Моя исповедь проорала вместо меня: ну сколько же можно молчать?! Случайно сказанное слово зацепилось за чувство и разбило вдребезги стеклянную перегородку. Ах, как это всегда... не вовремя — чужой дом, милый человек, я опрокинула бокал: «Простите, я случайно, не хотела!» Нет, хотела, хотела, и не случайно. И мужчина не случайно, и... режиссер. Нарыдавшись, выговорившись и успокоившись, я неожиданно развеселилась. Помню, в ответ на его точное замечание о моей «пристройке» школьницы, я сказала: «Может, мне надевать форму, завязывать бант и приходить к тебе в гости? Я буду что-нибудь рассказывать или просто сидеть, сложив руки на коленях, и слушать». Так захотелось быть нужной режиссеру, так захотелось быть Музой или верным другом и служить, служить — верой и правдой. На место мужа, любовника и друга уже давно хотелось режиссера. Правда, не сейчас, ведь только что прошла зима... Хотелось на будущее. А сейчас просто уха, которое слушает и врачует. Да... усталая из меня получалась бунинская героиня. Мы посмеялись над этим моим предложением.

Осваивалась в новом чужом гостеприимном доме. Московском доме. В нем была особенность — вся квартира в черно-белом цвете. Занавески, мебель, накидки на диване, простыни в спальне. Если халат в ванной, то черный. Если кафель, то черный и белый. Мебель — черная. Так как сам хозяин был улыбчивым и мягким человеком, то черный представал в эстетском своем аспекте и не давил, а изумлял. Обстановка черно-белого негатива, прояви — и фильм готов. Да и хозяин — режиссер, а дело режиссеров и кинопленки — сдувать шелуху и выявлять суть. Кто же я тогда была в этом интерьере? Актриса — конечно, с историей — конечно. И история не замедлила рано или поздно политься из меня, монологом и слезами. Меня спровоцировали и нажали верную кнопку. Но ведь я ждала этого.

На черных простынях, в черном халате я встретила рассвет. Получив внимание и режиссера, и мужчины, и друга, опрокинулась в сон. Очнувшись, поднялась — бубенчик молчал. За окном каркали вороны, грело солнце и лупила по подоконнику капель. Черно-белая пленка оборвалась, вылезла из моей памяти, вместе с городом Нью-Йорком, под звук работающего проектора... Режиссер предложил подвезти меня домой на своей машине. Выйдя на улицу, возведенная, по собственному ощущению, в статус просто женщины, — о, какое счастье! — замерла. Подняла лицо и застыла. В лицо хлынул солнечный свет, он становился все белее и белее. Я не торопилась — опустошенная за ночь, впитывала в себя этот бьющий в лицо свет. Одновременно смерть и рождение.

Открыв глаза, сказала режиссеру: «Ты знаешь, мне понравилась твоя квартира, вся в черном и белом. А выйдя из нее, чувствую, что захлебнусь ярким белым светом. Он поглощает меня. Это ведь что-то значит?..» Он сказал: «Приходи смотреть мою картину».

Это был черно-белый фильм. Героиня, проститутка, приводит клиента в маленькую темную каморку, проводит с ним ночь, влюбляется в него, исповедуется ему, а с рассветом он уходит. Вскоре она находит его убитым неподалеку от квартиры. После, одетая во все черное, отстаивает молебен по безымянной своей любви. Выходит из церкви и останавливается. Смотрит на ветвистое дерево — все в белых цветах. Цветов становится все больше, и вот уже черные ветки совсем исчезают... Затем ее взгляд скользит вверх, на небо. Едва различимые облака постепенно теряют свои очертания, и вскоре все небо — только свет, без форм, словно одно расплывшееся облако... Постепенно и ее одежды светлеют, светлеет все вокруг, пока и она не исчезает в белом сиянии, с едва заметной улыбкой на устах. На экране — только белый квадрат. Просветление...

Глава 17. **Невидимый и видимый мир**

Кажется, это было в 1978-м году. Может, в 1979-м, но не позже, и не раньше. Весна. Канун Пасхи. Я ложусь спать, но не сплю. Долго лежу в постели и думаю. Что такое я? Я — это мое тело — руки, ноги, голова, лицо, — такой я себя знаю. Но я также ощущаю свое «я» вообще, независимо от моего тела. Когда я думаю о своей ноге: «Это моя нога», — в ней присутствует мое «я»? Отвечаю: присутствует, а в — руке? Тоже. Но если я о ноге и руке не думаю, то все равно ощущаю свое «я»! Где же оно? Пройдясь мысленно по всему телу и обнаружив в каждой его точке свое «я», продолжила эксперимент. А если попробовать отвлечься от моего внешнего образа, если разъединить мое «я» с внешним представлением о себе? Где это мое «я», если оно вне тела, и как я его ощущаю? Я закрыла глаза и попыталась ощутить свое «я». Ага, ощутила. А теперь попробую соединить это ощущение с объемом и другой формой, нежели мое собственное тело. Оно есть вне тела, лежащего на кровати? Есть — оно и там в углу комнаты... и за пределами кровати. А какого оно размера? Как маленький мяч? Нет, — ответила я себе, — больше. Как мяч, размером с половину моего тела? Тоже нет — больше. Как я во весь рост? Нет. Больше меня? Да. Оно размером с комнату? Больше?! В этот момент я почувствовала сильный хлопок и давление, словно меня прихлопнуло что-то сверху вдоль позвоночника и превратило в точку. Перехватило дыхание. Я не дышала, в ушах стоял грохот, при этом я стремительно куда-то летела. Не было никаких зрительных образов, только цвет терракоты... и грохот. Словно стоишь на платформе метро и слышишь звук приближающегося в тоннеле поезда. Тут же возникло эйфорическое состояние — наслаждения, полета, любви. «Я не дышу, у меня остановилось сердце, мне так хорошо и сладко, я куда-то двигаюсь с бешеной скоростью, и меня туда тянет изо всех сил... Я жива и не дышу — что это? Вдруг посторонний голос — мысль: «Что же ты медлишь? Я уже здесь!» Мне стало страшно от осознания немедленного выбора: или туда — вперед, или назад. Я умираю — вот что я осознала. Я перейду черту — если останусь. В этот миг я рванулась назад, как при сознательном пробуждении — и очнулась.

Открыла глаза — в комнате темно. Сердце учащенно билось. Позвала маму. «В чем дело, ты не спишь?» — спросила она встревоженно. «Мамочка, измерь мне пульс!» Мама встала, подошла ко мне и прощупала пульс: «Учащенный, давай я дам тебе валерьянки». После валерьянки я заснула.

Утром первая мысль — что со мной было? А вернее — стало? Так как я была немножко другой. Словно Алиса, вернувшаяся из полета в другом измерении, о котором никогда не знала прежде. А теперь кое-что знаю, на чувственном и психологическом опыте. И вывод: «это» рядом, настолько рядом, что можно провалиться туда в одно мгновенье. Только надо ли? Не хочу, не буду больше играть с этим... здесь, сейчас и

Нет-ленка

только так! Вспомнила все ощущения и задалась вопросом — но чей это был голос? И кто это «уже там»? Кто из тех, кого я знала и с кем была близка настолько, чтобы он со мной разговаривал и спросил: «Что же ты медлишь?» Голос мужской, это мужчина — там. Пришло на ум, что из недавно ушедших — Влад Дворжецкий... и все. Владик? Мы дружили с ним и с его женой Светой, они часто бывали у нас дома, любили наше семейство... Мы откровенничали и дурачились... Он единственный, кто мог так мне сказать, а я бы его послушалась. Но все равно, как-то это странно. Маме решила ничего не рассказывать. Да и что рассказать? Как это объяснить? Носила себя по квартире, как хрустальную вазу — вдруг рассыплюсь? Неожиданный звонок в дверь. Спрашиваю: «Кто?» Отвечают: «Свои, Ленка, открывай!» Открыла. На пороге стоит улыбающийся Вовка Ежов, в руке держит книжку. «Ну, Вовка, проходи!» Вовка зашел, сел. Я предложила чаю. Он посмотрел на меня и спрашивает: «Ты что такая?» Я переспрашиваю: «Какая?» Он: «Странная, что-то случилось?» Я рассказала, что случилось. Он, не медля ни секунды, протянул мне книгу, которую принес. «Вот, почитай, недаром я захватил ее!» Это была работа Павла Флоренского о мире видимом и невидимом, так она, кажется, и называлась. Когда Вовка ушел, я принялась читать ее. Основное, что я запомнила и что имело ко мне непосредственное отношение, к тому, что я пережила, — описание «пограничного состояния». Когда человек стоит на границе между той и этой жизнью — на пороге смерти, и решает — перейти ему черту или нет, его тянут назад все, кто его любит и кто в нем нуждается, а также его привязанность к миру «видимому». В то же самое время он стремится перешагнуть черту и попасть в мир невидимый. Остается он здесь — значит, ему еще рано уходить, уходит — пора. При этом состояние на этой границе считается особенно тяжелым и мучительным, тогда как по ту сторону — приходит облегчение. (Неспроста, наверное, умирающий человек в последние дни и часы хочет «туда» и перешагивает границу, а те, кто не хочет, но уходит, по моему иррациональному убеждению, умирают раньше своего времени, по ошибке).

Но причем тут я? Я ведь не болела, нормально себя чувствовала. Мне оставалось только гадать. Прошла неделя или дней десять, и как-то, спустившись взять почту, я извлекла из ящика номер «Литературной газеты», которую в то время выписывала. Открыла, стала читать статью. И с первых строк поняла, что это на «мою тему». Но дойдя до конца первого абзаца, отложила газету: по коже бежали мурашки. Там приводились выдержки из книги Моуди «Жизнь после жизни» и свидетельства людей, перенесших клиническую смерть и переживших эффект «тоннеля». Все свидетельства делились примерно на три группы, в зависимости от общности элементов переживаемого опыта. И разнились, по мнению авторов, в зависимости от религиозности и мировоззрения того, кто пережил подобный опыт. Люди религиозные называли «свет» ангелами или Господом, другие говорили о свете сладком и притягивающем. Но у всех был тоннель, звук грохота, желание лететь дальше и тяжкое ощущение при возвращении. И самое главное — у всех было ощущение границы, у которой они должны выбирать, где им быть: уйти или остаться. И более того, об этой границе они узнавали после того, как слышали голос.

Я отложила статью недочитав — жутковато видеть напечатанным то, что сама недавно испытала со всеми подробностями. Но статья подтверждала реальность пережитого опыта — это был не сон! И еще — почему я получила газету со статьей на волнующую меня тему уже после того, что сама пережила? Если бы наоборот — я сначала прочитала статью или книгу о клинической смерти, посмотрела фильм и спустя время пережила такой опыт, можно было бы говорить о сильном впечатлении, которое отложилось на дне памяти, и я присвоила его себе. Но в данном случае все было в обратной последовательности. Да я и не знала прежде всех подробностей таких свидетельств. В советское время было большой редкостью обсуждение в печати загробной жизни, мистики и паранормальных явлений.

О потрясении, которое пережила, я молчала в тряпочку. Тема меня шокировала, да я и побаивалась говорить о ней. А спустя месяц или два, столкнувшись на «Мосфильме» с Амаяком Акопяном, известным иллюзионистом, актером и шоуменом, я почему-то завела с ним разговор о восточной практике, которой Амаяк, как я выяснила, увлекался. Почувствовав к собеседнику доверие, я шепотом поделилась с ним своим «опытом тоннеля». Амаяк с большим интересом выслушал меня, спросил, не болела ли я в то время какой-либо тяжелой болезнью и вообще, может, лежала в больнице? Узнав, что ничего подобного со мной не происходило, он взглянул на меня с еще большей серьезностью и сказал, что я вылетела из тела в астрал и что это цель многих йоговских практик. То, что мне это удалось сделать спонтанно, вещь любопытная и опасная, так как йоги знают, как вернуться обратно в тело, а для непосвященных это может закончиться летальным исходом.

Узнав от Амаяка, что в тоннель попадают не обязательно по болезни, в состоянии клинической смерти, я успокоилась. Тем более, если выход из тела практикуют йоги. Впоследствии я прочитала много литературы на эту тему, даже разговаривала с людьми, летевшими через тоннель и вернувшимися обратно. Узнала, что самопроизвольный выход в астрал является совершенствованием души, переходом на иную ступень развития. Эх, знать бы заранее... А то отдельная какая-то жизнь у души получается...

В результате случившегося я привязалась к реальной «видимой» жизни совсем иначе: стала больше ценить то, что есть сейчас. Пока мы здесь, лучше не мудрить и не ковырять стену, разделяющую оба мира, так как можно «выскочить» — а без надобности, без «сообщения», без цели — зачем? Тем более, если это все равно предстоит каждому.

Однако по прошествии лет мне уже трудно отделить испытанное от своей фантазии и всего, что я прочитала и слышала на эту тему. Есть опыт, который не поддается пересказу, более того, он стирается из памяти во всей своей яркости. Он принадлежит другому миру — невидимому. И адекватных ему переживаний по эту сторону границы — в мире видимом, очевидно, нет.

Постскриптум: увиденный мир
1980 год. Я стою в вестибюле Дома кино, забежав по делам в Союз кинематографистов. Замешкавшись возле гардероба со своим пальто, вижу двоих грузных мужчин, сидящих недалеко от дежурной в ожидании кого-то. Мимо них, волоча ноги, проходит старик. Он то и дело останавливается и озирается по сторонам, что-то мешает ему идти — то ли радикулит, то ли любопытство, — он оттягивает момент ухода из «храма искусств». Так, притормозив возле сидящих и судачащих о чем-то мужиков, он привлекает к себе их внимание. Они на секунду умолкают, затем, встрепенувшись, окликают старика: «Что стоишь, жидовская морда? Пошел отсюда...». Старик выбрасывает вперед правую руку ладонью вниз: «Хайль!» — произносит он звонко и четко, щелкая пятками и вытянувшись по струнке. Затем обмякает, опустив руку и шаркая подошвами, исчезает. Через минуту-другую мужики поднимаются со своих мест навстречу появившемуся из глубины коридора человеку, помогают ему одеться и вслед за ним уходят.

«Кто это такие?» — спрашиваю я дежурную. «Персональные водители, — говорит она брезгливо, — а это их начальник, из Госкино».

«Переход»
Василий Васильевич прилег в подъезде незнакомого дома. Прямо на подоконнике, между четвертым и пятым этажами. Дом был сталинский, кирпичный, с высокими потолками. Подоконник оказался широким, а из окна открывался вид на церковь и заснеженные верхушки деревьев. «Как в Японии... — подумал он, и тут же улыбнулся своей мысли — ведь в Японии он

никогда не был, только знал ее по японской графике, что висела когда-то в его квартире над столом, с такими же вот снежинками-горошинами. Услышав его мысли и решив посмеяться над ним, церковный купол дрогнул и издал длинную колокольную трель. Ухмыльнувшись, Василий Васильевич подложил руку под голову и подтянул под себя ноги в теплых валенках. С галош капал талый снег, и ему снова пришлось подняться и стащить их, наклониться, поставить под батареей, чтоб просохли. Заняв наконец свою первоначальную позицию, он приготовился к разговору с Катей. Прикрыл веки и прислушался. Легкое дыхание коснулось его щек, он приподнял одно веко и в щелочку увидел жену. Только лишь подумал — она и пришла. Веселые черные кудряшки обрамляли ее веснушчатое лицо, на тонкое тело накинута белая рубашка — то ли платье, то ли ночнушка. Заметив вышивку крестиком возле круглого ворота, Василий Васильевич просиял: ну конечно, он же и подарил ей эту вещицу, на какой день рождения, правда, не вспомнил. Он вздохнул: «Ненаглядная моя! ...В прошлый четверг был в нашем сквере. Тополь возле лавочки совсем прогнулся». «Хорошо хоть лавочка стоит!» — ответило Катино лицо. Василий Васильевич привык к тому, что она разговаривала не столько голосом, сколько глазами, впрочем, так было всегда. Любимая его примостилась на ступеньке лестницы, поставив босые ступни прямо на пол, и стала кокетливо шевелить пальцами ног. Старик лукаво улыбнулся, открыл рот, чтобы пошутить, но в этот момент на площадке пятого этажа послышались шаги — кто-то спускался по лестнице. Он притаился, прикрыв для убедительности веки. Из темноты лестницы появилась молодая женщина, за руку она вела пятилетнего мальчика. С каждым шагом ребенок останавливался и принимался что-то рассматривать на полу, на стенах, потом задавал вопрос. Поравнявшись с дедом, мальчик внимательно изучил его седую бороду и хотел было что-то спросить, но мать одернула его: «Дай дедушке поспать! Как твой дедушка, так и этот, чей-то дедушка, устал...», и потащила сына в сторону ступенек. Мальчик последовал за матерью, но вдруг снова повернулся к деду и спросил: «Это кто?» Его пальчик указывал в сторону темного угла, прямо возле окна, на котором примостился Василий Васильевич. Мать проворчала: «Не придумывай!» — взяла ребенка за ворот шубы и потащила по ступенькам до первого этажа, не останавливаясь.

Услышав звук захлопывающейся двери, Василий Васильевич оживился: «Катюша!» — позвал он шепотом жену, которая было спряталась, но вновь появилась перед его глазами, — ...сколько ждать осталось? Я без тебя, как без рук. Все теряю. Очки разбил, какой день, час, стал забывать. Как здесь оказался — не знаю. Вот в кармане счета нашел, а кто их положил, за что и как платить...». Его голос прервался, на глазах выступили слезы. Катя подошла к нему совсем близко, взяла его руки и, посмотрев на них, вздохнула. Она наклонила голову, тряхнула кудряшками и, поплевав, стала стирать грязь пальцами. Запах ее волос, прикосновение к коже заставили Василия Васильевича залиться краской. Но как только с «мытьем» рук было покончено, Катя обернулась. Назвала имя — «Михаил». Из-за ее плеча появился молодой мужчина в черном костюме и белой рубашке, извлек из нагрудного кармана изящный гребешок и протянул его Кате, затем повернул голову и, не сказав ни слова, уставился в окно. Василий Васильевич взглянул на незнакомца: «Кто это с тобой... я его прежде не замечал». Катя зарделась и потупила взгляд. Василий Васильевич сразу догадался: «Что, новенький, недавно поступил?» Она кивнула. Василий Васильевич разволновался, ревниво глянул на молчаливо стоящего рядом с Катей Михаила, но потом спохватился и постарался успокоиться. Только спросил: «Он хоть помогает тебе?» Катя строго взглянула на него, и ему пришлось удовлетвориться своими догадками. Она старательно расчесала старику бороду и, отпрянув, бросила на него оценивающий взгляд. Василий Васильевич попытался схватить ее руку, чтоб поцеловать, но она не позволила. Стоящий позади нее Михаил тронул ее за плечо, они стали удаляться, словно таять на глазах. Василий Васильевич потянулся за ней: «Не оставляй меня одного...». Он протянул руку, надеясь ощутить в ней знакомое тепло, но вместо этого схватил пустоту, рука безжизненно обмякла и так и повисла, словно сломанная стрелка. Было ровно шесть вечера.

Дверь подъезда отворилась, послышались шаги, шум поднимающегося лифта. Немолодой толстяк в спортивной шапочке был явно навеселе. Он качнулся, смачно выругался, затем хлопнул железной дверью лифта и приготовился спуститься на один пролет, чтобы попасть в свою квартиру, но что-то привлекло его внимание. Он подошел к окну и остановился. Вид лежащего старика встревожил его, пробудил мысли о бренности собственного тела. Мгновенная тоска сменилась надеждой, он поднял глаза к серому небу и золотистому куполу. Так простоял он минуты три-четыре, пока лицо его не приняло смиренное выражение, с которым он и отправился к порогу собственной квартиры. Раздался звук отпираемого замка, писклявый лай собаки, и наконец все смолкло.

В течение получаса ни одна нога не нарушила воцарившегося покоя, только кошка где-то мяукнула, доедая мышку, с шумом полетел мусор, да запела труба водопровода и тут же стихла. Этой тишиной и воспользовалась парочка, незаметно пробравшаяся в подъезд и склонившаяся над стариком. Сначала они ткнули пальцем лежащее тело, прислушались, потом приложили ухо к его груди и, не услышав ничего, принялись ощупывать карманы, решив, что старик мертв. Но Василий Васильевич пошевелился, приподнял голову и, скривив рот, отрапортовал: «Живой!» Потом вдруг затрясся в хохоте, словно и сам удивился: «Живо-о-о-й, жи-и-и-и-во-о-о-й!» Его хохот и слово «живой» напугало воров, они мигом исчезли, словно залезли в только им одним известную дыру в кирпичной стене. Василий Васильевич закашлялся и, дав своим легким очиститься, перевернулся на другой бок, поближе к «японской графике» за окном. «Туда,

туда... — колотилась в виске навязчивая мысль, — к Катеньке...» — лоб уперся в холодное стекло окна, но сколько ни тыкался им Василий Васильевич, все не мог перенестись в желаемое пространство.

«Ишь ты, разлегся!» — резкий женский голос заставил Василия Васильевича вздрогнуть. Нет, ты подумай, ты подумай! — обращалась она к паре топающих за ней ног, — только вчера домофон поставили! Спасу от них нет!» Василий Васильевич почувствовал, как кто-то схватил его за телогрейку и, резко дернув, стащил с подоконника. Мужчина и, кажется, женщина принялись толкать его в спину, а голос, что разбудил его, приговаривал: «Нет, ты посмотри на него... Ну что людям надо, как же можно дойти до такого состояния... иди домой, домой!» Последние слова он услышал уже на улице. Его отпустили, подтолкнув напоследок, словно подбадривая. Василий Васильевич ощутил подошвами упругий снег на дорожке, вытоптанной человеческими ногами, и начал переставлять валенки. «Домой, домой, — размышлял он на вздохе, — а где он, этот дом?»

Так прошел он полгорода, ступая по чьему-то следу, пока не спустился в переход. Здесь было гулко и чадно. Люди стояли вдоль стен, другие сновали в разные стороны, изо ртов валил пар, казалось, все многомиллионное население спустилось в этот час под землю. Здесь были старухи с вязаными носками и платками в руках, полные женщины с коробками фруктов, молодые с журналами, розетками и комбинациями на лотках, был священник с коробкой на груди, вроде скворечника, из которого должна вылететь птичка, слепые, безногие, мужчины в камуфляже, певцы с гитарами и синтезаторами, был даже струнный оркестр и его слушатели, дети, влюбленные, праздношатающиеся иностранцы, одним словом — все. Все что-то предлагали: продать, купить, работу, квартиру, билеты на концерт, балет, театр, просили помощь, кто-то гадал на рунах, кто-то измерял давление и делал диагностику по зрачкам, предсказывал судьбу по картам Таро или раскладывал пасьянс. Каждый демонстрировал, что может или что хочет. «Возьмите, посмотрите!» «Пощупайте, откусите!» «Взгляните! Не бойтесь!» «Запишите, позвоните!» «Помогите, подайте!» «Заплатите, отдайте!» «Любите?» «Позвоните!» «Возвращайтесь!» «Погрейтесь!» «Отойдите, отстаньте!» «Заплатите!» «Отдайте!» «Возьмите! Откусите!» «Что уставились?» «Помогите, чем можете! Одеть-обуть, детям одежку, что-нибудь!» — причитала цыганка. Усевшись на тюки, она прикрывала ладонями детские головы, которые высовывались из-под ее подмышек.

«Одеть-обуть!..» — эхо ударилось о бетонные своды перехода и, отлетев, попало прямо в затылок Василия Васильевича. Он замедлил свой и без того неспешный ход, задумался, затем, кряхтя, согнулся и начал стаскивать с себя валенки. После того, как ему это удалось, он освободил их от галош и, едва обернувшись, бросил валенки цыганке. Потом сунул в галоши одну ногу, другую и сделал первый шаг. Но тут цыганка, захлебнувшись от неожиданного дара, прокричала, что есть силы: «Жить долго будешь, добрый человек, о-о-очень долго!» У Василия Васильевича перехватило дыхание: неудача какая... Зачем нечистая привела его сюда? Он обернулся, — может, ослышался, — но она снова повторила, решив сделать человеку приятное: «Ой! Долго жить будешь, в любви и согласии...». Но договорить она не успела, так как старик двинулся на нее, сжав кулаки, ей даже пришлось прикрыть рукой лицо. Он подошел очень близко и, схватив женщину за плечи, стал трясти, словно хотел вытряхнуть всю ее цыганскую гадательную сущность. «Врешь, чернявая, не буду, а вот и не буду, слышишь?!» Цыганка завопила: «Что я плохого сказала, что?!» Дети заплакали, прохожие оборачивались и снова шли дальше, а старик и цыганка все не могли отцепиться друг от друга. Только рыжий подросток, стоявший все это время неподалеку, наблюдая со своими парнями за схваткой, нашел что-то привлекательное в этой сцене. Он вдруг подошел и весело крикнул через голову старика цыганке: «А мне как скажешь? Тоже марафон бежать?» Цыганка вырвалась из рук Василия

Васильевича, отряхнулась и, подойдя к рыжему, тихо проговорила: «А тебе в дальнюю дорогу вещички собирать!» Компания рыжего, состоящая из таких же, как он, тощих подростков, заулюлюкала восхищенно, он победоносно потряс кулаком в воздухе и сказал старику: «Прости, дед, мне больше повезло. Тебе еще потеть и потеть!»

Василий Васильевич с трудом перевел дыхание — неожиданная поддержка со стороны парня немного успокоила его, хоть и не отменила приговор клеветницы в цветастом платке. Она отвернулась от него и, видно, собралась перетащить свои тюки в другое место, засунув предварительно валенки в самый большой узел. Василий Васильевич стоял молча, не в состоянии отойти от цыганки. Заметив растерянность старика, парень предложил: «Не вешай носа, дед, сейчас взлетим, хочешь?» Василий Васильевич поднял на него взгляд, — он не понимал, о чем говорит парень, но что-то светлое и легкое было в выражении лица этого рыжего подростка, и он ему поверил. «Пошли, научим!» — прочитав его мысли, рыжий повел своих парней, а с ними и деда вон из тоннеля. Они поднялись на улицу, свернули в переулок и, пройдя его до конца, вышли на шумную магистраль, к перекрестку. Там, примостившись возле парапета огромного здания, ребята вынули пакет с травой, тонкую бумагу для самокруток и, сделав папироску, стали раскуривать ее, передавая поочередно один другому. Дошло и до Василия Васильевича. Он затянулся и, ощутив пряные пары на своем небе, принялся смаковать необычные ощущения: трава позволила забыть больное тело и пачку счетов в кармане, она переставила местами все общепринятые понятия о весе, мере и главное — о ценности вещей, побудила к полету, о котором говорил рыжий. В сердце — только чувство к Кате и непреодолимое стремление к ней.

Рыжий взглянул на Василия Васильевича с пониманием и объяснил: «Вот так, дед! А без бензина мотор не тянет, теперь будет легче оторваться от земли!» Он поднял руки, наподобие крыльев, предлагая старику повторить этот жест. Василий Васильевич с удовольствием взмахнул руками. Все окружение рыжего одобрительно откликнулось взвизгами. «Отлично! — крикнул рыжий, — у нас появился вожак, он укажет путь на юг, а мы его не оставим!» Явно повеселевшие ребята достали из сумок самодельные пульверизаторы с водой, и с воплями «Рью-у-у-ху!» — бросились к остановившимся на светофоре машинам. Они прыскали воду на ветровое стекло, затем ловко стирали грязные подтеки сухой тряпкой. Это был их незамысловатый промысел. Последним, кто задержался возле деда, был рыжий парень. Прежде чем последовать за своими друзьями, он объяснил: «Соберем дань с динозавров, и в путь!» Потом выбежал на дорогу и ловко нырнул к свободной машине, прыснул водой на ветровое стекло, протер его и протянул руку водителю, — тот замешкался, но все-таки вынул мелочь, парень бросил ее в карман и затем отбежал к другой, третьей, пока не сменился свет светофора и не тронулись со свистом машины. Парни вернулись на тротуар, стали в кружок и начали общаться с помощью слов, жестов и знаков, понятных только им одним. Они свернули папироску, и все повторилось, как в первый раз. Василий Васильевич чему-то тихо улыбался, потом, улучив минутку и оставшись незамеченным, отошел от ребят, встал на край тротуара и впился глазами в огневой поток мчащихся мимо машин. Так простоял он минуту или больше, пока кто-то из друзей рыжего не окликнул его: «Эй, дед, ты что?» В ответ Василий Васильевич поднял руки, словно расправил крылья, и, сделав шаг-другой, пошел навстречу движущимся машинам, затем снова взмахнул руками, будто отрываясь от земли. Рыжий окликнул его: «Куда летишь, дед?» Василий Васильевич не обернулся, так и шел, глядя перед собой, только вдруг крикнул, так громко и отчетливо, что слышали все, кто остался на тротуаре: «Вожак прокладывает путь!»

Рыжий потянулся было за ним, но кто-то из парней сказал: «Отпусти его, он улетел!» И рыжий остался стоять, глядя на то, как деда поглощает поток мчащихся монстров. Все смотрели на дорогу и ждали. Машины с визгом тормозили или неслись дальше. Но вот одна загудела, раздался гулкий хлопок, словно от удара о твердый предмет, и машина встала.

Дед лежал на дороге — то ли его сбила машина, то ли он поскользнулся... А может, упал в обморок? Кто-то подбежал и склонился над ним, взяв его руку, попытался прощупать пульс. Потом отпустил руку, и она безжизненно упала на землю. Какой-то мужчина, кажется, водитель машины, что стояла прямо перед лежащим стариком, опустился на колени и попытался сделать ему искусственное дыхание. Целая группа любопытных образовалась посреди дороги: подростки и пара-тройка людей, привлеченных несчастным случаем. «Нет... Не слышу сердца...» — сказал тот, что стоял возле деда на коленях, поднялся и развел в бессилии руками.

Все существо Василия Васильевича дернулось словно его прихлопнуло огромной ладонью, и... остановилось. После толчка он начал стремительный полет внутрь воронки. Несся вдоль тоннеля к светлому пятну, и душа его радовалась: «Что это со мной... Ах как сладко, как легко в этом стремительном движении... я без тела, без сердечного стука... не может быть. Но я — это тот же я, называю же себя «я»? И мыслю, и чувствую с какой-то бешеной скоростью... Там, вдали этот свет, он зовет меня, он источает любовь! Вот и милый образ Кати образовался из светлого пятна, вот она ближе, ближе... Я лечу, Катя, я лечу к тебе!» Василий Васильевич рванулся всей своей любовью к жене и осекся. Лицо ненаглядной Кати было залито слезами. Решив, что милая его еще ничего не знает, он прокричал ей: «Я теперь с тобой, я вырвался, у меня нет возраста, я...». Но жена зарыдала еще сильнее от этих слов: «Сюда не пускают... самоубийц! Ты — самоубийца, Вася... Что ты наделал...». Он не сразу понял, о чем это она, но вдруг все его существо пронзил страх: «Неужели? Ошибка? Непоправимо!?» Он взглянул на Катю ища ответа, попытался схватиться за ее подол, но она выскользнула и встала на расстоянии. Голос ее был строг: «Возвращайся, попробуй... очнись!» Сказав это, она ушла, оставив его одного в длинном тоннеле. «Назад, назад... только бы успеть!» — прогремела мысль и... он сжался в комочек всеми своими чувствами, чтобы влезть, проскользнуть в ту единственную лазейку, которая позволит вынырнуть из сладкого притягивающего света. Ах, как он манил остаться здесь и лететь, лететь к светлому пятну, в котором проступали черты давно знакомого лица...

Надо было выбирать. Так тяжело было это последнее усилие, но он оторвался от тоннеля. И снова тяжесть в ногах, снова звон в голове. Снова все эти: «почему?», да «как?»... Но третьего было не дано.

Он поднял веки.

«Открыл глазки наш дедуля! Ух ты, маленький ты наш!» — раздалось прямо над ухом Василия Васильевича. Полная женская физиономия в белом чепце строила гримасы и сюсюкала. «Ну, какой молодец, сейчас старики крепкие, как орешки, не то, что молодежь. В рубашке родился! Надо же — удар головой, шок, но ведь могло быть...». Голова в чепце не договорила, так как ее качнуло в сторону от резкой остановки машины. Чьи-то крепкие руки подняли тело Василия Васильевича, положили на носилки и понесли, покачивая при ходьбе. Его занесли в широкий подъезд большого дома. Хлопнула дверь, приняв нового гостя, а затем спустилась ночь.

Василий Васильевич лежал на больничной койке. В застекленную дверь лился тусклый свет из коридора. Мелькали тени. Дверь отворилась, зашла женщина в белом, поставила скользкий градусник. Вышла. По ошибке заглянул посетитель с букетом, снова исчез. Вот и главный пришел, остановился возле койки, внимательно прочитал историю болезни, пощупал холодной рукой живот, перевел ее на лоб, скупо улыбнулся, скрылся. Раздался тихий стон, заскрипела кровать, послышались шаги, запахло медицинским спиртом и хлоркой. Перед глазами Василия Васильевича появилась физиономия в белом чепце или даже две, они что-то говорили, но он не услышал ни слова.

Наконец он повернул голову и краем глаза увидел, что от его вены тянется тонкая трубка. Она поднималась к сосуду, что висел на металлической палке. Жидкость ползла медленно, но вскоре целиком перетекла в Василия Васильевича. Аппарат сняли и увезли. Послышались мужские голоса. Василий Васильевич приподнялся. Двое мужчин смотрели телевизор. На экране забегали полосы, изображение задрожало и погасло. Мужчины встали с кроватей, подошли к телевизору и стали бить по нему кулаком. Ругались и снова били. Экран загорелся, на нем появились рисованные облака, лохматое существо и закадровый голос, поющий надрывную песню. Василий Васильевич осмотрелся, — в палате кроме тех, что у телевизора, еще трое. Они лежали на спине, прикрыв глаза. Он снова перевел взгляд на экран и, кашлянув, чтобы обратить на себя внимание, подал голос: «Э... э-эй!» Тот, что ближе к нему, обернулся. «Это тот свет... или этот?» «А тебе какой нужен?» — отозвался мужик. Василий Васильевич не ответил, напряженно ждал. «Если ящик сломан, значит, этот!» — ухмыльнулся мужик и снова отвернулся к экрану. Василий Васильевич вздохнул с облегчением, но тут же насупился. Экран снова погас — на этот раз окончательно. Мужик досадливо хмыкнул и отвернулся от телевизора. «У него самостоятельная жизнь — хочет показывает, хочет нет!» — последние слова он произнес, глядя на деда. Тот кивнул в знак согласия. Расценив это как приглашение к беседе, мужик открыл рот для долгого рассказа. «Ты в СКЛИФ попал, дед. Тебя на «скорой» привезли. Теперь помереть не дадут. На ноги поставят, хоть ты тресни. Кризис миновал. Ты болтал много, руками размахивал будто летал... хе-хе... с женщиной какой-то разговаривал. Ну это понятно, тебя ж кололи, обезболивающие... дало эффект. Если ты не псих, то тебя могут в дом для престарелых устроить. Это по блату. Там чисто, кормят... Тот, на «мерсе», под чьими колесами тебя нашли он первый вызвал «скорую», перепугался очень, так вот, он упакованный, вину свою замазывает. Совестливый нашелся. Обещал помочь... а он может, раз он на «мерсе» и совестливый. Он тебя и заберет... если родственники не обнаружатся. Ты дед прям Кощей Бессмертный — после такого выжить!»

Василий Васильевич застыл в ужасе. То, что он слышал, звучало как приговор. После долгого молчания он спросил: «А надолго меня сюда?» «Дней пять, и все», — отозвался сосед по койке. «Давно я здесь?» — продолжал расчеты Василий Васильевич. «Да третий день пошел», — снова отвечал сосед. Тут вкатили обед. Толстая нянька поставила каждому на тумбочку по тарелке. Не обошла она и деда. Сказала: «Кушай! Поправляйся, чтоб девочки любили». Василий Васильевич не притронулся к супу, он натянул повыше одеяло и отвернулся к стене. Вскоре нянька вернулась, чтобы забрать пустые тарелки. Обнаружив, что дед даже не притронулся, она стала его увещевать: «Не уйду, пока тебя не накормлю, ишь ты!» Она пристроилась на краю кровати и, зачерпнув ложкой суп, попыталась втиснуть ее деду сквозь сжатые зубы. Суп разливался по его щекам, но он был твёрд и зубы не разжимал. Тогда она сменила тактику. «Ты нам голодовку не устраивай, ишь ты, борец нашёлся, фиговый, еще наголодаешься, напротестуешься, а щас сил набирайся!» В этот момент раздался голос одного из пациентов, что лежал в дальнем конце палаты: «Если завтра кони брошу, бабка, от твоей стряпни, так у меня вся палата в свидетелях будет!» Услышав это, дед открыл рот и послушно заглотил содержимое ложки. Так он съел всю тарелку до последней капли. Нянька настолько поразилась произошедшей перемене, что не произнесла ни слова, — она и сама не была уверена в том, что этот суп можно есть с такой охотой, и вышла из палаты с загадочным видом. Мысли о съеденном супе побудили к общению, Василий Васильевич обратился к разговорчивому соседу. «Как сам сюда попал?» Сосед поморщился: «Траванули меня, дед». «Это как?» — полюбопытствовал Василий Васильевич. «А вот так... вовремя сюда привезли. Ну, ничего, на ноги встану, я их разыщу, бульдогов». В душе Василия Васильевича забрезжила надежда. «А... а... чем траванули?» «Да пивом... может, чего накапали в пиво, разберемся потом, я так просто не оставлю. Избили, зарплату вынули, зато жив остался! — он сплюнул через плечо и постучал по дереву, — тьфу, тьфу, тьфу. «Подкова» называется, забегаловка. Недалеко здесь, пара переулков от метро. Чистый переулок, а может, Чистильный... Хорошо, что рядом, быстро привезли. Жив, вот что главное».

Стемнело. Дед лежал, отвернувшись к стене, и думал. В палату зашла медсестра со шприцем в руках. «А ну, мужчина, одеяло откиньте, вот так...». Она вставила деду в ягодицу иглу, вынула и, пожелав «Спокойной ночи», выключила свет и ушла. Звук работающего телевизора усыпил временных постояльцев больничной палаты. Голубой свет покрывал лежащие на кроватях фигуры, и только сосед Василия Васильевича по койке сидел, уставившись в экран. А там — передача «За гранью возможного». Среди гостей студии — магистр эзотерических наук, колдун, шаман, медиум. Ведущий представил их оппонентов — доктора медицинских наук, ученого и философа. Вопрос передачи: целесообразно ли при жизни искать контакты с загробным миром?

Василий Васильевич улыбнулся во сне. Его жена была рядом: «Ну вот, ты снова улыбаешься. Успел на последний троллейбус... и улыбаешься. Дед открыл глаза: «Радость моя, а меня скоро выпишут!» Катя погладила его по волосам, хихикнула, склонившись к уху: «Тебе сегодня опять суп гороховый давали? Ты же его не любишь...». «Да и ты не любишь», — урезонил ее супруг. «Нет, я бы сейчас попробовала с удовольствием. Забыла, какой у него вкус». Василий Васильевич задумался, подбирая сравнение: «Это как... как пыль глотать и водой запивать... помнишь, в Дюртюлях в кузове ехали, жара, а мы рты раскрыли, и нам пыль с дороги да песок залетает! Вот это так же... Катюша». Катя закатила глазки и через мгновение радостно закивала: «А — это вроде как наглотаться плохого тумана... когда перед рассветом, в ненастную погоду летать?» Василий Васильевич из вежливости поддакнул: «Да, именно так!» Помолчали. Василий

Васильевич прервал тишину: «А где Михаил?» Катя поправила прическу привычным жестом и ответила: «Сейчас придет, и мы пойдем гулять в горы». «Эх, мне бы сейчас в горы! — мечтательно протянул Василий Васильевич. — Ты вроде раньше боялась гор... а теперь... голова уже не кружится от высоты?» Не чувствуя в голосе супруга нотки ревности, Катя ответила: «Нет, даже привыкла!» Простота, с которой она отвечала на его вопросы о Михаиле, немного успокаивала старика. Он понимал, что она ничего не скрывает от него, да и никогда не скрывала. «Михаил хоть присматривает там за тобой?» Она взглянула на него и также простодушно ответила: «Присматривает. А ты ревнуешь?» Василий Васильевич даже обрадовался, что наконец может выразить свою глупую ревность и тем самым избавиться от нее: «А что толку? — он многозначительно взглянул на супругу. Дождавшись ее ответного взгляда, продолжил. — Ну, коли присматривает, то хорошо. Передай ему привет от Василия». Она внезапно поднялась с края его постели и очень красиво произнесла прощание по-французски: «A plus tard! Ты французский еще не забыл?» «Mais non, ma cherie! Ах, Катя, я все делаю, чтобы...». Она перебила его: «Я знаю, но это ведь не только от нас зависит». Она показала ему кончик языка и пальцами оттопырила ушки, скосила глаза. Гримасничающая Катя выглядела настолько забавной, что Василия Васильевича разобрал смех, и он стал хихикать, все громче и громче, пока не проснулся и не обнаружил, что хохочет во весь голос.

Возле кровати стояла медсестра и сосед по палате и с удивлением разглядывали его. «Василий, вставай, на осмотр в 10-й кабинет. А там можно и на выписку!» — с этими словами сестра положила на стул его вещички, поставила возле кровати галоши и добавила: «Если в 10-м пройдет гладко, как мы предполагаем, то оденешься, и к главврачу, на беседу о твоем будущем. Он может кое-что предложить». После ее ухода сосед полюбопытствовал: «Кто тебя так рассмешил? Я проснулся от твоего хохота». Василий Васильевич просиял от недавних воспоминаний: «Жена». Ответы и поведение старика явно вызывали в соседе крайнее любопытство и даже подозрения, — и в первую очередь странным казалось то, что дед остался жив, да и оправился после несчастного случая так невероятно быстро. Шутка о Кощее все чаще лезла в голову и приобретала реальные черты. Сосед удивленно вскинул брови: «У тебя жена есть?» «Есть!» — с нескрываемым удовлетворением отозвался Василий Васильевич. «А что ж она к тебе не приходит?» — продолжил сосед. «А она приходит», — сладко потянувшись, ответил Василий Васильевич. «Это когда я спал, она приходила?» Старик кивнул утвердительно. «Жаль, так хотелось бы ее увидеть!» — вздохнул сосед. «А ее кроме меня никто не видит!» Сказав это, Василий Васильевич поднялся с постели, кряхтя, подошел к стулу, взял с него свои штаны и, посмотрев на них, издал радостный звук: «Хе-хе, о-ля-ля!» Его одежду кто-то заботливо постирал, и Василий Васильевич поочередно прикладывал к себе то кофту, то брюки, демонстрируя вещицы всей палате, наблюдал производимый эффект, прежде чем стал натягивать их на себя. А сосед, увидев, что дед одевается, вместо того, чтоб в больничной пижаме отправиться на осмотр, решал новую задачку. «Как все? И в 10-й не пойдешь? А к главврачу?» Но старик в ответ мотал головой. «А этого, который тебя подобрал, упакованный... его даже не дождешься?» Василий Васильевич влез в галоши: «Нет, и так задержался». «А что ему сказать, если зайдет?» — поинтересовался сосед. «Скажи, что меня супруга забрала!» «Как... — сосед смотрел на Василия Васильевича не мигая. — Она уже здесь?» «Да, внизу ждет! — старик подошел к нему и дружелюбно похлопал по плечу. — Ну, бывай... Как, говоришь, называлась та забегаловка?» Сосед дернулся: «Подкова». Василий Васильевич лукаво прищурился, смакуя название, повторил: «Под-ко-о-ва... Так вот, чтоб тебя так больше не подковывали! Прощай». Он поклонился всем, кто был в палате, и закрыл за собой дверь. Сосед метнулся к окну и стал смотреть. Минут через пять появилась одинокая фигура деда. Он пересекал больничный двор в направлении главных ворот, а оттуда двинулся в сторону метро.

Спустя полчаса Василий Васильевич уже стоял напротив входа в пивную со скромным названием «Подкова». Он потоптался, стряхнул грязь с галош, протянул руку к ручке и дернул. Дверь со скрежетом отворилась, и едва старик успел втиснуться в образовавшуюся щель, как она мигом захлопнулась. Помещение было круглой формы, небольшое, тускло освещенное, со стойкой бара, столиками и музыкальным автоматом. За стойкой немолодая с виду брюнетка продавала пиво в разлив. В зале было всего трое посетителей. Два бритоголовых парня сидели недалеко от входа. При появлении деда они брезгливо пробежали по нему взглядом и, тоскливо взглянув друг на друга и покосившись в сторону брюнетки, продолжили многозначительное молчание. Третий посетитель, с виду напоминавший иностранца, сидел в одиночестве и с любопытством поглядывал по сторонам. После того, как он поприветствовал старика, сказав на ломаном русском «Сдраф-здвуй-де!», сомнений в том, что это заезжий американец, не оставалось. Очевидно, он с нетерпением ждал общения с русскими людьми на их родном языке, который он сам выучил в колледже и вот никак не мог ни с кем разговориться. А так хотелось, наверное, понять: что же все-таки такое «русская душа»? Так что Василий Васильевич подоспел как раз вовремя. Он подошел к стойке и, пошарив в кармане, только сейчас сообразил, что у него нет ни копейки. Его смущение было очевидным, но не вызвало никакой реакции ни у барменши, не пошевелившей ни одним мускулом лица, ни у парней — они тоже сидели как изваяния. Но иностранцу, а точнее — американцу, представился случай выразить свою доброжелательность. Он вскочил с места, в два шага оказался возле бара, вынул деньги и протянул их ожившей барменше. Дождавшись, пока та нальет деду пива, он с удовольствием произнес: «Когда я был дедушка, я тоже захотел, чтобы меня угостил добрый. Мы все — дружба!» Дед расчувствовался и, приложив одну руку к сердцу, послал американцу взгляд, исполненный признательности. Затем осторожно взял кружку и медленно понес ее к свободному столику.

Усевшись поудобнее и поставив кружку перед собой, он уставился на ее содержимое с ощущением особой важности момента. Созрев для принятия первой дозы, он подбодрил себя словами: «Поехали!» — что вновь привлекло любопытного американца, который постарался повторить слова деда, пробормотав их шепотом, получилось: «пры-ехалы». Затем дед поднял кружку и отхлебнул большой глоток. Стер остаток пены с губ, поставил кружку на стол и стал ждать. Но ничего, кроме легкого головокружения, он не почувствовал. Тогда как американец, наоборот, успел несколько раз сбегать в туалет с видом весьма озадаченным. Но Василий Васильевич не терял надежды и продолжил дегустацию. Американца же вдруг явно повело: он стал мрачнеть и делать странные маневры вокруг своего столика. Это было нехорошим знаком. Он стал совсем бледен, откинулся на спинку стула, обмяк, запрокинул голову, словно положил ее на плаху, правда, лицом вверх — не по-нашему. Лицо его блестело от пота, а из горла вырывались животные хрипы. Дед хотел было подняться и помочь американцу, но только он оторвался от стула, как перед его носом выросла широкоплечая фигура — парень поднялся из-за соседнего столика и преградил ему дорогу. «Тихо, дед, тихо!» — скомандовал он, как это делали в фильмах про войну, при этом развел в сторону свои огромные ручищи так, что дед оказался словно за решеткой, отделявшей его от столика с американцем. Брюнетка куда-то исчезла — возможно, нырнула под стойку или ушла курить в подсобку. Второй напарник бритого подошел к американцу и стал ловким движением выворачивать его карманы. Делал он это так артистично, что можно было принять его скорее за иллюзиониста, чем просто за вора. Не хватало только возгласов: «Опа!» Но вот он закончил стремительный «шмон» и принялся бить американца по щекам, пытаясь разбудить его. «Ну, давай, давай, гет ап! Поднимайся...». Крики в самое ухо возымели свое действие, и американец начал дергать головой, вытаращил глаза и даже попытался подняться со стула. Но ему это не удалось. Тогда тот, что лупил его по щекам, стал поднимать американца, приговаривая: «Надо знать, как пить в Раша, ...эй, Коль! — он обратился к своему приятелю, — машину поймаем бедолаге, его нельзя так бросить!» Тот, который охранял деда, отошел от него и стал помогать тащить к выходу тело совсем обессилевшего американца. Но перед самой дверью они замешкались — больно неудобно тащить против воли взрослого человека. Как раз в это мгновение дед вскочил и что было сил засеменил в их сторону. Подойдя совсем близко к пыхтевшим мужикам, он остановился и, выкинув правую руку вперед и вытянувшись по струнке, вдруг выкрикнул визгливо и четко: «Хайль!»

От неожиданности парни бросили своего американца и застыли как вкопанные. Это напомнило им какой-то фильм про войну. Даже померещилось, что сейчас выбегут актеры-скоморохи и начнут их развлекать, мало ли — театр какой-нибудь авангардистский, работает в реальных жизненных условиях... Но никто не выскочил из-за угла.

«Не надо так волноваться, Петрович!» — очень мягко съязвил один из парней, придя в себя после оцепенения. И они снова взялись за повисшего тряпкой у стены американца. Они выволокли его на улицу и потащили к дороге. Но дед не хотел сдаваться, он семенил за ними, шаркая галошами и то и дело выбрасывал руку в приветствии: «Хайль!» Наконец остановилась машина, парни, пошушукавшись с водителем, засунули на заднее сиденье еле живого американца и отправили его «кататься» по Москве. После этого, отряхнув ладони, словно закопали кого-то, направились обратно к пивной. Дед двинулся за ними. Тут один из бритоголовых не выдержал, резко повернулся и, оказавшись вплотную к старику, процедил: «А ну вали, дед, если жизнь дорога!» — при этих словах он по привычке нащупал нож в кармане и так же по привычке извлек его в доказательство своих намерений. А скорее всего — просто попугать. Но слова его произвели обратное действие. В глазах Василия Васильевича появился вдохновенный огонь, он распахнулся и, подставив грудь, взглянул в глаза бритоголовому: «Ну, валяй — режь... что, слабо? ...Эх!» Парень переглянулся со своим напарником, вроде прикидывая: как повернуть ситуацию. И вдруг вынес вердикт: «Кому ты нужен? Нож об тебя тупить, живи!» После чего оба исчезли в пивной, заперев за собой замок.

Василий Васильевич постоял с минуту, потом сделал шаг-другой и бессильно опустился на ступени крыльца. На его глаза навернулись слезы. Он плакал.

Поплакав немного, он вдруг почувствовал себя легче. В глазах просветлело — так просто, без причины. В этот миг рядом с ним возникла тонкая фигурка юноши. Он окликнул деда своим звонким голосом: «Привет, вожак!» Василий Васильевич поднял лицо — перед ним стоял рыжий, тот самый, что когда-то позвал идти вместе. Старик был рад, как ребенок. «Вот удача! Как ты нашел меня?» Рыжий парень ответил, что уже давно наблюдал за дедом. Но Василий Васильевич был так возбужден, что не расслышал его слов: «Идем быстрее от этого черного места, я ведь пять минут как из больницы... А как твои, пернатые? Я хочу их видеть, идем к ним, они сейчас «на посту», собирают «дань»?» — нетерпеливо болтал он. «Они в замешательстве, вожак, они скорбят обо мне!» — неожиданно объяснил ему рыжий. Эти слова удивили Василия Васильевича, заставили его нахмуриться. «Дело вот в чем... — продолжил свой рассказ парень, — я вылетел в астрал... Это случилось всего пару часов назад. Я медитировал и вдруг почувствовал толчок: моя душа вылетела из футляра и вот теперь не может вернуться обратно. Так что пока еще не решено, «кто я» и где мне быть: там или здесь. Я сейчас все вижу — и вперед, и назад. Поэтому я тебя и нашел». Василию Васильевичу стало так грустно, что он чуть вновь не заплакал. Но сдержался — вспомнил, что перед ним подросток, — и, сделав над собой усилие, просто посмотрел на него. ...Бледная кожа, словно бумага из тончайшей рисовой муки, на которой пишут иероглифы или старинную японскую графику. Что успела написать на ней такая короткая жизнь? Почти ничего... Как новенькая...Тонкие голубые жилки выглядывают на прозрачных висках. Мелкие веснушки рассыпало солнце по чистому полотну. Черты этого юного лица — последний росчерк, оставляемый душой, перед тем, как сказать: прощай! «Только я обрел тебя и снова остаюсь один! В чем смысл?» Голос Василия Васильевича предательски дрогнул. Печаль колотилась внутри старого тела и просилась наружу. Она терзала измученное сердце. Сколько можно? Но юноша и теперь был сильнее старика. И он мог объяснить ему это.

«Не грусти, вожак, тебе не долго бродить в одиночестве по пустынным улицам. Я успел справиться о тебе, в эту пару часов, что завис над телами... Ты в двух шагах от прозрения!»

«Прозрения?!» Какая-то гневная ирония охватила вдруг Василия Васильевича. Ирония над самим собой и надо всем мироустройством. «Но почему ты уже там, и говоришь это мне, который еще здесь... ведь ты — подросток?»

И снова он получил ответ — какая-то высшая сущность общалась с ним через образ рыжего, и с каждым его словом вопрос исчерпывался сам по себе. «Это только кажется парадоксом, просто твоя душа моложе моей. Да ты сам об этом догадывался, когда встретил меня и пошел за мной».

Василию Васильевичу стало ясно, что рыжему теперь все известно про его полет вдоль тоннеля и разговор с Катей, но он сказал: «Я решил взлететь, но меня вернули назад...».

«Я знаю. Ты остался потому, что есть душа, которая тебя здесь держит. Она тебя зовет, и ты идешь к ней по этим улицам и переходам. Если хочешь, то можно сказать и так — ты еще не выполнил свое домашнее задание... ха-ха! У каждого оно свое. Но я похлопотал, чтобы твои поиски были чуть-чуть короче. Не забудь и ты замолвить обо мне словечко, когда встретишь свою жену!»

«Можешь на меня положиться!» — отозвался дед с готовностью исполнить любую просьбу парня. Но ему все равно было очень грустно.

«И еще...», — рыжий задумался, подбирая слова, потом махнул рукой, словно отказавшись от какой-то мысли, — ...да нет, просто обними моих ребят, скажи, чтоб не тянули меня обратно. Я им здесь больше пригожусь, если они меня отпустят». Дед молча слушал и кивал в ответ. «Ну, ладно, иди! — сказал рыжий старику, словно младшему брату, — а мне еще надо с матерью поговорить. Она же не понимает, что произошло. Ей сейчас снится вещий сон, надо ее успокоить и объяснить, что есть вторая сторона у этой медали. До скорого, вожак!» «До скорого, рыжий», — дед отвернулся и поспешил прочь.

Он шел по большому городу, потрясенный еще одной тайной, которая высунула нос из-за завесы и теперь дразнила его новыми вопросами. А из черной высоты кто-то наблюдал за его ходом, и Василий Васильевич с его открытием казался ему оттуда маленькой вопрошающей точкой.

На улице было по-мартовски ветрено и холодно. Снег то таял, то снова падал на землю. То вдруг выглядывало солнце и высвечивало лужи на тротуаре. Но неумолимо опускался вечер и окутывал в свой темный воротник всякого идущего.

Василий Васильевич не заметил, как спустился в переход, в котором бывал не раз и где встретил рыжего. Здесь, как всегда, было людно. Он шел мимо бесконечного ряда человеческих лиц: борцов за права животных, выставивших перед собой дощечки с призывами быть гуманнее к братьям меньшим, мимо самих этих «братьев» меньших, грустно взирающих снизу на спешащих мимо, тех, кто еще не решил — сострадать этим «братьям» или нет, и вообще: кто кому приходится братом, если таковой имеется. Струнный оркестр доигрывал Паганини, и слушающим, и идущим за что-то сразу становилось очень стыдно — за какое-то свое малодушие и за свою мелкость во всех вопросах. Целая галерея калек беззвучно укоряла отсутствием ног или рук, зрения или слуха. Бомжи кривлялись, юродствуя перед всеми, у кого была крыша над головой и собственный унитаз. А те, с унитазом и собственной крышей, взирали мельком на юродствующих и тайно вздыхали над неразрешимой проблемой, разыгрывающейся независимо от наличия унитаза и крыши... В этот час в переход спустились все — священники, женщины, дети, русские и таджики, цыгане, чеченцы и любопытные иностранцы, влюбленные и разлюбившие, честные и не очень, богатые и бедные. Среднего класса еще не было.

Но вот кто-то окликнул деда — его узнали, запомнили. «Эй, дед! Ты еще здесь?... в прошлый раз обещал помереть! ...Ну, так, значит, пока наш!» Он идет дальше и вот, постепенно, за гулом и какофонией звуков начинает различать другие голоса. Они беседуют с живыми, каждый о своем и каждый со своим: о недоговоренном, что требует разъяснения. И вдруг он понял, что лица тех, кто был в переходе, — их мимика, вопрошающие взгляды, — отражают разговор с невидимым собеседником: в одном случае просветление, в другом ярость или озабоченность. Почти каждый ведет диалог с тем, кто пришел из-за черты... Некоторые осознают этого собеседника, видят и слышат его, другие — еще только на подступах, предчувствуют, только начинают подозревать... и оттого находятся в испуге или задумчивости, в то время, как их невидимый партнер следует за ними по пятам. Это открытие поразило деда и обрадовало. Он счел его благой вестью, полученной впервые за долгое время ожидания.

В переходе Василий Васильевич не обнаружил приятелей рыжего. Тогда он выбрался на улицу и, свернув в переулок, прошел его до конца, пока не вышел на шумную магистраль, к перекрестку, где и встретил тех, кого искал. Ребята держались друг друга, — кто-то сидел на парапете огромного здания, кто-то стоял, некоторые, взявшись за руки, смотрели на звезды. Дед подошел к подросткам, и они приветствовали его. Он же, как обещал, обнял каждого и потом обратился к ним всем: «Рыжий просит вас отпустить его. Он смотрит на вас, улыбнитесь же и вы ему и ждите, когда он с вами заговорит». А потом добавил: «Это буквально то, что он просил вам передать!»

Сказав это, дед посмотрел в сторону дороги. Это был тот самый перекресток, на котором он лежал распластанный и ждал конца. Сейчас машины вновь выстроились в ряд, ожидая зеленого сигнала. Красные фары подсвечивали клубы горячего воздуха, струящегося из-под колес, казалось, что это языки пламени, — земля дымилась. Невольно напрашивалась мысль о смертельной опасности: не так ступишь — и поглотит тебя гигантский кратер, извергая горячую лаву. Необъявленная война велась в городе, все признаки были налицо, и каждый был немножко воином, скрывающимся от шального снаряда, когда, полусогнувшись, перебегал на другую сторону площади, опасаясь красного сигнала светофора.

Дед все еще смотрел на перекресток, когда в самую гущу кровавого облака вступила женская фигура. Она застыла на мгновение, чтобы собраться с духом, прежде чем начать пересечение враждебного пространства.

В руке женщина держала палочку, которая должна была помогать ей удерживать равновесие. Она выставила ее вперед и попыталась прощупать почву, на которую ей предстояло вступить.

Было видно, что женщина волнуется, и это подтвердилось через мгновение, когда она, сделав первый шаг, вдруг выронила свою палочку и от неожиданности стала разводить руками, переминаясь с ноги на ногу. Между тем время для безопасного перехода стремительно иссякало.

Раздумывать было некогда, и Василий Васильевич направился к женщине, чтобы помочь ей. Он поднял палочку, затем подал ей руку, чтобы она смогла опереться, и так они начали пересекать площадь. Дед старался изо всех сил. Они прошли уже полпути, вышли на середину дороги, как вдруг дед почувствовал сильную слабость — виски сдавило, в ушах раздался шум, земля стала уходить из-под ног. Успев приложить свободную руку к сердцу, он стал медленно заваливаться назад, утягивая за собой свою спутницу.

Несмотря на то, что голова кружилась, он испытал внезапное облегчение и вдруг отчетливо осознал, что несется по пресловутому тоннелю к светлому пятну! Чувство радости переполнило его существо: «Я свободен, у меня нет возраста, я лечу к своей любимой!» Но вдруг где-то позади него раздался резкий звук, затем другой — словно что-то рассыпалось на кусочки, ударившись о твердь. Его пронзила мысль: «Я бросил ее, ту, которую взялся довести. Как я мог?!» И он собрался с духом, чтобы отправиться в обратный путь. В это самое мгновение его и окликнул голос жены: «Куда же ты?» Он оглянулся — его любимая, долгожданная Катя, стояла перед ним и протягивала руки. У старика от волнения перехватило дыхание: «Катенька, милая моя, только не сейчас! Как я могу? Я же взялся ее довести!» Катя взглянула на него исподлобья и улыбнулась, — да так, что он залюбовался ею. «Какая ты у меня красавица...!» И слезы выступили у него на глазах. Она же в ответ повернулась вправо и влево, чтобы он насладился ее стройностью сполна. Дед не мог отвести глаз от жены. Потом спохватился: «Чуть не забыл, Катюша, к вам скоро поступит один мальчишка, а может, уже поступил, — похлопочи за него. Он не такой, как все, ему нужен особый подход. И, пожалуй, почитай ему стихи Верлена, мне кажется, он никогда не слышал, как читают настоящую поэзию. Будешь умницей? А теперь поспеши...». Она улыбнулась ему в последний раз и удалилась. Придя в себя, старик успел подхватить женщину в последнюю минуту, — она, вслед за ним, чуть было не ударилась о землю. Приняв устойчивое вертикальное положение, они продолжили свой путь.

Переведя женщину на другую сторону, Василий Васильевич принял предложение зайти к ней в гости, согреться чашкой чая, благо, что она жила в двух шагах от перекрестка. Зайдя в прихожую, он снял старую телогрейку, повесил ее на вешалку, огляделся, прошел в гостиную. Квартира оказалась теплой и обжитой. Ему стало хорошо среди старой мебели, полок с книгами и фотографиями в рамках, что висели на стенах. Он с радостью отметил, что на полках те же корешки книг, что когда-то стояли у него в доме до того, как их пришлось продавать. «Как все знакомо!» — подумалось ему: то ли он давно отвык от человеческого жилья и теперь любой признак семейного обиталища казался ему повторением собственного дома, который он потерял, а может, эти дома и правда похожи?

Хозяйка была моложе его на несколько лет. Она улыбалась и была проста в обхождении. Пригласила Василия Васильевича к столу. Пока на кухне закипал чайник, она раскрыла альбом с фотографиями в свете старого абажура и принялась рассказывать. «Это мой выпускной класс... А это — родители со мной годовалой. Это я в купальнике в Сочи, это просто пальмы... на набережной...». Она подняла взгляд на Василия Васильевича и отметила, что он щурится. «У вас плюс два, плюс три? Тогда возьмите мои... у меня их много...» — и, опустив руку в карман широкой кофты, извлекла оттуда футляр, раскрыла его и положила перед ним очки. Василий Васильевич расплылся в улыбке и, водрузив на нос стекляшки в большой роговой оправе, вновь уставился в пожелтелые фотокарточки. Ее голос, рассказывающий о детстве, родителях, тяжелых и счастливых поворотах судьбы, врачевал его уставшее сердце. Он разомлел от забытого давно чувства благодарности и единения с другим живым существом. Она продолжала: «Это моя школьная подруга... потеряла ногу на войне, была совсем девчонкой... теперь живет одна, замечательный человек, какая воля к жизни... А это я с будущим мужем. Познакомились в эвакуации... детьми... потом расстались и вдруг случайно встретились в московском метро, ему было семнадцать, мне на год меньше. А это ему 25 — студент хи-

Она зашуршала снимками, откладывая одни в сторону, другие извлекая на поверхность и протягивая их Василию Васильевичу. Но вот она тяжело вздохнула и, сглотнув подступившую слезу, протянула фотографию: «Это наш ребенок, она умерла». Сказав это, встала и вышла на кухню. Василий Васильевич уставился на снимок, с которого на него смотрела годовалая девочка в ползунках и с игрушкой, лежащей рядом на коврике. Ее взгляд спрашивал: «А ты что здесь делаешь?» Женщина вернулась в гостиную и, подойдя к столу, наполнила чашки ароматной жидкостью из пыхтевшего чайника, затем снова села подле Василия Васильевича, перелистнула страницу альбома и заговорила своим убаюкивающим голосом. Василий Васильевич успевал изучать лицо хозяйки, отмечал в нем смену настроений — то радость и просветление, то печаль. Лицо было выразительным, живым, даже показалось знакомым... и ему это нравилось. Но вдруг его охватило странное чувство: будто что-то требовало разъяснений — предчувствие какой-то разгадки, таившейся в этой комнате и в этой женщине. Что бы это могло быть? Ах, да — фотография! Ему показалось что-то... уже виденное. Он попросил перелистнуть страницы альбома назад, чтобы снова взглянуть... Вот! Это фотография ее мужа, ему здесь... 25? Где он видел это лицо? Чуть надменный профиль, даже черный костюм и весь облик — очень знакомы... и «Его звали Михаил?» — произнеся имя, Василий Васильевич уже знал ответ. «Да, Михаил...» — тут же отозвалась она, любовно глядя на фотографию, и продолжила: «Он попал под машину, семидесяти не было, и что странно — на том самом перекрестке... возле нашего дома». Василий Васильевич замер, перед его мысленным взором предстала Катя и ее новый спутник Михаил... и все, что он успел спросить Катю о нем на площадке незнакомого дома, и потом, в больничной палате. Поразительно! — впрочем, чему уж теперь удивляться... так и должно было быть. «Поначалу я хотела переехать отсюда куда-нибудь подальше... в другой район, чтобы не видеть это место... — продолжала свой рассказ женщина, — но потом что-то изменилось во мне, и я осталась». Они помолчали, и она вдруг спросила: «Вы верите... в загробную жизнь?» Василий Васильевич прищурился, усмехнулся и как-то совсем небрежно ответил: «Не-а!»

Она снова вздохнула: «А я вот верю, но ужасно боюсь!» — сказала Анна Николаевна — так звали эту милую женщину, — после чего покосилась куда-то в сторону, туда, где стояло старинное кресло. Там, положив ногу на ногу, сидел Михаил. Он тут же приветствовал ее легким кивком головы и очаровательной усмешкой

Анна Николаевна вздохнула с облегчением и вновь повернулась к Василию Васильевичу: «Вот, поговорила с вами, и на душе полегчало... сегодня день какой-то... особенный!» Потом предложила: «Ну что? Еще чайку?» «С удовольствием!» — отозвался дед и протянул ей свою чашку. Потом поднес чашку к губам и, выпрямившись, посмотрел в окно.

Он увидел, как посыпался легкий снежок, абажур отразился в стекле и словно нанизался на черную ветку большого дерева, за которым серело весеннее небо с лиловыми разводами облаков. Василий Васильевич издал вздох облегчения, и комната словно раздвинулась, стала шире, без стен, впустив в себя все, что было и там вдалеке, и глубоко внутри. Он увидел букет цветов, парящий в вышине, склоненную голову Кати, читающую стихи по-французски вихрастому рыжему парню, который прихлебывал сладкий чай из чашки, и Анну Николаевну с чайником в руке, и себя, и Михаила в кресле... «Интересно, — думал Василий Васильевич, — кто бы мог это нарисовать? И как такое полотно должно называться? Может: «С тех пор они не расставались никогда...». Звучит неплохо.

Глава 18. **Криминальная хроника**

«Пиф-паф-ой-ой-ой!» Титр: «Конец». Зажигается свет. Люди выходят из зала или просто встают дома из кресел и идут на кухню, чтобы заглянуть в холодильник: нет ли там чего вкусненького? Но в одном темном уме созрел план: встать завтра пораньше и отправиться в магазин «Охотник» за топориком, а если повезет, раздобыть пистолет с глушителем, сесть на электричку и, сойдя на ближайшей станции, залечь в канаве неподалеку. На следующий день милиция объявит в розыск средних лет женщину, мать-одиночку, которая не вернулась домой после ночного дежурства. «Темный ум» даже передернуло от этих сладких мыслей...

Нет, я не разделяю точку зрения, что кинопродукция криминального содержания способна пробудить в человеке самые низменные инстинкты. Скажем, на экране все друг в друга стреляют, и находится зритель, который, посмотрев этот кровавый фильм, идет грабить и убивать. Конечно, я тоже слышала, что совершившие преступление признавались, мол, смотрели «Прирожденных убийц» и решили сами попробовать. Но я тут же вспоминаю, что некто Чикатило, по его словам, любил советский фильм «Чапаев» и каждый раз, настигая свою жертву, воображал, что берет языка в плен. Что ж тут, «Чапаев» виноват?

И все же мне самой пришлось однажды убедиться, насколько наше сознание без разбора, как губка, впитывает все, что мы видим и слышим вокруг, и из телевизора в том числе. Даже такой крепкий орешек, каким считала себя я, — и то способен в определенных обстоятельствах мыслить криминальными категориями. Порой так и хочется крикнуть: «Молчать! К стенке, оружие на стол!» Я, правда, не столько виню в этом телевизор, сколько признаю, что в каждом человеке есть Тень. Первым это понятие ввел в обиход психоаналитик Юнг. Тень — адвокат дьявола, она воплощает все низменное, черное, негативное, что дремлет в человеке. Тень, как и Эго, есть составляющая часть психики каждого из нас. И она способна пробудиться в любой момент, дай только повод. А повод был мне дан, и все покатилось в моем воображении, как полагается в криминальном сюжете. Самое неожиданное, что причиной моих черных фантазий и переживаний явился не кто иной, как Джек, — мой квартиросъемщик.

По прошествии трех лет, что Джек снимал у меня квартиру, наши отношения с ним начали портиться. Недаром говорят — не дружите с теми, кто снимает вашу квартиру. Деловые отношения нельзя переводить в дружеские, и наоборот. В результате — ни деловых, ни дружеских. Говорят, правда, не так, но я перефразировала. Что-то у Джека не заладилось с работой, и он перестал платить. То есть он задерживал квартплату по несколько месяцев, но каждый раз уверял меня, что надо недельку подождать. Объяснял, что он ждет перевода или что-нибудь в этом роде. Одним словом, валил все на какого-то Гарри или Джерри, мол, он во всем виноват и подводит Джека и меня. Я ждала месяцами. Потом мне ждать надоело. Я поняла, что Джек вошел во вкус, и пора бы ему немного подсуетиться и начать возвращать долги в срок. Но после того, как я стала разговаривать с ним в категоричной форме, Джек вдруг повел себя еще неожиданнее. Вместо того, чтобы извиниться и что-нибудь пообещать, он стал говорить, что у него другие приоритеты. А именно — его здоровье. Из этого следовало, что Джек решил сначала потратить деньги на себя, а потом уже расплачиваться со мной. Это переполнило чашу моего терпения. Эх, какие же мы все лопухи, не хотим верить в то, что нас может обмануть «приличный» с виду человек. Ну конечно, разве можно такое ожидать от пожилого джентльмена в очках, который водит тебя в консерваторию и даже чинит твою старую лампу? Именно так мне и говорили мои знакомые: «Такой человек? На него это не похоже!» (Признак перестроечного постсоветского времени: люди-оборотни. Отсюда и вошедшие в обиход словечки — наехал, развел, кинул...) Одним словом, Джек — иностранный гражданин, и тот заразился нашим беспределом и стал играть по его правилам. Джек меня подставил. Ох, плохое это чувство — быть подставленной, да и слово противное. Но именно так я себя и ощущала. И выхода не могла найти, хотя искала.

В этот период я репетировала в театре новую пьесу с одним очень модным и хорошим режиссером и еще более модным актером. Приходя на репетиции, выговаривалась, прежде чем начать работу над ролью. И так однажды рассказала им, а вернее, выпалила свой гнев на квартиросъемщика, мол, что делать? Мужчины меня выслушали, потом актер высказал свои соображения: «А что ты мучаешься, у меня есть ребята, пришлем их, они с твоим Джеком разберутся, он и деньги отдаст, и будет ему урок». Осознав услышанное, я переспросила: «Ты что, предлагаешь побить его?» Он одобрительно кивнул. При этих словах я испытала что-то вроде культурного шока. Как? Актер, тонкий человек, — а он тонок, изощренно тонок, — и предлагает мне пойти на избиение моего квартиросъемщика? «Да, да, именно! — видя мое недоумение, подсказал актер, — побьют слегка, и все!» «А если его убьют случайно?» — испугалась я. «Да нет, мои ребята умеют сделать все, как надо!» — отвечал спокойно тот, с кем мне предстояло репетировать пьесу про «тонкую жизненную материю». Я посмотрела на режиссера. Он молчал. Потом сказал свое слово: «Я думаю, что так делать не надо, это плохая карма, будешь мучиться!» Да, да, я тоже называла это «кармой», ну конечно, я на это не пойду!

Поблагодарив актера за участие, я спокойно принялась репетировать свою роль. Она была про актрису, которая встречает своего давнего любовника, — его как раз и исполнял актер, с которым я разговаривала про квартиросъемщика. Мы сели на пол репетиционного зала и начали произносить текст. Но кульминационная фраза в тексте мне не давалась. Я долго импровизировала — перелезала через сидящего на полу партнера, закидывала на него то ногу, то руку, то наоборот, замирала и не двигалась, но все не шло. «Кто он мне? Какие у меня с ним взаимоотношения?» — пытала я режиссера. А он повторял одно и то же: «Он твой давнишний любовник, который объявился через десять лет у тебя в гримерной!» «Нет, я это понимаю, но он важен для моей героини, это ее жизненная трагедия или он проходящий?» — не унималась я. «Он твой любовник!» — снова повторял режиссер. Мне было от этого плохо. Я никак не могла понять, что это за взаимоотношения между мужчиной и женщиной, если они определяются одной фразой: он твой бывший любовник. На этом мы с режиссером и с этой пьесой разошлись в конце концов. Я ушла из спектакля, правда, он недолго просуществовал, даже с другой актрисой. Мое самолюбие было вознаграждено таким поворотом дел. Хотя я до сих пор не унимаюсь — что ж я не смогла понять в такой расхожей фразе: он твой любовник? У меня же было так много любовников и всего один муж... законный. Но Бог с ним, мы ведь многого не можем понять про себя. И об этом я и пишу.

От мести Джеку я отказалась, но план воздействия на него придумала. Взяла двух своих приятелей — поэта и актера — и появилась на пороге у Джека (на моем пороге), когда он собирался ужинать. Увидев нас, он немного растерялся, проворчал, что очень хочет есть и мы пришли не вовремя, но после некоторых колебаний впустил. Спросив сначала, когда он готов вернуть долг; и услышав, что через месяц, мы предложили ему сделку. Сейчас мы забираем его видео- и аудиоаппаратуру на сумму долга и возвращаем ее по истечении месяца, когда он вернет деньги. Если денег к тому сроку не будет, — я оставляю аппаратуру себе. Джек не сразу, но все же согласился. Мы составили бумагу, в которой изложили наши общие условия, и подписали. Через несколько дней Джек вернул мне долг. А я вернула ему аппаратуру. Он негодовал, называл моих приятелей, с которыми я пришла, «болванами», что меня ранило до глубины души, но план сработал. Джек в конце концов покаялся, пообещал впредь не задерживать выплату, и на этом основании я оставила его в квартире. Но через пару месяцев он начал ту же игру. «Джерри должен был получить мой чек, привезти его в Москву, но у него заболела жена, подожди недельку, максимум две», и так далее. Снова тянулись месяцы, а денег Джек все не возвращал, да и выселить его у меня не получалось. Ну выселю, — думала я, — и что? Деньги он мне тогда уж точно не вернет. Да и все еще верилось, что вот-вот договоримся по-хорошему, хоть я и принялась искать желающих снять квартиру вместо Джека. Сообщила ему об этом, водила разных людей, показывала апартаменты, но мои поиски заканчивались фиаско — все отказывались.

От невозможности изменить гнетущую ситуацию и от ощущения своей «подставленности» мне и начали сниться кровавые сны, которые, проснувшись, я с удовольствием смаковала. Я приходила к Джеку — в свою квартиру — и прокричав что-то злобное, вынимала пистолет Макарова и стреляла... по ногам Джека! Выше подняться я не решалась. Даже в воображении. Нет, мне не хотелось его убивать, мне хотелось сделать ему больно, поиздеваться над ним, так же, как он, с моей точки зрения, издевался все это время надо мной. Я с удовольствием представляла, как фонтаном брызжет кровь, как корчится от боли Джек, восклицая «Ох!» или «Ах!» и как я выговариваюсь, бросая ему оскорбления в лицо. Признаюсь, мне становилось от этого легче. Просто-напросто мне становилось от этого очень хорошо. Воображаемое насилие над Джеком стало для меня психологическим убежищем и давало силы в очередной раз выслушивать его обещания выплатить долг «через неделю». Я знала, что мысль материальна, и это меня немного настораживало, — бедняга, у него и так проблемы со здоровьем, а теперь от моих мысленных расстрелов ему должно быть совсем нехорошо. Но я успокаивала свою совесть тем, что моя «казнь» свершается только в воображении. А не было бы ее? Не оттягивай она на себя весь праведный гнев, кто знает... Порой я задумывалась над тем, какую помощь мне предлагал актер — что, если бы я согласилась? И проигрывала в сознании всю историю с избиением до конца. Вот они — парни, затаились у подъезда. Вот появляется Джек, они его подзывают на разговор и наносят ему удары, приговаривая: «Вот тебе... отдай деньги!» Он падает. Они поднимают его и ведут в квартиру. Там он вынимает из сейфа или из кошелька деньги и возвращает им. Перед тем как уйти от Джека, они обещают ему вернуться, если он еще раз повторит свои игры со мной. Или требуют от него убраться в течение трех суток из моей квартиры, если хочет сохранить свое здоровье. Что делает Джек после того, как за ними закрылась дверь? Он ползет в ванную комнату, моет свои раны, смачивает их йодом и делает перевязки. Весь следующий день он лежит с сердечными каплями, но постепенно приходит в себя. Звонит мне, просит дать ему недельку, чтобы переехать, я соглашаюсь, и через неделю он съезжает. Но! И в этом «но» заключалась вся сермяга. Если история с избиением пошла бы по своему, не запланированному заранее сценарию? Что, если Джека могли случайно убить? Или он просто умер бы от разрыва сердца? Что тогда? А ведь этот поворот исключать нельзя, следуя закону непредсказуемости, которым и отличается реальная жизнь от воображаемой? Шли побить и случайно убили. Именно так происходит в девяти случаях из десяти, судя по криминальной хронике. Более того, шли не побить, а выяснить отношения и... убили. Вот тебе и «но».

Рано или поздно я все-таки нашла нового квартиросъемщика, и Джек переехал на другую квартиру. Я иногда встречаю его на московских улицах, и мы приветливо здороваемся. Последний раз он даже сказал мне, что прочитал мою книгу «Идиотка», а также, что скучает, ему не хватает нашего общения. Мне при этих словах становится немного грустно — Джека мне тоже по-своему не хватает: худого джентльмена в очках, приглашающего меня в консерваторию... Но в то же время не хочется видеть кровавые сны, от которых становится легче.

История, произошедшая между мной и Джеком, а также разговор с актером и его предложение мне помочь долго крутилась в моей голове. То в юмористическом плане, то в трагическом. У меня даже родился замысел непоставленного фильма. Трое актеров — людей далеких от криминала, эдаких «болванов», по выражению Джека, играючи, решаются пойти и напугать какого-нибудь особо вредного господина N. и случайно убивают его. Между их фантазией, которую они задумали реализовать со смехом, как розыгрыш, и свершившимся фактом — колоссальная пропасть двух психологических состояний: «шутники» и «преступники». И при этом маленькая временная дистанция — одна ночь. Ну и конечно, резюме: плохие концы просто так не возникают. Они есть следствие плохого, ложного замысла. Я стала размышлять на тему случайных преступлений и преступлений запланированных. Преступлений, которые совершаются «отъявленными бандитами» и «нормальными» людьми. И конечно, я переводила свои мысли в сюжеты для непоставленных фильмов. А жизнь то и дело подкидывала материал для творческой фантазии.

Случилось мне пойти на ужин в ресторан со своим старым знакомым-писателем и его друзьями — женатой парой. Парочка оказалась с виду очень колоритной. Он — пухлый лысеющий адвокат лет 35-ти, она — ярко-рыжая дама с формами, старше его на порядок лет, о чем сама же и поведала. Вся честная компания мило беседовала, попивая сухое вино и заказывая всякие деликатесы, как вдруг разгорелась мелкая ссора между супругами. Слово за слово стало ясно, что супруга требует от своего молодого мужа составить завещание на ее имя. Заговорил об этом сам пухлый адвокат, вроде как в шутку. Ни с того, ни с сего. Мы с другом-писателем, собственно, и восприняли его слова как юмор. Но оказалось, что это не так. Рыжая начала вдруг объяснять, почему она просит, а по сути требует у своего молодого еще мужа составить завещание. Дело в том, говорила она, что буквально на днях у их общей знакомой умер муж. Так вот просто — умер. Вчера еще был жив, а сегодня уже нет! «А что, если... — логически завершала она свой рассказ, нервно и выразительно жестикулируя, — а что, если и с тобой такое случится? Все под Богом ходим!»

Мы с моим писателем слушали молча, но слова ее невольно заставили нас сравнивать его и ее жизненные возможности. А правда, у кого больше шансов сыграть в ящик? Я невольно решила, что несмотря на более молодой возраст, пухлый адвокат — кандидат на эту роль в первую очередь. Вид у него был подкисший, так сказать, бледный, и полноват он был не по возрасту. Она же казалась женщиной в самом соку, исполненной энергии и жажды действовать. Впрочем, эти мысли были некорректными и их тут же пришлось отогнать. Однако странным казалось то, что дама и сама абсолютно исключала возможность уйти на тот свет первой. «Но почему именно я, ведь я ничем не болен, тьфу, тьфу, тьфу!» — заводясь, воскликнул супруг рыжей. Мы с писателем повернули головы в ее сторону: что скажет, ну-ка? «Я ж не говорю, что ты будешь первый, но об этом надо думать, ты же кормилец в семье, кому ж об этом позаботиться, если не тебе?» — парировала рыжая. Услышав ее аргументы, все лихорадочно принялись искать что-то в своей тарелке, включая адвоката, который сразу сник и, не найдя ничего съедобного в заказанном им блюде, продолжил попивать свое вино. Вскоре тему разговора сменили. На том ужин и закончился. Прощаясь с супругами, я крепко пожала руку адвокату и холодно взглянула на рыжую. Мои чувства разделил и мой друг-писатель, посмотрев напоследок в округлое растерянное лицо приятеля с немой многозначительностью.

Уже бредя по ночным улицам, мы с писателем проигрывали все варианты возможного жизненного сценария этой пары. И приходили неизменно к выводу: рыжая собиралась каким-то способом отделаться от своего супруга. «Отравит, наверное, подсыплет что-нибудь в еду, и все тут! — вздыхал мой спутник. — Это ж так просто делается». «Ну и как ему помочь?» — спрашивала я. «А как поможешь, он и сам все понимает!» Подойдя к моему дому и поцеловав мне руку, он философски заключил: «Может, все и не так... Но очень это было странно, ведь первый заговорил, хотел, наверное, чтобы кто-то был свидетелем... но и улик пока нет, просто разговор!»

В эти дни как раз и друг на меня свалился — приехал из Америки. «Нет, я теперь ничему не удивляюсь! — говорил он, печально вздыхая. — После истории с Алкой и Эдиком я во что угодно могу поверить. Я ж их знаю с юности, вместе учились! Мог ли я когда-нибудь подумать, что Алка пойдет на убийство Эдика и сядет за это в американскую тюрьму? Как так — интеллигентные люди, химики, эмигранты, первая любовь, дети, благосостояние — и убийство?! Конечно, возраст у обоих был критический, 55 лет. Он, понятное дело, влюбился в молоденькую, а Алка оставалась одна, но ведь деньги были, профессия, и вообще... Отомстить захотела, присвоить себе все с ним нажитое и осуществила-таки свой план, но попалась. Когда она выгружала пакеты с его расчлененным телом на берегу Гудзона, полиция ее заметила, и все раскрылось. Теперь отбывает срок, а Эдик с того света наблюдает... Теперь я ничему не удивляюсь».

Судьба неизвестных Эдика и Алки погрузила и меня в транс и недоумение. Нет, точно, никогда не можешь знать, чем человек к тебе повернётся — ангельским лицом или ощетинившейся пастью. Но все-таки в каких-то случаях можно знать наверняка? Ну, так это избранные люди. Избранные! И за это мы можем назвать их поименно.

Но не успела я ахнуть от услышанной истории, как тут же узнала и другую, не менее шокирующую. Да Боже мой, — скажете вы, — все они шокируют, потому что не может не шокировать нормального человека убийство себе подобного! Верно, и я вовсе не собираюсь пересказывать все, что мы каждый день слышим из теленовостей. Но все же меня поражает, что криминал расширил свою географию и физиономику — он одержал победу над «приличными» людьми — теми, кто был воспитан по-человечески. Мы же привыкли думать, — и это отчасти верно, что для совершения преступления нужны предлагаемые обстоятельства тяжелого детства или никакого детства вообще. А тут — и детство вам, и все необходимое в дальнейшем. Следовательно, это распространяется, как бацилла, и поражает слабые умы. Или просто виной тому наша глупость, раз мы неспособны увидеть и распознать вовремя — кто с нами, зачем и в какой мы, собственно, находимся жизненной ситуации.

В очередной трагической истории с убийством, признаюсь, шокировало меня именно то обстоятельство, что жертвой стал брат моего давнишнего соседа. И вот почему. Как-то так жили мы много лет рядом, и всегда казалось, что все в его семействе должно быть очень хорошо, очень правильно. Он, его веселая умница-жена, их дочь, его теща — были людьми с хорошим образованием и профессиями. И шли в ногу со временем, и были скромны в должной степени. Разумные люди, одним словом. Ни они, ни их родня, казалось, никоим образом не могут быть тронуты криминалом — тем, о котором пишут в дешевеньких печатных изданиях. Да и откуда? Ну там инфаркты, инсульты, инфлюэнцы — это еще возможно, от этого никто не застрахован, но не «их разыскивает милиция». И вдруг узнаю, выйдя как-то поболтать на лестничную площадку, что у милого, улыбчивого Володи пару лет назад убили брата. И как выяснилось в результате расследований, завершившихся буквально на днях, — убила его собственная жена со своими подельниками, среди которых была и ее родня, и любовник. Заговор, вынашивавшийся несколько лет, осуществили ради прописки и квартиры, в которой, по несчастью, проживали супруги и которой жена-провинциалка мечтала распоряжаться вместе со своим любовником и родней. Поймали ее на улике, обнаруженной, так сказать, случайно, в последний момент. То ли на скатерти, то ли на занавеске осталось пятно крови. От этого пятна и потянулась вся история с разоблачением. А поначалу версия была банальной — ограбили в темном переулке человека, прибили, спрятали труп, а жена его в это самое время к родне поехала. Дела семейные!

Вот я и думаю — откуда взяться такой жене? Я имею в виду — при таком муже? Ну что он, женщин, что ли, не видел? Не мог разве Соньку Золотую Ручку отличить от Софьи Ковалевской или от матери Терезы? Да в том-то и дело, что у Соньки нет специфических отличительных черт, как и у матери Терезы или у Ковалевской, тоже «Соньки». Они просто женщины, каждая со своим путем. И все различие только и есть, что в их пути.

И как ни тяжело сознавать, но выходит, что у каждой истории с убийством есть своя биография, вполне человеческая. А ведь насколько легче думать, что есть просто «люди, которые могут убить» и «люди, которые никогда не могут убить».

«А ты говорил!»
Тройственным союзам посвящается...

Им было хорошо вместе — Биму, Пому и Тик. Так они шутливо называли друг друга, хотя у каждого из них имелись самые обыкновенные имена и отчества. За время общения прозвища так прилипли к ним, что теперь они с удивлением вспоминали, что Тик — это 33-летняя Татьяна Ивановна Комарова, женщина без определенной профессии, подрабатывающая изредка статейками в газетных изданиях, а Бим — 37-летний лысеющий очкарик Борис Игоревич Михайлов, переводчик с французского и испанского языков, ну а умник Пом с ироничной усмешкой — литературный критик, пописывающий сценарии для фильмов, 42-летний Павел Олегович Макаров. Они не только забыли свои имена, но даже настоящий возраст стерся из их памяти. Между собой они были если уж не 5-летними Таней, Борей и Пашей, то во всяком случае подростками. Правда, по причине разности характеров и темперамента роли распределялись таким образом, что руководил ситуацией ироничный Паша, он же Пом, беспрекословно потворствовала ему эмоциональная Таня — Тик, и тащился за ними, с легким опозданием, полноватый флегматик Бим, или Боря.

И так они привыкли к своей игре, что только при появлении кого-нибудь четвертого Пом представлял всех по именам: «Борис и Татьяна — супруги, их лучший друг — Павел». Именно так было в реальной жизни — Бим и Тик были супругами, а Пом — их другом. Другое дело — в игре. Здесь им порой приходилось нарушать установленные жизнью правила.

В тот вечер Пом никого не ждал. Еще вчера они договорились с Бимом, что в ближайшую субботу, не позднее, поедут кататься с горок, затем, как обычно, все втроем будут готовить глинтвейн у Бима с Тик, а после разгадывать шарады. У «Бима с Тик», потому что в прошлую субботу они играли в фанты у Пома. Теперь их черед. Раздавшийся в дверь звонок заставил Пома вылезти из теплого кресла, отложить рукопись и, прошаркав клетчатыми тапочками по паркету, согнуться и посмотреть в «глазок». Там стоял маленький Бим, размером в полсантиметра, его округлая фигура слегка подергивалась от порывистого дыхания. Пом знал, как умеет пыхтеть Бим, и ему очень захотелось подержать Бима подольше на лестнице, чтобы немного посмеяться над приятелем и заставить его понервничать. Все звуки, которые мог издавать Бим, очень веселили Пома. Бим и вправду стал пыхтеть в полную силу, и Пому даже показалось, что он слышит удары его сердца. Это раззадорило весельчака Пома, и ему в голову пришла забавная мысль: отворив незаметно замок, он постарался как можно тише приоткрыть створку двери, затем спрятался между ней и стенкой. Увидев, что дверь медленно открывается, Бим сделал шаг и вступил на порог. Пыхтение прекратилось: Пом прислушался: сердце Бима екнуло и остановилось. «Дружище! — как можно громче заорал Пом, вылезая из своей засады, — ха, ха, ха, дружище!» Он сгреб онемевшего от испуга Бима в охапку и потащил полумертвого в гостиную. «Как мне нравится тебя разыгрывать, дружище!» — снова повторил он, усаживая друга на диван. Бим возобновил свое сопение, смешанное со слезой, и еле слышно промолвил: «Я чуть не умер, Пом! Чуть не умер!» Он вынул носовой платок, протер им лицо, затем, поднеся к носу, громко высморкался. Его слова развеселили Пома еще больше, и он заботливо принялся укутывать трясущееся тело Бима пушистым пледом. «Да разве я дам тебе помереть, старина, я просто развиваю твои защитные реакции, ты слишком расслабился, так нельзя. Надо было попугать тебя немного!»

«Я чуть не умер, Пом!» — снова произнес Бим, освобождаясь от пледа и откидываясь на спинку дивана. — А может, я уже умер, а?» При этих словах он внезапно выпрямился и, вытянув шею, спросил: «Ты один?» Пом хотел было пошутить, но осекся, взглянув на осунувшееся лицо Бима, и виновато повел руками: «Да что с тобой, старина, неужели я тебя так напугал, ну прости хулигана Пома. Я же любя». Он опустился на диван возле притихшего Бима и доверительно обнял его за плечи. «Может, ты дни перепутал? Мы собирались в субботу кататься на горках». Но его слова произвели обратное действие. Бим дернулся и, подавшись вперед, принялся покачиваться, словно у него болит живот. Затем поднял голову и тяжело выдохнул: «Все кончено!» Произнеся это, он вскочил с дивана и, сделав несколько шагов, уперся в стенку. Постояв с минуту в нерешительности, он сдвинулся в угол и там застыл, отвернувшись от Пома. Его поза показалась Пому театральной, и он с облегчением подумал, что Бим просто разыгрывает его. Приготовился к ответной атаке, решая, что выкинуть, когда тот обернется, но Бим не шелохнулся, продолжая молча стоять в углу, словно его наказали. Прошло еще несколько мгновений, прежде, чем Пом вкрадчиво поинтересовался: «Бим, да что...» Но Бим пошевелился и, не дав ему закончить фразу, прошептал: «Я видел сон, Тик меня убила!»

«Ха-ха-ха! — прыснул Пом, не в силах дольше сдерживать подступивший хохот, — я так и знал!» Он резво спрыгнул с дивана и, направившись к буфету, радостно воскликнул: «Я думал, тебя ограбили, по крайней мере... Ну, слава Богу! Давай выпьем!» Скрипнула дверца бара, Пом извлек оттуда початую бутылку, наполнил два бокала и, запустив в них кусочки льда, протянул золотистую жидкость Биму. Тот продолжал стоять в своем углу, поблескивая очками, и если бы не попавшее к нему в ладонь прохладное виски, ничто не смогло бы вытащить его оттуда. Он сделал два шага вглубь комнаты и снова остановился. Это неожиданно порадовало Пома. Он занял свое излюбленное кресло и, взглянув на стоящего перед ним друга, отметил, что свет от торшера очертил ровный круг на полу, придавая стоящему в нем Биму вид профессионального трагика, вышедшего на авансцену для монолога. Отхлебнув немного виски, Пом приготовился слушать стоящего перед ним актера. Но актер, видно, не понял, что нужно начинать, и Пом, улыбнувшись, сделал ему знак: «Ну, теперь рассказывай, что за сон?»

«Меня убили, понимаешь?» — глухо произнес Бим. «Понимаю!» — с удовольствием вторил ему Пом, — ну и что?» Но Бим явно не уловил сарказма и снова повторил: «У-би-ли! Я до сих пор не могу успокоиться!» «Выпей и успокоишься!» — снова перебил его Пом с дивана. Но Бим оставил его слова незамеченными, продолжая держать в руке нетронутый бокал. Возникла минутная пауза. «Ты забыл свой текст? — снова сострил Пом, — я тебе помогу. Поздравляю, старина, жди продвижения по службе! Когда снится, что ты умер — это к прибыли». Бим встрепенулся: «Я не умер, а меня убили! Их было двое. Тик и еще мужчина! Тик злорадно улыбалась, наблюдая мою агонию. Знаешь ее улыбку? Когда она режет свой любимый торт «Прага», как она улыбается?» Последняя реплика снова рассмешила Пома: «Ха-ха-ха, она тебя резала? Извини, что перебиваю, ну, дальше?» Бим продолжил: «Она — нет! Возможно, он... резал. А труп завернули в занавески». Пом удивленно вскинул брови, но тут же сам себе и ответил: «Ах, да, там же был «он», ну-ну...». Бим протянул руку с бокалом вперед и, слегка жестикулируя ею, продолжил: «Я же говорю тебе: их было двое, Тик с каким-то мужиком, сообщником. Она все сделала его руками. Это в стиле Тик, согласен? Она разработала план, а осуществила его посредством другого». На лице Пома возникло выражение крайней заинтересованности, словно у него перехватили идею будущего сценария. Он шлепнул себя по колену: «Любопытно! Это отличный сюжет, надо будет записать. А что было дальше?» «После того, как меня убили?» — уточнил Бим потухшим голосом. Пом кивнул. «Кажется, их в конце концов поймали. Именно из-за занавесок. На занавесках остались капли крови». «Это все?» — неудовлетворенно спросил Пом. Ему явно захотелось выступить в качестве соавтора. Но по виду Бима стало ясно, что монолог о сне на этом закончился. Пом поднялся с дивана и с задумчивым видом начал расхаживать взад-вперед мимо стоящего Бима. Он сочинял. Наконец поделился своими мыслями: «А может, это были не занавески, а что-то другое? Скажем, веревка? Пятно могло быть на паркете, на скатерти, на чем угодно». Бим резко замотал головой: «Нет, я точно помню. Это были именно занавески. Знаешь, как во сне некоторые детали видишь ярко-ярко!» Пом прекратил свое движение по комнате и сосредоточенно взглянул на Бима: «Точно? Ну, какие они были — прозрачные, как тюль, или типа портьер, поплотнее, вроде моих?» Бим взглянул на занавески в комнате и досадливо отмахнулся: «Вроде твоих, а что? Что это меняет?» Пом вскинул к потолку руки и оживленно заговорил. По лицу было видно, что он испытывает явное удовольствие от своих рассуждений: «Ну как, милый, это же все — символы! Тюлевые занавески, скажем, это что-то романтическое: юность твоя, может, первая любовь, наверняка неразделенная. Ты хочешь ее забыть, а она не отпускает! В символическом смысле ты жертва юношеской любви, ты — юноша в свои 37. А если бы во сне были веревки, то нужно было бы говорить об узах брака, они, скажем, тебя тяготят. У вас с Тик давно не было секса?»

«Был! — отчеканил Бим испуганно. — И каждый раз я говорю себе, что в последний раз! Это происходит как-то не по-человечески! Меня провоцируют на схватку, вынуждают к агрессии. Я не агрессивный человек — меня воротит от вида оскалившегося животного, даже домашнего. А в результате я сам кричу голосом хищника, у себя дома, ночью... Если б ты знал, как я от этого страдаю! А Тик после всего спокойно смотрит телевизор. Я только теперь начинаю прозревать — да я просто вижу отчетливо всю картину: готовится преступление, Пом!» Договорив, он неожиданно встал на цыпочки и, переступив круг света на полу, подошел к окну, но сбоку, — чтобы его не было видно с улицы. Минуту-другую он что-то высматривал в темноте, потом все еще на цыпочках подошел вплотную к Пому и зашептал: «Лучше зашторить окна и потушить свет, как будто нас нет. У тебя свечи есть? Мы можем сидеть при свечах». Решив подыграть Биму, Пом понизил голос и зашептал в ответ: «Отличная идея! Так будет еще интереснее! Но какой в этом смысл?» «За мной возможна слежка, — протараторил шепотом Бим и засеменил к торшеру. — Могли уже подойти к дому, могут и сюда подняться. Дверь нельзя открывать никому. Быстрей зашторивай окна, доставай свечи. Какой я идиот, надо было сразу это сделать, как только вошел!»

Пом послушно подошел к окну, затянул шторы, затем сбегал на кухню за свечами, зажег их, снова вернулся на кухню, выключил там свет, проверил дверной замок в коридоре и, убедившись, что дверь заперта, дал сигнал Биму, — тот нажал выключатель — торшер погас. Опустившаяся темнота снова спровоцировала Бима на сопение, и Пому даже послышался короткий всхлип со стороны кресла — Бим сел именно в него. «Не знаю, как я выдержу, как выдержу?» — снова подал плаксивый голос Бим. Пом глубоко вздохнул — однообразие эмоциональных реакций Бима убивало в нем разыгравшуюся было фантазию. Но в то же время смена освещения таила, на его взгляд, новые творческие повороты, — надо было только приложить немного воображения. Он с удовольствием засунул палец в бокал с виски и, достав оттуда кубик льда, положил его в рот и начал разжевывать: «Неплохое звуковое оформление! — отметил он про себя и решил сменить интонацию. «Ты всегда преувеличиваешь, старина, наигрываешь, как не знаю кто. Во-первых, все, что ты мне рассказал, вполне по-человечески. Я имею в виду — ваш секс с Тик. Именно по-человечески. Ты просто не умеешь правильно распределять свои эмоции в течение дня. Перегружаешь себя, жмешь что есть силы, а в результате делаешь безумные выводы, которые основываешь на дурацких предлагаемых обстоятельствах — на сне! Да что такое сон? Он был — и нет его!» «Он был! — прокричал вдруг Бим в сердцах. — И для меня теперь реальнее всего остального! Почему я увидел это во сне, спрашиваю я себя? Зачем? И понимаю, что это подсказка свыше. Пусть, мол, хоть знает, что ему уготовано!»

Неожиданный всплеск драматического темперамента, продемонстрированный Бимом, показался Пому запоздалым и потому неуместным. Он вовсе не собирался менять свой легкий настрой и, отхлебнув еще глоток виски, продолжил в той же ироничной манере: «Хотел было промолчать, но ты меня вынудил. В этом полумраке, старина, так и хочется рассказать тебе кое-что. Ха-ха! Сейчас успокоюсь и расскажу!» Хохот Пома заставил Бима передернуться: «Прошу тебя, не смейся больше так, Пом. В моем сне он тоже смеялся! Я сойду с ума, этим все кончится!» Но Пом снова рассмеялся, неспешно поменял позу на диване, закинув ногу на ногу: «Нет, ты послушай, ты вынудил меня говорить о своих снах, теперь слушай — он поболтал тапкой в воздухе, предвкушая удовольствие от своего рассказа. — Мне вот тоже сон приснился! Ты и я... ха-ха... занимались любовью! Причем соблазнил тебя я... Ты слышишь? Я обнимал твое пузатое тело, пузо-то мне твое волосатое, толстое пузо, как раз и нравилось больше всего! Я рыдал, положив голову на это пузо, как ангел на облако, а ты, ты кричал своим голосом хищника. А главное, главное, что ты покричал-покричал, а потом спокойно смотрел телевизор! Ну как тебе это нравится? Ты — спокойно смотрел телевизор! Довольно нелепо, не правда ли? Хи-хи-хи!»

От смеха у Пома выступили слезы на глазах, он полез за платком, но, не успев вынуть его, снова залился хохотом. «У тебя нехороший смех, Пом, он мне не нравится! Мне от него жутко. Прекрати!» — как можно строже попросил его Бим. Поднявшись с кресла, он сделал несколько робких шагов по комнате и снова замер. Его фигура отпечаталась тенью на стенке и беззвучно корчилась в такт с горящей свечой. Затем над тенью повисла чья-то рука и, поиграв пальцами, приставила к голове «рожки». Бим растерянно оглянулся и, посмотрев на Пома, жалобно спросил: «Это ты поставил рожки?» — Но тот как ни в чем не бывало потягивал виски и покачивал тапкой. «Не раздражай меня, старик, дай мне немного повеселиться! Я думал, ты хочешь играть, а ты порешь чушь, и я терпеливо слушаю, но больше не могу подыгрывать. Мне весело! Я имею право, в конце концов, смеяться и гоготать в своем доме. Если ты начинаешь сходить с ума, то сходи с ума себе на здоровье, а я выбираю смех. Ха-ха-ха! И включаю свет...». — Он встал и, пройдя мимо Бима, зажег торшер. Его действия заставили Бима сложиться пополам, как перочинный ножик, и резко опуститься на пол. «Это цинизм!» — безнадежно произнес он, хватаясь за голову. «Нет, дорогой, это проявление ума! Хочешь, я дам тебе успокоительное? Тебе сразу все покажется блажью. А? Кстати, я рекомендую тебе спать только со снотворным, при твоих нервах... Дать таблетку?» — спросил Пом нетерпеливо. Но Бим резко замотал головой: «Не надо! Мне сейчас нужна ясность ума, как ты не можешь этого понять?» Состроив гримасу недоумения, Пом спросил напрямую: «Ну, хорошо, что ты тогда хочешь от меня?» Немного успокоившись, Бим с расстановкой ответил: «Я пока точно и сам не знаю что, но чувствую, что ты мне нужен. Возможно, ты дашь мне ключ к разгадке своими рассуждениями. Мне нужно с кем-то говорить об этом, чтобы осознать происходящее...». Пом демонстративно занял свое место в кресле, всем видом подчеркивая глупость предстоящих выяснений. «Ну, хорошо! Попробуем говорить об этом серьезно, хотя это и глупо. Если уж на то пошло, то у тебя, кроме твоего сна, нет никаких оснований подозревать Тик в чем-либо! Есть

Фото В. Плотникова

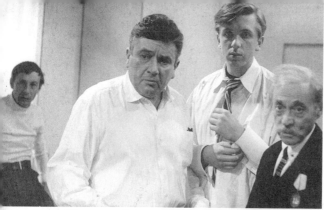

К/ф «Вас вызывает Таймыр». Реж. А. Корен

А. Коренев, Е. Весник,
Е. Стеблов, П. Павленко

...и Инна Макарова

Е. Никищихина
и Ю. Кузменков

Я с папой

Т/ф «Большая перемена». Реж. А. Коренев. Е. Леонов и А. Коренев

Н. Гвоздикова, М. Кононов,
А. Коренев

К/ф «Ловушка для одинокого мужчины».
Реж. А. Коренев. И. Смоктуновский,
Н. Караченцов, А. Коренев

К/ф «Черномороч
Реж. А. Коренев

Т. Носова и В. Земляникин

О. Борисов

С. Мартинсон

*С. Живанкова (слева)
и мама (справа)*

Таня Догилева

Я и мама

Л. Броневой

О. Меньшиков
и М. Козаков

К/ф «Покровские
ворота».
Мама была
ассистентом,
а я — Людочкой

Н. Немоляев —
оператор,
М. Козаков — режиссер

К/ф «Адам и Хева». Реж. А. Коренев
О. Георгобиани, А. Коренев,
Ф. Мкртчян

Л. Добржанская,
А. Коренев

Катя Васильева — Хева

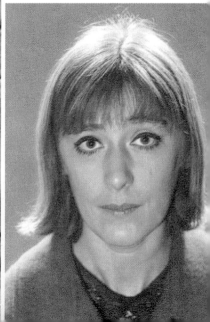

Э. Рязанов,
Э. Брагинский,
В. Нахабцев и папа

М. Хуциев с папой. ВГИК

Папа с оператором
Мишей Сусловым

*Т. Костени —
второй режиссер,
М. Ульянов —
Дмитрий Карама-
зов, мама — ассис-
тент режиссера*

К/ф «Братья Карамазовы
Реж. И. Пырьев

*Иван Пырьев
и Рада Волшанинова*

*А. Мягков и К. Лавров —
Алеша и Иван*

А. Мягков — Алеша Карамазов

Его жена — Анастасия Вознесенская. Пробы Роксаны в к/ф Э. Рязанова «Сирано де Бержерак» (фильм не был снят)

К/ф «Утренний обход». Реж. А. Манасарова. А. Мягков и Е. Коренева

Друзья нашей семьи:

*Влад Дворжецкий
и его жена Света
Пиляева, актриса,
мать его дочери*

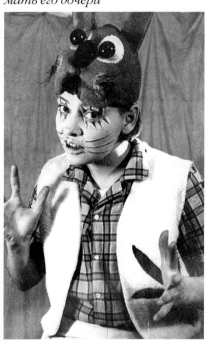

Федор Михайлович
Валиков — герой моего
киносценария «Переход»

Светлана Переладова —
сокурсница и подруга

К/ф «Дайте жалобную книгу». Реж. Э. Рязанов.
О. Борисов и А. Коренев с моряками Камчатки

Мама (нижний ряд, третья справа) со съемочной группой
к/ф «Братья Карамазовы»

Т/ф «Тот самый Мюнхгаузен». Реж. М. Захаров.
Последний день в Германии

Съемочная группа к/ф «Чернов, Чернов» в Барселоне: реж. С. Юрский,
оператор М. Агранович, звукооператор А. Нехорошев, я и другие

С режиссером А. Кончаловским

С Н. Караченцовым

Спектакль «Месяц в деревне». Реж. А. Эфрос. С А. Грачевым

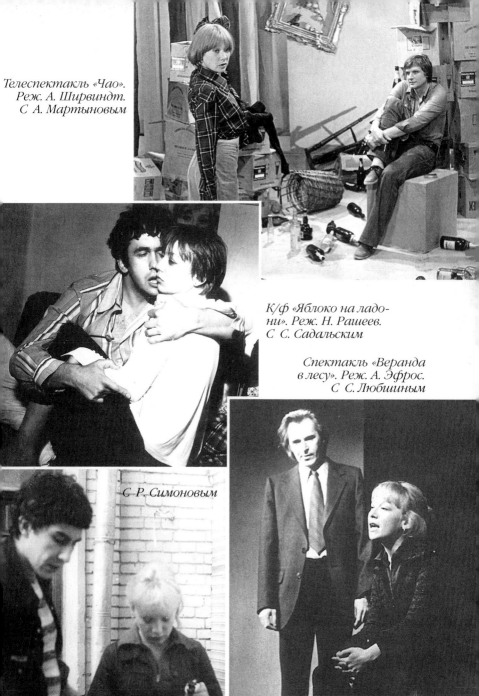

*Телеспектакль «Чао».
Реж. А. Ширвиндт.
С А. Мартыновым*

*К/ф «Яблоко на ладо-
ни». Реж. Н. Рашеев.
С С. Садальским*

*Спектакль «Веранда
в лесу». Реж. А. Эфрос.
С С. Любшиным*

С Р. Симоновым

К/к «Ася» —
съемки
в Германии

С режиссером
И. Хейфицем в Риме

«Ася». Лето 1976 г.

твое плохое настроение, обиды, какая-то неудовлет-
воренность, я понимаю — работой, возрастом, —
впрочем, такая мелочь может довести черт знает до
чего! В твоем случае, например, наблюдается некоторая маниакальность, паранойя. Смешное слово: па-ра-
ной-я! ...Почему я не стал психоаналитиком? Нда! Так
вот, твои страхи беспочвенны, старина! В этом вся
печаль твоего положения в данный момент. У тебя
мания, старина, попросту «манька»! И я еще раз могу
предложить тебе в связи с этим принять успокоительное. Хочешь?» Бим замахал руками и, заливаясь краской, начал пламенный монолог с пола: «Я не буду ничего принимать! Ничего! Если бы это была просто
«манька», я бы поставил тебе ящик шампанского за хороший диагноз. А тут много серьезнее, Пом! Как только я проснулся сегодня и задумался, — все, абсолютно все до мелочей говорит мне, что сон вещий! Что
лежит у нас на тумбочке, как ты думаешь? Детектив:
«Кто не спрятался, я не виновата!» — Тик его штуди-
рует уже вторую неделю. Глупость? Допустим! Моя
жена увлеклась детективами. Да ты сам подарил ей на
33-летие детектив, инстинктивно чувствуя, что флакон духов для Тик было бы чересчур романтично! Что
интересует Тик вечером по телевизору? Политика?
Любовные истории? Нет! Только криминальная хроника. Криминальная хроника, Пом! Она считает, что
это надо знать, так как «мы все потенциальные жертвы». Но человек, который добровольно влезает в роль
жертвы, рано или поздно становится мстящим пре-
ступником. Даже из-под гробовой доски — он будет
мстить. А завещание? На дне рождения она заговорила о том, чтобы я написал завещание, помнишь? В мои-
то 37? Ты поддержал тогда Тик, приняв это за пьяную
шутку. Но она возобновила разговор о завещании после твоего ухода и еще раз, и еще, и еще! Что скажешь
на это, Пом? Мне осталось только залезть в петлю, ви-
селица уже готова».

Рассуждения Бима приятно порадовали Пома, он
не ожидал, что это будет настолько увлекательно,
ведь для тонкого психолога, которым он себя считал,

все парадоксальное в поведении человека представляло крайний интерес. И оттого он с удовольствием продолжил тему: «Я скажу, что Тик — наивная женщина, Бим. Она наверняка посмотрела по видику какое-нибудь дерьмо, где американка проповедует прагматизм в любви, и решила взять с нее пример. Ты прав, такой дуре, как она, нельзя подсовывать макулатуру для чтения. Это пища для крепкого интеллекта. Извини, с детективом я ошибся». Сказав это, Пом безмятежно улыбнулся — он был уверен, что наконец развеял мрачное настроение своего друга, и возможно, они даже сядут играть в шахматы или в карты, в «Веришь — не веришь». Но увы, выражение лица Бима стало совсем угрюмым: «Моя жена совсем не дура, Пом! Увы! Она прикидывается дурой и этим пудрит нам мозги. Она провинциалка, не забывай! Я вытащил ее, сам знаешь, из какой дыры. Через меня она получила столичную прописку, обзавелась выгодными связями — и все это за какие-нибудь два-три года! Но ей оказалось этого мало. Мог ли я предположить, что эта девочка из Подольска на самом деле — затаившийся монстр? В начале нашей с ней жизни она радовалась всякой мелочи, делала вид, что благодарна за все. Потом она стала решительнее, освоилась и перестала скрывать свою жажду денег. Она стала требовать, требовать и требовать, ей все казалось мало! Сегодня утром раздался звонок по телефону — какой-то тип говорит мне про долг, который я якобы должен выплатить чуть ли не сегодня! А я понятия не имею, о чем он говорит! Он угрожает, ставит ультиматум! Оказывается, Тик занимает огромные суммы за моей спиной! Мне трудно поверить и осознать, что все это происходит именно со мной, а не с кем-то другим! В борьбе за выживание провинциалка Тик сметет все на своем пути. И первым буду я!»

Он отвернулся к стенке и стал подрагивать всем телом, затем засопел, вздохнул глубоко и горько. Сердце Пома дрогнуло, но он тут же взял себя в руки. Надо было как-то поддержать размякшего друга. «Нам надо выпить, старина, — голос Пома приобрел волевой ок-

Богу, твой невроз в конце концов побеждает мое чувство реальности. Выпей, Бим, выпей виски, у тебя, по
крайней мере, появится чувство юмора ко всему, что
происходит...». Он подлил себе из бутылки и предложил Биму. Но тот резко замотал головой, потом, на-
брав в легкие побольше воздуха, произнес как-то нараспев: «Мне страшно идти домой, я даже не могу вызвать милицию, разве они смогут меня понять? Они
точно примут меня за спятившего идиота. Еще и в психушку загребут». Слово «психушка» придало Пому новые силы, и он подхватил: «Если уж на то пошло, дорогой, ведь тебя действительно проще было бы отправить в психушку, чем убивать той же Тик! Да и зачем
ей от тебя избавляться, ты же ее устраиваешь? Вот такой слабый, доверчивый, как ты есть, — она делает все,
что хочет, с таким, как ты! Подумай сам, чем ты ей
мешаешь?» Бим на мгновение задумался, но тут же
печально заключил: «Я ей больше не нужен, ты понимаешь? Она же никогда не любила меня, она меня ис-
пользовала, и теперь я для нее помеха, просто лиш-
ний. Ей не терпится устроить свою личную жизнь,
освободиться, небось перетащит сюда свою по-
дольскую родню, с моим исчезновением у нее открывается масса возможностей! Наверняка у нее есть любовник, вспомни ее лицо, она же развратна, похотли-
ва, чувственна, с ним-то и позлорадствует над моим
трупом. Сегодня я шарил в ее сумке и нашел обрывок
письма. Это, должно быть, от него. А что, если они пе-
реписываются прямо у меня под носом?»

Такого поворота дела Пом явно не ожидал — он
вынужден был признаться себе, что Бим сегодня вечером его явно переигрывает: «Ну-ка, ну-ка?» — Он
поднялся и подошел вплотную к Биму. Тот покопал-
ся во внутреннем кармане и извлек клочок бумаги.
«Тран-кви-ли-за-тор, про-тиво-по-ка-за-ния, — читал
по слогам Пом, — ал-ко-голь». Остановившись, взглянул удивленно: «Это же инструкция по применению
лекарства, переписанная каким-то идиотом от руки».
«Читай, дальше читай», — нервно подрагивая, торо-

пил его Бим. Пом снова уставился в записку: «Так... народное средство: помет новорожденного мышонка смешать с алкоголем... приведет к желаемому результату». — Дочитав до конца, перевернув и изучив обратную сторону записки, Пом посмотрел в бледное лицо Бима. «Ну и кто это может быть?» — спросил он с долей скепсиса. «Это может быть кто угодно, Пом, — спокойно отозвался Бим, — это может быть любой встречный на улице, любой мужик, клюнувший на Тик как на женщину. Ужас в том, что этот человек остается в тени и наблюдает за мной, а я не вижу его лица! Это может быть сосед по дому или коллега по работе, это можешь быть даже ты, Пом, черт возьми, — кто ж в этом признается? Я знаю наверняка только то, что меня загоняют в угол, чтобы убить. Меня отравят или зарежут, может, через месяц, а может, через час, может, в моем доме, а может, прямо в этой комнате!» От такой мысли Пому пришлось отставить свой бокал: «Это мой дом, старик, здесь ничего не может с тобой случиться. Да и потом, есть же я, свидетель! Да я просто никого сюда не впущу!» «Свидетелей убивают, Пом, — ловко парировал Бим, — они тебя свяжут, а меня в это время повесят вот на этой занавеске». Но Пом не сдавался: «На этой занавеске, во-первых, нельзя повеситься, она слишком коротка, нельзя сделать петлю, а во-вторых...». Войдя в азарт, Бим забыл о предосторожности, распрямился и шагнул к окну: «Смотри, Пом, я покажу тебе, как просто сделать петлю из твоей занавески». Он влез на подоконник и принялся скручивать петлю из шторы. После некоторой возни она была готова. «А ты говорил!» — задорно воскликнул Бим и, взглянув в последний раз на Пома, накинул петлю на шею. Его сноровка потрясла Пома, и для создания атмосферы он пошел еще на одну импровизацию — подбежал к проигрывателю и поставил Шуберта.

В этот момент в коридоре раздался скрежет отпираемого замка. Пом удивленно пожал плечами и, подняв вверх указательный палец, что означало «подожди», кряхтя, вышел из комнаты. Бим замер на подоконнике, прислушался, боясь пошевелиться. В прихожей раздались шаги, шорох снимаемой верхней одежды, приглушенный разговор. «Кто там, Пом?» — решился подать голос Бим, но, очевидно, стоящие в коридоре его не слышали. Не получив ответа, Бим так разнервничался, что качнулся всем телом вперед и... оступился.

В комнату вошла Тик. Увидев Бима, она вскрикнула и, отвернувшись, спрятала лицо на груди подоспевшего к ней Пома. «Какой непутевый! — повторяла она сквозь слезы, — какой непутевый...». Пом подхватил ее на руки и осторожно усадил на диван. Затем подошел к бару, извлек оттуда бутылку виски, налил себе полный бокал. Выпил залпом. Снова вернулся к Тик. Сел рядом. Они замерли обнявшись. Бим делал отчаянные движения, прося о помощи. Пом и Тик, захваченные скорбью, сидели не шелохнувшись.

Часы пробили время: Тик. Так. Тик. Так. Тик. Так... Им вторил маятник: Бим — Бом, Бим — Бом, Бим — Пом...

На этом история Бима, Пома и Тик заканчивается. Остался ли Бим в живых, упав на пол под тяжестью своего тела и выпутавшись из занавески — неизвестно. Возможно, что да. А если нет, тогда он должен быть похоронен на одном из московских кладбищ. Было ли, в таком случае, убийство Бима запланировано Тик и Помом, — неизвестно. Может, это был несчастный случай. А может, это была очередная игра, в которую они вместе играли для какой-то надобности. Встречаются люди, которые утверждают, что видели всех троих на курорте в Египте, на Валдае, на лыжне под Москвой. То, что это были Пом и Тик — ни у кого не вызывает сомнения. А кто был третьим? Возможно, это был человек, заменивший им Бима. Какой-нибудь Дим — Дмитрий Иванович Мохов?

Глава 19. **Не бойся!**

Страшно! — А ты не бойся! Предыдущая глава погрузила меня в какую-то мутную материю. Даже сны стали сниться... пугливые. Не люблю я этого. Ощущение, что сидишь в полутемной душной комнате и ничего не знаешь. Тяжелая энергия. Страхи сознательные и подсознательные приводят к какому-то рабскому замкнутому состоянию, когда смыкается пространство. И мало воздуха. Я пытаюсь его сбросить. Мне оно кажется противоестественным и обманчивым. Я давно ему не верю. Это кто-то меня обманул, — думаю я в таких случаях. Этот «кто-то» — лжец. Когда меня пугают, я знаю, что мне лгут. Когда мне говорят: «Не бойся», — я верю, что мне говорят правду. Раньше я очень многого боялась. Вернее, состояние страха было моим неосознанным, привычным состоянием. Но с тех пор, как я поняла, как естественно состояние ясности и отсутствия страха, как любимо и дорого оно человеку, я знаю, что страх меня никогда больше не обманет.

Я не говорю о состоянии ужаса и паники — это будет преследовать меня и дальше. Ну а как же? Мы же до сих пор неандертальцы в своей маленькой и большой вселенной. Как во внешней вселенной, так и во внутренней. Но страх — это другое. Недавно я поймала себя на том, что атавизм страха появляется у меня при виде конвертов из официальных инстанций. Я очень боюсь официальных бумаг. Это страх из прошлого. Все боялись — и я унаследовала этот слепой страх перед наказанием от какого-либо бюрократического органа или Органов за что угодно. А скорее всего — ни за что. «Цифру не ту поставили, слово не в той графе написали!» — и беда! Могла начаться Беда в доме, в жизни. Перекосяк планов и мучительное исправление «ошибки». Под официальными бумагами теперь я имею в виду квитанции, счета, извещения об оплате коммунальных услуг или из налоговой инспекции. Да мне и самой смешно. Но это так. И я в этом не одинока. «Лена! — говорит мне по телефону приятельница, — когда получаю все эти счета, которые надо оплатить, я плачу! Сижу над ними и плачу!» Мы делились с ней своими впечатлениями от заполнения всех этих маленьких бумажек. «А у меня начинается нервный срыв, когда раскладываю перед собой счета. Я ничего в них не понимаю!» — признаюсь я в ответ. Хорошо живете, девчонки, если от этого плачете, вас бы туда... (понятно куда) ...понюхали бы пороху, знали бы тогда, что такое настоящий страх! —подумает кто-то из посторонних. Нет уж! — «туда» не надо... В самом слове «страх» заложена какая-то двусмысленность, навязанная людям такими же людьми. Вот «ужас» — это да, — перед стихией, перед темнотой, перед неизвестным явлением, перед несчастьем. Это конечное, ясное состояние. А страх — с его расплывающейся буквой на конце, словно поставленным запретом: по газону не ходить! — он сразу провоцирует сделать наоборот: пойду! Нет, это не столько смелость, сколько вредность. Так что к слову «страх» у меня особое отношение, как и к состоянию. И вот...

...недавно я прочитала в прессе интервью известного кинодеятеля. Оно было записано, по словам редакции, накануне захвата здания на Дубровке и опубликовано как раз после. В двух словах суть его позиции сводилась к утверждению, что человечество спасет страх. Кажется, именно так публикация и называлась. Меня словно за хвост сразу схватили и, еле дыша от обуявшего меня протеста, я проглотила эту статью в одну секунду. А как же?! Для человека, испытывавшего депрессии, слабость и неверие, спасавшегося словами: «не бойся, не страшно, ты можешь все», — это вызов. Содержание и аргументация показались мне противоречивыми и в некоторых случаях подтверждали прямо противоположное основному утверждению. Ну, например, когда речь шла об исламском фундаментализме, автор считал, что американцы проиграют с ним войну в силу того, что мусульманами движет фанатическая идея, за которую они готовы и даже сочтут за честь умереть в бою. С этим трудно не согласиться. Но в то же время получалось, что человек, способный пожертвовать своей жизнью во имя идеи — непобедим. Тут-то я и обнаруживаю одно из многих противоречий этого интервью. Ведь такой победитель руководствуется отсутствием страха! Иначе как бы он согласился приносить свою бесценную жизнь в жертву, а тем более — ради идеи. А разумный американец не фанатичен и не готов жертвовать своей жизнью, тем более во имя идеи. Американцам, насколько я знаю, противны сами слова «идея» и «идеология». И уж меньше всего они поверят идее, которая ставит условием — собственную смерть. Они сочтут ее ложной идеей. Другое дело — идея, утверждающая и укрепляющая жизнь, а особенно жизнь каждого отдельного индивида. При таком раскладе фанатик бесстрашен, а разумный человек — исполнен страха. Победитель — фанатик, проигравший, но выживший, — цивилизованный испуганный человек. С другой стороны, думаю я, фанатик, занимающийся самоистреблением, проигрывает тому, кто ценит собственную жизнь и в силу этого остается жить. И тогда победитель — выживший от страха перед смертью человек. Если, конечно, под спасенной жизнью подразумевать победу.

«Быть или не быть» — иногда «не быть» достойнее, чем «быть». Но в нашем случае, конечно, можно призывать: бойтесь, и вы выживете, то есть страх перед смертью спасет человечество. Но ведь фанатик — человек, для которого жизнь и смерть одинаковы, даже смерть предпочтительнее. И не столько бесстрашие движет им, сколько тупик, в котором отсутствует представление как о страхе, так и о бесстрашии. В каком-то смысле для фанатика жизнь уже давно закончилась, коль скоро он не хочет играть по ее правилам. Оттого и отказывается от нее. Фанатизм — это крайность вне категорий. Человек же, рассуждающий о страхе и бесстрашии, еще имеет выбор в контексте жизни и подразумевает в первую очередь цель: во имя чего, зачем? Подорвать себя и других ради факта демонстрации своего неприятия чьей-то политики или жизни — это акция. И она в какой-то степени эффективна. Но в очень отдаленной степени: мир узнает, что он порождает больных, отчаявшихся людей. Это манифестация болезни. Но это не может быть правым делом — приносить в жертву невинных людей. Если б только со своей жизнью сводили счеты — можно было бы всерьез говорить о позиции. Пример: самосожжение. Трагично. И честно. Одним словом, люди разумные выбирают другие пути изменения существующего положения вещей. Для этого есть политики, переговоры, договоры, протесты и борьба, в конце концов. К фанатикам неприменимо понятие «смелость», так же, как и слово «страх» не относится только к разумному человеку. Итак, бойтесь фанатизма как заболевания, которое опасно для самого больного и для окружающих. «Мысль без веры — все еще мысль, а вот вера без мысли — это фанатизм», — процитировал как-то в телеэфире чье-то размышление адвокат Резник. Приходится согласиться. Ведь всадник с головой еще имеет шанс приобрести веру, а тот, что без головы, уже никакого.

Было также в статье рассуждение о вреде излишней информации, что, мол, чем меньше мы знаем о захватах самолетов и другой собственности, о разгуле террористов — тем лучше, потому что спокойнее. Нечего колотиться зазря по каждому поводу, коли помочь не можем. Пусть занимаются этим те органы, которым положено по долгу службы. Мне такая точка зрения показалась совсем реакционной, особенно в момент, когда в Думе и средствах массовой информации идет обсуждение закона о цензуре. Получается вроде: страх информации — спасет человечество. Но отсутствие информации — это уже дезинформация.

Короче, эта публикация меня на несколько дней завела, и я принялась полемизировать с ее автором. Я знаю, что автор этого интервью любит сыпать парадоксами и высказывать самые «крамольные», с общепринятой точки зрения, мысли. И как мне кажется, купается именно в этой эмоции, зачастую в ущерб смыслу того, что он защищает. Мне кажется, я понимаю и подоплеку этого желания — ему непонятны «нормальные» герои, а ближе, скорее, героизм, продиктованный совсем не героическими мотивами, а самыми тривиальными. В этой попытке возвеличить чувство страха — желание избавиться от собственных страхов путем их декларации. Но Боже мой, кто ж из нас не боится — да из этого соткана жизнь человека! А искусство — литература, кино, драматургия — только и делает, что транслирует наши страхи и наши противоречия. Интересный персонаж — это персонаж со слабостями, и в том-то и ценность его поступков, его «побед», что мы понимаем, как тяжело ему было преодолеть свою слабость и свой страх. И поэтому: не надо бояться! Ну не пугайте меня моей же слабостью, не надо! Лучше подбодрите тем, что я все могу!

Я тем не менее задумалась над проблемой страха, над его ролью в созидании жизни на земле. С одной стороны, я веду давнюю внутреннюю полемику с упомянутым «автором заметки», а с другой — со своими собственными страхами. Я вспомнила, что психологи давно выявили чувство страха перед смертью как основной бессознательный инстинкт, движущий человеком. Движущий, но куда? И все примеры, которые возникали в моей памяти, подтверждали, что страх заставляет человека вырабатывать волю по преодолению этого страха. Но не наоборот. То есть в каком-то опосредованном смысле страх играет созидательную роль, по принципу «сильный враг — большой подарок», так как он учит вас защищаться и обнаруживать свои слабые места. Но между опосредованной пользой от страха и прямой зависимостью между страхом и спасением человечества — большая дистанция, на мой взгляд. Более того, думала я, а чем же движется наука, медицина — разве не бесстрашием? Бесстрашием перед законом — в Средние века сжигали тех, кто препарировал трупы, тех, кто открывал законы мироздания. Врачи всегда выступали в качестве подопытных для новых лекарств, пробуя их в первую очередь на себе. А космос? А испытатели сверхзвуковых самолетов? А искусство, а литература — нарушавшие законы тоталитарных режимов, игнорировавшие цензуру, что грозило заключением, высылкой из страны, преследованием? Солженицын, Евгения Гинзбург, «Доктор Живаго», «Мастер и Маргарита», поэзия Галича, Мандельштама, песни Высоцкого, картины Тарковского... да тот же Джон Леннон и все битники — это же протест? Все они преодолевали страх запрета, чтобы пробить железный занавес, закрывавший остальной мир, да и собственную историю. А политика? Здесь все строится на бесстрашии в отношении лжи и косности. Не все, понятно, но из людей, оставивших след, — каждый действовал вопреки страху. Сахаров — самый близкий и известный пример. Я понимаю, что существует мнение о так называемом обывателе, о среднем слое буржуазии, среднем классе, который цементирует всякое общество и в своей ориентации на собственное благосостояние, на оппортунизм и аполитичность, — уравновешивает «безумцев» — иначе мы все вымерли бы. Революционеры не рожают детей в большом количестве, этим занимаются мирные крепкие обыватели. Но движение вперед — для детей обывателей — как раз осуществляет бесстрашный первооткрыватель.

Я понимаю, что все это звучит банально. Куда более дерзко выглядит утверждение, что «человечество спасет страх». Страх спасет от самоуничтожения? Страх наказания спасет человечество? Страх Божьего суда спасет человечество? Здесь хочется ответить: Да, конечно. Но... тут же возникает «но». А не с Божьей ли помощью человек совершает то, что на первый взгляд не под силу — помолившись, испросив у него силу и веру? И просит этого благословения для преодоления своего человеческого страха — перед неизвестностью, превосходящей его возможности. Ах, скучно читать — звучит, как агитка, которая набила оскомину. Но преодолевая страх показаться банальной и глупой, хочу повторить, — не бойтесь! Зная нашу слабость и наш страх, — перед счастьем и всем новым и неизвестным, не могу не поблагодарить тот инстинкт, который побуждает человека совершать «необдуманные поступки» и обнаруживать себя в пространстве более свободном и счастливом. Если бы не этот инстинкт, разве вылез бы хоть один ребенок из утробы матери? Или там, в утробе, было совсем страшно? Но кажется, там было безопасно. Оттого существует и другой инстинкт — обратно в утробу. И эта тяга связана с подсознательной тягой к смерти — по мнению тех же психологов, с суицидом. Так если уж мы совершили эту героическую «вылазку», то теперь тем более нечего бояться. Разве что хамства, бесчувственности, лжи.

Одним словом — жизнь, ура! И пока жив — да здравствуют все мотивы, побуждающие нас дышать и бодрствовать. И если это страх, то пусть будет так. (Вот и Сокуров сказал, что у сегодняшнего поколения кинозрителей нет страха перед войной, мол, в кино она красивая, герой всегда побеждает, — и это очень плохо, так как войны надо бояться! Да, но... — нет, не согласна. Ведь сегодняшнее поколение подростков — это зачастую дети отцов, которые пришли инвалидами из Афганистана и Чечни. Да и среди тех, кому по двадцать, тридцать, сорок с чем-то, есть те, кто воевал. И потом, разве на экране все побеждают?) Я никогда не слышала, чтобы матери наставляли своих детей словами: бойся. Скорее, наоборот: ничего не бойся! Но может, это только матери первооткрывателей? Впрочем, зря я наехала на известного кинодеятеля за его интервью в газете. Может, он как раз хотел сказать то же, что и я? Просто газетчики извратили его слова и перевернули смысл. Я же знаю, как они умеют это делать. Или я сама не уловила какой-то тонкости, заложенной в его парадоксальном утверждении? Да и потом, ведь вдохновила же меня эта полемика с ним на творческую фантазию. И вот рассказ... Получается, что творчество вытекает из впечатления, потрясения — конфликтного или нет, не суть важно. Как, возможно, некоторые подвиги рождаются из страха.

Он был пухлым ребенком, да к тому же с развивающейся близорукостью. После перенесенной кори на лице остались следы. Вдобавок родители настояли, чтобы он носил на зубах коронку — для исправления прикуса. Они же усадили его за рояль, чтобы он занимался музыкой, он даже подавал в этом надежды — своим родителям, в первую очередь. Но в целом все перечисленное повлияло на его нелюдимость. Он не играл во дворе ни в футбол, ни в прятки, как остальные дети. А с девочками тем более стеснялся общаться. Улыбаться ему было страшно. Пойти проводить девочку до дома — тоже страшно. К тому же родители настаивали, чтобы он вовремя ложился спать. Родители его были заняты серьезной работой, в которой они подавали большие надежды — самим себе, в первую очередь. И кроме окриков: «делай уроки», «играй гаммы», «не простудись», «не выходи раздетым на лестницу» — больше ничего от родителей он не слышал. Ни разговоров о шахматах или боксе с отцом, ни разговоров о любви с матерью. Он боялся помешать своим родителям и боялся сверстников, что они помешают ему.

Так он начал бояться практически всего, из чего состоит жизнь, — сначала мальчика, а потом мужчины. Форточка открыта — страшно простудиться. Звонок в дверь или телефон — страшно подойти: а вдруг придется с кем-то разговаривать или, еще хуже, выйти во двор помочь таскать мусор или толкать застрявшую в грязи чужую машину. Сил у него хватало только на удары по клавишам. Но разве это сила в глазах тех, во дворе?.. Став взрослым, он боялся бриться — вдруг порежется, и оттого на лице его всегда была щетина, которую он осторожно подравнивал тупыми ножницами. Старался не носить галстуков — вдруг затянет слишком крепко и задохнется, или его примут за солидного мужчину и попросят о каком-нибудь одолжении... Ему гораздо спокойнее было не нести ни перед кем ответственности — только перед своими крайними нуждами. Впрочем, у него развилось воображение, которое всегда развивается у живущих замкнутой жизнью людей. И оно также участвовало в создании тех или иных страхов. Когда он спускался по лестнице, то ставил ноги осторожно — боялся упасть, ему казалось, что непременно порежется или уколется об острый предмет. Почему-то ему всегда представлялась валяющаяся на ступеньках вилка, которая должна непременно вонзиться в его пятку при падении. По улице ходил с множеством тайных уловок — обходил фонарные столбы только с правой стороны. Так ему подсказывала интуиция — на всякий случай. Левая сторона казалась более незащищенной. В метро наступал только на темный мраморный квадрат, если пол был устлан шашечками. Это должно было принести ему удачу на день: пройти не замеченным никем из знакомых, на улице, в магазине, по пути на работу.

Профессию он выбрал подходящую к его характеру — он переписывал ноты в свободное от преподавания в детской музыкальной школе время. Занятия с детьми его устраивали. Ведь, став взрослым, он оказался выше всех детей на две головы и, глядя сверху на маленьких созданий, он мог контролировать ситуацию. Что же успокаивало его и в чем находил он отдохновение? Он любил разгадывать кроссворды. Поиск нужной буквы, которая связывает целых два слова, казался ему занимательнейшим делом. Но кроме интереса, его это еще и успокаивало. Вертикально и горизонтально организованные клеточки содержали в себе массу сюрпризов, но ничем не угрожали. Еще в детстве полюбил он это незамысловатое занятие, спасающее его от повторения гамм и домашних заданий. Но его настоящей страстью был просмотр мультиков. Им он отдал свое сердце и драгоценное свободное время. Он знал время показа мультиков назубок и досадовал, если его задерживала школа, — как в детстве, так и теперь, когда он преподавал. Свои пристрастия он вынужден был держать в тайне. Он понимал, что разговор о мультиках и их героях невозможен со взрослыми людьми — его заподозрят в инфантилизме, а дети превратились в его соперников, так как мультики, в силу возраста, принадлежали им. По сути дела, он ревновал детей к мультикам и наоборот. Не говоря о том, что, выдай он детям свою тайну, сразу стал бы для них уязвим, приравняв себя к своим ученикам. Это было небезопасно. Ведь только сознание, что он старший, и позволяло ему как-то руководить детьми, а им его слушаться.

Кроссворды, как и мультики, были его сладкой тайной, но была еще одна, горькая тайна, которая тяготила его сердце. Она была связана с отцовскими часами на цепочке. Эту вещь он выкрал у отца еще в детстве, и сколько отец ни пытался разыскать часы, ему это не удалось, вплоть до самой смерти. Украденные карманные часы с цепочкой он прятал то под матрас своей кровати, то в коробке на антресолях, а случалось, на чердаке деревянной дачи летом или даже зарывал их в землю. Причина его воровства заключалась в том, что отец всегда понукал его временем, указывая на циферблат со стрелками, когда он засиживался за кроссвордом или за мультиком, но иногда поощрял его тем, что давал покрутить минутную стрелку или послушать мелодию бетховенской сонаты, исполняемую часами при открывании крышки. «Когда станешь взрослым и самостоятельным мужчиной, у тебя будут маленькие дети, тогда я подарю тебе эти часы», — говорил отец. Чтобы пытка часами закончилась, он и решился украсть их у отца. Но теперь, когда отец и мать его умерли — в один год, от одной и той же болезни, он не мог ни признаться в своем воровстве и покаяться, ни вернуть их. Однако часы связались в его сознании с бегущим временем, за которым он никогда не поспевает, а также со страхом стать «взрослым и сильным мужчиной, у которого будут маленькие дети». Выкрав часы, он, по сути дела, избавил себя от необходимости становиться таким, каким хотели его сделать родители. Теперь он всегда носил их с собой, во внутреннем кармане пиджака. Они стали залогом выбранной им самим свободы — свободы от всего, что принято было иметь в его возрасте и чего у него не было.

Случалось, на занятиях какого-нибудь маленького дурачка он выставлял часы на крышку инструмента и непрестанно поглядывал на стрелку, чтобы не дай Бог не опоздать к просмотру очередного мульта. Дурачка приходилось все время поправлять, и это было настолько утомительно и скучно, что тикающая стрелка представляла единственное развлечение во время томительно тянувшегося урока. Когда непутевый ученик-дурачок окончательно досаждал ему, учитель ставил ему в пример часы, говоря, что «они и то лучше исполняют «Лунную сонату», и если дурачок не выучит Бетховена, то ему придется выставить на концерте часы вместо непутевого ученика. На самом деле дурачок-ученик у него был один. Не то чтобы другие ученики были маленькими гениями, но хоть как-то похожи на людей, а этот... очень уж он досаждал учителю своей тупостью. И ему, дурачку, он и говорил: если будешь как «курица лапой» играть сонату, выставлю на концерте часы вместо тебя! Ах, как унизительно, должно быть, было слышать эти слова маленькому вихрастому крепышу! Он ведь был не дурачком, просто непоседой. И его тоже родители заставили учиться музыке, вместо того, чтобы бегать по двору, смотреть видик с ребятами и заниматься плаванием. И вот теперь ему приходилось штудировать ненавистные ноты непонятного композитора и выслушивать оскорбления от небритого мямли-учителя. Он, дурачок, давно копил обиду и думал о мести. Он видел, как учитель переступает с ноги на ногу по шашечкам в метро: им не раз случалось ездить в одном вагоне и потом идти друг за другом в школу. Он также догадывался, что учитель ненавидит то, чем занимается, и более того — он догадался про его страсть к мультикам! Он заметил, как покрывается краской лицо учителя, когда он принимается, будто случайно, пересказывать содержание очередного фильма, который он сумел посмотреть раньше других, а учитель пропустил из-за занятий в школе. Заметив это, дурачок стал над ним посмеиваться и специально рассказывать, а вернее, привирать насчет того или иного сюжета. Да, именно, он просто начал сочинять истории, якобы показанные по телевизору. Это на какое-то время выводило учителя из себя — он смотрел на мальчишку не моргая, чуть приоткрыв рот, но не мог ничего ни спросить, ни прокомментировать. Так тянулись их уроки, пропитанные ненавистью друг к другу, пока... Пока не случилось это «пока».

Однажды мальчик решил воспользоваться страстью учителя к мультикам, чтобы сократить время особо нудного урока, и подговорил одноклассника помочь. Только начался очередной урок, как в дверь постучали, потом в проеме появилась веснушчатая физиономия. Извинившись перед учителем, заглянувший попросил своего приятеля выйти на минутку по очень важному делу. Учитель позволил, но только на минутку. Как только ученик вышел в коридор, учитель осторожно прошел на цыпочках к двери и, приложив ухо, стал подслушивать. На это и рассчитывали заговорщики. Приятель стал громко говорить о новом мультике про Тома и Джерри, который начнется ровно в пять вечера. По другую сторону двери возникла суета: учитель побежал к инструменту и взглянул на часы — было ровно 4.10. Дверь открылась, его ученик зашел в класс и как ни в чем не бывало сел за инструмент. Урок продолжился, но как-то нервно. Ровно в 4.25 учитель сказал строго: «На сегодня хватит! К завтрашнему дню выучишь до конца всю вещь целиком!» После чего поторопился сложить свои вещи в портфель и выбежал из школы. Придя домой, он включил телевизор. Но пробило пять, пять тридцать, шесть — а мультика про Тома и Джерри не было. Не было в тот вечер вообще никаких мультиков по телевизору! И он все понял: мальчишки его разыграли! Более того, он понял, что над ним смеются, зная его тайну! Ах так?! — гневно подумал учитель и затаил план наказания. Придя на следующее занятие в класс, он дождался дурачка и, положив перед ним часы на инструмент, строго сказал: «Я сейчас уйду, а когда вернусь, стрелка будет на пяти тридцати — за эти полтора часа ты должен быть готов сыграть мне всю вещь целиком, как на концерте. Если ты не сможешь, я вызываю твоих родителей и мы будем решать — что с тобой делать дальше!» Потом он вышел из класса и запер дверь на ключ.

Когда он вернулся и отпер дверь, в классе никого не было. Ни за инструментом, ни под партой — нигде. Но, о ужас! Не было не только мальчика, но и часов! Мальчик исчез вместе с его часами. Это было самым страшным. Мальчик рано или поздно найдется, но что случится с ним — с учителем за то время, пока часы сами по себе, без его контроля находятся у мальчишки в руках? Об этом он боялся даже подумать, как если бы у него сразу появилось все то, от чего он бежал с самого детства: выговор отца, необходимость надеть галстук, обзавестись детьми, выходить во двор толкать чужую машину, отвечать на вопросы знакомых и побриться. Это было хуже смерти. Это была неизвестность, настигшая его впервые за все эти годы. Надо было срочно искать мальчишку, он сбежал с его часами... Но куда и как?! Он огляделся, посмотрел под стоящий у стены стол, глянул за вешалку, даже поднял голову и взглянул на люстру, затем перевел взгляд на белую стену с портретами композиторов — их молчаливые взгляды знали тайну о мальчике, но выпытать его у них было ему не под силу: Чайковский молчал, как и Рахманинов, и Бах с Бетховеном. Они вообще молчали всегда, — то, что они хотели сказать, они говорили музыкой. Ох уж это иносказание — разве оно поможет в такие вот жизненные моменты, а таких — пруд пруди!

Не получив поддержки, он продолжил поиски. На всякий случай снова вышел в коридор — может, кто-то отпер дверь и выпустил ученика, — но тут же снова вернулся и повторил осмотр всего помещения, стараясь не дышать, чтобы стук сердца не мешал разглядеть каждую деталь. Тут он услышал знакомую мелодию — его часы заиграли где-то далеко и глухо. Нет, ему это не послышалось! Он выбежал за дверь и заглянул в соседнюю аудиторию, но там никого не было — класс был пуст, и мелодия доносилась оттуда совсем тихо... Он вернулся в свой класс и стал прислушиваться. Он разволновался — у него появилось предчувствие. Почти по инерции подошел к окну, приоткрыл его и выглянул. Там, внизу, по дорожке, что вела от крыльца школы и исчезала за деревьями небольшого парка, сновали одинокие фигурки да прогуливались парочки, отпугивая бродячих собак. Мелодия заиграла громче, он повернул голову и увидел на карнизе мальчика. Тот стоял, прижавшись к кирпичной стене, а из кармана свисали часы на цепочке. Крышка часов то открывалась, то захлопывалась — в зависимости от движений мальчика, переступавшего с ноги на ногу и не решавшегося ни вернуться к окну, ни перелезть через балкон соседней аудитории. Высунувшись по пояс, в надежде, что сможет достать его, учитель протянул руку. «Ну, иди сюда, я тебе все прощу!» — по-доброму пообещал учитель. Мальчишка не двигался, прилипнув к стене. К тому же он был слишком далеко, чтобы можно было дотронуться до него.

Безнадежность сложившейся ситуации погрузила учителя в самые отчаянные думы, он раскраснелся, влез на подоконник, но придумать, что делать дальше, так и не мог. «Часы... мои часы!» — вырвалось откуда-то из самой глубины его сердца, и он с горечью покачал головой. Мальчик обернулся, услышав причитания, и решил снять цепочку с ремня на брюках, но сразу сделать это ему не удалось — одной рукой он держался за стену, а другая дрожала, и он тут же схватился ею за выступ. «Смотри не разбейся!» — скороговоркой пробубнил испуганный учитель. Мальчик сделал еще одну попытку. На этот раз он смог отцепить крючок цепочки от ремня на брюках. Но тут учителю стало страшно: «Осторожно!» — прокряхтел он, испугавшись, что часы выскользнут из рук мальчика. «Не надо, я сам...». И он решился. Вцепившись в проем окна, аккуратно поставил ногу на выступ карниза, затем другую, выпрямился во весь рост и сделал два робких шага в направлении мальчика. В это время внизу кто-то заметил стоящих на карнизе людей. Любопытные задрали головы и переговаривались: «Смотрите, какой-то мужчина пытается спасти ребенка!» Вскоре собралась толпа сочувствующих. Женщины ахали, кто-то из мужчин взялся подняться наверх и помочь. Подъехали пожарные машины и милиция. До мальчика оставалось каких-то полшага, учитель видел, что испуганный до смерти, тот стиснул кулак с зажатыми в нем часами. Учителю ничего не оставалось, как совершить над собой усилие, потянуться и, вцепившись в этот кулак мертвой хваткой, пятясь назад, потихоньку начать двигаться вместе с мальчишкой обратно к окну. О страхе он уже не думал: «Часы, мои часы!» — вот все, что звучало в его голове. Ощутив свой драгоценный амулет, пусть даже в кулаке этого паршивого ребенка, он начал приобретать душевное равновесие, и оно-то помогло ему справиться с опасностью. Ступая, словно кошка, прополз он по карнизу к окну, из которого уже торчало несколько пар мужских рук, готовых помочь. Они втащили его, а за ним и мальчика, сначала на подоконник, а потом в комнату. Здесь его уже встречали разгоряченные от переживаний люди, жали ему руки и восхищенно восклицали, хлопая по плечу: «Какой вы молодец, я бы так не смог!» Мальчика обняли и, накинув на него теплую одежду, приговаривали: «Разве так можно, дурачок? Ну, все позади!»

Под взглядом свидетелей учителю было неловко вырывать из рук ребенка часы, которые тот все еще держал в кулаке. Но он неотступно следил за ними взглядом в ожидании подходящего момента. Мальчика решили отвезти домой, стали выяснять его адрес и телефон. Перед тем как уйти, все еще бледный от страха, ребенок разжал кулак и выронил часы. Кто-то из мужчин наклонился, поднял их и, подойдя к учителю, сунул драгоценный предмет ему в ладонь: «Кажется, это ваши? Мальчишка от шока никак не мог разжать кулак!» Мальчика увезли. А через пару суток его отправили в больницу — требовалось подлечить после пережитого нервного стресса. Конечно, ни о каком концерте и речи быть не могло — он провалялся в постели целый месяц. А позже его и вовсе забрали из музыкальной школы — слишком нервное занятие для такого чувствительного мальчика, решили родители, и отдали его в секцию по плаванию, укреплять пошатнувшееся здоровье.

Этому обстоятельству учитель был только рад. Однако его жизнь и без того изменилась до неузнаваемости. Теперь к нему постоянно звонили с просьбой дать интервью той или иной газете. Поначалу он отказывался, но звонки продолжались, и он в конце концов согласился: так скорее отстанут, решил он. Для фотопортрета ему пришлось надеть галстук и побриться. Это казалось невероятным, но он сделал все, что от него потребовали. И самое странное, что ему это не доставило никаких хлопот. Даже по-своему понравилось. Теперь подбородок можно было поглаживать, ощущая легкое покалывание — он даже ввел это в привычку — в ней он усматривал атрибут незнакомой ему респектабельности. Статья о нем вышла под заголовком «Подвиг учителя». В ней он неоднократно назывался «героем», «смельчаком» и «честным человеком», спасшим ребенка. За статьей последовало предложение выступить по телевидению, он сначала отказывался, но потом согласился: так, решил он, скорее отвяжутся. В передаче его снова называли героем и смелым человеком, задавали вопросы о том, откуда он родом и кто его родители, воспитавшие такого сильного человека. Спрашивали о личной жизни, но он сказал, что на вопросы о личной жизни никогда не будет отвечать перед такой огромной аудиторией, это его принцип: частная жизнь не для посторонних. Однако приглашения выступить в той или иной программе продолжались, и он нет-нет, да и приходил на телевидение, и постепенно начал рассказывать о личной жизни. В одной из передач он поведал, что хотел бы объясниться с родителями и покаяться в том, что не верил им и боялся стать взрослым. А это оказалось совсем не страшно и даже приятно. Только вот его родителей уже нет в живых. И поэтому он решил покаяться публично, чтобы его жизнь послужила примером. Уж быть героем, так до конца. Ведь он оказался нужен этим телезрителям, среди которых было очень много таких, как он, — любивших смотреть мультики и боявшихся ответственности.

Спустя год власти города предложили ему переехать в более просторную квартиру. Его материальное состояние тоже улучшилось, так как теперь у него было много учеников из зажиточных семей — попасть к нему считалось престижно. Он даже решил оставить завещание и передать все свое имущество музыкальной школе и студии «Мультфильм». А часы на цепочке, сыгравшие такую роковую роль в его жизни, он завещал тому самому ученику-дурачку, который был уже совсем не дурачком, а подавал большие надежды в плавании — своим родителям и тренеру. Все это учитель делал с легким сердцем, так как избавился от большинства своих комплексов, став в глазах других героем и известной личностью. Таков удел всех знаменитостей — превращать свои недостатки в достоинства, на худой конец — преодолевать их.

Единственной тайной, не раскрытой для публики, оставался истинный мотив совершенного им подвига. Но это, решил он, будет знать он один, тем более, что и результат оказался столь героическим. У каждого полноценного человека должна быть одна-две тайны, которые тяготят его душу... Ее удел — терзаться.

Глава 20. «Радость графомана»

Ах, как я довольна этим рассказом! Когда что-то само собой сочиняется, становится очень радостно на душе. Это похоже на игру — я приступаю к ней, зная, что она может не получиться, но предчувствуя, что есть какой-то механизм, который позволит мне доиграть ее до конца. И по ходу игры я узнаю ее правила. Что-то вроде разгадывания ребуса. Вообще, предчувствие «темы и сюжета» достигается методом тыка. Тепло — холодно. Когда тепло, то ощущаешь легкую энергию от присутствия замысла. Если тыкаешь в направлении пустоты, то нет этого ощущения. Я говорю об ощущении на физическом уровне, буквально. Вот в чем штука. Даже мысль ощущается как легкое копошение какой-то посторонней энергии. Почти материальной или просто материальной. Я давно заметила, что есть мысли, идеи, вес которых чувствуешь в голове, где-то на уровне лба или рядом, — третий глаз? Радость идиотки... Нечаянные радости. От слова чаять? Я души в нем не чаю?.. Да, писать любопытно. Очень любопытно. Писать, сочинять. Есть какие-то законы — не только как писать, а при каких условиях получится писать вообще. Ну, хотеть, как я уже сказала, — это, предположим, первое. А еще... еще это уверенность, которая приходит непонятно откуда: надо! Раз надо, значит, есть возможность. И начинаешь эту возможность изучать: так попробуешь, эдак. И вдруг складывается, как игра «лего». У тебя в руках одна только крупица «лего», потом несколько, но картина, ты чувствуешь, уже существует в чьем-то замысле, ты ее только подбираешь по частям. Целое существует! Да, это очень любопытно.

А другой любопытный опыт — что происходит, когда книга уже вышла. Вот она — и начинается все совсем другое. Тоже интересно, но по-другому. Вопросы — ответы: зачем, почему, что имела в виду, правда—неправда... Начинаешь отвечать, и сама не знаешь, что правда, что нет. Потому что в твоих ответах возникает нечто третье, не имеющее никакого отношения к тому, что написано. То есть отношение имеет, но это что-то третье. Наверное, вопросы заданы неверно или вообще не должно быть вопросов. То, что написано, — это не ты со своими ответами, а нечто самостоятельное. Тот, кто пишет — уже не совсем он сам. Как и тот, кто играет, снимает, поет и танцует. Может, еще тот, кто чинит вашу батарею, — это тот же самый человек, с него и спрос. А с меня, отвечающей на вопросы о моей книге или роли, — спроса не может быть. Это не совсем я играла и не совсем я писала. Вам непонятно? А актеры, режиссеры и писатели все это знают, оттого и льют воду во всяких интервью: дурак спросил, а я по-дурацки и отвечу. Начинают воду мутить, так как знают, что рассказать о том, как это делается, невозможно.

Но вопросы задают все, и это понятно. Так что я никого в этом не упрекаю. А те, про кого ты написала, задают особенно смешные вопросы — «почему это написала, а ведь было другое, а ты не написала самое интересное?» Или: «Это было не осенью, в твой первый отъезд, а весной, во второй,» — претензии моей сестры Маши к тому месту в книге, где ее муж, Павел, махнул мне вслед рукой со словами: «Езжай, езжай!» Или: «Про нее написала, а про меня, с которым в детстве в кроватке еще играла, не написала?» Так, говорят, среагировал Димка Суслов, сын известного оператора и друга моих родителей Миши Суслова, на то, что я написала об Аленке Барановой. С Аленой я провела много месяцев бок о бок в Нью-Йорке, а Димку знала с раннего детства по Арбату. С тех пор, что я жила в Нью-Йорке, прошло много лет, а Дима и Алена успели за это время познакомиться и слиться в супружеском союзе.

У каждого есть своя точка зрения на описываемые события, и каждый ставит свои акценты. Но есть также в жизни очень важные люди и важные воспоминания, про которые не пишешь, и это вовсе не означает, что ты их забыла или переоценила их значимость. Просто книга имеет свои правила и диктует их автору. И конечно, она никак не может конкурировать с реальной жизнью, которая не поддается никакому адекватному описанию. Впрочем, у меня появляется мысль написать про тех, кто не вписался в «основной сюжет» моей биографии... А ведь именно люди, проходящие, так сказать, фоном твоей жизни, и определяют зачастую ее реальность. (Вступаю в рискованную зону, так как вслед появятся новые имена, не вошедшие и в эту главу. Я как-то сказала сестре, что если начать вспоминать всех хороших людей, то получится книга благодарностей: «Спасибо, нам очень понравилось в вашем ресторане...». Но тогда должна быть и книга «жалоб и предложений».

Ну что ж, попробую. И коль скоро я возвела в принцип откровения с читателем об ощущениях начинающего автора, то поделюсь и теперь своими чувствами — мне страшно приступать к этой главе. Почему? Потому что писать буквы на чистом листе-экране и отвечать за них — страшно. Страшно, и все. Оставлять след — ответственность. Да и привычнее не оставлять. Когда начинаешь проявлять себя, какую-нибудь инициативу, то ладони потеют. На днях подумала, что в картине Кроненберга «Голый завтрак», снятой по роману Уильяма Берроуза, где речь идет о писателе, очень точно показаны взаимоотношения автора и печатной машинки. Она превращается в мерзкое насекомое, которое разговаривает и шевелит лапками. Начиная печатать (сочинять), герой погружает свои пальцы в утробу липкого, мерзкого существа. Будучи простым зрителем, я испытывала отвращение к этому насекомому и недоумевала, зачем такое преувеличение? И вдруг поняла, схватила образ — а ведь точно! Да, там, в картине, герой печатает на машинке, а я сейчас печатаю на ноутбуке, не в этом суть. В машинку или в компьютер, на лист бумаги — автор сваливает свою энергию, и она, как нечто третье, самостоятельное, уже требует его, автора, осуществлять этот акт, требует выделения этой «лишней» энергии. Возникает обратная связь: машинка стоит в углу и диктует, и притягивает: «Подойди и начни писать, или как ты называешь этот процесс? — начни, и я тебя поглощу, всосу в себя, прилипну к тебе и выпотрошу из тебя все, что сегодня ты можешь отдать. Да, забыла, прости, совсем забыла — потом вознагражу, хи-хи! Хочешь? Ведь хочешь! Страшно? А ты не бойся! Сама ж так написала «я ничего не боюсь!» Эх, лживая... Ну же?! Откровеннее... так, а теперь полегче... снова что-нибудь из больного опыта, хоть какими словами, хоть героини, под чужим именем, хоть под своим... все равно придется выкладывать то, что тихо дремлет в том самом темном клозете... ну, можешь назвать его «гардеробом». Если я тебе не нравлюсь — так и не связывайся со мной. А раз связалась — тогда играй по моим правилам!

Возможно, что машинка-насекомое — это какая-то твоя материализовавшаяся сущность, в которую ты с омерзением, но и наслаждением погружаешься и не можешь этого не делать. С омерзением, потому что вынимать «наружу» то, что спрятано, непривычно, да и неизвестно до конца, что именно спрятано. И потом, вдруг увидишь и ужаснешься: внутри живет просто стул на четырех ножках? С наслаждением, потому что все равно вопреки всему занимаешься этим копанием в тайной тишине своего нутра, словно играешь в кубики с разными «недозволенными» образами. А наружу, по привычке, всегда идет или должна идти — цензура рассудка или как там еще — совести, морали, здравого смысла. Но не миновать стадии насилия над своими же представлениями о том, «как надо», и страхом публичности, вбитым в нас культурой, воспитанием и опытом чужой жизни. Так вот, в поту и соплях, но с упоением от силы, которую дает преодоление собственного запрета, продолжаешь. В этом смысле писатель Сорокин и говорит, что литература — это наркотик. Засасывает. Вы скажете: так это зависит от того, про что писать: если про красивое и светлое, то и не будет наркотиком, и машинка не будет насекомым. Да, по-моему, не так. Сначала энергия отделяется как нечто темное и мутное, болезненное, это потом, когда она сформировалась во что-то ясное и гармоничное, да еще тебя и похвалили критики и читатели — дали определение этому кому переживаний, то энергия просветляется — о чем бы ни писала. А поначалу — это что-то уродливое. Даже если про приятное пишешь. Наверное, человеку страшно отчуждать от себя что-либо. И оттого этот акт всегда чудовищен в ощущении, даже если в каждой строке есть слово «счастье». Впрочем, может, я ошибаюсь, сейчас попробую!

«...Счастье дышать. Счастье писать свободно. Счастье произносить имена любимых людей. Счастье видеть смешную собаку. Счастье слушать музыку. Счастье получать радостную весть... Какое счастливое время года! Какой счастливый человек. Два счастливых человека, и я их знаю... Счастье быть на море и лежать на песке. Потом подниматься в гору и знать, что придешь в номер гостиницы, примешь душ и съешь тарелку ягод. А потом счастливо прикорнешь на часок и, проснувшись, увидишь счастливое лицо родного человека. Счастье пойти гулять по незнакомому городу, незагазованному, и находить красивые уголки, дома, улочки и любоваться видами, открывающимися с обрыва или крутой горы. Ах, я чувствую, что мне пора отдыхать, так как пишу об этом, мечтая о счастливых переживаниях. Когда я вижу во сне своих друзей, живущих далеко от Москвы, я счастлива целый день. Я ношу в себе эти счастливые ощущения и мечтаю... о чем-то. Мне кажется, что сны неспроста — обо мне думают, и есть вторая, «сонная реальность». В этой реальности не всегда происходят только счастливые события, иногда и страшные, и тогда я счастлива, что проснулась и сон прошел. Но на земле, наяву, есть огромное количество счастливых видов и мест. Счастливых для глаза и для ощущения. Есть много таких видов, и сознание этого может приносить радость — я туда поеду или буду стремиться поехать! Это не туризм, это открытие своего дома. Дом огромен и красив. Самое главное, что он неожиданный — от этого может стать спокойно на душе, тепло и... счастливо. Даже если вы замерзли на улице и некуда податься, то об этом можно мечтать, и будет легче. Моя мама учила меня в детстве представлять, что мне очень жарко и что на улице плюс 30 градусов, со лба пот ручьем, в то время как на самом деле стояла зима, метель и до дома далеко. Я только что была счастлива в этом воспоминании. «Счастье» — от этого слова исходят волнистые лучи! Как от микроволновки. Нет, «как от микроволновки» — зачеркну. Просто: «от этого слова исходят волнистые лучи» — и точка.

Итак, абзац со словом «счастье» завершен. Признаюсь, мне было светло на душе, но в то же время было подозрение, что я дура. И пишу, как дура из первого класса. Но это также почти упражнение на автоматическое письмо, и оно зачастую говорит больше про нас, чем осмысленное. В таком случае оно ценно, и я его оставлю не без доли кокетства: может, понравится? А как же машинка-насекомое, если легко на душе? — задает кто-то вопрос, и я его слышу. Отвечаю: написать всю книгу с легким ощущением спонтанной безответственности — не хватает свободы, дерзости и мастерства. Это просто наглость писать так, гениальная наглость. И я была бы гением, если бы осмелилась, но не осмелюсь. Да и вы бы читать не стали. Только, может, какие-нибудь умные, продвинутые критики. Почему только они? Потому что, как я подозреваю, настоящее творчество не имеет практической сверхзадачи, только эстетическую, философско-абстрактную и концептуальную. Оно самопроизвольно изливается в эфир. Это гениальное хулиганство. Без иной цели. Оно никому не нужно, кроме продвинутых. А таких очень мало. И большинство просто выбросит и не заметит такое искусство. Да и вообще, оно, как правило, существует «для себя» и мало кто способен его оценить... до поры до времени.

Я же рассказываю байки, и хоть стараюсь импровизировать, но рассчитываю на интерес «зрителя», то есть читателя. По крайней мере — на любопытство. А чтобы писать для себя, надо быть гением и тогда на всех наплевать. Так Марсель Дюшан создавал абсурдные вещицы, ознаменовавшие эпоху поп-арта. Он сам потом отошел от искусства как от излишества — пошалил, бросил в мир идею, и ему стало скучно. Кажется, ушел в философию. А я застряла пока на подступах с очень средними амбициями — получить удовольствие от попытки написать еще одну книгу — «мне ж заказали». Я не знаю, кто именно, но что редактор издательства заказал — это точно. Это повод, которым я себя подталкиваю. Наверное, Сорокину и Мамлееву никто не заказывает, но они пишут. А если и заказывает, то они об этом молчат. Но они бы и без заказа писали. А я нет. В подтверждение своей приземленности скажу, что посмотрела на страницу и обрадовалась — уже на одну стало больше! Мне от этого радостно. А настоящему писателю, — мелькает вредная мысль, — все равно, сколько страниц он уже написал, так как он думает только о качестве. А я еще и поглядываю на количество. То есть меня волнует объем и скорость написания. Мне ж скоро сдавать книгу — а я вот так медленно пишу. Оттого радуюсь каждой новой странице. Впрочем, может, великие тоже радуются объему своих произведений?

Например, Андрюшка Ташков утверждает, что не будь Достоевский в долгах из-за своей страсти к игре, он бы писал не так многословно и, может, тщательнее. А так — он дорожил каждой лишней страницей, потому что ему платили построчно. Это ни в коей мере не умаляет его авторский гений, просто объясняет, что являлось провокатором этого гения. Возможность заработать деньги своим трудом — гения не умаляет. Из него все равно вылезет что-нибудь «на века». («Он же гений!» — этим аргументом одна молодая женщина объясняла все прихоти своего маститого супруга. Он — гений!.. И нет больше вопросов, это все объясняет.)

Возможно, покажется, что я себе противоречу, утверждая выше, что гениальное в искусстве не преследует никакой практической цели. Попытаюсь оправдаться — не только тем, что Достоевский «не мог не писать» и ему заказывал Он, а не «они» — но также соображением, что Достоевский, наверное, был в первую очередь философом, облачавшим свою философию в литературную форму... из баловства. А Андрюшка судит о Достоевском, так как сыграл много его персонажей в кино и театре, — судит на основании актерского опыта общения с текстами. Зубрить пришлось. А когда зубришь, то открывается многое, что скрыто от поверхностного взгляда. Но может, мы с Ташковым оба дураки — он говорит, а я слушаю. Ну, коли вы по-другому думаете про Достоевского и мотивы, побудившие его к такому словообилию, то вы умники. Но я продолжу.

Итак, друзьям незабытым и любимым... другая глава.

Глава 21. **Порядочные люди**

«Димка»

Димка Суслов — мой младший товарищ. Самое раннее воспоминание — в игрушечного размера кроватке, с закрытыми со сна глазами, стоит мальчик. Пока еще он борется со сновидением и решает, где ему интереснее, тут или там. Его бледным личиком с просвечивающими голубыми жилками играет мир привидений, а телу не терпится от них избавиться. Нас с ним разделяет деревянная решетка его кровати. А мне уже страшно — вдруг передумает просыпаться и снова нырнет в белый крахмал простыней.

Я прихожу в гости с одной целью — посмотреть на существо, которое откликается на мое имя и торопит пробуждение, поднявшись в свой полуметровый рост. Его мама, на которую он похож, как две капли воды, вновь и вновь повторяет: «Лена пришла!», и ждет, когда он осилит борьбу со слипшимися веками. Услышав наконец женское имя, черноволосый ребенок открывает по очереди один, затем другой огромный глаз, похожий на бабочку-шоколадницу, взмахнувшую крылышками, и, увидев то, ради чего он старался, расплывается в робкой улыбке! Оторваться от его лица, расцветшего двумя карими глазами, невозможно, и ради этого мига я готова поджидать его пробуждения в маленьком домике на Арбате. Но не только. Его беззащитность вызывает во мне ощущение собственной силы, смешанное с любопытством.

Меня с мальчиком Димкой связывала любовь, короткая и сильная, как вспышка. Ему было на шесть лет меньше, и я, по всей вероятности, в свои 11 представала перед ним всем лучшим, что несет в себе чужая жизнь за пределами мира папы и мамы. А именно — капроновым бантом в полголовы, улыбающимся кокетливым лицом, с двумя большими зубами, торчащими, как у кролика, и сердцем, переполненным желаниями. Правда, Димка был не первым «младшим» товарищем, за которым я умудрилась в детстве ухаживать. До него уже был сосед по коммунальной квартире, карапуз в шапочке, чуть ли не в чепце, которого я таскала кататься на качелях и вместе с которым упала с тех же качелей, отчего у него на лбу остался шрам, а у меня — чувство вины. А еще до того — мой младший двоюродный брат Витя, с которым мы ходили в один детский сад и которому я так же, как и соседу в чепце, поставила шишку, потянув кататься с ледяной горки. Осадок, остававшийся от этих ранних «связей», был всегда конфликтным. Я испытывала горечь от «преступления», совершаемого в отношении маленьких «купидонов», и непреодолимую тягу к их слабости и красоте.

Детская любовь к Димке подогревалась дружбой родителей и близостью домов, в которых мы жили. Когда обе семьи переехали в новые квартиры и оказались вдалеке друг от друга, а наши отцы стали работать порознь, мы с Димкой перестали видеться. Чувства запечатлелись в памяти, как всякое событие детства, — на всю жизнь. А мы ушли в подростковый опыт поодиночке. В 75-м году Димкины родители приняли решение уехать в Америку. Я к тому моменту была уже студенткой театрального училища, снявшейся в модном фильме «Романс о влюбленных». А Димка был 15-летним подростком, закончившим 8-й класс средней школы. Я знала, как тяжело далось Мише — Димкиному отцу — решение эмигрировать. За год до отъезда он приехал к моим родителям и завел разговор о планах своей семьи. Уезжал весь сусловский клан — родители Миши и его жены Иры. Ирин отец — директор картин на Студии Горького, Леон Константинович Канн. Его супруга, Анна Григорьевна, старшая дочь Алла и младшая Ира работали монтажерами там же. Семья киношников, имевшая в друзьях всю интеллигентскую элиту тех лет, среди которой была знаменитая Клавдия Шульженко. Миша плакал, рассказывая о своем трудном выборе. К моменту Мишиного отъезда мои родители развелись, и это, по его словам, окончательно подтолкнуло его принять тяжелое решение. «Если Наташка с Лешкой развелись, значит, здесь больше нечего делать — все лучшее рушится», — говорил он друзьям. Что же говорить о Диме, который бросал друзей и страну в том возрасте, когда подросток наиболее нуждается в дружелюбной и понятной ему среде. Позднее моя подруга Алена Баранова, с которой я и познакомлю Димку в Лос-Анджелесе, скажет мне, что дети, уезжающие из страны в 14–15-летнем возрасте, навсегда теряют ощущение защищенности, так как вырываются из круга друзей, столь необходимого для их формирования. В результате — никогда не завершается их переход в ответственную взрослость, а адаптация к новой культуре и стране проходит болезненнее, если вообще проходит. Уезжающие раньше или позже — другое дело. Те, кто моложе 14-ти, — еще дети, и они сливаются с детской средой. Те, кто старше, уже способны быть независимыми от родителей и начинают студенческую жизнь. А вот 14-ти и 15-летние — ни с теми, ни с другими. Так случилось, что и она подростком приехала к своей матери в Монреаль, покинув свой дом в Ленинграде.

В следующий раз я увижу Диму только в 88-м году в Лос-Анджелесе. Я слышала, что в течение нескольких лет он занимался скульптурой у знаменитого Эрнста Неизвестного, и тот оценил его талант. Но спустя два года занятий Димка бросил скульптуру, причем в буквальном смысле — разбил все им сделанное. Он пробовал себя и в телевизионном дизайне, работал осветителем на студии, и в операторской группе, на картинах своего отца. Ему все давалось легко, но рано или поздно он все бросал, увлекаясь по-настоящему только одним — чтением книг о войне и оружием. В его спальне, по обе стороны кровати, одно время стояло два ружья, а у ног сидел огромного размера дог по кличке Гера. Димка оборонялся. Но в то же время объявлял войну тому миру, который так и не стал ему своим. А Миша, его отец, почти с разбега вскочил в американский кинематограф и так же интенсивно принялся работать в Голливуде кинооператором, как делал это на «Мосфильме» и московском телевидении. Это позволило Сусловым построить красивый и просторный дом в пригороде Лос-Анджелеса. Туда-то я и приехала — к друзьям своих родителей и их сыну однажды жарким летним днем.

Появилась я на пороге у Сусловых в состоянии, так сказать, слегка сдвинутом. Я переживала тяжелый стресс после истории, произошедшей со мной в Нью-Йорке. История эта касалась любви и попытки закончить разом все — и боль, и радость. Я, конечно, поделилась своими переживаниями с Сусловыми, и они предложили мне провести месяц-другой у них в гостях. Каждый по-своему уделял мне внимание, а я отдалась их родственной помощи, не в силах сопротивляться. Мне как воздух была необходима чья-то забота. Ира посоветовала сменить старые кроссовки на новые, сказав, что в Лос-Анджелесе такие стоптанные выбрасывают. И правда, под палящим, словно лампочка, солнцем мои казались чернее и старее, чем в Нью-Йорке. Я последовала Ириному совету. Затем она вынула что-то из гардероба и переодела меня в легкие, калифорнийские одежды. Анна Григорьевна — зеленоглазая Димкина «бабуля», в которой все еще были заметны повадки светской львицы, давала мне уроки по хозяйству и учила экономии, объясняя, как надо срезать шкурку с огурцов — «тоненько, а не такими кусками, ведь денег ни на что не хватит, если так расправляться с огурцами...». Миша советовал, как разговаривать с начавшим за мной ухаживать американским престарелым продюсером, а Димка успокаивал и занимался со мной «психотерапией по-домашнему». Она заключалась в разговорах о моих планах — где жить и что делать, в советах вернуться в Москву. Я выслушивала его с видом овоща и не могла принять никакого решения. Тогда он принимался делать мне массаж.

Надо сказать, что руки несостоявшегося скульптора приспособлены для массажа наилучшим образом. Наслаждение колоссальное, и эффект потрясающий. В каком-то смысле Димка лепил меня заново — ежедневно терпеливо восстанавливая по крупице потерянное тело, голову и душу. Когда его работа дала ощутимые результаты и со мной уже можно было общаться по-человечески, мой «спаситель» решил, что пора меня развеселить. Он стал катать меня по городу на машине, выводить на прогулки и даже знакомить с некоторыми друзьями. Как-то раз к нему в гости заглянул приятель. За разговором и чаепитием он вдруг отвел Димку в сторону и, пошептавшись с ним о чемто, сунул ему в руки маленький пакетик, после чего распрощался. Когда за ним закрылась дверь, Димка вернулся и взглянул на меня загадочно. Затем, перейдя на шепот, предложил мне попробовать на язык маленький клочок бумаги, который он держал в том самом крохотном пластиковом пакете. «Ты когда-нибудь пробовала это? — спросил он таинственно и добавил: — Говорят, что его надо пробовать только с преданными людьми, с теми, кому ты доверяешь». Он протянул мне бумажку, умещавшуюся на кончике пальца. Решив, что меня разыгрывают, я стала вышучивать Димку и его предложение. Но он пояснил: «Нет, я серьезно, хиппи пересылали его на почтовых марках, достаточно одной капли на бумаге, и все. У нас есть шанс, ведь мы доверяем друг другу. Когда еще найдешь второго близкого человека?» В этот момент вошла Димкина бабуля и попросила вымыть пол на кухне. Сказано это было строго, и, очевидно, это была Димкина рабочая норма, которую он задолжал своей бабуле. Нам было выдано по швабре с тряпкой и ведро. Мы пошли на кухню. Оставшись одни и посовещавшись, решили все-таки попробовать запретную бумажку. С видом посвящения в какое-то таинство каждый проглотил свою порцию, и, не испытав никаких явных ощущений, мы принялись мыть пол.

Пол этот был особенный — он состоял из черных и белых квадратов, напоминал шахматную доску и был достаточно просторным. Или мне так казалось... Дело в том, что в какое-то мгновение ощущение времени было потеряно, как и ощущение пространства, — большое оно или маленькое. Мы парили по бесконечным черно-белым квадратам со швабрами в руках, как по гигантской шахматной доске, и концакрая ей не было. Сизифов труд. Временами на пороге кухни появлялась фигура зеленоглазой бабули, и она задавала один и тот же вопрос: «Как?! Вы еще моете пол?» На что слышалось Димкино: «Бабуля, еще немного осталось!» После чего бабушка исчезала, и мы снова штурмовали необъятный пол. Иногда кто-то из нас падал от хохота, а иногда от потери равновесия. Тогда тот, кто стоял, поднимал упавшего. Сколько дум передумалось за это время, и не перечислишь, да и как долго длилось «это время», тоже трудно сказать. Может, час, а может — три. Как закончилось мытье пола, я точно не помню. И кто выиграл, поставив мат или шах, неизвестно. Точно скажу одно, что никакой Lucy in the sky with Diamonds не наблюдалось. Вскоре после этого эпизода я созрела для принятия решения — отправиться в Нью-Йорк, заработать денег, а потом вернуться в Москву.

Димкино лечение сработало. А спустя два года, снова приехав в Лос-Анджелес, я познакомила его со своей подругой Аленой. После моего отъезда Дима пришел к ней в гости делать полки. С тех пор они звонят мне, лежа в одной постели.

Сидя как-то с Аленой в Москве, я говорила: «Понимаешь, есть у нас с Димкой одна смешная история про то, как мы мыли пол в шашечку, но я не знаю, нужно ли про нее писать». Алена очень весомо ответила мне, что не нужно. Но я не сдержалась. Мне кажется, что помимо назидательного аспекта: «так делать не надо, если только раз и с очень преданными друзьями...» — есть в ней что-то еще, достойное внимания. Образ двух смешных людей, перемещающихся в символической шахматной партии, в которой каждый играет сам с собой.

Еще хочется напоследок сделать одно «умное» замечание... Хороший человек — это, конечно, не профессия. Профессию можно приобрести и, при некотором усилии, добиться в ней совершенства. Тогда как быть хорошим человеком требуется 24 часа в сутки и всю жизнь. Чтобы оттачивать в себе это качество, зачастую приходится жертвовать очень многим, в том числе и профессией. А на это мало кто способен. Только хороший человек.

Ах, Боже мой! Только что испытала писательский ужас. Мне показалось, что я случайно стерла десять страниц сочиненного текста! Ну вот, подумала я, и мне досталось! За что, за что? Может, не то пишу, может, испытывает меня какая-то сила, мол, поработай еще, потрудись. Я судорожно просматривала текст, пытаясь понять, куда делись десять страниц. И, о счастье, — нашла! Я, как выяснилось, скопировала свой текст, не заметив этого раньше, и теперь открыла вторую, более короткую версию. Нет, не гений я, не гений, ведь такие испытания, как потеря текста, — явный признак избранности. Мой знакомый поэт Петр Вегин как-то рассказал произошедшую с ним историю. Лет пятнадцать назад он решил эмигрировать в Америку. И вот, перелетая из Москвы в Нью-Йорк с пересадкой в Европе, он потерял свою рукопись. У него была написана книга, которую он собирался издать в Америке. Ужас в том, что она была у него в единственном экземпляре, так что он потерял ее навсегда. Прилетев в Штаты и встретившись с Иосифом Бродским, с которым он был знаком, он рассказал ему о своей потере. Выслушав его, Иосиф ответил: «Так, может, ты гений? Только у гениев пропадают единственные экземпляры!»

Так что меня балуют высшие инстанции — на что я им сдалась? И я благополучно продолжаю.

Ириша

Есть еще одна незаурядная личность — а их огромное количество, своеобразных персонажей, составляющих галерею порядочных людей, с которыми свела меня судьба и которые могли бы стать героями не только «небольшого рассказа», но целого романа. Одной из них является Ириша. Ее особенность, среди прочих достоинств, заключается в том, что Иришу всегда считали ведьмой. Ну, конечно, доброй, красивой и доброжелательной... «белой» ведьмой. В первую очередь ведьмой ее считает ее собственный супруг

Леня. Наверное, у него есть на это личные причины, но с моей точки зрения, история Лениного и Ириного супружества безусловно дает основание считать Иришу таковой.

В свое время Леня, будучи московским коренным жителем, выпускником Архитектурного института, усатым красавцем и сердцеедом с гитарой, познакомился с Ириной — статной блондинкой с мягким голосом и сильной волей. Очевидно, между ними возник роман, который драматически прервался, так как он эмигрировал в Америку. Это было в брежневские времена, когда уезжали «насовсем», то есть без права возвращения на родину. О том, что политическая система скоро сменится и наступит оттепель, могли мечтать и верить только наивные люди. Трезвые прагматики знали — надо начинать новую жизнь, предать забвению мечты о далеком светлом будущем в России. Возможно, так думал и Леня, уезжая в Нью-Йорк и прощаясь с Ириной. Однако все десять лет, что он прожил в известном городе, без какой-либо надежды на встречу с Ириной, он не мог забыть ее. Более того, ее яркий образ настолько крепко поселился в его сознании, что при каждом романе, случавшемся с ним за эти годы, он сообщал своей женщине: «У меня есть в Москве Ирина, она — ведьма, и брак для меня невозможен ни с кем другим, кроме нее!» Возможно, говорилось и так: «Ириша этого не одобряет, я чувствую, она препятствует нашим отношениям».

Мифическая Ириша из Москвы сильно возмущала Лениных подруг: они пытались наставить его на путь истинный, объясняли, что нельзя жить прошлым, и даже предполагали в нем своего рода помешательство. Некоторые пытались вылечить его от Ириных чар, но безуспешно. Леня жил холостяком, продолжая при этом ухаживать за той или иной обнадеженной его вниманием блондинкой. Не знаю, чем занималась в это время в Москве Ириша, кроме пения в ансамбле Дмитрия Покровского и изготовления художественных изделий, к чему располагал ее талант художницы и портнихи, — может, варила какую-нибудь траву или сыпала ее за порог на рассвете. Знаю только, что она отправляла редкие записки и сувениры с редкими в те годы оказиями, и все. Я и сама привезла по ее просьбе из Москвы чугунную закорючку, которую Леня благоговейно повесил на стену нью-йоркской квартиры. Так бы длилось, наверное, до бесконечности, не случись вдруг политической перетряски сил и не сменись правительство в России. Да и то, в тот первый, горбачевский год для возвращения в страну эмигрантов было отпущено каких-то два месяца, и этот коридор снова был прикрыт на несколько тяжких лет. Тогда-то Леня и прилетел в Москву на неделю, явился к Ире домой и повел ее в загс. Они подали заявление, и он улетел, чтобы вернуться непосредственно к бракосочетанию. Когда невозможное стало возможным и они расписались, Леня увез Ирочку в Нью-Йорк. Тут я ее как-то и встретила на одной нью-йоркской улице. Это было, наверное, от силы месяца два, что Ира жила в Америке. Я же к тому моменту была вполне адаптировавшейся американской горожанкой, правда, даже тогда носившей такие признаки российской эмигрантки, как рассеянность и погруженность во что-то свое, далекое. Я сидела в кафе и смотрела через стекло большого окна на пешеходов, которые оживленно мелькали туда-сюда с видом решительным и определенным. И вот среди эксцентрично одетых панков, бизнесменов в строгих корпоративных костюмах, пестрых азиатов и африканцев, я заметила одинокую высокую фигуру, бредущую в своем неспешном ритме с отсутствующим лицом. Что-то в ауре, окружавшей ее, было от Достоевского, Чехова и всей скоморошьей культуры советского детства, отрочества и юности. Что-то навеки бездомное, несмотря ни на какой существующий дом. И среди типичных для Нью-Йорка людей, которые всегда знают, куда, зачем и как, у Иры было ясно написано на челе: понятия не имею где, кто и зачем. Возможно, в этом и заключалась ее ведьминская сила?

Увидев такое знакомое лицо, я подскочила со своего стула и выбежала на улицу с распростертыми объятиями. Нет, поистине, попадание этого характера в самую гущу американского мегаполиса было само по себе очень смешным явлением. И я тут же сообщила об этом Ирише, но успокоила, что состояние зомби со временем проходит. Однако нельзя сказать, что оно проходит окончательно. Такие люди, к каким относится, на мой взгляд, Ириша, всегда играют не по правилам, не потому, что не хотят, а потому что их внутренний мощный заряд всасывает, словно в черную дыру, все эти правила и ограничения, американские и эмигрантские в том числе. Я встречала Иру в течение нескольких последующих лет ее жизни в Америке и наблюдала разные стадии ее адаптации. Каждый раз она представала в разных обликах — активной и деятельной (спустя год), веселой и развлекающейся (спустя три), собранной и ушедшей в себя (спустя четыре), но всегда по-своему сумасшедшей, бунтующей и создающей вокруг отдельную от всех жизнь. Мелодия ее души и настроений звучала ненавязчиво, но побеждала все другие мелодии. Рядом с ней всегда казалась абсурдной любая практическая деятельность, лишенная подлинной любви и внутреннего выстраданного смысла. И как в анекдоте про больного психиатрической клиники, ведущего диалог с лечащим его врачом, в результате которого лечащий врач сходит с ума, так и в Иришиной и Лениной жизни победила Ирина. Она медленно, но верно расшатывала весь строй Лениной американской жизни, пока не привезла его обратно в Москву. Теперь вот уже много лет, как они принимают своих нью-йоркских друзей в старинной квартире возле Патриарших прудов, где на диване лежит, распластав лапки, мой красавец-кот по кличке Киса. Волею судьбы мой американский кот был приручен именно Леней и последовал за ним через все его жилища, оказавшись в конце концов в Москве.

У вас, возможно, появится мысль: ну и что? Где же необычные или добрые поступки, о которых я не написала и которые непременно должна помнить, рассказывая об Ирише как порядочном человеке — и тем более, по моим словам, как о незаурядной натуре? И мне есть что на это ответить. Хороший поступок может совершить и не очень приятный человек, с которым и встречаться больше одного раза не захочется. Так, совершит хороший поступок случайно или для какой-то своей надобности, и все. А порядочному человеку может и не выпасть такая удача, как совершение именно для вас какого-либо героического поступка, возможность оказать помощь или принести жертву. Просто я знаю, что к Ирише можно прийти и помолчать, сев в мягкое, уютное кресло. Более того, если понадобится, вы можете так молчать очень долго, и вас никто не потревожит. И наоборот — можете привести целый полк знакомых и малознакомых личностей, если вам это зачем-то очень нужно, и все они будут петь на непонятном языке никому не известные песни и танцевать непонятные танцы, болтать без умолку о чем-то только им понятном, это также позволено делать в этом доме. Можно даже совершить какую-нибудь глупость — например, ползать по полу на четвереньках или... стучать ложкой по пустой банке, глядя в одну точку, — вас никто не одернет, вас выслушают, да еще и одобрительно похлопают. Такие люди — незаменимы, потому что с вашей и моей точки зрения их просто не может быть.

Толик

...Вспоминаю берег моря в Пицунде. Мне навстречу идет улыбающийся парень, он загребает босыми ступнями песок и получает от этого нескрываемое удовольствие. Подхожу ближе и слышу его приветствие: «Здравствуй, Лена!» Я не могу отвести от него глаз — так он красив своей юной красотой — гибкое загорелое тело, развевающиеся на ветру шоколадные волосы, карие глаза с хитрым прищуром, на шее — янтарная нитка ожерелья. Год 1980-й, лето. «Здравствуй, Толик!» — наконец приходя в себя, встаю на цыпочки и целую в щеку высокого парня. «Ты здесь надолго?» — спрашиваю, чтобы скрыть смущение от впечатления, которое он на меня производит своей красотой и свежестью. Он разнимает детские губы в белозубой улыбке и, пожимая плечами, произносит: «Не знаю, недельку еще погреюсь, и потом еще куда-нибудь уедем с друзьями... на море так красиво, надо ловить момент». Мы расстаемся и, отойдя на несколько метров, я оглядываюсь, чтобы увидеть его еще раз. Слегка запрокинув голову, погрузив руки в карманы джинсов, он удаляется в солнечном сиянии, и нет ничего более органичного в этот миг в существующем мире, чем его одинокая фигура, золотой песок и бесконечное море. Толик! Сосед и ровесник Димки Суслова, Андрюшки Ташкова. Все они жили в киношном доме на Аэропорте. Их родители снимали кино, а дети — несли печать киношных детей. Немножко Гамлеты, немножко беспризорники... Каждый по-своему.

Потом я как-то встретила его в ВТО, в старом здании, до пожара. Было поздно, перед закрытием, он сидел возле стойки и говорил, что после закрытия ресторана поедет к другу за город, так как ему негде ночевать этой ночью в Москве. Я предложила ему ключи от своей квартиры, сказав, что не буду дома этой ночью, что отправлюсь к приятелю, тому самому, с которым заглянула в ВТО. Преодолевая стеснение и переспросив из вежливости, точно ли мне есть где ночевать, он искренне обрадовался моему предложению. Мы отправились с ним на Грузинскую, я впустила его в дом и оставила связку ключей. Признаться, я на секунду замешкалась, — незадолго до того я получила гонорар за картину, и толстая пачка лежала у меня в письменном столе. Оставить или взять? Оставлю неразумно — я слышала, что Толик балуется травой. Возьму — он поймет, что я его подозреваю. Сообразив, что попала в весьма щепетильную ситуацию, решила все-таки руководствоваться рассудком. Аккуратно, чтобы он не заметил, вынула пачку и положила в сумку. Самое главное, что ему будет где спать сегодня и не придется уезжать в ночь на электричке... Я ушла.

У меня той ночью были все основания не спать дома. Накануне меня вызвали в КГБ, спрашивали о знакомых иностранцах и просили подписать бумагу о неразглашении этой информации. Теперь я чувствовала себя под прицелом, и мне хотелось бежать из дома, быть в чьей-то компании. Мой знакомый, художник Влад, взялся развлекать меня тем вечером, и у него-то я и осталась на ночлег. Помню, он все спрашивал: «Почему ты так тяжело вздыхаешь? Что-нибудь случилось?» Но я отнекивалась, говорила, что просто очень устала и хочу отдохнуть. Спустя много лет я рассказала ему про ту ночь и назвала причину моего желания остаться у него и мои тяжелые вздохи. «Что же ты не сказала мне правду?! — восклицал синеглазый Влад, — тебе стало бы легче!» ...А я и не знала тогда, что он тот человек, которому можно было все рассказать. Такая выдалась ночь, я ее запомнила. А спустя несколько лет в один из своих приездов из Америки узнала, что Толик трагически погиб.

«...он удаляется в солнечном сиянии, и нет ничего более органичного в этот миг в существующем мире, чем его одинокая фигура, золотой песок и...». Ты всегда был ближе к небу, и ты улетел.

Виталик

Лос-Анджелес. 1990 год. Мне звонит Виталик Длуги. Он прилетел из Нью-Йорка на несколько дней для переговоров о своей персональной выставке. Виталик художник. Мы с ним знакомы уже несколько лет, что я живу в Америке. В Нью-Йорке он живет в одном доме с моей приятельницей Ксенией, с Дюкой Бруни — представительницей веселого и талантливого семейства — и ее мужем Сашей, тоже художником. Они все — бывшие москвичи. У Виталика и его жены я бывала не раз, даже встречала у них Новый год. Их дом всегда открыт и полон друзей. На стенах висят натюрморты. Любимый предмет на них — гранаты. Работы Виталика мне очень нравятся. Однажды, только приехав из Москвы, я говорю Виталику, что у меня есть две графические работы Зверева. Это женские портреты. Мне подарил их в Москве перед отъездом знакомый киношник, сказав: «Будут нужны деньги — продашь!» Зверев — признанный гений, на него большой спрос на всех аукционах. Но в определенный момент на рынок были выброшены подделки под Зверева, и наступил временный спад популярности его работ. Мне нужны деньги, я спрашиваю Виталика, можно ли их продать. Виталик говорит, что узнает, если что — сообщит.

И вот спустя примерно год он звонит и говорит, что галерейщик, к которому он приехал в Лос-Анджелес, собирает Зверева, и есть шанс продать ему два женских портрета. Мы договариваемся о встрече, и я передаю ему работы. Спустя сутки он перезванивает мне и сообщает, что деньги у него в кармане. Он смешно шепелявит в трубку, и я шучу: «Такое ощущение, что у тебя выбит зуб!» «У меня не то что выбит зуб, — отвечает мне Виталик, — я чудом остался жив!» Он начинает рассказывать мне, что произошло с ним накануне. Приехав в дом к галерейщику на ужин, он стал свидетелем и жертвой нападения грабителей. Несколько афроамериканцев выследили домработницу галерейщика, которая под дулом пистолета привела их в дом. В тот момент, когда небольшая компания спокойно ужинала, грабители ворвались в дом и потребовали, чтобы хозяин открыл сейф. Всех присутствующих гостей положили на пол. Тех, кто сопротивлялся, били и угрожали расстрелом. Женщин изнасиловали. Вынеся кое-что из дома, грабители скрылись. «Какой ужас!» — воскликнула я, услышав рассказ Виталика. «Не то слово, — продолжал он, — но деньги твои у меня по-прежнему в кармане!» «Не может быть!» — отвечаю я, забыв про деньги. «Да, смог спасти...» — говорит Виталик. «А выставка?» — спрашиваю я сочувственно. «Не знаю, что теперь будет, уезжаю в Нью-Йорк, а выставку обещают сделать, посмотрим, сейчас не до этого!» «Сколько я тебе должна? — спрашиваю я Виталика напоследок, — какой процент, ты же мне нашел покупателя?» Он усмехается: «Со своих денег не берем!»

Меньше чем через год его не стало. По словам Ксении, после этого инцидента у Виталия начались сильные головные боли, он начал быстро седеть и плохо себя чувствовать. Ему диагностировали рак — опухоль головного мозга. По всей вероятности, тот факт, что его побили, сыграл роковую роль — спровоцировал раковые клетки, которые когда-то уже прижились в его организме. Он сгорел меньше чем за год, на глазах своей жены и всех своих друзей. Рассказывали, что перед смертью к нему пришел раввин и православный священник. Виталия хотели или крестить, или проводить по иудейскому обряду. Но так как он не определился в своей вере и какой конфессии принадлежит, то оба ушли ни с чем. Есть и другая версия, по которой его жена Надя все-таки совершила над ним обряд крещения. Когда несколько лет назад в Москве мне предложили сыграть роль жены умирающего от рака художника-эмигранта в картине по повести Л.Улицкой «Веселые похороны», я прочитала повесть и подумала о том, что в ней выведен образ Виталика. Зимой 2003 года мне снова пришлось встретиться с Ксенией, которая приехала навестить друзей в Москве. Я спросила ее, могла ли Л. Улицкая знать Виталика и про него ли написана повесть. Ксюша воскликнула: «Люська?! Конечно, знала, да и я ее об этом тоже спрашивала. Но Люська сказала, что каждый видит в этой вещи себя или своих знакомых... и все правы до определенной степени, но — это самостоятельное произведение. Хотя я, — добавила Ксюха, — убеждена, что это написано с Виталика!»

Грабителей в конце концов поймали. Надя, жена Виталика, вышла замуж. Я теперь всегда думаю о нем, когда смотрю на гранаты... и в моей памяти звучат слова: «Со своих денег не берем!»

Саша П.

Ловлю себя на мысли, что те, о ком вспоминаю с радостью и любовью, как правило, люди, дававшие мне в разных обстоятельствах ночлег. Для жизни в эмиграции это типичная ситуация — не когда дают ночлег, а когда в нем нуждаешься. Стояла я как-то в Лос-Анджелесе на дороге возле телефона-автомата и листала свою записную книжку, потом судорожно набирала номера телефона — один, другой... У моих ног — чемодан с вещами. Я, ежась при мысли о скором наступлении темноты, поглядывала на небо, а места, где переночевать, так и не находила. Те, кому стоило звонить, — отсутствовали и не снимали трубку, кто-то вежливо извинялся, что не вовремя, а к другим было просто неприлично обращаться с такой просьбой. И вот наконец во мне забрезжила надежда — «Сашенька, какое счастье, что тебя застала! Я поругалась с Марусей, у которой гостила, пришлось собрать чемодан и уйти из ее дома... короче, моя новая квартира, которую я сняла, освободится только через неделю, мне негде сегодня ночевать... ты бы не мог...».

Не дав мне договорить, раздался отеческий смешок: «Леночка, девочка моя, пока я жив, ты на улице ночевать не будешь! Я сейчас за тобой приеду, ты у какого стоишь автомата?»

В доме у Саши Половца я часто бывала. Здесь встречала Савелия Крамарова, которого никогда не знала в Москве. Савелий дружил с Сашей, приходил к нему париться в сауне. Здесь устраивались вечера и ужины, переходящие в завтраки и обеды, для своих. На стене было развешано огромное количество фотографий — Белла Ахмадулина и Боря Мессерер, Вася Аксенов, Илья Баскин, московские актеры, писатели в эмиграции, здесь была фотография Сашиного взрослого сына, моя фотография... и многие, многие другие. Саша познакомил меня в Лос-Анджелесе с Булатом Окуджавой и его женой Олей, когда они приезжали в Америку, и, если не ошибаюсь, Саша помогал организовать лечение для Булата Шалвовича. Помню, мы бродили по Родео-драйв, и Саша снимал нас на видео. Саша, по профессии репортер, организовал вместе со своим другом, актером Ильей Баскиным, издание русскоязычной газеты-альманаха «Панорама». Пожалуй, это лучшая газета на русском, выходящая в США, и я там печаталась! Как-то он предложил мне написать что-нибудь об Анатолии Васильевиче Эфросе. Я до сих пор тайно горжусь, что внесла свою лепту в «эфросиану» на том побережье, назвав статью «В поисках автора». В его доме было тепло, роскошно и по-свойски: много места, стены обшиты деревом, в гостиной бар с множеством напитков, холодильник всегда забит чем-нибудь вкусненьким, во дворе — бассейн с ярко-голубой водой, сауна — одним словом, настоящая берлога для русских медведей, — зашел и сосешь лапу, пока не накопишь новых сил, чтобы выйти в «американские люди». Конечно, у Саши сложная личная история, которая не ограничивается описанием его домашнего «рая», но так как он является пишущим человеком, то ему и решать — что поведать о себе миру.

Когда он приезжает в Москву, всегда звонит, даже предлагает ночлег — на всякий случай: «Я тут, в Матвеевском, воздух чистый, хочешь, приезжай, подышишь!»

Знак времени: поиск крыши! Спасибо за крышу — А. Половцу, Сусловым, Кольцатым, П. Вегину, К. Голубковой, В. Козловскому, Г. Осьмеркину, Лимончику, Л. Слепаку и А. Гольдфарбу, И. Паничу, Т. Джорджадзе, Е. Шумской, А. Барановой, а также T.D. Feeley, Sylviane Dungan, F. Bowels, А. Коновалову, Але Бейкер, В. Скипру, О. Казанчееву, Марусе... и тем неизвестным, кто оказывался рядом — за солидарность!

Ну, а теперь мини-глава «Жалоб и предложений»

Злопыхатели всех мастей, сплетники, лгуны, завистники и завистницы, колдуны и колдуньи, озлобившиеся и мстительные, болтуны, клеветники, воры и обманщики!

Если б вы знали, как вы ничтожны со своими мелкими и крупными пакостями! В то время, как вы плетете свою черную паутину, мы — гуляем и наслаждаемся жизнью, мы спасаем и радуем своих друзей в то время, как вы кляузничаете и готовите свою стряпню из нечисти. Пока вы тренируете рты в сквернословии, мы говорим громко и чисто.

Мой вам совет: делайте почаще клизму, садитесь на постную диету из трав, овощей, плодов и фруктов и — молчите, долго-долго, очень долго молчите — год, два, три. Может, тогда вашему желчному пузырю полегчает, и произойдет чудо — вы разомкнете уста и оттуда вырвется вздох облегчения, беспричинная улыбка разожмет ваши носогубные складки — и мир улыбнется, а не оскалится в ответ. Авось?

Глава 22. **Февраль**

Бывает, человек подходит и говорит: Помнишь? А ты ничего не помнишь, более того — ты и его не помнишь, совсем! Как обидно этому человеку! Он думал, что все, о чем он помнит, так же важно для тебя, как и для него. А ты даже имя его слышишь будто впервые. Получается, что это большая удача, если ты и еще кто-то помните одно и то же и одинаково к этому относитесь. («Зачем он это написал? Ведь этого никогда не было и быть не могло!» «Ну, значит, вы запомнили ТАК, а он ИНАЧЕ...». Ох, ну до чего же... ДО ЧЕГО?!.. субъективные все эти воспоминания...) Общность воспоминаний — это редкость. Может, это и есть любовь. Взаимная. И оттого она такая неповторимая. Грустно мне стало при мысли о неповторимой и взаимной любви.

Еще грустно потому, что сегодня пришло известие о смерти Паши Лебешева. А вечером я взялась читать книгу Натальи Медведевой. И ее тоже уже нет. И я тут же подумала, что за эти полтора года, что вышла моя книга, — роман-биография, умерло несколько человек, про которых я писала и рассчитывала, что подарю книгу им. Не успела. Отсчет времени связан с уходом тех, кого любим. Моя тетя Таня, что приезжала в гости со своим мужем Игорем, он пел итальянские арии в открытое окно, выходившее прямо на итальянское посольство. Тетя Лена, или Мэлена, у нее в семье воспитывалась моя мама, когда посадили ее родителей. Мэлена всю жизнь преподавала в Училище Большого театра биологию и химию. 1-е сентября было ее профессиональным праздником. А умерла она 2-го сентября. Мой педагог и мастер в Щукинском училище — Людмила Владимировна Ставская. Гриша Горин. Олег Николаевич Ефремов. Мой сосед по Грузинской Володя Макаренко, супермен и знаток суахили, которому я спускала из своего окна, в качестве шутки, презерватив на ниточке. Отсчет времени.

Жизнь вне образа.
А смерть всегда предметна:
В слове, в ране,
В двух твоих руках.
Жизнь идет.
Любовь оставила мне пятна.
Красных два пятна.
На двух моих щеках.

Сегодня вообще такой день. Февральский день. Он всегда какой-то особенный. Придумала еще одно название «Опыт умирания». Уже есть список вариантов: «Сами идиоты», «И другие идиоты», «Я — это Он», «Неснятое кино», «В поисках соавтора», теперь вот «Опыт умирания». А может, наоборот — «Школа выживания»? Пишу и думаю — выйдет книга, я поеду в метро, а напротив сидит человек, который ее читал, и вся я перед ним, как на ладони. Зачем? Я ж это не люблю.

День начался с того, что позвонила девица. Она тяжело дышала в трубку, потом хныкала на автоответчик. Я была уже на выходе из дома. Собралась ехать на Ваганьково — восемь лет, как папа умер. Но звонок заставил меня притормозить, хоть я и опаздывала. «Что ж она так дышит?» — прокричала я вслух. Эта женщина ждет любви, ей не хватает внимания. И почему эту любовь она ищет здесь, у меня? Я слышу, как горько она вздыхает, и меня до глубины души волнуют ее нервные вздохи. Я понимаю, что радиотеатр по силе воздействия может конкурировать с кинематографом. Чертовка, она точно рассчитывает свой удар — научилась! Я чувствую, что учатся у меня же, — актеры сами учат зрителей, как с ними потом расправляться в реальной жизни. А я так все описала про себя, и теперь кто-то идет по моим следам. В том, что говорит эта «дышащая», я узнаю главу из своей книги.

Но может, это паранойя, просто все люди похожи. Особенно, когда они женщины. Еще несколько дней назад она звонила и так же всхлипывала в полшестого утра. «Почему в такое время?!» — проорала я гневно. И получила ответ от проснувшегося от моего крика А.: «Потому что она время перепутала, в Томске на несколько часов позднее...». Ах, вот в чем дело... Мне ее жалко за эту ее ошибку. Но я не могу ее жалеть, потому что если я буду ее жалеть, как жалеет ее А., — она усядется на шее у А. так основательно, что достойна жалости буду я. Но я не позвоню, хныкая, и кто тогда будет жалеть меня? Я закурила, присев на табуретку, и в который раз задумалась: что делать в такой ситуации. Что-то надо делать, такое, о чем говорят в передачах «Принцип домино» и в «Синем троллейбусе» — женская хитрость, женская сила, женская мудрость и так далее. Как защитить себя от напора другой женщины, которая ищет любви там, где я живу? А другая сумасшедшая поздравляет вдову моего отца, присылает ей письма, подписывая их его именем! Или шлет посылки с крупой и презервативами, но не папиной вдове, а мужчине, с которым я живу! Черная женщина, в черном плаще и черной шляпе — такой она появилась однажды на пороге дома — теперь подписывается именами знакомых мне людей. А если я снимаю трубку, она кричит, чтобы я «сдохла». А эта дышит и плачет. Кто они все — зрители?

Боже мой, я сижу и курю, хотя опаздываю на Ваганьково, куда обещала подъехать Свете — папиной второй жене. Света плохо себя чувствует, и нельзя заставлять ее ждать. А я сижу из-за этой дышащей в трубку женщины... И почему я не могу плюнуть на этот звонок и как ни в чем не бывало поехать по своим делам? Она вывела меня из равновесия. Ах, индийский мудрец Ошо! Где твои уроки самосознания, равновесия и спокойствия, про которые я так хорошо рассказываю и которые не могу применить в нужной ситуации? Но я все-таки поднялась и побежала. Бежать по скользкому снегу было тяжело, а я еще и курила — все никак не могла успокоиться. Повторяла в голове фразы своего будущего разговора с «дышащей по телефону». Отмахивалась от неприятных мыслей, стараясь сосредоточиться на предстоящем дне: сначала Ваганьково, затем, спустя полчаса, на студию на озвучание, оттуда к сестре и маме — помянуть папу, потом... что-то было еще потом. Зашла в магазин, купила белые лилии и мандарины и побежала в метро. «Так вернее, на машине опоздаю. Да, к тому же можно будет успокоиться сидя среди людей», — решила я.

На Ваганьково я оказалась на пятнадцать минут позже, чем договаривалась со Светой. Зашла в церковь, поставила свечку, купила еще три на могилу и пошла искать нужную аллею. Вокруг было пусто — снег и вороны, да просящие милостыню у церкви, а так — никого. Подойдя к могиле, увидела, что она засыпана снегом, стала счищать его рукой в перчатке. Поставила цветы прямо в снег. Зажгла свечки. Откупорила бутылочку с вином — выбрала маленькую, чтобы выпить пару глотков. Встала против плиты с именами родственников и пригубила вина. Захмелела. Оглянулась вокруг — никого. Наверное, Света не придет — плохо себя почувствовала, решила я, и увидела вдалеке аллеи спешащую фигуру. Когда фигура приблизилась, я замахала ей рукой, она ответила. Запыхавшаяся Света рассказала, что долго ждала трамвая. Она поставила в снег несколько красных гвоздик и вынула маленькую бутылку водки. «Давай выпьем за отца, он водочку любил», — предложила она. Вынула три рюмки, пояснила: «Это я ему принесла». Поставила полную рюмку в снег, а другую протянула мне. Мы выпили. «Какая гадость!» — поморщилась она и протянула мне купленную для закуски ватрушку. Я отказалась и предложила ей мандарин. Мы поговорили об ограде, которую давно надо было поставить на могиле, о дереве, которое надо бы спилить. По Светиному мнению, вместо него надо посадить сирень или рябину. Выпили еще по стопке. Поговорили о Сашке, моей младшей сестре. «А Сашка что делает?» — поинтересовалась я. «Дома сидит. Сюда не хочет идти, я ее звала. Она говорит, что отца здесь нет, он дома, считает она. Мы и правда слышим дома его шаги». «А что ж мы с тобой здесь делаем?» — я поежилась. «А здесь прах, мы к праху пришли». Я помолчала. «Хочу увидеть Сашкиного ребеночка, а она говорит, что замуж не выйдет». «Так зачем торопить?» — осторожно вступилась я. Света вздохнула: «Плохо себя чувствую, а ребеночка хочу посмотреть». «Так в больницу иди, к врачам, анализы сдавай! Хочешь, я тебя к Дерябину свожу, если им не веришь?» «Я, Лен, фаталистка!»

Мы пошли по аллее, к выходу. Попрощались и разошлись в разные стороны. Улица все еще была пуста. Только торговцы венков и палатка с лицом и голосом Володи Высоцкого. Сделав несколько шагов по переулку, который вел к метро, я развернулась и пошла ловить машину. Мне очень хотелось в туалет, и я решила, что в машине будет проще терпеть до студии, к тому же можно покурить и подумать. Остановилась «волга» с симпатичным с виду водителем — доброе лицо. Сев в машину, закурила и уставилась в окно перед собой. Город просыпался. В голове крутился разговор со Светой и мысли о папе. Потом вспомнила про «дышащую в телефон» и решила, что это такая глупость, которая ничто в сравнении с папой и всем остальным. Облегченно вздохнула. Но тут же напряглась — мы попали в пробку — чего и следовало ожидать! Всегда ловлю машину, когда опаздываю, и всегда попадаю в пробку. Надо было ехать на метро.

Постаралась расслабиться, но пробка была настолько вонючей и противной, что расслабиться не удалось. Заговорила: «Да-а-а! Пробка!» «Да-а-а», — протянул водитель, улыбаясь. «Главное — мост переехать, а там рассосется». Но до моста еще было далеко, а машин становилось все больше. «Ох! — вздохнула я тяжело, — так в туалет хочу!» Поняла, что глупее ситуации сегодня не могла найти... и сама же себе устроила. «Может, свернем куда-нибудь?» — умоляюще протянула я. Водитель свернул на боковую улицу. «Здесь должны быть гаражи!» — пояснил он. Я взглянула с надеждой в окно — по улице сновали люди — день начался. «Ничего, сейчас найдем!» — приободрил меня добрый человек. Наконец он остановился. Я выбежала, влезла в узкую щель между гаражами и с облегчением спустила штаны. Порадовалась, что на носу темные очки, а дом, что смотрит на меня своими окнами сзади, мне был безразличен. «Я одна из тысячи... и делаю то, что понятно каждому». По ходу вспомнила о книге Натальи Медведевой, которую только на днях читала. Она пишет, как зашла пописать в подъезд в Париже, когда некуда было. Кажется, ее застукал кто-то из знакомых. У меня, пока ехала в машине и смотрела на дома, была такая мысль: «Пойду позвоню кому-нибудь в дверь и попрошусь в туалет — это ведь по-человечески. Так ведь они ж меня узнают как Людочку из «Покровских», и, наверное, им покажется странным, что вдруг я пришла именно к ним пописать в 11 утра». Как это все нервно. Пришлось за гаражами. Да, слава Богу, никто не узнал. Я ж в очках.

Поехали дальше. Наконец студия. Тепло распрощавшись с водителем, побежала к проходной. Поднялась на четвертый этаж. Вошла в комнату, запыхавшись: «Извините, я с кладбища». Режиссер поднялся, поцеловал и пошел со мной курить. «Ты у Паши была?» — спросил он, имея в виду похороны Паши Лебешева. «Нет, у меня сегодня восемь лет, как папа умер». «Как, и у тебя тоже?» — грустно вздохнул он. А сегодня вся гильдия операторов отменила работу, все на панихиде, потом в церковь и на кладбище». Покурили. Появился Володя Носик. Он свое отзвучал, и была моя очередь. «Поздравляю с внучкой!» — сказала я Володе. «Да это ж давно было, еще в декабре! Но спасибо, спасибо... так на Тимошку похожа, все улыбается, такая девчонка!» В комнату, где мы курили, зашел звукооператор и его помощница. Все молча слушали наш разговор, боясь прервать, хотя время заказанной смены убегало с каждой минутой. «Ну а там что?» — задала я вопрос за всех. «В Кармадонском? Воду качают, это значит, правильно копали, там тоннель... Ленка там все время, в Москву звонит». «Жена?»

«Жена. Оттуда нельзя уезжать, а то все встанет». «Ну, с Богом, Володенька, до скорого!» Расцеловались с Володей, он ушел. Я поднялась в зал озвучания. На экране побежал отснятый летом материал. Так, мое лицо — ничего, слава тебе Господи! А здесь... ну понятно, здесь мы ссорились. Ха! — а это с зонтиком, симпатичный план, как во французском кино, а ведь холод был страшный, я все мерзла, а незаметно. Вот еще сцена, групповая. Летний солнечный день, деревня, все сидят за длинным столом, уставленным зеленью, овощами, рыбой. Володя Носик в соломенной шляпе закусывает и говорит свой текст. Ветер треплет его волосы, выбивающиеся из-под шляпы. Он раскраснелся, шутит, улыбается. Это было снято в июле, а в сентябре его сын Тимофей пропал в Кармадонском ущелье, где он работал директором группы Сергея Бодрова.

Озвучание закончилось в четыре. Я спустилась в комнату к режиссеру. Закурили. «Я только что звонил Юрке, оператору. Похоронили. Он мне тихо прошептал в трубку: «Я на кладбище». Помолчали. «Красивая смерть. Встал с постели, подошел к письменному столу, сел и умер. Нельзя, конечно, так говорить...». Затянулись. Помолчали. «Лен, нам надо пару реплик будет добавить к твоему тексту в любовной сцене. Скажешь: «Опять одна, как всегда... одна!» А то не принимают в мэрии. Они ж заказчики. Говорят: «А почему он именно в нее влюбился?» Я напряглась. Но тут же расслабилась: Боже мой, какое это имеет значение рядом с папой, с Пашей... Сказала: «Идиоты в мэрии... — Режиссер кивнул в знак согласия, я продолжила: — Герой же по сюжету заколдованный, влюбился под гипнозом, мог и в Бабу-Ягу влюбиться!» Режиссер снова кивнул. Я расслабилась. Про Бабу-Ягу я специально сказала, мол, если что, то я сама понимаю, и мне наплевать. «Мне наплевать!» — произнесла я после паузы. «Наплевать, но запишем еще одну реплику, а то не примут. Им же надо продемонстрировать, что они работают».

Договорились о следующей смене, расцеловались с режиссером, и я ушла. Пошла через выставку. Холодновато, правда, но солнце светит, приятно. А потом, надо же хоть воздухом подышать. И подумать. Прошла через ряды ларьков, как по больнице, — зажмурившись. Все кругом орет псевдофранцузскими записями и мерцает журналами с псевдоэротикой. Тут же на витринах сапоги, летние платья, дубленки, гадание по руке, парики и сыр. Метро. Села — в очках. Как хорошо не хотеть в туалет и сидеть, а не стоять. Кто-то напротив смотрит на меня в упор, перешептывается с соседом. Вспоминаю — я в очках, и штаны на месте. Все в порядке. Ничего, сейчас моя станция, сойду.

Вышла на «Белорусской». Зашла в магазин. Купила бутылку вина и салаты. Закурила. Сейчас приду домой... помянем папу. Вот и подъезд. Рядом что-то копают. Весь город в окопах. Пришла. Кирилл выхватил у меня сумки и радостный побежал на кухню. Вышла мама с палочкой — встречает. Идет осторожно — расхаживает ногу, которую сломала этой осенью. На ней защитного цвета рубаха, на голове хвостик, при виде меня улыбается, как ребенок. Маленькая — меньше меня и кругленькая, как бочонок. «Мамусь, ты как невеста Швейка!» «А у Швейка разве была невеста?» «Нет, наверное, но ты на нее похожа!» Сели за стол. «Ну что, была?» «Была!» «Молодец, что сходила!» «Ну как там, чисто?» «Чисто, кругом снег!» Разлили вина. «Кирилл! Ну, куда ты ушел, мы уже сели!» Пришел Кирилл. «Ну, выпьем!» Выпили. Вздохнули. «А что теперь надо делать?» — полюбопытствовал Кирилл. «Ничего!» — ответила ему Машка, моя старшая сестра. Кирилл ее сын, и отвечать на его вопросы полагается ей. «Странный обычай! — рассуждал Кирилл, пользуясь логикой аспиранта исторического факультета. — Я понимаю отмечать день рождения человека, но день его смерти?» Помолчали. «А что еще мы можем сделать, — с виноватым лицом отозвалась Машка, — только вспомнить. Мы всегда помним, но так мы точно помним. Это все, что мы можем сделать». Кирилл снова вздохнул, — не до конца понимая, что же он делает вслед за нами. Я возобновила разговор: «Говорили со Светкой об ограде, она тоже считает, что надо поставить». «Ну, хорошо, что считает», — протянула Машка. «Ленок, а что на озвучании?» — перевела мама тему разговора. «Все в порядке». Мама обрадовалась: «А материал?» «Хороший, такой светлый, снято хорошо». Мама с Машкой облегченно вздохнули. «Я так и думала, что из этого кошмара в экспедиции может получиться хорошее кино, как будто колдовство какое-то, так часто бывает? — рассуждавшей Машке, кажется, тоже хотелось сменить тему разговора. — А ты как там?» «Потрясающе! Играю — здорово!» — отозвалась я скороговоркой. Мама с Машкой с любопытством на меня посмотрели. «Правда?» «Ага! Выгляжу через раз — то черт-те что, то ничего себе, — но играю здорово». Они обе прыснули. Такого ответа не ожидали. Я почему-то была безумно довольна своей работой. «А Пашу Лебешева уже похоронили». Они сразу притихли. «На Троекуровском, мне на студии сказали, там был наш оператор, ему режиссер звонил».

Поставили чайник. Попили чаю. Потом пошли смотреть «Вести» по телеку. На экране — лицо бородатого Лимонова. У него оказался юбилей — 60 лет. Его коллеги по партии и поклонники — парни и девушки и кое-кто из людей его возраста устроили вечер его произведений, праздновали в Доме литераторов. Потом был сюжет из Кармадонского ущелья. Кажется, докопались до тоннеля. Откачивают воду. Мысль: прошло пять месяцев... семь... Бывает чудо? Где все эти истории про выживающих в пещерах, голодающих людях? Эх, йоги, йоги... почему люди — не йоги? Вода нужна. Предположим, она есть. Воздух, вот что нужно. Он тоже есть при благоприятных обстоятельствах. Тепло... тепла там быть не может.

Расцеловавшись с мамой, вышла из дома на Тверскую. Но прежде, чем отправиться к себе, надо было зайти в Дом кино — забрать оставленную там пьесу для чтения, на предмет работы. Спускаясь в подземный переход, увидела вдалеке две мужские фигуры. Один, что покрепче, вел другого под руку. Тот, которого вели, еле стоял на ногах и все время останавливался. Я решила, что пьяный. Но когда подошла ближе, показалось, что оба мужчины мне знакомы — похожи на киношников. Мы поравнялись, и в шатающемся я узнала старца Марона, работавшего на «Мосфильме» директором картин. С тех пор, что я его не видела, — примерно год — он сильно сдал. А может, он был убит горем из-за смерти Паши Лебешева и оттого так слаб. Второй увидел меня и поздоровался. Сказал, что они идут с поминок из Дома кино и что он сейчас проводит до дома Марона и снова вернется на поминки. «А вы куда? — почему-то поинтересовался он у меня. — Я вас догоню!» И мы разошлись.

У меня возникло странное ощущение, уже знакомое по подобным дням. Когда киношники или люди театра хоронят своих, возникает чувство... нет, не братства, а скорее, родства отщепенцев. Что-то вроде сообщества заклейменных. Потому что всегда в таких случаях хоронят не только человека, но и его сумасшествие. Сумасшествие — творчество, в которое он недоиграл. Хоронят игрока — другие игроки. Никто не поймет игрока лучше, чем другой игрок. Потому что игра дает знание человека изнутри — его слабость, его поиск, его болевую точку, его наслаждение. Собственно, жизнь прервалась, а игра будет продолжаться. Потому что игра вечна. И эту игру, заменившую человеку его жизнь, он и оставил. Мы хороним его радость. Потому что радость этого человека, понятная ему и его партнерам, — прервалась. И только те, кто знает эту радость, понимает, как много он потерял. И срок жизни у каждого игрока свой. Так что здесь еще и сожаление от мысли — сколько ходов он или она уже не сможет сделать, а ведь их вон сколько осталось — бесчисленное множество. Но у всякой игры есть цель, разгадка, выигрыш... И к нему стремится игрок. Получается, что вышедший из игры упустил разгадку какой-то главной партии. Как же так?! Но вот так. Мы словно разгадываем какую-то большую Тайну. И кто-то не успевает к ней приблизиться, будучи на подступах. Вот и соболезнуем. И еще потому, что всякая азартная игра — укорачивает жизнь. Потому что просмотреть всю сознательную жизнь в глазок кинокамеры вместо того, чтобы смотреть просто вокруг себя, это значит отвернуться от себя, чтобы конструировать свою фантазию в ущерб своему сердцу и легким. И это вызов. Вызов и прыщу на животе, и смерти. Это вызов написанному Большому сценарию жизни в пользу собственного, другого сценария. По сути, игры придуманы людьми как укор жизни и ей вопреки. Но такая игра, как творчество — литература, кино, театр, музыка, живопись, — это еще и попытка предвосхитить все подвохи жизни, это стратегия по отношению к «врагу», изучение и разгадывание его. И любая человеческая игра — обречена на проигрыш самому главному противнику. Потому что последний ход — за ним. В этом и донкихотство игроков, и коварство побеждающей смерти. Материальной смерти. А будет ли Там дарована оператору камера, тот, кто умирает — не знает, только верит. И даже если то, как я это вижу, — преувеличение, то все равно преувеличение только отчасти. И я всегда об этом думаю, а вернее, это ощущаю, когда хоронят людей кино, людей театра — людей игры.

Дойдя до Дома кино и взяв на служебном входе пьесу, вижу спускающегося по лестнице Юру Любшина. Мы работали вместе на картине, которую я озвучивала. Юра там был оператором. (Чудесным оператором!) Юра одет в черное. Увидел меня, подошел, поцеловал. «Юрочка, поздравляю, у тебя на днях был день рождения!» — говорю Юре не совсем к месту. «Да какой тут день рождения, вон Паша умер... я три дня реву. Что теперь делать, не знаю, он же мой учитель... Пойдем наверх, посидишь с нами, там вся операторская гильдия собралась». «Спасибо Юрочка, не могу, никак. Я утро начала с Ваганьково, сегодня день памяти папы, потом озвучка на Горького, просто до дома не доеду. Целую. Увидимся».

Дома раздался звонок телефона. Звонил Кевин, мой бывший американский муж. Мы часто перезваниваемся. «Представляешь, — говорит Кевин слегка нараспев, — сегодня по американскому телевидению показывали интервью с группой «Тату», они здесь в гастрольной поездке. Так у них на майках написано крупно по-русски: «X-й войне!» Ой... прям так смеш-но! С ними ведущий разговаривает через переводчи-ка, сидит большая аудитория — и никто не понимает, что у них на майках, говорят о чем-то светском, по-стороннем. Я хохотал в одиночку!» Мне стало приятно от того, что мой Кевуся такой умный и так точно чувствует юмор. Прям какой-то он свой среди чужих получается. А уж как он хохочет, когда в Россию в гости приезжает! Даже когда горячую воду летом на месяц отключают, как нигде в мире, он находит и в этом своеобразие. Я-то знаю, как трудно иностранцу понять и беззлобно оценить наш специфический юмор и абсурд.

«Как ты думаешь, Кевусь, они правда лесбиянки?» — продолжаю я тему «Тату». «Да-а-а нет, — тянет Кевин апатично, — по-моему, это просто так, пиар...». Когда я разговариваю с Кевином, мне хочется задать ему все вопросы, которые меня мучают, его мнение меня успокаивает. А часто и его реакция. «Как там, про пневмонию у вас говорят, про атипичную?» В трубке слышен презрительный смешок: «SARS? — у нас это так называется. Ну, кто-то говорит, а что?» «У нас тут каждый день все говорят и по телевидению, и в печати... как в отпуск ехать?» «Ленусик, ты ж не в Китай едешь...». И правда... «Да, Кевусь, тут одна моя приятельница выходит замуж за американца, она спрашивает... — Тут я помедлила, соображая, как помягче сформулировать, — короче, если муж умирает, жене полагается наследство?» Не меняя интонации, Кевин отвечает, словно я хочу узнать рецепт приготовления котлет: «Это зависит от брачного договора, а если его не было, то от законов конкретного штата». «И еще, — тараторю я дальше, стараясь закруглиться, вспомнив, что говорю по международному телефону, — когда у вас начинается лето, осень, ну, все времена года, я забыла...». Тут Кевин, к моему удивлению, делает очень длинную паузу. «Ты что, не знаешь?» — мне трудно в это поверить, в конце концов, он же работает в университете и должен знать, когда начинаются каникулы и учебный год. В трубке еле слышное кряхтение:

«Я сейчас соображу, кажется, 19-го марта — весна, или 20-го, а может, 23-го... ну, в общем, в 20-х числах... Это по солнцестоянию... а лето по равноденствию, посмотри в календаре, когда летнее равноденствие, тогда и начало лета». «Боже мой, — не унимаюсь я, — да как же можно забыть начало весны... ты чего, Кевусь?» Обрадованная, что у Кевина есть свои неадекватности, я с ним прощаюсь. Он поднял мне настроение.

Я заглядываю в календарь и нахожу зимнее и летнее равноденствия. Так, понятно... но как быть с весной и осенью? Как они определяют их начало? По солнцестоянию, а что это? Звоню Ане, троюродной сестре. Она тоже моя «энциклопедия», так как образованна и любознательна, а к тому же — учительница. Задавая ей какой-нибудь вопрос по истории и правописанию, я оговариваюсь: «Прости за невежество, но меня интересует...», и далее следует вопрос типа: «Когда была Французская революция?», «Отмена крепостного права?», «Как пишется слово «обожаемый» — «обажаемый» или «обожаемый», мы тут спорили...», и так далее. Набрала номер: «Митенька, здравствуй, вы не спите? Как твои дела? Ну, и отлично, маму позови, пожалуйста, на минутку...». Слышу Митин голос: «Мам, это Лена...», и через паузу Анютино мелодичное: «А-лло?» «Анюта, прости... за мою тупость, но возник вопрос: что такое солнцестояние? Это ведь не то, что равноденствие...». Аня начинает мне объяснять терпеливо и с удовольствием — это уже профессиональная привычка. Выясняется, что каждый год оно разнится и попадает то на 19-е, то на 20-е число марта и сентября. А летом и зимой — равноденствие. Говоря с Аней, я делаю заметки на бумаге, чтоб не забыть полученную информацию и взглянуть позже, если понадобится. Но вдруг Аня замолкает, и через секунду: «А вот кстати, я тоже никак не могу разобраться... может, кто-то из ваших знает... — Ситуация, когда Аня задает мне вопросы, а не отвечает на глупые мои, настолько неожиданна, что мы вместе начинаем волноваться — ...почему 7 ноября отмечаем после 25-го октября, а Новый год перед старым?» «Как-как?» — тут же переспрашиваю я.

Мои попытки понять ситуацию с праздниками и старым — новым стилем ни к чему путному не приводят. Анюта должна была этого ожидать. Она вздыхает напоследок каким-то жалобным тоном: «Я все хотела написать «Знатокам», но им надо присылать вопросы с ответами и ссылкой на источники, а я ответа не знаю...». Мы прощаемся, но я обещаю ей перезвонить, если услышу от кого-либо что-нибудь вразумительное.

Повесив трубку, тут же поинтересовалась у Андрюшки, может, он знает? У него очень своеобразная логика. Иногда он выдает ответы на никому не понятные вопросы. Да и сам любит покопаться в самых очевидных истинах и поставить все с ног на голову. Он умудряется так вывернуть проблему, что потом диву даешься: как же я раньше об этом не задумывалась? Я часто нахожу в нем сходство с мальчиком из анекдота, который летит с отцом в самолете и всем пассажирам надоедает своим занудным голосочком: «Па-а-ап, почему дядя в шляпе?» Отец, не отрывая глаз от газеты: «Сиди тихо! Не мешай...». Он опять: «Па-а-п, ну па-а-ап! А почему тетя в тапочках?» Отец опять: «Тихо, я сказал!» Мальчик: «Па-а-п, а почему эта девочка едет с мамой?» Отец: «Помолчи!» Через секунду снова раздается писклявое: «Па-а-п! А почему... у самолета пропеллер не крутится?» Отец: «Я сказал, по-мол... а? П-А-Д-А-Е-Е-М!» Так и Андрюшка — задает вопросы, и они кажутся абсурдными, а потом выясняется, что он смотрит в корень. Озадачив теперь еще и Ташкова и отправив его решать головоломку в одиночку, я звоню племяннику Кириллу. После некоторых объяснений он начинает путаться, и я соединяю его с Андрюшкой, который уже написал в голове трактат по нужному вопросу. Спустя полчаса, они приходят к выводу, что 7 ноября как политический светский праздник отмечается по старому стилю.(Хоть и «светский, а почитают с религиозным трепетом — оттого и по-старому?) А Новый год — по-новому: что в нем, в новом-то году, пока не прожили? Вот и все, казалось бы... В свою очередь Андрей задает Кириллу свой обычный вопрос про Луну: почему мы видим только одну ее сторону? Ему все никак не удается понять, как это объясняется по физическим законам. Мой племянник начинает ему пространно объяснять про обороты вокруг Солнца и обороты вокруг собственной оси, и про несовпадение их во времени и скорости, и наконец, Андрей, удовлетворенный временным пониманием, вешает трубку. А я, отзвонив Анюте, вздыхаю с облегчением и через минуту забываю все, что мы вместе выясняли с таким трудом.

Но день прошел. И слава Богу. Это самый тяжелый день самого тяжелого месяца в году.

Февраль вообще такой. Но через пару дней уже март. А это совсем другое дело. Ах, если б папа дотянул до марта, может, все было по-другому. Ведь всего пару денечков не хватило до весны. До российской весны, которой все так ждут. Может, оттого она и начинается в нашем календаре 1-го марта, а не 21-го, потому что сил не хватает ее дождаться.

Глава 23. **Март. Апрель. Май**

Распахнулась форточка и выпустила февральского джинна проветриться. По-прежнему пасмурно, но уже начинается движение в воздухе и в мыслях. На улице забрезжили букетики фиалок и мимозы. Стала появляться новая грязь под ногами, и вороны закаркали протяжнее, в очередной попытке заговорить с нами на одном языке. Музыка из окон несется громче и нахальнее. Все взяли в руки журналы по международному туризму и стали их перелистывать. Мгновенное солнце запустило в тебя свой луч, и ты зеваешь, забывая прикрыть рот рукой. Сводки с телеэкрана снова тревожат ослабнувшее было внимание. И кажется, что это анонс очередного сериала... Впрочем, какая разница, — тебе давно уже одинаково тревожно смотреть как на фикцию, так и на документ. И так же все одинаково безразлично, когда хочется от всего отвлечься. Но и вправду началось. Война. Бомбежки Ирака. Ох...

Как удобно сидеть в кресле и негодовать из-за мародерства в музеях! Но уже даже не до войны. Хоть и лилась кровь, но лениво маршировали демонстрации протеста к американскому посольству на Новинском бульваре. Под вялый шумок протестов и речей политиков, под шарканье подошв на мостовой, под громко несущуюся из приемников музыку радиостанции «Русское радио», под воскресные «Вести» Киселева и «Культурную революцию» Швыдкого март превратился в апрель.

Апрель
Смерть Саши Фатюшина. Смерть Фата.
Убийство Юшенкова. Из-за спины.
В Осетии наконец докопались до «того» тоннеля. Слова Елены Носик в «Вестях» о том, что на какой-то кран для раскопок пришлось скидываться самим, чтобы купить его в Германии. Наши из МЧС ответили, что он не нужен. Она: «Слава Богу, получили вовремя». Кран! Что наши мучения рядом с ее, Господи!

Юбилей «Большой перемены». 30 лет. 14 апреля. Вечер в Доме кино. Это мамин и папин день свадьбы... Света Крючкова плакала у мамы на плече. Она же сказала мне на банкете: «Прошла жизнь...». Я ей: «Точно, прошла... прошла жизнь!» Мы друг друга поняли.
Людмила Ивановна Касаткина была. Войдя в Дом кино, спросила свою знакомую: «Ну как я? В коричневой гамме будет кстати, а?» Она продемонстрировала себя, повернувшись во все стороны, после одобрительного кивка знакомой сменила настороженное выражение лица на улыбку и, сияющая, стала восходить по лестнице. Настоящая женщина! Когда-то я ее обожала за фильм «Вызываю огонь на себя». Вечером она подошла ко мне и спросила: «Где купить книгу, ее нигде нет». «В подземном переходе, последнем перед метро «Белорусская», на Тверской, справа от центра — там в киоске есть», — не без иронии посоветовала я. Но потом на банкете в ресторане подписала ей книгу, которую захватила для Саши Збруева. Саша исчез сра-

зу после выступления, и книга осталась у меня. Касаткина очень благодарила.

Говорила Талызина. Сказала, что съемок фильма совсем не помнит, так как находилась тогда в процессе развода и ничего не видела перед глазами. Только заметила, что в папе был — мужчина. И правда, все его актрисы — женственные и обаятельные. То, что называется, с шармом. А про мою маму сказала, что ее невозможно было скопировать, в чем Валя, по собственным словам, мастер — потому что такой счастливый и искренний взгляд, открытый миру, — не подделаешь.

Наташа Гвоздикова подсела к нам за столик и очень мило пообщалась. Потом танцевала в центре зала подобие твиста то со мной, то с моей сестрой Машкой. Было видно, что ей хочется сделать нам приятное. Ей это удалось. Ну, и слава Богу.

Толя Мукасей, оператор фильма, придумавший бесценное название «Большая перемена», на вечере сказал любопытную вещь: «Михаил Ильич Ромм говорил студентам: «Только не снимайте музыкальных комедий — они никому, кроме народа, не нужны!» Толя называл папу в своих воспоминаниях «Лешик». Он и Жора смотрелись на сцене, как Дон Кихот и Санчо Панса. Жоре Садовникову, автору повести, положенной в основу сценария и папиному соавтору, не дали рассказать какой-то эпизод про пирожки. Его «заткнули». Жора, не будучи киношником, совсем не понял... послушно замолчал. Наташа Богунова, в один присест рассказав про «Большую перемену» и почему-то про свои репетиции в театре с Бероевым, позже читала Мандельштама. Ей аккомпанировала дама — ну очень забавная такая дама, с длинными белокурыми локонами до плеч и в больших солнечных очках. Похожа на певицу из кукольного «Необыкновенного концерта», ну очень улыбчивая женщина... И Наташа, в платье синего бархата до пят, изящно воздевавшая руки — это почти «Трамвай Желание» Уильямса! Нина Маслова несколько раз подходила к нам с мамой и Машкой и говорила в своей манере, нараспев: «Дева-а-а-чки, если нужен ха-а-роший чела-а-век — зва-а-ните!» Они обе — Богунова и Нина, показались в тот вечер прелестно экзальтированными, слегка «ку-ку» — добрыми и трогательными.

Экспонаты! Не было Миши Кононова. Сказали, что «врач не разрешил». Не было Иры Азер — курносой красавицы, которую я никогда не знала в жизни. И Юрка Кузменков не смог подъехать, он играл спектакль. Когда-то он очень дружил с нами, кудрявый Юрик... Леня Платов — наш давнишний сосед и художник-постановщик — тоже заболел. Тяжело ему таскаться каждый день с Речного на ВДНХ, во ВГИК. Да и в центр после работы нелегко приезжать. Я как-то встретила его в метро с Сашей Борисовым, тоже художником, они возвращались из института, два профессора, заслуженных деятеля искусств, оба бледные, уставшие, постаревшие. Так и хотелось пересадить их в машины. Да нет у них машин, вот и ездят своим ходом. У людей этого поколения — славы «Мосфильма» — вообще нет машин. Не хватило им на машины.

Мы с Машкой поднимались на сцену и говорили недолго. Я позвала и Сашку, нашу младшую сестру, которая сидела со Светой, папиной второй женой, где-то с краю. Представила ее как «последнее произведение нашего папы». Санька не ожидала, потом все говорила: «А я-то тут причем?» Но сказала и она свое слово, тоненьким голоском Буратино и совсем по-детски в свои 20 лет: «Я ничего не знаю про этот фильм, меня тогда не было еще. Я только хочу сказать, что мой папа был очень хорошим человеком... честное слово!»

Саша Збруев, Витька Проскурин, Валера Хлевинский, Лева Дуров — все стали уже родными. И спасибо за это.

Помянули Ролана Быкова, Люсю Овчинникову, Анастасию Георгиевскую, Валентину Сперантову, Савелия Крамарова, Евгения Леонова, Михаила Яншина, Валерия Носика, композитора Эдуарда Колмановского...

Наша семья после того вечера еще несколько дней переживала все нюансы: кто что сказал, и как сказали

TheWe
magazi

EAST MEE
WE

Павел Грушко. Бостон, 2003 г.

«Меняй жизнь»! — А. Рембо

Наташа Негода. Лос-Анджелес

Дима Суслов со своей скульптурой   *Миша Суслов*

«Нет войне в Ираке!» Лос-Анджелес. Май 2003 г.

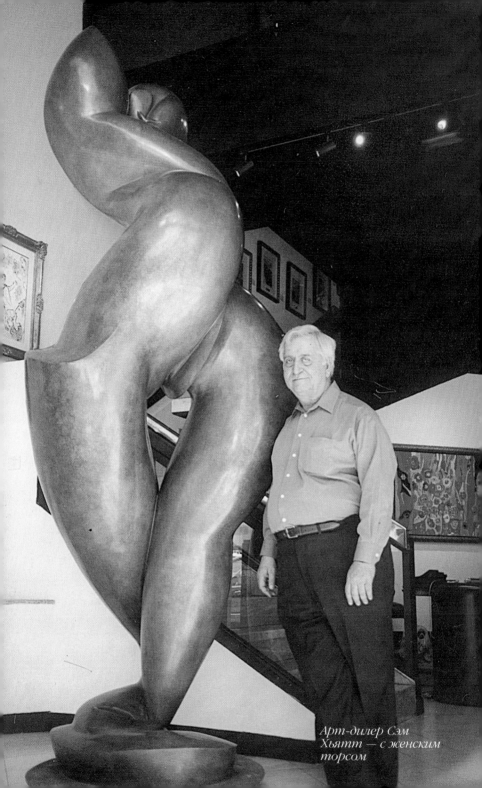

*Арт-дилер Сэм
Хьятт — с женским
торсом*

Герои главы «Порядочные люди» — Леня Терлицкий и его жена Ириша

С Сэмом и Чарльзом — бывшими коллегами

Мои друзья: Тод и Стив...

...беременная Сара

Стив со своими питомцами

Продолжатели кинодинастии: В. Басов...

...Е. Коренева   *...Ю. Любшин*

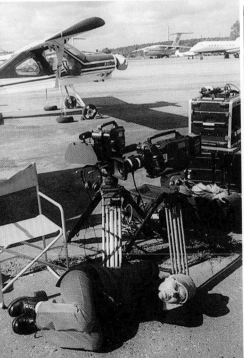

«Каждый бесценен»
*(надпись вверху стены
в Бостоне)*

Дэвид Боуи

Папа

А. Ташков

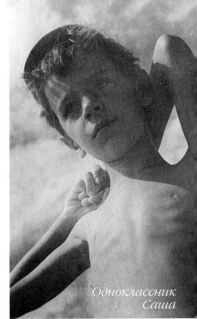

Одноклассник
Саша

Лена К.

Брат Витя

Брат Вова

Иван Соболев

Надежда Соболева

Участники семейной легенды ...и ее продолжатели

Николай Александрович
Майков

Предположительно портрет К. Соболева
(Майкова?)

Фото А. Седова

«Отражение в дверце шкафа». Автопортрет. 1970 г.

мы с Машкой, и как, наконец, приятно внимание к папе, а значит, и к нам. Толя Мукасей перед тем, как разъехаться по домам, шепнул: «Ну, теперь надо, чтобы отметили юбилей фильма «По семейным обстоятельствам». Я не преминула на следующий день позвонить устроителям вечера — Сергею Новожилову и Еве Ладыженской. Но Сергей объяснил любопытную и странную, в общем, вещь: с «Семейными обстоятельствами» не получится хорошего вечера, потому что те, кто мог занять своим рассказом публику — Ролан Быков, Евгений Евстигнеев, Евгения Ханаева, — их уже нет. А Стеблов? Почему-то разговорчивый Стеблов, по мнению устроителя, сложный для таких встреч актер, «с настроениями», да и Марина Дюжева — «не появляется давно на публике, живет семейной жизнью». А Галина Польских? А Зайцева Люда? А остальные? Но что-то не клеилось в разговоре о еще одном юбилее. «Да и денег это стоит немалых — букеты всем купить, афишу и программки сделать, сцену оформить, — у спонсоров надо просить. А они неохотно дают». На этом разговор был закончен. Такие, в общем, наступили коммерческие времена, даже для таких некоммерческих поводов. Мы же не унывали и еще долго раздавали очень красивые программки с портретами актеров друзьям, знакомым и родне. Спасибо устроителям и спонсорам!

А через неделю-две Володя Басов, раскрасневшийся от волнения, ошарашил меня прямо перед началом озвучания: «Сегодняшнюю «Комсомолку» читала?» У меня екнуло сердце — от «Комсомолки» нечего ждать хорошего. «Я ее не читаю, а что там?» Володя, которого тоже когда-то оскорбила эта газета, выпалил мне как единомышленнику: «Там интервью с Мишей К., он о «Большой перемене» говорил». Как выяснилось, Миша К. опять приложил папу в своем интервью. Сказал, что успех картины — в работе актеров, и только, а режиссер — мыльный пузырь... Он это делает уже второй раз. Не могу понять, зачем? Именно не «почему», а «зачем»? Да и ведь это не правда, с точки зрения практики кинематографа. У плохого режиссера невозможно сыграть хорошо, в полную силу, с фантазией, даже талантливым актерам. С плохими режиссерами скучно и зло — и это всегда на лице и в энергии актера. Об этом знают все, кто пробовал. Плохой режиссер или «сырой» режиссер не так смонтирует картину, не так поставит свет, не так разведет сцену, отрежет лучший кусок монолога или хорошую реакцию актера, не справится с темпоритмом, будет давать неверные задачи и требовать их выполнять... Заставит актера играть смешнее, грубее, когда надо грустнее, тоньше, или активно, когда надо мягче и тише, и так далее. Нет, конечно, актер может и схитрить, но это невозможно делать на протяжении всей картины, тем более многосерийной. Одному-двоим, может, и удастся затаиться и играть «вопреки» командам режиссера, но не двадцати одному, среди которых и дебютанты, ставшие впоследствии звездами. Здесь же все актеры играют в единой стилистике: они исполнены юмора, куража, ироничны. Произнося очень правильные, тривиальные истины, которые формулируют по сюжету их характеры, они немного снисходительны к самому стремлению хороших людей стать еще лучше. А работать единым ансамблем можно только под руководством режиссера, не по случайному совпадению вкусов и интересов. Я знаю, что сценарий фильма — это совсем иное произведение, чем повесть Жоры Садовникова «Иду к людям», и я видела, как папа писал и придумывал многие сцены заново в соавторстве с Жорой. Так, в повести персонаж Ганжа не был женат на учительнице Светлане Николаевне — а ведь сколько комизма прибавило это к сюжету! Многие эпизоды были дописаны просто на ходу, на съемках. Например, сцена «Аттракцион невиданной жадности», где персонаж Крамарова держит на спор с Ганжой газовый баллон. Или спасение учителя Нестора Петровича (М. Кононов), прыгнувшего в реку, Петрыкиным (Р. Быков). Актеры часто с недоверием относятся к режиссеру, это потом они приобщаются к успеху сделанного фильма и признают свои заблуждения. Это естественно. Я сама негодую на многих. Но всегда отдаю себе отчет в том, что до окончания работы — это гнев того, кем руководят, тогда как задача того, кто руководит, намного сложнее. Надо судить по целому. Раздражаться на режиссера в процессе работы — естественно. Но если есть отличный результат — как можно умалять его достоинства? И уж тем более заявлять, что успех картины или спектакля не его успех, а «наш», актерский. Но Бог с ним. Непонятно другое: ведь в спину ушедшим — нельзя. И я задаю только один вопрос — зачем? Тем более после успеха...

Но может, это «Комсомолка», которая мне мстит по привычке за выигранный у них суд? Если это так, то черное дело они делают. И по отношению ко мне, и по отношению к Мише К. В конце концов, человек, может, в сердцах брякнул что-нибудь... К месту вспомнить слова: «Говорите правду, но только не в ущерб добродетели». Дай Бог Мише К. здоровья!

Вот теперь, пожалуй, и я надела бы майку «Тату». «Х-й войне!»

Май
По телеку второго мая шел «Таймыр» и «По семейным обстоятельствам», в папин день рождения. А вскоре и «Черноморочка» с молодыми Олегом Борисовым, Володей Земляникиным, Светланой Носовой, Сергеем Мартинсоном, Даей Смирновой и моей молоденькой мамочкой...
Компенсация!

Думаю о том, как трудно быть хорошим человеком! Одна женщина мне рассказывала, что как-то утром решила попробовать прожить день как настоящая христианка — терпеть, не заниматься словоблудием, сплетнями с подругами, пустой трепотней по телефону и быть терпимой ко всем. И проверить свои возможности она смогла, в первую очередь, на супруге, которого давно называла по фамилии — «Петров». Она отнеслась к своему решению очень серьезно и была весь день начеку. Все сдерживалась, чтобы не произнести плохое слово или отогнать черную мысль о ком-нибудь. Обнаружила, что это требует усилия, и немалого. Даже стала чувствовать некоторую усталость и в теле, и в мыслях — работа! И все шло неплохо, но вот к вечеру пришел с работы ее усталый супруг и лег на диван отдохнуть. А ей как раз позвонили подруги и напросились в гости. Женщина решила быстренько прибраться на кухне и приготовить что-нибудь на ужин, а также вспомнила, что у нее нет ничего на десерт. Тогда она очень тихо подошла к дивану, где лежала ее «вторая половина» и, встав на колени, ласково прошептала: «Пупсик! Пупсик, прости, что тревожу тебя, но сделай одолжение, сходи, пожалуйста, за тортиком, шоколадным, а я пока приготовлю курицу, к нам на ужин Лариса с Верой придут. Ты же знаешь, что они давно у нас не были, надо принять». Муж лежал с закрытыми глазами. Потом тяжело вздохнул и коротко ответил: «Не пойду, я только что лег отдохнуть, сходи сама». Она подумала про себя: «Ишь ты, негодяй, капризничает!» — но тут же ей стало стыдно за такие мысли, и она их отбросила. Снова повторила ласково: «Ну любимый, ну пожалуйста, ну пупсик, сделай это для меня, я боюсь идти по темной лестнице, у нас же лифт и свет не работают в подъезде. Ну, неужели ради меня, когда тебя просят, ты не можешь такой пустяк сделать, хоть раз в жизни?!..» Но супруг не двигался. «Ах ты лентяй, — раздался снова в ее голове внутренний монолог, — разлегся, я должна тебя упрашивать, мужик называется!» Волна привычного раздражения подкатила к груди, но вспомнив о сегодняшнем решении — терпеть и любить ближнего, а именно супруга, она вновь приложила усилие, чтобы сдержаться. Проветрив свои мысли, приняла ласковое, дружеское, «христианское» выражение лица. Положила ладонь на лысеющий череп мужа, принялась поглаживать его и тихо приговаривать: «Пупсик, ну почему ты такой сердитый? Ну давай по-товарищески решим этот вопрос. Я очень прошу... в следующий раз я пойду. А сейчас ты сходи, пожалуйста!» Муж открыл глаза и кряхтя принял вертикальное положение, затем, пошарив под кроватью, нащупал ботинок, другой, и выловив их оттуда, стал засовывать в них распухшие ноги. Женщина обрадовалась своей победе и подарила ему за это крепкий поцелуй, чем вызвала у него на лице довольную усмешку. «Какой ты у меня хороший, Петров, спасибо тебе!» Ей и самой понравились эти новые отношения — постоянное чувство удовлетворения от собственного благородства и выдержки. Друзья — это больше, чем просто «мужчина и женщина», и в каком-то смысле — приятнее... Уже на пороге, глядя, как муж исчезает в темном провале лестницы, она напомнила: «Не перепутай, — шоколадный тирамису! С такими полосочками, слышишь? Только не покупай вафельный... если тирамису нет, лучше тогда вообще ничего не покупай, только ти-ра-ми-су!» Из глубины нижних этажей отозвалось глухое: «Понял!»

Захлопнув со звоном дверь, она тяжело выдохнула, затем отправилась на кухню готовить курицу с черносливом. Все-таки она осталась довольна тем, что ей удалось не сорваться на супруга и выдержать испытание. Но отметила в себе непривычную и еще большую усталость: «А нелегко это, ой нелегко, кто бы мог подумать?» — размышляла она о своем христианском становлении. И вот, когда стол уже был накрыт, а в духовке потрескивала в собственном соку курица, в прихожей наконец скрипнула дверь — незадачливый супруг вернулся. «Ну что, купил?» — приветливо донеслось из кухни. Он ничего не ответил, переоделся в тапочки и только потом вошел с небольшой коробкой и поставил ее на стол. Одного короткого взгляда было достаточно, чтобы понять, что это не тирамису, а вафельный. У нее перехватило дыхание от возмущения и гневных мыслей: «Назло, он мне это назло сделал и деньги вдобавок истратил! Какой же он идиот, дрянь ленивая...». Тут она оселклась, вспомнив о сегодняшнем договоре с собой, попыталась притормозить, но это было ей не под силу. Она взвизгнула, сама не узнавая своего голоса: «Ты что купил?! Я же просила тирамису, а вафельный мне не нужен! Зачем ты тогда вообще ходил?! Ты что, издеваешься?! Да? Да?!» Из нее полетела брань, и она наговорила много такого, о чем потом жалела, пока не высказала все, что накопилось за такой долгий и трудный день. «Боже мой, почему я такая несчастная... ну почему ты меня должен обязательно разозлить, ну почему, Петров?»

Поздно ночью, попивая каберне, которое ей принесли Лариска с Веркой, она подытожила свой опыт: «Мне почти удалось прожить день по-христиански — но пришел Петров и все испортил!»

Да что там христианкой — быть просто хорошим человеком и то невыполнимо. Стараешься, стараешься... Вроде все хорошо, ан нет, где-нибудь да дашь промах. Нет, конечно, лежа на пляже, под солнышком, когда все тип-топ — и с работой, и с деньгами, и с любимым, и сама — талантливая-расталантливая — книжка вышла или кино поставил (если это «он»), или удача какая и признание, — то быть хорошим человеком легко. А вот если прижмет и не разжимает — и труба течет, и сосед сверху мусор прямо из окна бросает, и он круглый год висит на деревьях прямо перед твоим носом, да еще обругали в магазине, где ты хлеб покупала, или когда искала соленые огурцы и наконец нашла, тебе по ошибке продали маринованные, и ты их вернула, возмущенная, а тебе ответили: «Вы сказали «огурцы», ну я и дала огурцы»!»... и так далее — вот тогда и оступаешься. Процесс разъедания твоей «хорошей» сущности происходит постепенно, но в какой-то момент образуется дыра, и в нее летит всякая нечисть. Гнев, жесткость, зависть, обида, мстительность и мысли: «в этом мире никогда...», «все они...», «ни за что...», «я не верю...», «как же так...», «я ему... а он мне что?», «могла ли я предположить...». И тогда болтаешься по улицам какой-то остервенелой, засохшей хворостиной, а вокруг — такие же болтаются и ждешь, ждешь, когда отпустит, а все не отпускает и — оступаешься. Стоит раз открыть рот и ответить так, как отвечают тебе: «Вы сказали «огурцы» — я и дала огурцы!», или (вариант): «Вы сказали шляпа, я и дала вам шляпу!», или можно продолжить: «Я сказала «огурцы», а вы сказали «шляпа» и дали «огурцы», зачем сказали «шляпа»?... — стоит подхватить диалог — и человек в тебе кончен.

Я поняла, что от душевных переживаний сойти с ума намного сложнее, чем от этого... А уж точно можно свихнуться, и найти в этом убежище, после общения с нашими ДЭЗами и РЭУ, занимаясь всякими там выписками, прописками, сменой телефона — с бюрократией и чиновниками всех пород. О... это абсурд абсурдович наиабсурдейший! Это почище Беккета абсурд! Целью которого, я подозреваю, является вытрясти последние потуги мысли из любимой и без того проблемной головы.

Именно это я и ощутила, покинув здание ДЭЗа своего округа одним солнечным полднем в начале мая. Пошла я туда только потому, что без заключения некоего соглашения мне не выдавали выписку из домовой книги, которая была мне страшно нужна. Сидя напротив женщины в строгом костюме — главного экономиста — и слушая ее разъяснения на тему: зачем мне нужно, чтобы они привозили мусорный контейнер и увозили его с моим возможным мусором (в случае ремонта), а также — зачем я должна подписать с ними соглашение на эти контейнеры, заплатить вперед деньги и в чем состоит смысл этих 30-ти пунктов (передача в собственность ДЭЗу подсобных помещений ЖСК... и т.п.), я отвечала на вопрос главного экономиста «теперь поняли?» — с упрямым постоянством: «нет!» Она терпеливо сглатывала, говорила: «Я все-таки хочу, чтоб вы поняли...». С чем я соглашалась: «Я тоже хочу!» И она начинала все сначала. А я искренне пыталась ухватить суть выдаваемой мне информации. Наконец что-то уложилось в аккуратную кучку в моей голове, и я спросила: «Но ведь мусор можно попросить вынести и мужчину из моего дома, тем более, что контейнер стоит во дворе?»

И тут женщина в костюме встрепенулась и сообщила, что, по последнему постановлению, «в год на человека полагается только 77 килограммов мусора, которые он имеет право выбросить в контейнер. Я невольно пробормотала реплику моей героини из Андрюшкиного спектакля «Кофе с «Бибо»: «Что за цифра? Что за цифра?!» Что за цифра — 77? Затем понизила голос: «А как это можно проверить... сколько человек выносит мусора в год?» Женщина улыбнулась и зарделась: «А в том-то и дело, что нельзя! Поэтому мы и предлагаем вам свои услуги!» Я встала, поблагодарила ее за разъяснения и попросила время на обдумывание — ставить подпись надо ответственно! А выйдя из здания городской управы округа, ощутила полное отсутствие какой-либо мысли в голове. Способность сконцентрироваться на чем-либо, даже самом наипростейшем, напрочь исчезла примерно на час или два. Последнее, что родилось в голове перед провалом в безмятежность и что я запомнила, это догадка, что за цифра — 77. Так это ведь одна расчлененка в год на человека! Примерный вес взрослого гомо сапиенса...

Май

Пошел сериал «Идиот». Ну наконец-то! А мне нравится. Миронов Женя — прелесть. Я все сразу поняла про «Идиота». И вдруг мама, смотревшая и хвалившая Женю, заявляет: «Нет, ну вчера у Миронова уже пошла патология». «Мамуль! У него же приступ эпилепсии...». «А!»

Встык идет премьера сериала «Люди и Тени», где я играла маленькую роль. Впервые — соседку главной героини. На лестничной площадке моя собственная соседка говорит вечером: «Ой, вчера тебя по телевизору увидела... в сериале, включила — ты курила папиросу!» «Да, сыграла наконец старуху Изергиль...».

А что июнь, июль?..

...Я взяла билет до Калифорнии. Всем говорила: «Я выжата, как лимон, всего на две недели...». Две недели — полноценный отдых у служащих в европейских странах. Да, две недели — это много. Как-то я слетала на десять дней, все думала, десять дней — это дерзость! —

и втиснула в них все месяцы воображаемого отдыха. Было достаточно. Наверное, так же поступают и служащие из европейских стран. Вдогонку неслись телефонные звонки: «...отец лег в больницу», «... сын поступает», «...забирают в армию, до поступления», «приезжайте на примерку!», «отбирают мои пять процентов!», «не поставили печать», «...деньги кончились, не могу оплатить мобильный, все истратила на больницу сестры, дети остались раздетые...», «он шутит с приходящими его навестить в больнице», «только воду, без газа...», «ломать стену на кухне или оставить?» «зачем? Будет одна большая кухня, а не квартира», «ломать, конечно, все мои друзья в хрущевках так и сделали...», «если не собираетесь продавать, то ломайте, но если по закону — собирать бумажки, то штуку оставите!»

В голове появлялись совсем странные обрывочные мысли: «Как бы так слетать и, прилетев, все тогда начать... Дальше — мама, квартира, домработница поможет, ремонт, сберкасса, репетиции... книга... Потом же безвылазно... до осени и зимы... То есть до такой же «осени» — теперь все времена года похожи. Так что покупать на осень? То есть на лето? А на зиму? Надо купить все на осень — летом и зимой пригодится...

Но в Калифорнии сейчас лето. Надо купить: сумку, туфли на платформе, нижнее, майки... на вечер, а то полечу, как крошечка-хаврошечка... да ладно, там все — крошечки-хаврошечки, а мы думаем: такой стиль... Это — стиль жизни. Зуб полетел, надо вставить... А кто-то вообще не летит... Например, тот музыкант в переходе. А может, он как раз и летит? Да нет, нельзя же всем так не доверять. На Студии Горького сегодня: «Вы, понимаете, дело даже не в деньгах, просто устали разочаровываться, хотелось хотя бы в вас...». «Ну не расстраивайтесь, ребята!» — провожая по коридору. Я Андрею: «Понимаешь, все они, как волчок игрушечный, и той стороной повернутся, и этой. Нельзя верить их улыбкам, надо гнуть свою линию. Поэтому говорят: личная жизнь и работа — разные вещи. А так — они тебе улыбаются, и ты размяк. Нельзя верить этим улыбкам».

Звонок из Сан-Франциско: «Ну как ты там?» «Я? Хорошо! Вот пришла и разбираюсь, вещи по местам, сушилку для раковины и гипс купила... соглашение на контейнеры не подписала, мне сказали, что в год на человека полагается только 77 кило мусора... А я «что за цифра, что за цифра?» — ой, опять цитата из пьесы Ташкова, извини, я заговорилась, понимаешь. Родственник в Бостоне хотел мне устроить выступление по приезде, концерт. Я ж туда на два дня заеду. Название предложил: «Москва — звонят колокола». Я ему: да я выжата, как лимон! Я всем сейчас это говорю: как лимон. А кто-то мне в ответ: «Какой лимон, я тебя вчера по телеку видел, ты кругленькая такая, налитая». «Ну спасибо, не буду спорить... Так вот, я выжата, как ...а выступление, это для меня работа — «выступление». Я оторваться от Москвы хочу. «Оторваться!» А-тар-ваться!...

Оторваться — не получилось. И вот почему. Там тоже случилось, что и с нашими. Вы понимаете, что с «нашими» случилось? Ну, тогда вы меня понимаете. Там тоже все в напряге. Экономика, деньги, работа, счета, болезни, страхи, и что-то еще... в воздухе. Нет, не идеи. Какое-то металлическое ускорение. Все перемещаются, как в броуновском движении. В меня все вцепились как в свежего человека и — рассказывать, рассказывать, рассказывать — про болезни родителей, про нервы на работе, вернее, от безработицы, про интриги в личной жизни и про возраст. Кончилась спокойная американская заповедная цивилизация, и продолжилась наша общая стрессовая жизнь. Глобализация!

Смешное началось еще в Шереметьево, в пять тридцать утра... Я, пожалуй, перемещусь — в следующую главу.

Аэропорт Шереметьево

В полчетвертого, поднимаясь с постели, подумала: «Какая, к черту, Калифорния?» Мне б сейчас поспать — вот и отдых. А то лететь 10 часов, чтобы отдохнуть! Да вставать в такую рань, я ж в два легла... В пять была в аэропорту. На таможне очень долго возились с моими документами, я расслаблялась по всем существующим техникам, но мысль о том, что сейчас придется ехать с чемоданами обратно домой, не оставляла. Наконец мне вернули паспорт и пропустили. Теперь еще один контроль — поставили штамп, и все — сейчас выйду на территорию беспошлинной продажи и, может, найду, где присесть, покурить и выпить чашку кофе. Надо подготовиться к многочасовому полету без никотина! Теперь ведь нигде нельзя... конечно, это правильно с точки зрения здоровья окружающих. Я и сама рекламировала по телевидению антиникотинные добавки для желающих бросить курить, и делала это честно — в тот период не курила. Но снова начала. И все же... ну ладно, вытерплю. Переступила черту и оказалась в ином пространстве: еще не «там» и уже не «здесь» — пусто, рано, гулко звучат шаги, эхо отзывается под сводами, словно в картинах про Джеймса Бонда... Я даже пошла медленнее, расслабляясь, как в этих боевиках, сделала еще два шага со своим чемоданом на колесиках и остановилась — надо прочитать все указатели — где кафе, где мой рейс, чтоб потом не искать. Где туалет? Читала внимательно и долго. Понятно, кафе направо, магазины тоже, мой рейс почти через два часа, посадка у ворот номер 20 — это неподалеку.

«А мы думаем — она или не она?!» Только оторвала взгляд от указателей, и нате — две знакомые физиономии: Дуров и Райхельгауз. Сидят на лавке и ждут, когда я опущу задранный вверх подбородок. Тоже с чемоданами на колесиках. Улыбаются. С каким-то подвохом... из-за угла. И я улыбаюсь, извертелась вся. Если они похожи на Ивана Бездомного и Берлиоза, присевших на скамейку, то я, значит, Воланд? Только мы все уезжаем отдохнуть от Патриарших. (Кстати, чем там закончилось? Последнее, что я слышала, это манифестация известных деятелей, вместе с жильцами и смешная реплика Ярмольника: «Пруды — это памятник, такой же, как памятник Пушкину. Ну поставьте на голову Пушкину еще один памятник!» «Отдыхать или по работе?» — продолжает улыбаться чему-то своему парочка. «Отдыхать! — весело прокричала я, до сих пор не веря, что вижу перед собой именно их и с ними разговариваю. Я никогда не встречала в пять утра ни Леву, ни Иосифа! Человек всегда стремится знать наверняка, кто окажется рядом с ним в такое время... «Решила оторваться от Москвы!» — произнесла я уже вслух. Мы начали подбирать слова и забавлять друг друга рассказами, только бы не вдаваться в подробности, словно застукали друг друга при каком-то очень частном деле.

Встреча в такую рань с этими персонажами похожа была на насмешку: никуда тебе от нас, родных, не деться, — а значит, и от себя — нашей. Я думала, что, пересекая границу таможни, оторвусь от московской театрально-сериальной и другой энергетики. Так было всегда, — почему-то сделав именно эти два шага от таможенного контроля в «ту» сторону, я ощущала моментальную перемену... какую-то беззаботность, скажем так. А вернее, я на нее очень всегда рассчитывала. И вот вам! Нет, жизнь точно приобретает абсолютно театрализованный характер — нет «реальности» и противоположной ей «нереальности», есть перетекание без явных границ — из сна в будни и обратно. Это какой-то новый жанр — трудовой реализм с элементами утопии. Одной ногой на экране, другой — в театре, третьей на улице... четвертой на территории беспошлинной продажи... Они вам и зрители, и актеры, и режиссеры, и путешественники одновременно. «Четыре в одном». Не удивлюсь, если они сядут за штурвал! А я выйду с подносом стюардессой! А там, на местах 28А, 28Б и 28В — мы втроем и сидим. Так я и восприняла Дурова и Райхельгауза — это были их виртуальные тени. Из компьютера. Программные дубли — подтверждением этому служили их не сползающие с лиц улыбки! О том, что они все-таки существуют, я догадалась только когда мы пошли на посадку, и Лева Дуров, прыснув себе под нос, вдруг рассказал скороговоркой расхожую театральную байку о том, как всем известный герой-любовник зашел в гримерную к очень красивой и всем известной актрисе и сказал: «Вот раньше мы были на «ты», а теперь на «вы», а между прочим, когда-то мы были совсем на короткой ноге, я бы сказал, слишком короткой, или ты забыла? Теперь мы на «вы», а когда-то ты по-другому со мной разговаривала...», и так далее. На что актриса, молча гримировавшаяся и слушавшая его тираду с намеками на прошлые «отношения», поднялась и направившись к двери, брезгливо бросила: «У самого-то... — она показала на кончик мизинца, — ...а разговоров, разговоров!» Лева покраснел и захохотал так по-человечески, что я поняла: он, я и Райхельгауз — те самые, какие и должны быть.

Летели мы одним рейсом, с пересадкой во Франкфурте. Только я из Франкфурта направлялась сначала в Бостон. А они — в Нью-Йорк, опередив свою труппу на два дня, чтобы дать интервью о предстоящих гастролях акунинской «Чайки». «А Саид Багов будет?» — я даже разволновалась от вновь обретенной человечности и спросила у Иосифа о своем друге. «А как же, он играет!» Ну, значит, оторвется от Москвы — порадовалась я за Саида. Ему-то как раз больше всех и хлопали на «Чайке», той, которую я смотрела. (Спрашивая у Иосифа о Саиде, я не без улыбки вспомнила, что прошлой ночью Саид находился на съемочной площадке нового фильма режиссера Томашпольского в образе черта. По сюжету черт украл свет, и в городе наступила темнота. А главный герой Филимон, которого играет друг Саида Андрей Ташков, призван этот свет вернуть. Режиссер Томашпольский, с которым мне довелось пообщаться в коридоре Студии Горького, утверждает, что скоро так и будет — станет совсем темно, днем, как ночью. Солнце зайдет! «Нет, ну врал бы, да не завирался! Мы все нервные, но не до такой же степени!» — возмущалась я Ташкову, уходя в тот день со студии. Однако... в июне наступили сумерки.)

Сели мы в салоне самолета неподалеку друг от друга, и я было подумала предложить одному из своих спутников свое, более удобное место — я могла свободно вытянуть ноги, передо мной не было ряда кресел, но потом передумала: самой захотелось.

Пока летели, я начала-таки отрываться от Москвы. Способствовала этому и масса иностранных пассажиров, имевших количественное преимущество передо мной, Левой и Иосифом, а также моя острая в этом потребность.

В дороге я заснула, поджав под себя ноги, и во сне поворачивалась то вправо, то влево. Обнаружила свою голову на коленях у молодого немца, что сидел рядом и читал учебник русского языка. Извинилась. Села прямо, заглянула в его учебник. Упражнение 1. «Прочтите с разными интонациями: «Он вошел в магазин канцелярских принадлежностей, чтобы купить себе линейку и ластики», «Мужские костюмы из серой чесучи были сшиты на заказ, а женские и детские — нет», «Этот любитель экзотики коллекционирует земноводных, в его домашнем террариуме представлено 10 видов редчайших гадов», «У себя на грядке женщина вырастила гигантский баклажан весом 20 кг!» Попробовала прочитать с разными интонациями, но выходила только одна. У меня вообще проблема с интонациями, мне всегда делают замечания на озвучании. Когда говорят: «Здесь, Лена, вопрос, понимаешь? Она задает вопрос!» — я сразу отключаюсь, не могу работать. Я никогда в жизни не думаю об интонации, когда говорю, — задаю ли я вопрос или на него отвечаю. А тем более после 11 лет общения на английском все мои интонации перепутались. В английском они совсем иные, нежели у нас. А когда указывают на то, что «это вопрос» или «восклицательный знак» — я перестаю соображать. И потом, разве вопросы задают не с одной и той же интонацией? Мне становится страшно от того, что я в этом не разберусь и запутаюсь в объяснениях.

Вот и предательское желание курить! Появилась навязчивая мысль пойти покурить в туалет. Возьму пакет и буду в него выдыхать. Но так хотелось спать, что не пошла.

Аэропорт во Франкфурте

Аэропорт, которым все пугали: огромный, нигде не останавливайся, ищи свой терминал, возможно, придется идти часа полтора. Но мне повезло, у меня тот же терминал. А посадка только через два часа. «Что такое терминал?» — спросила я таможенницу еще в Шереметьево. Наверное, это из-за раннего подъема. Удивительно, что я не вижу кругом людей в белых масках, защищающих от атипичной пневмонии. Мне казалось, что в самолет многие обязательно наденут, а уж тем более во Франкфурте. Никого. Что ж это нас так запугали?

Сразу пошла искать зону для курящих. Стоит плотная группка разобщенных мыслями людей, но все пускают дым. («Я просто однажды понял, что выдыхать из себя дым — это абсурд, и бросил!» — объяснял Альберт Филозов, как он освободился от вредной привычки.) Я тоже пристроилась и стала пускать дым. Среди стоящих в кружок изгоев общества заметила девушку, которую видела в толпе пассажиров своего рейса и приняла за кришнаитку. Теперь она сладко затягивалась и пускала такой же дым, как и все. Курящая «Мальборо» кришнаитка? Ну конечно, нет, у нее просто стиль одежды такой — длинный балахон, волосы в косичках и косынки на бедрах, на руках четки и бусы... Вера — это стиль! Смешно. Решила попить кофе. Встала в очередь. Хотелось побольше кофеина и никотина, поймала себя на мысли, что это хорошо. Протянула продавщице стодолларовую купюру, она отказалась ее взять, сказав, что сдача только в евро. Пришлось снова идти курить. Почему-то все ждала, что сейчас кто-нибудь меня окликнет из очереди и предложит купить мне кофе. Никто не окликнул. Зато курящий рядом дядька заметил с улыбкой: «У вас нет мелких денег на кофе? Я видел, как вам отказали!» Я кивнула. Может, кофе предложит купить? Нет. Просто он улыбнулся в знак солидарности.

По пути к своему терминалу вдалеке увидела Леву и Иосифа. Они поднимались по эскалатору — пол-Дурова, пол-Райхельгауза, а вот и целые! Подошла к ним. Иосиф спросил, где на билете проставлен номер терминала, я показала, он поблагодарил. А я была рада, что не оплошала. Мне самой за пять минут до этого тоже указали в моем билете. Но пусть думают, что я разбираюсь лучше. Наверное, решили, что это потому, что я в Америке много лет жила. Мы стали прощаться. Я пожелала им удачи на гастролях, а они мне — оторваться от Москвы на отдыхе. И я на подступах. Сначала — Бостон, проведать Павла Грушко, мужа моей сестры. В чемодане я везу его новую книгу стихов «Обнять кролика». Последнее время он живет и работает в Америке, а семья в данный момент находится в Москве. Я знаю, что ему одиноко, хоть он и говорит, что ему там нравится, и если б я не навестила его, он бы обиделся. Как — через океан перелететь и не заехать? Я бы обиделась. Хотя лечу я на Западное побережье, в Калифорнию, а Бостон от Калифорнии в пяти часах лету. Но ничего.

Бостон
21-е мая. Гуляю с Павлом и приятельницей Лилей по городу. Второй день пасмурно. Но тепло. Здесь погода меняется, как и у нас. То жара, то резкий ветер и холодно. Вчера Павел указал мне на вышку с голубым мигающим огоньком и сказал: «Завтра будет тепло, солнышко, а если красный огонек, значит — холодно. Здесь так точно предсказывают погоду, потрясающая метеорологическая служба!» На следующий день лил дождь. Но все равно я отдыхаю, и все здесь очень красиво. Напоминает Беркли — калифорнийский студенческий городок под Сан-Франциско — аккуратные двухэтажные домики из кирпича, что считается знаком старого времени. Теперь такие не стро-

ят. Кругом кусты с розовыми яркими цветами и низкорослые деревья с белыми цветочками в форме нераскрывшихся зонтиков. И повсюду тюльпаны — длинные стебли, крупные головки с распахнутыми лепестками, выглядят очень большими, как хризантемы, а то и больше. Лепота! В Москве таких нет — везде голландские, мелкие. Есть в Бостоне и ландыши, что совсем странно, я их только в лесу и у метро в букетиках видела, а тут — растут в городе.

Город тоже студенческий — неподалеку, за широкой рекой с яхтами, Кембридж и знаменитый Гарвардский университет, и еще здесь лучшие медицинские клиники в Америке. У меня на глазах на крышу одной из них сел вертолет «скорой помощи». Огромное количество библиотек, при входе в которые не спрашивают, кто ты, и не требуют предъявить документы, — зашел, выбрал нужную книгу, сиди читай или бери домой. Масса книжных магазинов, ну и, конечно, кафе, забитые всей этой учащейся и преподающей братией. На каждом шагу вспоминаю, что это родной город моего приятеля-психиатра, Тода, который живет теперь в Сан-Франциско и к которому я скоро поеду. Он же здесь и мединститут закончил. Здесь и его подруга Кристина — она училась в Гарварде, теперь врач, хирург; делает операции на сердце. Кристина — блондинка, метр восемьдесят роста, приехала как-то к нему в гости на роликах и застала меня. Прежде, чем я ее увидела, сначала услышала грохот — это ролики издавали такой звук по деревянному настилу во дворе. Все громче и громче. Тод тоже услышал этот грохот и сказал: «Это Кристина!» А потом появилась она — под два метра. Угрюмая и нервная, смотрит исподлобья — стала ревновать его ко мне. Нюхала белый порошок и превращалась в какого-то энергетического гиганта: то сюда поедет на своих роликах, то туда. Она их не снимала даже в квартире. Спустя месяца три мы подружились. Она узнала о сексуальной ориентации Тода и перестала его ревновать. А он подсмеивался, когда она выбрала хирургию: «Представляешь Кристину своим лечащим врачом? Как она стоит над тобой со скальпелем и делает тебе операцию на сердце? Я бы никогда не лег под ее нож!»

Еще в Бостоне много наших, из России или бывшего СССР. Но и много «наших» приезжает сюда с антрепризами. Проведя здесь пару месяцев, Павел по телефону рассказывал: «Здесь — все, каждый месяц гастроли то одного, то другого московского или питерского театра. Да они отсюда просто не вылезают! Люсик, а что же вы с Андрюшей свой спектакль не привезете?»

Бостон мне понравился, по рассказам я представляла его более мрачным и темным. Сказала об этом Лиле — тонкой, задумчивой, немного печальной женщине, живущей здесь много лет. Основное время она преподает в школе английский, а в каникулы ставит спектакли в театре. Лиля в ответ: «По мне, так Бостон слишком претенциозный!» Я показала ей голубую купюру в 1000 рублей: «Видели такую? Это новые!» Она даже не взглянула, сказала жестко: «Ко мне это не имеет никакого отношения». Типично эмигрантская защитная реакция. Не прошло еще, значит.

Мы побродили по городу, посидели в кафе — на улице, где можно было курить. Большая редкость! Потом пошли в книжный, где продавалась литература на иностранных языках. Я почему-то зазвенела на контроле — таком же, как в аэропортах. Меня попросили войти еще и еще раз. Я вывернула все карманы, но что во мне звенело, так и не обнаружили. Паша отправился искать каталонского поэта Жоана Сальвата-Папассейта, а я и Лиля просто шарили глазами по полкам. Меня притянул стенд с открытками — это старая и, наверное, дурацкая слабость. Я думала, что она прошла, ан нет! Ну и конечно, потея, стала выбирать — какую купить. Свойство всех рожденных под знаком Весы — мука при самом пустяковом выборе. Но я все-таки выбрала: портрет Артюра Рембо с цитатой по-французски: «Любить — это творить заново». Мы с Лилей спорили, как точнее перевести: «творить», «придумывать» или «создавать»... Кажется, ей тоже понравилась эта открытка. Вспомнила, что в Нью-Йорке знакомый художник Том сравнивал с Рембо моего близкого друга Бойда. Может, Том намекал на параллель между собой и Верленом, влюбленным в Артюра Р.? С тех пор Рембо мне как родной. А после просмотра художественного фильма о сложных отношениях этих поэтов, где играет Ди Каприо и какой-то замечательный английский актер, совсем влюбилась в Рембо.

Так вот — открытка первая, с лицом юного гения, бродяги и пропойцы. Настоящего поэта. Вторая открытка тоже с цитатой из Рембо, но с рисунком Пикассо. Цитата: «Меняй жизнь!» Решила, что подарю ее Ташкову. Ему должно понравиться. Третья — фотоколлаж: в небе стая птиц и летящий человек в плаще. Все. Хотелось, правда, купить много, но я себя ограничила тремя. Были там и Марсель Пруст, и Виктор Гюго с изречением про воду, которую создал Бог, и вино, которое создал человек. И Хичкок, и Фрида Кало со словами: «Я не пишу сны или кошмары, я пишу свою реальность». Но я прикипела только к Рембо. Там также был еще симпатичный кролик со словами Пруста: «Главное для меня — любить». Но я почему-то не купила ее. Немного постеснялась самой себя, что покупаю цитаты про любовь.

На следующий день тоже накрапывал дождь. Это изменило наши с Павлом планы — он хотел свозить меня в «Арборетрум» — Ботанический сад, где можно было погулять среди гигантских деревьев и кустов сирени. Но мы решили, что холодно, и отправились в центр, зашли в универмаг типа нашего Пассажа и болтались там. Разглядывали всякие сувениры и домашнюю утварь. Просто сидели на лавочке, пили кофе. У Павла на голове бейсболка со словами над козырьком: «Помогите Джонни!» Это из магазина «second hand». «Этот Джонни умер от онкологии, а его родители основали фонд его имени для помощи детям, страдающим от рака. Одно время повсюду можно было встретить вещи с призывами помочь Джонни...» — рассказывает мне Павел, пока мы сидим с ним на лавочке, поглядывая на чинно прогуливающихся покупателей универмага. Я пытаюсь представить себе, как могло бы это выглядеть в России: «Помогите Валере!» — ему нужен протез или «Помогите Ольге Петровне!» — нет денег на операцию... «Помо-

гите Игорьку, Зиночке, Анюте...» — они остались без крова, им нужна донорская кровь, нормальные родители,
деньги на еду и одежду... Все решат, что это рекламный
трюк. А здесь кажется естественным.

Вся Америка пользуется магазинами «second
hand», независимо от достатка. И ничего удивительного в том, что и Павел пристрастился к ним. У него
дома уже подбирается целая коллекция предметов из
«second hand» — на кухне и в комнате — стул, полка,
нож для сыра... «Посмотри, какие они красивые, очень
изящно сделано!» — любовно комментирует он свои
приобретения. В первый день он повел меня гулять
по своим любимым улочкам и завел в один такой магазин, в другой, хотел пойти в третий. Он все востор-
гался: «Здесь много всякой всячины. Вот тебе сервиз,
вот лопата, а это столик!.. Можно найти все, что нужно для жизни, за один доллар!» На улице он восклицает, завидев что-то лежащее у тротуара: «Какая доска!» — и исчезает из поля зрения, «нырнув» пощупать
доску. Эта Пашина страсть и понятна, и трогательна.
Но поначалу я воспринимаю ее настороженно: а что,
если это дойдет до абсурда? Получится бомж. По-анг-
лийский «бомж» — это bummer — созвучно. Впрочем,
если в поэте нет странностей, тяги к бродяжничеству,
бездомности или, на худой конец, пьянству — он не
настоящий поэт. Чересчур романтично? Но факт. А у
Павла — цитируя строчку его собственного стихотворения — «любовь к поруганным вещам». Когда таких «вещей» в доме становится слишком много, моя
сестра принимается выносить на улицу «ненужное».
Вытирая пот со лба, она тащит какую-нибудь объем-
ную штуковину и приговаривает: «Любовь к поруганным вещам... все, хватит!» После чего с треском летит
на дно контейнера в очередной раз поруганная вещь.

Приходим домой, он ставит на плиту огромную
кастрюлю и потом кормит меня супом собственного
приготовления: «Кушай, девочка!» Садится напротив и
смотрит, как я уплетаю ложку за ложкой. «Ты знаешь, я
в восторге от американцев. Другие люди — марсиане.
Все по-другому. Очень любопытно». Вечером Павел

включает телевизор. Там идет фильм «Играй, сестра!» с Вупи Голдберг. «Это потрясающая комедия!» — восклицает Павел и, уставившись в экран, начинает хохотать. Одновременно рассказывает мне сюжет и «переводит» реплики героини. Я же смотрю на него, наблюдаю удивленное и улыбающееся лицо — он еще не владеет английским настолько, чтобы понимать беглую речь с экрана — как он смотрит? Правда, переводил на русский язык поэзию Дилана Томаса, Пена Уоррена, Одена... Но то высокий слог, а здесь уличный сленг.

После фильма натыкаемся на русскоязычном канале на знакомые лица: они! Лева и Иосиф. Сидят в креслах и отвечают на вопросы о своем спектакле. На лицах — некоторая усталость, но при этом деловая сосредоточенность. Ведущий с выражением крайнего почтения обращается к Дурову: «Лев Константинович, а это правда, что...». Лева, очень серьезно и очень темпераментно: «Видите ли...». Долетели, значит! После программы с Дуровым и Райхельгаузом начинается передача о неизвестном нам с Павлом авторе-песеннике. Ведущий говорит о нем высокопарно — так, словно он Тихон Хренников. Оказывается, что он бывший киевлянин, а теперь, очевидно, новый американец. Хор в белых блузках и черных юбках, с солисткой во главе и струнным оркестром, начинает очень пафосно тянуть слова кантаты. Павел комментирует: «Это происходит в здании синагоги!» Наконец они доходят до припева, мы не выдерживаем и падаем со стульев от смеха. «Чтоб все заду-у-умки, чтоб все заду-у-ум-ки, чтоб все зад-у-м-ки ос-у-у-у-ществи-ить!» Мы гомерически хохочем: «Лен, — «задумки»... ха-ха-ха!»

Перед самым сном мы говорим об издании его книги — стихотворных пьес-либретто. Туда должны войти его старые вещи — «Звезда и Смерть Хоакина Мурьеты», поставленная в Ленкоме, «Было или не было» по «Мастеру и Маргарите», а также самые последние — среди них «Снова на дне». Всего двенадцать пьес, в большинстве своем не опубликованных. Я даю ему советы, как автор — автору. Говорю, что сейчас самое время издавать: в Москве снова в моде музыкальные спектакли, а драматургия в стихах — большая редкость. Пожелав друг другу «спокойной ночи», решаем взглянуть еще раз на мой авиабилет до Сан-Франциско. И в ужасе обнаруживаем, что рейс завтра в девять утра. Надо быть там в семь, ну в крайнем случае, полвосьмого. «Люсик, может, обменяешь билет, побудешь здесь, отдохнешь?» — говорит Павел напоследок, сам не веря в то, что это возможно. «Пашенька, в другой раз, я друзей должна повидать! Я почти четыре года их не видела». «Конечно, конечно, девочка! Я и так благодарен тебе, что проведала!»

Дай Бог, чтоб все наши «задумки осу-у-у-ществи-и-ить!»

Самолет «Бостон—Чикаго—Сан-Франциско»

Утро 22-го. В самолете из Бостона в Сан-Франциско сижу рядом с китаянкой. Она плотная, насупившаяся. Все время что-то поправляет и перебирает руками. Дико меня раздражает. Кашляет открытым звуком и вздыхает нараспев: Э-а-а-а! Наблюдая за ней часа полтора, пытаюсь понять, в чем у нее там дело, вдруг вспоминаю о пневмонии! Но уже поздно. Самолет садится в Чикаго, где проведет час и потом полетит в Сан-Франциско. Как оказалось, выйти можно только на 25 минут. Я побежала в туалет, оттуда тоже бегом в поисках кофе. Смешно, наверное, выглядело. В туалете зашла в самую дальнюю кабину и покурила, склонив голову над толчком — было очень неудобно затягиваться. Делала я так из предосторожности, так как там было много народу. И оказалась права — на третьей затяжке загорелся откуда-то взявшийся огонек, и я, выбросив окурок, помчалась вон из кабинки. Прямо мне навстречу шла воинственно настроенная работница аэропорта. Схватив по дороге какой-то калач и кофе, я вернулась в самолет. После взлета смотрела в иллюминатор — красиво! Земля внизу расчерчена на неровные квадраты разного цвета — охра, синий, оранжевый, бурый. То ли вода, то ли поля. Цвета и натуральные — бурый, зеленый, и искусственные — оранжевый, красный. Похоже на абстрактное полотно. (Не такие уж они, оказывается, и абстрактные!) А вот и горные хребты появились. Я по ним гадала, как по ладони или по пеплу. Разгадывала замысловатые, чувственные фигуры и формы: любовь? измена? отсутствие взаимности? На уме — любовь... Хочу и не хочу любви. Объявляют посадку! Китаянка тянется посмотреть в иллюминатор, возле которого сижу я. Она на меня дышит! ...А та девочка в противоположном ряду, читающая «Невыносимую легкость бытия» Милана Кундеры и взглянувшая на меня с улыбкой, услышав мой славянский акцент, — с ней придется попрощаться! А я уже мысленно к ней привыкла! Мне кажется, что мы одного плана, — короткая стрижка, тонкие запястья. На нижней губе у нее сережка, забавно. Я тоже хочу проколоть что-нибудь, но вряд ли это будет к месту в Москве, в холод и дождь. А при гриппе?

Во время остановки в Чикаго я увидела свою соседку с противоположного ряда во весь рост. Она выше меня, и у нее широкие бедра. Но что-то грациозное есть в облике. Очень красивый профиль и огромные синие глаза на тонком лице. Бэмби. Подумала: как мы вообще заблуждаемся насчет своего облика. Я сейчас в самолете читаю сборник эссе Татьяны Москвиной. Мне его подарила редактор программы В. Вульфа со словами: «Вся Москва этим зачитывается». Так вот, там автор пишет, что ее все сравнивают с Пугачевой, — ну совсем не Пугачева, на мой взгляд. А книга очень увлекает. Саму Татьяну Москвину я встретила несколько лет назад в алтайской гостинице, в Барнауле. Попали мы туда, приехав во время Московского кинофестиваля на Шукшинские встречи. Меня захватила с собой режиссер Наташа Пьянкова. Так вот, в гостиничном номере Татьяны Москвиной и ее мужа Сергея Шолохова (ведущего телепередачи «Тихий Дом») мы и встретились. Татьяна и Наташа восторженно говорили о певице Татьяне Булановой (ну, конечно, она хороша, но еще и своя для Москвиной — питерская). А я слушала, слушала и вставила слово, да их рассердила. Сказала, что до Патрисии Каас ей далеко. Такой непатриотичный выпад возмутил Пьянкову и Татьяну, они назвали ее «холодной и бесчувственной»! Ничего не понимаю, Каас — трагическая. Но Буланову я тоже полюбила, особенно после того, как она однажды взяла в руки гитару...

Сами шукшинские встречи свелись к восхождению на знаменитую гору огромной толпы людей, съехавшихся со всей нашей обширной территории. Я, правда, почувствовала некую таинственную силу этого места... есть там что-то магическое. Как выяснилось из разговора, буквально в часе езды от места, где родился Василий Шукшин, находится деревня, откуда родом Екатерина Савинова — мама Андрюши Ташкова. Потом стали развивать «алтайскую тему» с Панкратовым-Черным, который тоже был с нами, и оказалось, что и он из этих мест, и Пырьев. Какие характеры! Есть там что-то, точно есть. Может, поэтому и мне чуть-чуть перепало? Во избежание давки и желая спрятаться от палящего солнца под косынкой и темными очками, я не пошла на самый верх горы. Топталась где-то неподалеку. Наблюдала, как наверху, где была специально построена сцена, выступали кинематографисты и говорили о Шукшине. Толпа слушающих была огромной, а всего на гору поднялось в то утро более полутора тысяч человек! Стою и думаю: как хорошо, что я спряталась — лицо не выставила на публику. И тут кто-то меня опознал. Произошла сцена, как в «Рабе любви». Ко мне потянулся один, другой, третий — за автографом. И вскоре я уже не видела выступавших на верхушке, так как меня поглотило несколько рядов почитателей «Романса», «Мюнхгаузена», «Покровских ворот»... Кто-то напутствовал: «Леночка, держись, мы за тебя болеем!» За что болеем? Откуда они знают? Поразительно, словно родня. Другой вдруг: «Лен, как там, в Америке, — лучше?» Было это настолько посвойски, что я в том же ключе и отвечала. «Лучше, лучше. Но все равно тяжело». «А что тяжело? Дорого?» «Дорого!» «Но, наверное, здорово?» «Здорово!»

Наташа Пьянкова, с трудом откопавшая меня в этом муравейнике и обрадованная такой популярностью, сказала: «Можешь баллотироваться!» Она собиралась снимать фильм про женщину-режиссера и для этого взяла меня в эту поездку. Я была у нее на роль героини. И должна была в документальном сюжете подойти к Никите Михалкову и за что-то его благодарить. (Кажется, за то, что дал моей героине деньги на фильм.) Никита же тем летом привез в Барнаул своего «Цирюльника». После просмотра фильма зрители встали и начали аплодировать, а потом сопровождали Никиту со сцены на улицу. Я шла вместе со всеми, и меня снимала камера. «Подойди к нему и, прослезившись, благодари его, а мы тебя снимем!» — наставляла меня Пьянкова. «Кто он для меня здесь?» — пытала я ее. «Он — Никита, но и чиновник, который спас твою работу, ты его благодаришь, по-женски, со слезой. Я сама, — продолжала она скороговоркой, — рыдала когда-то перед Никитой». Задача показалась мне странной и невыполнимой. «Но я не могу Никиту благодарить и плакать! У меня просто не получится!» — упиралась я, понимая, что действительно не смогу. Пьянкова стала нервничать: «Придумай что-нибудь! Такой ценный для будущей картины кадр! Вы мне оба нужны, понимаешь?» Что делать — дурацкая ситуация. Нет, мне не стыдно — работа такая. Но нет у меня эмоции по такому поводу, и все! И тут я нашла выход. Решила, что буду просить у него прощенья, как в прощеное воскресенье. От этого можно и слезу пустить. А что я там говорю — не важно для Пьянковой, это общий и средний планы. Подбежав к Никите, который заметив меня, стал радостно улыбаться, я запричитала: «Простите меня, Никита, за все простите!» Никита удивился, хоть и был предупрежден Пьянковой о нашей съемке (а может, она наврала специально, чтоб естественней получилось?). «Да за что же мне тебя прощать, миленькая, ты что, сумасшедшая?» — кажется, так он стал говорить. Но диалог, на который он меня вызывал, был не нужен — слеза засохнет. «Есть за что!» — продолжала я поддерживать свое состояние. Он опять: «Да не за что мне тебя прощать, ты ни в чем не виновата!» (Кажется, Никита и вправду ничего не знал. Ах, Пьянкова — интриганка!) «Ну, будет за что...» — снова гундосила я через слезы. Он прижал мою голову к себе и на этом, как я догадалась, Пьянкова сказала оператору «Стоп!» После того, как я отыграла «документальный кусок» и Пьянкова была вне себя от радости, мы побежали в киношный автобус, поджидавший нас в нескольких метрах от нашей «площадки». Как выяснилось, все сидевшие в нем кинематографисты наблюдали в окно сцену между мной и Никитой. «Почему ты плакала? Что у вас там произошло с Никитой?» — спросил меня удивленно Егор Кончаловский, тоже участник экспедиции. Оказывается, все приняли произошедшее за чистую монету. «Да это Пьянкова меня снимала, для будущей картины. А я играла». Он, по-моему, не до конца поверил. Почему-то вспомнилось об этом в самолете, подлетающем к Сан-Франциско. А... это я в связи с Татьяной Москвиной. Кстати, ее супруг — известный телеведущий Сергей Шолохов, там, на горе, тоже был. И у него тоже брали автограф. Пьянкова потом мне шепнула: «А полезно этим телевизионщикам-звездам видеть, что такое настоящая популярность — куда им до актеров!» По-моему, Шолохову не до этого. Он мне тоже очень симпатичен. Но пусть знают — она права!

Затяжное какое-то на этот раз приземление. А я снова вспомнила Бостон и подумала, что там, в среде эмигрантов, много вдов. Причем овдовели они, уже перебравшись в Штаты. Неля — сестра Павла, вывезла своего больного мужа, чтобы сделать операцию, чем продлила ему жизнь на одиннадцать лет. Но теперь она вдова. Есть еще ее приятельница Мила. А также Ирина, Татьяна... Значит, не мужское это дело — пересаживаться на новую почву. Вот тебе и «Change la vie!»

Ну наконец-то — Сан-Франциско! Выхожу на улицу, останавливаюсь около выдачи багажа, где договорились встретиться, и закуриваю. Солнце светит по-калифорнийски, свежий ветерок дует в лицо. Здорово! Оторвалась, кажется... Какой будет встреча? Мы почти четыре года не виделись. Слышала от общего приятеля, что Тод полысел и пополнел. У него были проблемы с позвоночником, и он все еще не вошел в свою привычную форму. А его норма — это занятия горнолыжным спортом и верховой ездой. Ну, а я, какой я им покажусь на этот раз? Знаю, что через пять минут общения все будет, как всегда, — словно не расставались. Но поначалу страшно показаться уставшей, печальной, постаревшей. Впрочем, я им сказала по телефону, что я все еще «pretty». Если буду улыбаться, то лицо покажется прежним, улыбка ж не меняется... да и складки с мешками — разгладятся, впрочем, я и так, наверное, буду улыбаться, когда Тода уви...

«Тод?!» «Привет, Лена, как дела?» Боже мой, как он все-таки на меня хорошо действует... и улыбаться не надо. У меня при виде его свет и любовь внутри. Вот что значит друг-психиатр!

Сан-Франциско
Он заехал в аэропорт прямо с работы и повез на новую квартиру. Это, скорее, студия-лофт. Огромные окна, от пола до потолка, метров в пять высотой. Из них вид на автомагистраль и рекламные билборды. Общее впечатление более урбанистической, почти нью-йоркской квартиры. И район тоже под стать. Сплошные вертикали и горизонтали из бетона и стекла. Пусто, зелени мало. Но масса света и неба. Нет здесь уюта Сан-Франциско, все вокруг выталкивает в жесткость большого индустриального города. Здесь хорошо снимать кино в стиле Микеланджело Антониони — про одиночество и отчужденность. Ну ребята дали! Я от них этого не ожидала. Но мне понравился такой мужественный зигзаг настроения. А вот и Стив — такой же, не изменился. «Лэнусь — Ла рус!» — приветствует он меня, краснея. Обнялись, сели за стол, налили по бокалу белого вина, разговорились. Из первых фраз выясняю, что у Тода серьезно больна мама. Она почти не говорит после перенесенного полтора года назад инсульта. Машину не водит и на рояле не может играть. «Качество ее жизни сильно снизилось, — горько вздыхает Тод. — Она потеряла смысл своего существования». А у мамы Стива — болезнь Паркинсона, она еле его узнает. На мой вопрос: «Как твоя мама?» — быстро отвечает: «Horrible!» Рассказывает, что она весь день сидит у окна с открытым ртом. Он показывает, как это выглядит со стороны. «Тод думает предложить своей матери эвтаназию», — гово-

рит мне Стив, когда мы остаемся на короткое время одни. «Зачем?! Она же все чувствует и понимает, да и руки-ноги на месте. Я с ним поговорю — как ему такое в голову пришло?» Помолчав, спрашиваю Стива: «А твоей матери ты не собираешься предложить то же?» «Нет, мои родители верующие католики, это запрещено!»

После охов и вздохов по поводу старости родителей переходим к разговору об общих друзьях. Спрашиваю в первую очередь о Саре, с которой играла в Аспене в спектакле «Дядя Ваня». И получаю ответ: «Сара беременна, на последнем месяце! Вышла замуж за менеджера Стинга!» «Ну слава Богу! А Кэролайн?» — это я о закадычной Сариной подруге, которая долгое время не могла найти себя и спала на кровати вместе с парой своих ботинок. «Тоже на последнем месяце от своего бухгалтера. Она в Нью-Йорке». Услышав о бухгалтере, пытаюсь сообразить, чем в последнее время зарабатывала на жизнь Кэролайн, а впрочем, чем-то зарабатывала, раз у нее появился собственный бухгалтер. «Ну а Мойра?» Стив делает кислую гримасу: «Я ее не видел много лет. Она провоцирует во мне самые худшие черты... Слышал, что она сбежала из-под венца, в буквальном смысле, когда было уже назначено венчание...». Я представляю себе тоненькую Мойру, похожую на мальчишку, и как она несется стремглав через зеленое поле. Она никогда не любила готовить и мыть посуду, может, поэтому? «Прямо как Джулия Робертс!» — нараспев заключаю я. «Именно... и теперь пытается начать карьеру певицы кантри!» «Певицы? Она же работала в Голливуде, хотела стать продюсером, у нее все складывалось...». «Да, а потом все бросила». Мы помолчали, вспоминая бойкую отличницу Мойру. «Она немного...» — я недоговорила, подбирая слово, но Стив тут же продолжил: «Крэзи?» Я согласилась: «Помнишь, эта ее история с воровством из университетского магазина?» «Да, как Вайнона Райдер...». «Ага, как Вайнона». «А теперь она решила петь под гитару, как Мадонна?» «Точно, как Мадонна».

С Мойрой все было ясно. Что можно узнать о человеке из третьих рук? Мало что. Мне не хватало общения с ней. Она была большой умницей. Закончила режиссерский в Лос-Анджелесе. Сняла в качестве диплома документальный фильм, в котором Стив звонил по телефону своей матери и впервые признавался в гомосексуальной ориентации. Он очень долго не мог начать разговор и все повторял: «Мама?!... мама... мама?! ...мама». На это нельзя было смотреть без слез. Он плакал на пленке, а все остальные — глядя на экран.

Я вздохнула и спросила о Кристине (что на роликах): «А Кристина как?» Стив и Тод ответили хором: «Никак!» «Замужем?» Хором: «Нет!» Боже мой, от Кристины я этого не ожидала. Она всегда хотела найти себе достойную партию. Да и ее родители, владельцы миллионной собственности на острове в Тихом океане, тоже хотели. Про остров я заметила к тому, что у девушки из хорошей семьи, «золотой девушки», все должно было быть хорошо — образование, профессия, муж, дети. Но — прокол. Значит, и у нее все пошло в личной жизни набекрень. Когда-то она мечтала женить на себе Тода. Значит, с тех пор на ней клеймо? Получается, так. «Ну вот, — заключаю я с упреком, — Сара и Кэролайн — умные девочки! Вовремя от вас свалили — и беременны. А я, Кристина и Мойра просидели слишком долго возле вас, ребята, и что?» Тод и Стив с горькой усмешкой покачали головами и предложили спуститься в бар, залить наши печали вином и «маргаритой».

На следующий день после работы они отправились в загородный дом на озеро Тахо. Это в трех часах езды от Сан-Франциско. Подъехав к двухэтажному деревянному особняку и увидев возле него огромный сугроб снега, из которого торчит тонкая осинка с зелеными листьями, я пришла в недоумение: в конце мая — снег, да трава с зелеными деревьями, чудеса! «Зачем вы меня привезли к снегу? Я ехала погреться!» — буду повторять я все трое суток, что мы проведем здесь. Вечером мы отправляемся ужинать в ресторан и выбираем столик на открытой веранде. Холодно, кровавый закат — но, о счастье! — нам выдают по шерстяному пончо, в которые можно укутаться. Настроение странное — расслабленность от свежего горного воздуха и саднящая нота под ложечкой. Тема одиночества не покидает наших разговоров, и мы вновь и вновь говорим о родителях. Я объясняю Тоду, что его матери нужна моральная поддержка и любовь ближних. «Она ждет, что вы — ее дети, скажете ей, что она для вас в любом виде хороша, она не хочет стать обузой, но ждет, что вы ее примете и такой...». Тод внимательно слушает, затем поясняет: «Она привыкла к независимости... а теперь даже машину не может водить!» «И это повод, чтобы предложить ей эвтаназию?» «Я думал, может, это облегчит ее мучения, она на это намекает!» «У нее депрессия, но это естественно! В России у всех депрессия, и о качестве жизни говорить смешно... У нас по улицам молодые ребята на тележках ездят и милостыню просят... А матери не могут найти своих убитых сыновей, чтоб похоронить. А старшее поколение просто брошено... если нет детей, то нищенствуют. Нас воспитали так, что мы все время должны что-то преодолевать. А жизнь нас будет бить и бить... У русских это норма. А у вас, если человек не может водить машину и играть на рояле и не все слова выговаривает после инсульта, то жизнь закончена?»

После моей тирады, погрузившись в глубокую задумчивость, мы все принялись поглощать принесенные блюда. Темнело. Горные хребты напротив навевали хичкоковское настроение. На веранде зажгли свечи. Тод вздохнул и начал новую тему: «У нас в клинике один психиатр повесился. Прямо при входе, в огромном холле. Он был транссексуалом — сделал себе операцию по перемене пола. Наш директор — человек свободных взглядов, дал ему возможность возглавить целое отделение — детской психиатрии! Он, или скорее «она», носила парик и туфли на каблуках. Но как он был полным и тяжелым, так и, став женщиной, тоже остался тяжелым и полным... только в парике. Как-то утром — я в тот день был выходным — все пришли рано и увидели его, то есть «ее», висящей — парик съехал, туфли валялись на полу. После этого многие уволились. Не смогли заходить в этот холл, его же обязательно надо пройти, чтобы попасть в свои кабинеты... Мне тоже пора искать другое место». Я отложила вилку с ножом и через долгую паузу поддакнула: «Конечно... А у него... или у «нее» была семья?» «Жена и дочь, в той жизни, когда «он» был мужчиной...». «И как жена, на похороны пришла?» «Не знаю, но когда ей сообщили, она приехала, ее стали расспрашивать, она сказала такую фразу: он всегда любил театральные представления... — это она про то, как театрально он повесился, чтоб все видели». «Слушай, Тод, а как вообще психиатры — народ любопытный?» «Зануды. Сейчас у нас в Сан-Франциско открылся симпозиум психиатров. Отовсюду приехали, ходят по городу в серых костюмах, с галстуками... скукота!»

Все трое одновременно отодвинули горячее, давно остывшее. Моя утка оказалась жесткой, у Тода в тарелке была гора несъедобного вида спагетти, а Стив так и не обглодал свиную косточку. Заказали десерт — кофе и кусок пирожного, одно на троих. Я решила еще что-нибудь спросить у Тода, пользуясь случаем, что сижу с настоящим психиатром, пусть и разочаровавшимся. «Скажи, а у вас сообщают пациентам о том, какие лекарства им дают? Ну, если спрашивает больной, что ему дают, вы отвечаете?» Меня давно интересовал этот вопрос, но я как-то забывала узнать о том, как это в Америке. Ведь у нас в России, как правило, врачи устраивают целую интригу вокруг лекарств: «Вам станет хорошо, мы что, отравить вас собираемся?» «Так чем вы меня колете?» «Шприцем, что вы так волнуетесь?», и так далее. Меня всегда возмущал такой подход. А вернее, как в спорте, — прием. Тод понимает, почему я спрашиваю, — догадывается, что у нас иное отношение к понятию «права личности» или в данном случае — «пациента». «За исключением крайних тяжелых случаев, когда человек ничего не соображает и способен причинить себе вред, во всех других — конечно, говорим о том, чем лечим». Я, восхищенная таким положением пациентов в Америке, продолжаю: «И шизофреников, ну, психически больных, тоже информируете?» «Конечно, ведь это их организм, они должны знать, что в себя принимают». Так и хочется воскликнуть интонацией Людочки из «Покровских...»: «Ну надо же!»

Принесли десерт. Я и Стив потянулись вилками к маленькому кусочку торта. И тут, не помню почему, возникла эта тема... Заговорили про озеро Донна, что расположено неподалеку от более известного Тахо. Собственно, в нем-то мы и купались пару раз. С этим озером связана некая история. Тод сказал, что в 19-м веке несколько сот переселенцев, пытавшихся попасть в Калифорнию, застряли во льдах озера, попав в снежную лавину. Оставшись без провианта, они были обречены на голодную смерть, и половина из них выжила, прибегнув к каннибализму.

Я слушала вполуха, понимая, что сырой туман и тревожный закат окончательно определили интонацию нашего ужина. Но вдруг Стив спросил: «А эти трое, которые съели больше всего людей, — японец, американец и русский, ты про них что-нибудь слышала?» Это было что-то новенькое — интернациональное трио каннибалов, неужели до того дошло?

«Как ты сказал — японец, американец и русский? А где это было, в Америке? Они втроем действовали? Что-то я такого не слышала». «Да нет, каждый по отдельности, но они вошли в книгу рекордов Гиннесса по количеству съеденных жертв. Японец — Исей Сагава отсидел срок, написал книгу, теперь дает интервью по телевидению, стал культовой фигурой в Японии. А американец — Даммер, красавец блондин, работал на шоколадной фабрике — его случайно поймали. Показывали по телевизору его домашнее видео, где он сидит в гостях у своей бабушки, и она его спрашивает: «Ты так хорошо выглядишь, округлился, наверное, хорошо питаешься?» Он покосился в сторону, а потом отвечает: «Я последнее время часто ужинаю в «Макдональдсе», съел много Биг Маков! Представляешь? А ваш этот, русский, как его?»

«Ты имеешь в виду Чикатило?»

«Да, его!» — воскликнул Стив, радуясь, что я включилась в разговор.

Но я не выдержала: «Умоляю, только не этот, не могу даже имя его повторить...».

Домой возвращались в кромешной тьме. По дороге включили музыку, приятный мужской баритон тянул меланхолично: «I am stretched on your grave and I will lie there forever!..» Тод со Стивом разразились веселым хохотом: «Нет, ну и вечерок, почему именно эта песня должна была зазвучать в эфире?» «А о чем это?» — мое лицо расползлось в улыбке. «Слова песни: Я распластался на твоей могиле, я буду здесь лежать всегда!»

«Что, правда?» Мы покатывались со смеху.

«А группа называется, знаешь как? — «Мертвые танцуют!»

«Потрясающе!»

Приехав домой, включили видео — последнее шоу Мадонны, «Американская жизнь». Стив с Тодом были на нем, как раз 6 сентября 2001-го. Сидели в первом ряду, и им казалось, что она поет персонально для них. «Перед этим номером она послала мне поцелуй украдкой!» — со счастливой улыбкой комментировал мне Стив происходящее на экране. На стене в рамочке теперь висели пригласительные билеты — портрет Мадонны в обнимку с мордой белой лошади. Шоу меня потрясло — не к чему придраться. Я замерла в кресле и только повторяла: «Фантастика! Фан-тастика!» Стив сказал, что у Мадонны IQ — 180, выше, чем у интеллектуалки Шарон Стоун, — это означает гениальность.

Подумала, что у всех «стерв», при которых я теряюсь, и у мужчин, рожденных под знаком Овна, — возможно, более высокий IQ. Его не видно, но ведь как-то это должно чувствоваться? А вернее, так: должна быть причина тому, что некоторые люди меня подавляют без явных на то оснований? Может, это и есть скрытый от обозрения IQ? Если б можно было протестировать их всех по списку, тут бы и выяснилось...

Утром отправились проведать Феникса. Это жеребенок, которого Стив и Тод недавно купили. Пока его объезжает хозяйка ранчо, Маргарет, а года через два его перевезут в Сан-Франциско. Мне пришлось обуться в ботинки Стива, так как у меня не оказалось подходящей для конюшни обуви. Пока Стив подстригал гриву своему любимцу, мы с Тодом и подъехавшим к нему в гости приятелем, Джефри, фотографировались на завалинке. День был солнечный, и мы разомлели среди кур и лошадиного ржания. Это был настоящий отдых — никаких каннибальских разговоров — пора бежать из города в деревню, к живности! У хозяйки на ранчо, кроме лошадей и кур, живут два кота и собака. Черных котов зовут Айк Тернер и О. Джей Симпсон. Первое имя — мужа Тины Тернер, который ее сильно поколачивал. А второе — известного футболиста и киноактера, по всей вероятности, убившего свою жену, но за неимением явных доказательств оправданного. Белую собаку зовут Принцесса Диана. (Чувствуется, что хозяйка Маргарет неспроста сбежала из города подальше в горы. Она явно стареющая хиппи, либералка и бывшая наркоманка.) Айк взгромоздился мне на шею, облизал, покрыл своей шерстью и, выпуская когти, смачно мурлыкал. Ребята обратили внимание, что он измазал и поцарапал кожаную куртку, я сострила: «Видно, Айк Тернер то же делал с Тиной!» Феникс оказался бурым жеребеночком с наивно вздернутыми бровками. За ним неотрывно следил его более старший товарищ — белоснежный мерин по кличке Майкл. Он был очень красив и смотрел всепонимающим взглядом, от которого становилось стыдно. «Что-то жутковатое, оборотень... как все Майклы!» Меня даже передернуло от этой догадки. Когда машина выруливала на дорогу, чтобы покинуть ранчо, каждый ее вираж сопровождался поворотом головы двух лошадок в ту сторону, куда направлялась машина. Они смотрели вслед, стоя рядом, бок о бок — большой и маленький.

Вечером мы ужинали в доме на озере вместе с приятелем Тода Джефри и его девушкой Мэри. Они познакомились через Интернет и теперь встречались.

«Намного проще найти подходящего человека через Интернет! Я не мог даже предположить, что это так здорово — пока не попробовал», — делился со мной Джефри историей их знакомства. «Собственно, это она меня нашла. Ей понравилось, что я высокий, худой, 45-летний и образованный. Она указала свой возраст, тоже 45, семейный статус — в разводе, свои интересы. На вопрос о ребенке ответила: «Необязательно», и меня это устроило. Поместила свою фотографию, потом мы встретились. И вот уже месяца четыре мы вместе». «Ты собираешься жениться?» — спросила я Джефри с любопытством. «Не знаю, но хотелось бы, чтобы свой человек был рядом, мало ли что случится...». После ужина Мэри уехала, оставаться ночевать ей почему-то не захотелось. А я подумала, что в знакомстве через Интернет есть определенные гарантии, но абсолютно отсутствует мистика встречи. Только чистый разум. Где тут случайность, которая и есть «судьба»? Где «суженый» или «суженая»? Где тайна встречи? Все просто. Нужен человек? Вот — возьми, пожалуйста! Но, видно, к Интернету и обращаются, когда позади уже «суженый» и потеряна вера в «тайну». Тогда это здорово: «Вот человек — возьми!» И наверное, это станет нормой. Или уже стало.

На следующий день вернулись в Сан-Франциско. 28-е, утро.

Собралась навестить свой любимый книжный магазин — «City Lights Bookstore», а там заодно побродить по знакомым улочкам, зайти в кафе «Greco». Правда, теперь мне туда так просто не дойти, как это было от старой квартиры Тода и Стива. Надо добираться на автобусах. А если пешком, то часа полтора. Но может, попробую? Узнав примерный маршрут, я вышла на залитую солнцем улочку и побрела, с верой, что интуиция приведет пешехода прямо в нужное место. Шла очень долго, любовалась аккуратными тихими домиками и узкими тропинками, с редкими пешеходами, как в провинциальном крымском городе, — за заборами цветы и никого. Я впервые обнаружила в Америке деревянные заборы! А может, так мне только представлялся провинциальный южный город... может, такого уже и в помине нет? Но лучше, если б был. Дорога казалась бесконечной, тем более после того, как я обнаружила, что двигаюсь в обратном направлении. Развернулась и снова — мимо крохотных магазинчиков, домиков, деревьев, кустов и миниатюрных перекрестков. Солнце палило нещадно — самый жаркий день с момента моего приезда. Вышла к огромному мосту, прошла его, за ним вдалеке — гавань, серо-голубая дымка воды, силуэты грузовых пароходов, барж. Стала спрашивать у прохожих, как добраться до Columbus Ave. Сказали, что идти еще очень далеко, и посоветовали сесть в подошедший автобус. Не люблю я автобусов, да сил идти больше не было — забралась в него и, заплатив доллар, заняла место возле водителя: спрашивать нужную остановку. Проехав минут пять-семь, обратила внимание на очень толстого темнокожего мужчину, что сидел напротив и громко, на весь автобус что-то все время рассказывал водителю. Испугалась, что пропущу нужную улицу, и, не выдержав, прервала бесконечный монолог толстого: «Как долго ехать до Kearny Street?» Он замахал руками и стал объяснять. Потом остановился и спросил: «Откуда родом?» «Из России», — ответила я неохотно. Меня пугала необходимость поддерживать разговор. Но с дядькой произошла перемена — он просиял всем своим щекастым лицом. «О! Россия — тогда не потеряешься, вы, русские, всегда найдете дорогу! У меня есть друг, он из Грузии — Джорджии, русской Джорджии. Во Вторую мировую войну он был офицером, оказался в Китае, теперь живет в Сан-Франциско. Так он говорит только о Джорджии! Ох! Он сведет меня с ума — кто о чем, а он всегда о Джорджии. Как пел Рэй Чарлз: «Georgia on my mind!» — так и он, только о Джорджии. Встретимся, он опять о Джорджии, как будто больше нет вещей на свете, о которых можно поговорить! Ему 82 года... Ну, а вы откуда?» Я уже улыбалась — история про «Джорджию» меня подкупила. Ответила приветливо: «Из Москвы». Несколько пассажиров повернули головы в мою сторону и одобрительно улыбнулись. Толстый посерьезнел: «А! Москва... а вы далеко были от того театра, в который пустили газ?» Такого вопроса я не ожидала, даже решила, что ослышалась, переспросила: «Далеко что?» Но он повторил точь-в-точь вопрос о театре на Дубровке. «...Далеко, но у меня там был кое-кто из друзей». «Выжил?» «Да, выпрыгнул в окно, актер!» Он вздохнул с облегчением: «Ну, слава Богу!» Потом пустился философствовать: «Путин — умный парень. Этот газ у него какой-то особенный газ. Он их всех уморил... И победил. Да?» Он смотрел на меня вопросительно, ожидая ответа. «Нда, да...» — произнесла я скороговоркой, не желая развивать дальше тему. Но вот и Kearny! Мой собеседник не захотел прощаться в автобусе и сошел вместе со мной, легко просунув тучное тело в проем двери, ступил на тротуар и минуты две-три все показывал: куда идти, где поворачивать. Протянув напоследок широкую ладонь, долго улыбался, желая удачи.

Я свернула на улицу Pine, вместо того чтобы подниматься по крутой Kearny, затем прошлась по Гранд и уткнулась в возникшую ниоткуда сказочного вида пагоду, отчего лицо само сложилось в улыбку, — это место мне хорошо знакомо: чайна-таун — пройдя его, окажусь на нужном мне Columbus Ave, Проспекте Колумба.

Китайский квартал. Эта часть города — настоящая экзотика, здесь стоило прогуляться. Полная иллюзия, что идешь по реальному Китаю, в котором никогда не была. Но то, что находишься не совсем в Америке, это точно. Во-первых, вокруг преимущественно китайцы, они говорят по-китайски, а не по-английски, и большинство, как кажется, английского просто не знает. В витринах все надписи иероглифами, выставлена восточная утварь, причудливая для глаза европейца, к которым я себя причисляю. Всевозможные вазы, украшения из яшмы, коралла, жемчуга, опала и золота, бумажные змеи, драконы, фонарики, колокольчики и веера, яркие шелковые халаты и соломенные циновки, фарфоровые куклы, пиалы, палочки для риса —

подрывают на корню аскетическую западную эстетику и философию, предлагая взамен культ солнца, дракона и наивный восточный карнавал. Афиши новых фильмов с лицами китайских звезд, неотличимых, как две капли воды, представляют некую пародию на американские боевики или мелодрамы — та же гипертрофированная мускулатура у главного героя и подчеркнутая сексуальность героини — но с китайскими глазами. Невольно начинаешь иронизировать над дремлющим в нас «потребителем» и его «спросом», диктующим такое гастрономическое «предложение». Обилие витрин постепенно утомляет, и к концу этой довольно длинной улицы уже рвешься к «своим» — к вывескам на английском и рекламе с лицом Шварценеггера.

Так и я вскоре почувствовала усталость, клаустрофобию от большого скопления азиатчины и, желая отвести взгляд от бесчисленных ожерелий, уткнулась в мясные лавки — хоть какое-то разнообразие! Но сразу же отпрянула, заметив тушки непонятного мне происхождения и почему-то черного цвета. Женщина, сидевшая за прилавком, имела отрешенный вид и сразу представилось, что для нее продавать вот эту кошку или собачку — привычное дело, да более того — она торгует деликатесом! Вот и сидит над убитым домашним животным и думает о том, что дома муж у телевизора, а у нее еще несколько тушек не продано... любителям этих тушек. Но скоро они подойдут, после работы или во время ланча, как всегда, одни и те же, она-то знает своего бизнесмена-покупателя в его холеное лицо...

При мысли о кошках я вспомнила об атипичной пневмонии! Тьфу ты! Как я могла о ней забыть, ведь иду уже полчаса по чайна-тауну? Что ж меня так заносит — я все время на острие ножа... у пневмонии. Но это и был конец улицы — я увидела столб с указателем «Бродвей» (но сан-францисский) и улыбнулась столбу — в ста метрах от него Columbus Ave и мой любимый магазин. Еще чуть-чуть усилий — и наконец «CityLights Bookstore»! Ха! Я вынула фотокамеру и стала щелкать точка снизу, фасад, чуть левее, чуть крупнее... Зашла. Некоторые изменения в обстановке. «Поэзия» — стрелка указывает на второй этаж. В маленькой душной комнате направляюсь к полке с притягивающим названием «Поэты-битники». Пробегаю взглядом по фамилиям на обложках — Аллен Гинзберг, Джек Керуак, о, Боже?! Джек Хиршман — опять он? Ну, хоть узнаю о нем подробности (сколько раз в течение последних десяти лет корила себя за то, что потеряла его книгу с дарственной надписью и понятия не имею, что за поэт, что за человек этот незнакомец, которого встретила както в магазине перед закрытием). И вот, пожалуйста, — Джек оказался знаменитостью! Его последняя книга поэзии стояла на всех полках и смотрела с рекламных плакатов. И — как приятно! — Джек получил престижную премию за вклад в американскую литературу. Из биографической сноски выяснилось, что он был выгнан из калифорнийского университета в 1966-м году, потерял место преподавателя из-за высказываний против войны во Вьетнаме и поддержки протеста студентов против призыва. У него издано более ста сборников стихов, статей и переводов. Последнее время он живет полгода в Сан-Франциско и полгода в Англии. Раскрываю его новую книгу — Боже, да он просто святой бродяга! А портрет — беззубая улыбка и щетина на очень веселом и лукавом лице — домовой!.. Читаю стихи, ...да, еще немного — и идеалист, с красным оттенком. Но ничего — поэтам это свойственно. Имя Маяковского неоднократно появляется на страницах его сборника. Его стихи мне понравились. А вот и посвящение 11 сентября. Есть строчки, над которыми я чуть не прослезилась. Короче, Джек — свой человек. А вот и Ферлингетти... Все, что нужно, — словно на блюдечке — на этот раз. Я беру в руки открытку со стихотворением и читаю:

«Когда снесли эти две
башни, которые...
близнецами были...
друг другу...».

...и так далее. Название стихотворения «Speak out!» — «Говори!» Имя поэта — Лоуренс Ферлингетти. В недоумении перечитываю, точно — написано про одиннадцатое сентября 2001 года. Но как... он же давно умер? Спускаюсь на первый этаж, подхожу к девушке, что стоит у кассы, спрашиваю: «Сколько стоят открытки?» Она отвечает. Я понижаю голос, чтоб не было слышно посторонним: «Простите, возможно, это неприлично, задавать такой вопрос, но... Лоуренс Ферлингетти, он еще жив?» «Да!» — односложно отвечает девушка. «Как? Он живет в Сан-Франциско?» «Да, в Сан-Франциско», — и она отворачивается к кассе и начинает выбивать счет другому покупателю. Потрясение мое было не меньше, как если бы мне сообщили, что лорд Байрон только что принес в магазин свой последний сборник. А я, перенеся мысленно Ферлингетти из мира небожителей, к нам, сюда, в современники и посетители этого магазина, побежала обратно, наверх, в комнату, похожую на чердак. Взяла последнюю его книгу «Сан-францисский сборник», ну вот — еще сюрприз! Обнаружила его фотографию с Андреем Вознесенским. Год — 1967. Европа.

Наслаждаться вновь обретенным магазином и его поэтами мне долго не пришлось. За окном заработал отбойный молоток, оттуда потянуло чем-то ядовитым, и я, сделав пару покупок, вышла на улицу. «Как в Москве — что-то копают, перестраивают, наплевать на посетителей — все становится похожим!» Тем не менее, удовлетворенная, я прошла еще метров тридцать, до кафе «Greco» — решила проведать и этого «старого приятеля», в стенах которого часами просиживала за чашкой кофе с какой-нибудь газетой или просто уставясь в окно. Сделала снимки кафе — его стен, завешанных плакатами в стиле арт-нуво, и посетителей — парня, играющего на гитаре, восточного вида девушки и ее приятеля, седого мужчины с газетой. Кофе пить не стала. Не все нужно повторять в точности из года в год — нужны и перемены, иначе потеряется счет времени. На обратном пути поймала такси. Подъехав к дому, обнаружила, что на огромном щите, возвышающемся на фоне неба и открытого шоссе, сменили рекламу. Вместо сурового темнокожего парня с бутылкой минералки, который встречал и провожал меня все эти дни, теперь был изображен «роллс-ройс», из которого высовывалась женская рука с дымящейся сигаретой и надпись: «По крайней мере, у машины не будет рака!» Поймала себя на странном чувстве, что реклама со мной разговаривает примерно как в картине братьев Коэнов «Бартон Финк».

Вернулась к Тоду и Стиву на квартиру счастливая — моя персональная миссия в Сан-Франциско была выполнена. Вечером собирала чемодан на колесиках и пила вино с ребятами. Стив предложил, хихикнув: «Знаешь, La Russe, что я подумал? Сейчас отпечатаю информацию, которая может тебе пригодиться». Он сел за компьютер и, открыв страничку «Каннибалы», стал перепечатывать статью о японце, затем об американце и когда дошел до Чикатило, я взвизгнула: «Только не этот!» Стив послушно остановился, протянул мне листки. Уходя спать, мы обнялись. «Не будем делать это слишком многозначительно, — сказала я ему, — я скоро приеду снова!» «Да, а то получится слишком грустно», — вторил на моем плече Стив. «Спокойной ночи, La Russe!» «Спокойной ночи, La France!» Утром Тод разбудил меня: «Ты просила поднять тебя пораньше, перед уходом на работу!» Я встала. Он приготовил кофе. Собравшись уходить, протянул толстую книгу: «Вот, история переселенцев, замерзших на озере Донна, почитай, это любопытно». Мы расцеловались. «Я скоро вернусь!» — шепнула я ему снова. «Может, мы должны вместе выйти на пенсию?» — сказал он. «Да, это идея!»

Оставшись одна в пустом лофте, я взяла книгу «Идиотка», которую привезла им в подарок и написала: «Тоду и Стиву — любимым друзьям, дорогим «каннибалам», которые поддерживают меня морально и радуют безмерно, в надежде на совместный уход на пенсию!» Оставив свою пару ключей на столе, я захлопнула дверь и спустилась вниз, к «курящей даме», вынула из пачки сигарету и выкурила ее на ветру, а спустя пятнадцать минут меня подхватил микроавтобус и отвез в аэропорт.

В самолете «Сан-Франциско — Лос-Анджелес»
Перед стартом объявили: «Лиза Чайка (Lisa Seagull), пожалуйста, если есть такая, поднимите руку со своим билетом!» Я решила, что ослышалась, — опять «Чайка»? После чуть ли не ежеквартальной премьеры этой пьесы в Москве в разных театрах, скоро в кино, а также в виде мюзикла, не могу без иронии реагировать на это слово и на эту птицу. «Чайка», которая еще и Лиза, явный псевдоним. Нет такой англоязычной фамилии. Одно время актриса Барбара Херши, игравшая Марию Магдалину у Мартина Скорсезе в «Последнем искушении Христа», носила псевдоним — Барбара Чайка. Наверное, каждой актрисе, женщине, имеющей за плечами историю любви, приходилось репетировать мысленно эту реплику Заречной: «Я — чайка!» Загадочная реплика, как ее произносить и на что «положить», как говорят актеры? На сумасшествие? На трагедию убитой вольной птицы? На что-то ведь надо «положить». Но очевидно, что не на пафос — мое сердце разбито, меня подстрелили, я — та загубленная птица. Почему я так считаю? Потому что моя подруга, выросшая в Калифорнии, где на пляже каждый день видела огромное количество чаек, однажды дала следующую характеристику этой птице. Учитель по актерскому мастерству задал вопрос: «Какие ассоциации вызывает у вас чайка?» И моя подруга Сара ответила: «Толстая птица, которая собирает мусор на пляже». Я, выросшая в Москве и узнавшая сначала «Чайку» Чехова, а только потом чаек на пляже, засмеялась от такой приземленной ассоциации. Но Сара знала пляж и ответила правильно. Это не «над седой равниной моря гордо веет буревестник». Это не сладкоголосый соловей, не аист, вьющий гнездо к семейному счастью, не оплакивающая кукушка, не сорока-воровка и не белый голубь мира. Эта птица — мусорщик пляжей. Но благодаря прецеденту, созданному Чеховым, закрепленному в символе МХАТа с ле-

тящей чайкой на занавесе, за чайкой закрепился романтический ореол.

А может, все-таки трагический пафос вернее? Может, «я — чайка, которая собирает мусор» — это точнее в устах уставшей, брошенной женщины, которой в Елец «с мужиками в третьем классе ехать» и к которой будут пьяные приставать... и для которой «груба жизнь»? Да и потому подстрелили, хоть и случайно, от нечего делать, даже не редкого павлина, не белую голубку, а никчемную, не самую красивую птицу. К чему? Ненужная потому что. Как воробей. Может, это трагичнее? Да ладно, мне наверняка кто-то возразит и будет прав. Конечно, есть и другие образы чайки, для моряков. Летящая за кораблем, распластавшаяся в синем или закатном небе... подружка. И это уже совсем не про мусор на пляже. Да и вообще, есть литературный образ, а есть реальный, жизненный. Они не обязательно совпадают. Хоть мы и привыкли считать, что у классиков ничего не бывает случайно, «просто так», все должно быть мотивировано. Тем не менее я нахожу комичным разрыв между нашим культурным навязыванием чайке возвышенного образа и ее реальными повадками. Такую «ревизию» можно проделать со многими нашими сентиментальными ценностями. Хотя я сознаю, что насыщенная личным смыслом память может поселиться в чем угодно — в стуле, в пуговице, в животном... Так дети плачут по кукле и раздавленному муравью. Но я, наверное, подкрепляла бы свое «я — чайка» образом птицы, собирающей мусор. Мне бы это дало больше энергии, чтобы вести сцену.

Бог с ними. Мы взлетели. Наверное, и Лиза Чайка тоже где-то здесь... в самолете летит. Огляделась по сторонам. Из интересных людей — крепыш напротив и «свинюга» наискосок. Похож на поросенка, такой розовенький, с жирком. У него на пальцах кольца с бирюзой и удивление на лице. Сам ничего не делает, только читает какую-то кипу бумаг, а за него его приятель помощнее и помускулистее то воду закажет, то кофе, и обслуживает пухлого. А тот принимает «ухаживание» с вопросом, но не к мускулистому, а к стакану воды или к чашке кофе: «Кофе?» «Вода?» Да что же он там читает... Это его, впрочем, облагораживает. Наверное, сценарий читает — в Лос-Анджелес летим все-таки. А может, профессор? Но вот мы и приземлились. Никто не хлопает. Только я аплодирую. Я рада, что меня не разбили. А эти, наверное, каждую субботу летают: Сан-Франциско — Лос-Анджелес, Лос-Анджелес — Сан-Франциско. Моя радость для них — радость эскимоса, попавшего в солярий. Или благополучно доехавшего на лифте на пятый этаж. Эскимос аплодирует... Впрочем, компания в самолете мне понравилась. Все что-то писали. Профессора. А может, сценаристы. Ребенок кричит: «Стоп! Стоп!». Это он самолету, который еще катится по дорожке. Вот, нашелся еще один эскимос.

Лос-Анджелес

Спускаюсь по эскалатору. Не успела опуститься на нужный уровень, как слышу голос Димки Суслова: «Это она!» «А вот и я!» — иду навстречу радостным Димке и Аленке. «Ой, Корешок приехал!» — восклицает Аленка нараспев. И тут же с легким укором Димке: «Как ты ее узнал?» «По ногам, как ноги в сандалиях увидел, понял, что Ленка». В машине, пока меня везут к себе, делимся тем, что приходит в голову в первую очередь. Не начинать же с самого начала — то есть с того, что было, когда четыре года назад мы расстались? Кстати, Димка меня тогда и отвозил в аэропорт, и я сказала: «До скорого!» А он возразил: «Да нет, чувствую, теперь ты надолго». «Да брось, на будущий год приеду!» Но он оказался прав. Так вот, начинаем быстрый, «встреча-после-долгой-разлуки» разговор, по пути из аэропорта. «Как родители?» «Стареют!» Аленка сообщает, что у нее гостит мама. Я рассказываю о том, что моя мама сломала осенью ногу, и обо всех сложностях, с этим связанных. Димка перечисляет болячки своих родителей. Они — как дети, только они не дети... — заключаем мы. Димка высказывает неожиданную мысль: «Геродот писал, что в древних племенах практиковался каннибализм. Они решали проблему так — дети съедали своих престарелых родителей». Я ахаю, а Аленка усмехается. Димка развивает дальше тему: «Они верили, что этот ритуал связан с наследованием духа предков. Но как разумно они поступали! Поскользнется родитель во время охоты на мамонта, сломает шейку бедра, и вопрос решен — его съедают!» Что такое с каннибальской темой в эти дни? Или смех — это попытка заговорить страх смерти?

На следующий день Аленка по моей просьбе возит меня по когда-то любимому городу. Жара, трафик, которого не было в те годы, что я здесь жила. Теперь пробки повсюду в рабочее время суток — как в Москве. Пропал, скрылся из виду некогда безлюдный, знойный Лос-Анджелес, город-пустыня с голливудскими кичевыми рекламами и несущимися в синеву машинами. «Ненавижу этот город! Эти пальмы, этот смог!» — выдыхает из себя Аленка, сигналя идущей впереди машине: «Куда поехал? — произносит она мысли вслух, предназначенные водителю. — Так ты поворачиваешь или еще не надумал? Тогда думай быстрее!» Но водитель ее не слышит и еще долго маячит в поле зрения. Когда раздражение достигает наивысшей точки, она включает музыку Филиппа Гласса к кинофильму «Часы». «Почти Рахманинов!» — делаю я робкое замечание, не уверенная, что попала в точку. Аленка, не отводя взгляд от нерасторопного водителя, медленно, словно пластинка, снижающая обороты, цедит: «Некоторые... пишут сценарии под классику... Она... помогает выстроить точную конструкцию... — начало... развитие ... параллельные темы...».
Музыка навязывает свое настроение и заставляет нас умолкнуть. Я смотрю на пейзаж, мелькающий теперь под очень ностальгическое звуковое оформление, и ловлю себя на мысли, что в этом городе все разговоры — о финансах, о любовниках или мужьях, о здоровье и экономике, о разбитых или реанимированных судьбах — рано или поздно проецируются на сценарные сюжеты. Кто бы здесь ни оседал — биолог, гинеколог, продавец недвижимости, любитель

йоги, — все начинают думать о написании сценария. Сначала робко — обсуждая или критикуя увиденный фильм, достраивают сюжет «к лучшему», делают это все чаще, пока не начинают говорить о фильмах ежедневно. Спустя еще какое-то время ругань и недоумение по поводу собственной лос-анджелесской жизни переплетается с увиденным в кино сюжетом, проводятся аналогии и масса параллелей, и так продолжается, пока это не входит в привычку и необходимость. И вдруг однажды осеняет догадка: лучшее разрешение того, что с нами здесь происходит, — это положить свои истории в основу будущего фильма. Как это давно делают в Голливуде. Собственно, только здесь это и можно делать, так как жизнь здесь сама складывается в кинематографический сюжет, который неприспособлен для проживания его в реальности, а только — на пленке! Это так же естественно, как пить минеральную воду в жару. Правда, со стороны это воспринимается как вирус замедленного действия.

Особо чувствительный аккорд, и Аленка, очнувшись от оцепенения, комментирует: «Свернула на Laurel Canyon, в объезд, но зато красиво!» И правда красиво — очень красиво, как лирическое отступление в фильме, подчеркивающее основную тему героини — одиночество, желание все изменить и перелопатить в своей тревожной, давно уже суетной жизни — как рывок мятежной стихии. Мы поднимались все выше и выше по узкому серпантину дороги и не заметили, как вдруг стемнело, сгустились облака и нас потихоньку заволокло туманом. А через минуту-другую по крыше машины забарабанил мелкий дождь, переходящий в град или что-то вроде того. «Господи, что это? Надо спускаться вниз, пока окончательно не стемнело». Через пятнадцать минут мы уже были внизу, на знакомой дороге, снова в металлическом трафике, и снова светило солнце. Алена стала сигналить тому, кто вновь перегородил ей дорогу, и снова вести воображаемый диалог: «Что ты встал? Не можешь решить, куда свернуть? Ну куда-нибудь сворачивай наконец...

А мне что делать, пока ты думать будешь?» Мы опять оказались в пробке. Музыка Филиппа Гласса давно закончилась. Глядя прямо перед собой и снизив обороты, Аленка произнесла: «В этом месяце — все ничего, а дальше надо будет что-нибудь придумывать!» Машина, ехавшая впереди, наконец свернула, открыв перед нами вид на два ряда пальм, высаженных вдоль дороги. «...В воскресенье Нюрка не повесилась! — произнесла вдруг Аленка изменившимся голосом — ...хотела написать рассказ и начать его этой фразой!» «Что ж не написала?» «Как-то все откладывала, а теперь некогда». Я стала смаковать фразу: «Слушай, гениальная фраза! Напиши обязательно. Самое трудное — начать, а начать с гениальной фразы — это редкость! Или... если сил не будет на рассказ, в конце концов, можно одну фразу оставить... будет афоризм!» Через десять минут, все еще двигаясь вдоль пальм, она спросила: «Тебе какие пальмы больше нравятся — толстые, пониже или тонкие и длинные?» Я молчала, пытаясь подобрать какой-нибудь ответ. Наконец, не дождавшись, она сказала: «А мне — короткие, потолще, а эти, длинные, дурацкие, я терпеть их не могу, тоже мне пальма называется!» Подъезжая к дому, предложила: «Корешок, давай напишем сценарий, а? Созвонимся в августе и напишем?» «В августе?.. Давай!»

Вечером была в гостях у семьи русских эмигрантов. Присела поговорить с хрупкой 82-летней женщиной, которая, удалившись от основной компании в тихий уголок, читала Бунина. Слово за слово разговор свелся к извечной теме — мужчины и женщины. Я задавала вопросы, она отвечала: как с первым мужем, а как со вторым было... А как узнала об измене, что сделала, а что он сказал... Что теперь, по прошествии лет, думает об этом... И считает ли она какую-то любовь главной в своей жизни или так нельзя ставить вопрос, и так далее. Женщина увлеклась разговором, охотно вспоминала и отвечала на вопросы. Философствовала или закрывала тему односложным «нет» или «да». «У меня оргазм был, первый, в 52 года... — сказала она, вопросительно подняв брови. ...Нас же так воспитывали — только в темноте чтоб все было. Свет нельзя зажигать. И если руками шарит, то это тоже нехорошо, надо чтоб без рук! ...Преступники! Что наше государство с женщинами сделало!» В комнату, где мы сидели, вошел ее родственник: «О, смотрите, оживилась, раскраснелась и заулыбалась... А говорила — давление высокое». Я, не менее красная и счастливая, пропела: «Это мы о сексе поговорили!» «Смотри, Ленка книжку пишет, все про тебя расскажет!»

Вот уже третий день созваниваемся с Сарой, той самой, которая размышляла про чайку и с которой мы в Аспене играли в «Дяде Ване», которая вышла замуж за менеджера Стинга и теперь на сносях. Все никак не можем встретиться. Она приглашает приехать к ней пораньше, так как к двум дня уже устает. «Попьем чаю или кофе, искупаешься в нашем бассейне», — предлагает она мне по телефону. Но встреча, по тем или иным причинам, все время переносится на другой день, и каждый раз она говорит, что устает уже не в два, а в час дня, потом в двенадцать... Наконец она просит приехать в девять утра, так как в одиннадцать может устать. «...искупаешься в бассейне!» Я не выдержала: «Не могу так рано... Я ложусь в три ночи, потом час просыпаюсь за чашкой кофе. Если меня опустить в бассейн в девять утра, я утону!» Но Сара вот-вот родит, и приходится подстраиваться под ее расписание. Встав пораньше, но не в семь утра, а в девять, мы с Аленкой едем к Саре в гору, где она живет, к половине одиннадцатого.

Она пузатая и милая. Ходит босая, в черной майке и джинсах. Держится за низ живота и, скривив лицо, приговаривает: «Ощущение, как будто у меня в животе щенок, я чувствую, как он перебирает пальцами... странно...очень странно!» На полу огромного дома — потертые коврики, мебель деревянная и вся в мелких выбоинах, словно со старой дачи. «У тебя такой замечательный вкус, Сара! Здесь очень уютно. Как на даче». «Что такое, — она старательно артикулирует, — датча?» «Это русский загородный дом». «Оу! Буду называть его... дат-ча!» Она показывает мне фотографии мужа. Он ее старше, седой... «Конечно, он сумасшедший, но я люблю его. Я уходила, возвращалась, снова уходила, потом вернулась, и вот...» — шепчет, глядя на портрет. Отводит в свой кабинет, где работает на компьютере — пишет сценарий, и там, на письменном столе, в крохотной серебряной рамке, трехмерный снимок ее младенца в утробе, сделанный на аппарате УЗИ. Крупно — лысая голова, выпуклые прикрытые веки, удлиненный нос, вытянутые трубочкой губы, прижатые к подбородку ручки. «Представляешь? — толкает меня в бок Аленка, — теперь они делают снимки младенца до рождения!» Я вглядываюсь пристальнее — пока это что-то среднее между головастиком, инопланетянином и Сарой. «Глаза Саркины!» — вторит моим мыслям Аленка. Потом мы выходим в сад, и я фотографирую Сару — на траве, возле бассейна, у тоненькой березы. Вскоре мы прощаемся. На часах 12-00. Провожая нас к двери, она наклоняется к букету сирени, который мы подарили, вдыхает аромат цветов, погрузив в них лицо: «Ах! Я так люблю lilacs!»

«Ну как тебе Сара?» — спрашивает меня Аленка в машине. «Я ее люблю. Она естественная, реальная, такая, как надо — человек. И оттого, наверное, я не завидую ни ее дому, ни животу, ни мужу — менеджеру Стинга! Она всего этого заслуживает!»

Забежала в галерею, где раньше работала. По началу перепутала Beverly-drive и Rodeo-drive. Они же идут параллельно друг другу. Пошла по Beverly и, не найдя галерею, испугалась, что ее нет — закрыли, но потом обратила внимание на название улицы, свернула на Rodeo и обнаружила знакомые стеклянные двери. Зашла — на носу темные очки. Сэм сидел за столиком и приветствовал меня, как посетителя-покупателя, — завлекающей улыбкой. Я сделала два шага, побондовски, с интригой, Сэм почувствовал подвох... и, приглядевшись, узнал: «Элэйна!» Вскочил с места, подняв, как пушинку, свое полное тело, засеменил легкими шажочками, расцеловал, стал расспрашивать. Сэм — ливанский эмигрант, некогда книгоиздатель, сбежавший оттуда, когда там стало невмоготу. Теперь — самый успешный продавец Шагала и Пикассо, вперемешку с художественным ширпотребом. «Начинал с продажи ковров и верблюдов на восточном рынке!» — шутили над ним в галерее. Сэм тащит меня в подсобное помещение, на задворки, там показывает в угол на полу, где стоит бронзовый бюст. «Узнаешь?» Я приглядываюсь — мужественные, жесткие черты напоминают римского императора, но крупные веки и глаза навыкате, с хитрецой выдают Сэма. Я хохочу. Он объясняет: «Чарльз, помнишь нашего скульптора, что продавал картины, — это он сделал». От авангардиста, создававшего огромные яйца из папье-маше, такого никто не ожидал. На последнем вернисаже он ее выставил вместе с работами других скульпторов, так Тим — новый хозяин галереи, пришел в бешенство: «А это зачем?!» Чарльз, рыжеволосый бес — ну и шутник! Вот было бы забавно продавать арт-дилерам собственные бюсты, при этом ничего не объясняя покупателям — пусть думают, что у них крыша поехала и им кажутся похожими работы и люди, что болтаются в галерее!

Сэм даже прослезился от смеха, затем прикрыл свой бюст газетой и повел меня по комнатам — показывать выставленные там работы, на фоне которых мы сфотографировали друг друга моим аппаратом: Сэм с гигантской обнаженной скульптурой, что стоит прямо у входа в галерею, я — на фоне литографии Шагала. Мы вышли на улицу, попить кофе, покурить, поболтать. «Сейчас тяжелое время, кризис, цены на аренду растут... город стал очень дорогой, а рынок плохой». «После одиннадцатого сентября?» — спрашиваю я уже по привычке: здесь оно у всех не сходит с уст. «Да, но сейчас особенно. Все сидят дома, в Интернете, и покупают все, что хотят, не заходя в галерею... так дешевле!» — констатирует он. Когда мы прощаемся, он делает мне комплимент: «Элейна, мы всегда между собой говорим, что ты — лучшая из всех русских, которых мы знали... Один оказался вором, очень талантливым, трагически закончившим свой путь, другой... его жене приятнее сказать «здрасьте»,

чем ему... третий... Ну, в общем, ты — самая хорошая!»
Я обнимаю растроганного Сэма и воодушевленная
шагаю по солнечной улице, замечая свое отражение
в дорогих витринах. Кто это скользит между сумок,
перчаток и бус? Это случайная тень, она заглянула
ненадолго и вот щелкнет своим аппаратом, запечат-
лев свой силуэт в вашем окружении — это такая редкость — и скоро опять исчезнет. А вы — сумки, бусы и
перчатки, останетесь так же лежать и молчать о том,
кто на вас смотрел сегодня, вчера, позавчера. Ричард
Гир с супругой не проходил? А Ринго Стар? Когда-то я
увидела его здесь на углу и замерла — калифорнийский семьянин, вышедший на прогулку с женой и детьми. «Ринго Стар! Ты — чудо, я люблю тебя, и ты имеешь право быть просто семьянином на перекрестке,
вышедшим погулять, поэтому я не подбегу и не возьму
автограф, даже отвернусь, чтоб не мешать тебе быть
семьянином в воскресенье... но ты — чудо, Геракл с
ударными... ты — история, наслаждайся безвестнос-
тью пешехода, отдыхай!»
Вечером я попала в шумную компанию, где встретила всех москвичей — Наташку Негоду, ее подругу-
художницу, рыжеволосую Жужу, супруга Жужи — Сергея Ливнева, Павла Лунгина, заехавшего в Калифорнию из Мексики и направляющегося в Москву,
познакомилась с новым поколением русских, живущих в Лос-Анджелесе. Ничего себе ребята — все или
успешно работают в Голливуде, или вот-вот собира-
ются. Позавидовала — когда-то здесь можно было киношников по пальцам сосчитать, а актрис всего
трое — Андрейченко, Негода и я — три березки среди вражеских пальм. А эти — новые американцы. Красивые, черт побери, амбициозные — жуть! К ночи, за-
веденные красным вином и барбекью, русские по старой бродяжьей привычке перекочевали в дом к... Саше
Половцу! Сам хозяин в это время находился в Москве.
Ну, как всегда, Сашин дом — «странноприимный дом»
эмиграции. Сидели возле бассейна на улице и болтали. Когда стало холодать, полезли по шкафам в поисках теплых кофт, свитеров и пледов. Одевшись во все

«от Половца», выпили за гостеприимного хозяина и его теплый гардероб.

На следующий день поехала проведать Сильвиан в Санта-Монику — к океану. Я бы и раньше к ней поехала, но она отговаривала — была в нервном настроении из-за конфликта с сестрой и проблем со своей мамой, а также говорила, что у воды — холодно, погода стояла переменчивая, налетали тучи. Наконец, добравшись до ее домика, в котором я когда-то снимала комнату, и вспомнив на его пороге «все», отчего пришлось вздохнуть и ностальгически выкурить не одну сигарету, я с надеждой подумала об «отдыхе». От Москвы я уже давно оторвалась и по времени, и по географии, но никак — по насыщенности нервной энергией и непредсказуемым осадкам.

Расцеловавшись с Сильвиан, села слушать историю ее конфликта с сестрой, живущей в Нью-Йорке. «Она все время мне делает замечания, типа — Сильвиан, почему твое слово должно быть всегда последним? Мы обсуждали подругу семьи, у которой очень большая грудь. Мама и сестра ее жалели, говорили, что она устает и у нее слабое сердце. На что я сказала, что у нее в первую очередь — огромная грудь, и вся причина в этом... могла бы и похудеть немного, стало бы легче. И тут сестра говорит: «Ты всегда была жестока к людям!» — и вышла из комнаты. А Себастиан (сын Сильвиан) тоже вступился за сестру, сказал, что я всегда иронизирую не к месту. Я заплакала... мама меня утешала. Но ведь я сказала правду — у нее действительно огромная, да нет — у нее гигантская грудь!» В подтверждение своих слов она делает колесообразный жест руками, который начинается у шеи и заканчивается ниже пупка. Я поддержала Сильвиан в ее точке зрения на проблемную, гигантскую грудь. И еще сказала, что сейчас с людьми что-то происходит особенное — все нервные и какие-то непредсказуемые, несут чушь и взрываются из-за абсурдных вещей. Она успокоилась, заулыбалась и включила телевизор. На экране была женщина в чадре, и ее о чем-то спрашивали, потом комментировал ведущий. Сильвиан закричала, указывая на экран: «Нет, ты только посмотри на нее, о la-la-la-la! Эта помешанная всех извела своим тупым упрямством, ее уже месяц уговаривают снять чадру, чтобы сфотографировать на водительские права!» Сильвиан закрыла верхнюю и нижнюю части лица ладонями, оставив только щелочки глаз: «Она считает, что так достаточно!... и не говорите мне, что это имеет какое-нибудь отношение к Аллаху. Что станет с верой от того, что ты снимешь свое лицо для документа? O, mon Dieu, mon Dieu...».

За сюжетом с мусульманкой пошел сюжет с Гором Видалом, он говорил о политике. Зазвонил телефон. «Это тебя!» — сказала Сильвиан и передала мне трубку. Звонил Клод. Он только что вернулся из Бразилии, где проводил отпуск. Через неделю собирается переезжать в Аризону, где получил место архивариуса в университете. Аризона — это пустыня американской цивилизации, но для него эта работа — шаг в карьере. Мы договорились, что через час он заедет и мы пойдем куда-нибудь. Только я повесила трубку, Сильвиан темпераментно продолжила: «Ты слышала про Гора Видала? Так вот, он считает, что 11 сентября можно было предотвратить, по крайней мере, отчасти. И в том, что этому было позволено случиться, была, по его мнению, заинтересованность правительства. Это тоже, что было с Перл-Харбором — о нападении японцев знали заранее, но не предотвратили, так как Рузвельт решил, что надо пробудить патриотический дух американской нации. И после Перл-Харбора все изменилось: США включились в войну, нация мобилизовалась, поддержала президента... А Буш? Нет, это возмутительно, они сами все спровоцировали, это страшное лицемерие, все, что сейчас происходит, ведь семья Бушей издавна была инвесторами семьи Бен Ладена, ты об этом слышала? Ну? А теперь они его ищут... бандиты! Они друг друга стоят. Все эти семьи, стоящие у власти, просто грабители... Рокфеллеры, Кеннеди, Буши... это тот же Бен Ладен!»

Она накрыла на стол, и мы сели ужинать — тушеные овощи, два кусочка рыбы, тунец и холибат, миска зеленого салата. Я пригубила белого вина, а Сильвиан — минеральной воды. Она сторонница облегченного питания, так называемой «новой кухни». В Калифорнии этого достаточно. Но когда Сильвиан откусывает тоненький кусочек рисового хлебца, я всегда гадаю: голодна она или нет. Почему-то мне кажется, что она недоедает.

По телевизору замелькали локальные новости. Появилась картинка — горящая крыша дома, языки пламени, черный дым, пожарники, спасатели. Свидетельства очевидцев. Частный вертолет компании «Сесна» упал на крышу четырехэтажного дома, который оказался школой. Погибло несколько человек, включая пилота. Причины катастрофы выясняются. Случилось это в четыре часа дня, на пересечении бульвара Ла Сьенега и улицы Мелроуз — в центральной части Лос-Анджелеса. Как раз в четыре дня я была в том районе и обратила внимание на жужжащие в небе вертолеты. «Вертолет упал на крышу дома!» — кричали друг другу прохожие, задрав вверх головы. У всех на уме была мысль о террористическом акте. Да и происшествия теперь какие-то экстраординарные! Что-то я не помню, чтобы до 11 сентября в Америке среди бела дня на город падал вертолет. Теперь каждые полчаса будут показывать кадры горящего дома и сообщать новые подробности. Мне совсем не хотелось смотреть в Америке телевизор, и я вышла на крыльцо покурить, пуская дым в ночное небо. Легкий ужин стремительно подошел к концу, и я нервничала — пора бы и Клоду появиться.

Наконец раздался стук в дверь. «Хо-хо-хо!» — воскликнул он, увидев через решетчатую дверь мой силуэт. Мы судорожно обнялись, затем отпрянули друг от друга и, присев на пару минут на диван в гостиной, начали стремительный разговор, приличествующий трем людям в гостиной... Сильвиан расспросила его, как он поживает, а он хвалил картину, которая висела у нее над столом, потом книги, лежащие на маленьком столике, потом схватил какой-то декоративный брелок с заключенным в нем майским жуком и сказал, что хотел бы сделать то же с тараканом, что живет у него на кухне. Я разглядывала его мало изменившееся лицо, стараясь контролировать свои чувства. С удовольствием отметила, что нужная мне внутренняя опора — не ломается. Но с тревогой — что я стремительно попадаю под его неповторимое обаяние. Он слегка пополнел, заматерел, прошла его робость, но взгляд подчинялся какому-то внутреннему настроению, становясь то счастливым, то отстраненным, то нежным. Перед тем, как закрылась за нами дверь, Сильвиан поинтересовалась: «Вы надолго?» Клод тут же ответил: «На часок, мне завтра рано вставать!» И мы уехали в поисках какого-нибудь бара или кафе. Выбор пал на польскую забегаловку под названием «Вода», что, как я поняла, означает «водка». Усевшись в полутьме на мягкие кресла, мы заказали вина и при свете свечи стали расспрашивать друг друга об общих вещах. Но вскоре перешли на интересовавшие и его, и меня личные темы.

«Ну, что происходит?» — спросил Клод, отклонившись в тень, так что его едва было видно. «А что конкретно тебя интересует?» Наверное, в моем лице и голосе появилась жесткость, — за десять минут до этого я услышала в потоке его слов фразу: моя герл-френд — йог. Я смотрела на него, не мигая. Клод запнулся. «Ну, вообще — как дела?» «Неплохо, ты завтра работаешь или уже пакуешься?» «Буду работать еще неделю. Но сегодня мне и еще двум парням, которые тоже уходят, устроили прощальный коктейль, поэтому я освободился поздно. Моя герл-френд работает редактором в «Лос-Анджелес Таймс», ну, которая занимается йогой, так она по Интернету отследила, как я сегодня прощался со своим офисом. Все трое по очереди говорили благодарственные слова, и каждый плакал. Дошла очередь до меня, а я стеснительный человек и тоже заплакал. Так она об этом прочитала на сайте «Сабрины», а эта «Сабрина», настоящее имя Клэр, — моя коллега. Сейчас в моде такие сайты, вроде дневников, по ним можно узнавать, кто что делал час или два назад, по крайней мере, догадываться, о ком идет речь. (Они называются *blog*, от *wed log*.)

«Какая она внешне?» «Кореянка». «Она такая?» — я приставила два пальца к глазам и растянула их до узких щелок. «Раскосая?» «Да... такая». «А давно вы с ней?» «С ноября». «Она, наверное, переживает, что ты уезжаешь в другой штат?» «Наверное». «А зачем тогда ты уезжаешь?» «Наверное, не очень в нее влюблен». Я распрямила плечи и с внезапным приливом сил продолжила беседу про новую забаву в Интернете.

«Не понимаю, кому интересно читать в Интернете о том, что сегодня делали в том или другом офисе?»

«Да, мне тоже это кажется подглядыванием в замочную скважину. Но возникает новый психологический феномен. А для того, про кого пишут, — там, правда, реальные имена заменяются на выдуманные, — для того, о ком пишут, это как камера постоянного наблюдения».

«Ну да, это к вопросу о том, что интереснее — документ или фикция. Документальные вещи читать интересно, если их пишет талантливый человек, то есть писатель... правда, они уже становятся актом творчества, то есть не совсем документальными, или когда пишут об интересном человеке, скажем, о гении. А читать о том, что совсем непримечательный человек сделал что-то непримечательное — в чем интерес? Я не имею в виду тебя, я вообще... Тогда надо писать фикцию — а это уже художественная литература». «Хочешь выпить водки? — Клод вылез из тени и попал в светлое пятно свечи. — В этом баре огромное количество разных водок».

На секунду мне показалось, что он мне меньше нравится. Появилась мысль: это ужасно, когда проходит любовь. Почему он предлагает водку? Может, согласиться? Но я неслась дальше. «Нет, я с шестнадцати лет не пью водку... Так вот, я об этом рассуждаю, потому что меня интересует вопрос о документальной прозе и в чем ее преимущество или слабость по сравнению с беллетристикой. Когда я писала свою книгу, я об этом думала». Я замолчала. Он тоже молчал.

Вспомнила про свою камеру в сумке. «Сейчас я тебя щелкну!» Достала камеру и навела фокус — щелкнула. Загорелась и погасла вспышка. «И я тебя щелкну», — Клод протянул руку и, взяв камеру, навел на меня объектив. Я задергалась — невозможно, невозможно сделать лицо — как бы спрятать все, что я про себя чувствую. Боже, как страшно — что ж я так нервничаю... все же прошло... С трудом удерживая расползающееся в странной гримасе лицо, я дождалась вспышки и снова погрузилась в полутьму. Ни фига себе — ужас! Клод вернул мне камеру. «Ну, что еще новенького?» «Новенького? Пишу вторую книгу!» Чувствуется, что он этого не ожидал, удивился: «Правда? Здорово... это здорово!» «Да, мне предложило то же издательство, которое издавало первую». Опять замолчали. Наверное, осталось сидеть минут десять. Как-то глупо происходят такие встречи... спустя много лет, на несколько часов. На один час. Через океан, с такой разницей в возрасте. Все глупо. Буду знать в следующий раз. Если будет... «следующий раз».

«А у тебя есть бой-френд?» — спросил неожиданно Клод. Я потянулась, словно кошка на коврике. Он проследил за странным движением моих рук, потом взглянул в лицо. Я смотрела на него сверху вниз. «Есть ли у меня бой-френд? Да, у меня есть бой-френд... уже семь с половиной лет». «Семь с половиной... а, это тот же... так долго». «Да, это тот, который на тебя похож. Ну... так сказать, — похож. Он тебя старше. Но у вас по восточному календарю — один год рождения, петуха». Клод как будто перестал меня слушать. «Петуха?» «Ну да, по-моему, я тебе говорила». «Не помню». «Ты собираешься когда-нибудь жениться?» Я решила узнать все сразу и сделать это быстро. «Да... но не раньше, чем к сорока годам». «И детей?» «Да, наверное, все мои друзья уже имеют семьи. Я один не женат. Но с другой стороны, это связано с массой трудностей, с переменой жизни. Надо вставать в шесть утра, отвозить детей в школу или в детский сад...». «Не хочется?» «Не очень». «А зачем тогда?» «Ну, все так делают».

«Нам надо уже возвращаться?» — я сама не ожидала, что первая заговорю о времени. «Да, — он стал подниматься, потом притормозил — если только ты не хочешь попробовать эту водку?» Я тоже встала. Взглянула на бар — целая батарея бутылок и все — водка. Напиться, что ли? Да нет, будет совсем плохо. «Я не пью водку, если только вместе!» Но Клод промолчал. Мы вышли на улицу. Прошли к его машине. Я обратила внимание, что на ней приклеен слоган: «Буш плюс Дик равняется фак». «Ты знаешь, кто такой Дик?» — спросил Клод заговорщически. «Дик кто? Не знаю». «Дик Чени — вице-президент Буша!» (Игра слов, dick на сленге означает «х-й».) «На меня все оборачиваются, когда я еду». «Ты — герой, с такой надписью разъезжать по Калифорнии...». Мы сели в машину. Поехали. За окном мелькали маленькие домики Санта-Моники и темные силуэты разнокалиберных пальм. «Я еще не закончил с Лос-Анджелесом... жалко уезжать. Мне здесь нравится». «Да нет, уже все закончил, Клод, — протянула я многозначительно и так же продолжила: — Тебе надо приехать в Аризону и быстро жениться! Лучше это сделать сразу, хлоп — и все!» Через пять минут мы уже были возле домика Сильвиан. Я протянула ему книгу: «Вот обещанная книга, здесь твоя фотография!» Он склонился, стал рассматривать свою фотографию, затем мою на обложке. «Я хочу, чтобы ты мне что-нибудь написала, только по-английски!» Я снова взяла книгу: «Давай подпишу, только у меня нет ручки». «Подпишешь прямо сейчас?» «Но я не знаю, увижу ли тебя еще раз. Я послезавтра уезжаю». Он вынул из кармана ручку и дал ее мне. «Что ты хочешь, чтобы я тебе написала?» «Напиши то, что хочешь сама!» Он отвернулся и стал ждать. Я смотрела на белый лист с напечатанным на нем названием и собственным именем — Господи, ну что же я могу написать... Рука тряслась, стержень отсутствовал уже давно... во мне плавал какой-то коктейль из чувств, которые не имели никакого отношения к словам. «Я не знаю, что писать здесь...» — вывела я криво по-английски. Нарисовала рожицу с точками глаз и торчащими вверх полосками волос. Клод взглянул на рисунок и снова отвернулся. Я перевернула книгу и вдоль корешка подписала по-русски: Клоду, моей большой любви, от Л. «Держи!» Он положил книгу на заднее сиденье. Обнял меня. Я выпрыгнула из машины и скрылась за белым забором.

Войдя к Сильвиан, я обнаружила ее сидящей на диване и рассматривающей фотографии. «Ну как?» — спросила она меня. Я села рядом. Помолчала. Потом вздохнула: «Ужасно! Никогда больше не буду встречаться... все надо заканчивать вовремя. Зачем я испортила себе настроение?» «Ты не права, Лена, — урезонила меня Сильвиан, — с людьми, которые тебя много лет знают и хорошо к тебе относятся, надо поддерживать связь, это очень важно в жизни!» «Что-то есть противоестественное в таких встречах, они чреваты разочарованием».

«Смотри, это Аллен Гинзберг, выступает в Париже в шестидесятые, а это я сижу и Джулиан... у нас только родился Себастиан». — Она протянула мне черно-белую фотографию. — А это свадьба хиппи. На фотографии были изображены две коленопреклоненные фигуры с венками на головах и сложенными в знак благодарения и покорности ладонями. А это я на лекции Андре Бретона... А здесь я на балконе с грудным Себастианом, совершенно обкуренная. А это я ушла от Джулиана. А это фотопробы Джулиана у Энди Уорхола. А это семилетний Себастиан на обложке журнала «Унисекс» — зачем я согласилась на эту обложку? Никогда себе не прощу».

«Ну, как он поживает?» — спросила я, сдерживая зевок. К сожалению, мне очень хотелось спать. Сильвиан же, напротив, переживала вторую волну пробуждения.

«Ничего, продолжает работать в продюсерской фирме в Нью-Йорке. Он два года развивал проект нового фильма, который несколько раз хотели закрыть. Когда наконец проект приобрел товарный вид и его приняли, начальник Себастиана присвоил проект, а Себастиана отстранил. На премьере фильма все подходили и жали руку Себастиану, хотя в титрах даже его имя не поставили и денег не заплатили. Я сказала ему — как ты можешь с этим мириться? А он ответил, что если он хочет пробиться в продюсировании, то года два-три должен терпеть такие выходки. Так все делают».

«Какой ужас! Неужели и здесь все то же?» Бардак в американском кинобизнесе настолько меня потряс, что отогнал одолевавший было сон. «Бардак везде, во всех сферах!» — словно услышав мою мысль, подтвердила Сильвиан. «Смотри! — она протянула фотографию, на которой были изображены две хохочущие девушки. «Это я и моя подруга детства. Мы с ней каждую неделю перезваниваемся. Она недавно узнала, что ее сын — гей. Когда он ей это сказал, она упала на пол, и ей показалось, что у нее отнялась правая рука. Но сын сказал: «Я хотел покончить с собой, когда понял, что я гей». Она тут же пришла в себя, встала с пола, прижала его к груди и стала гладить по голове. А ночью ей приснился сон, что ее сын вонзает ее матери огромный нож в сердце. Все это якобы происходило на кафедре в Научной библиотеке. Он был там единственным слушателем лекции, которую ему читали его мать, дед и бабушка. Он вдруг поднялся со своего места и пошел по спинкам стульев вверх, на кафедру. Вынул огромный нож и вонзил его в сердце своей бабушке. После этого сна она поняла, что предпочла свою мать сыну, так как запретила ему сообщать 82-летней матери, его бабушке, что он гей. Он не может ей этого простить и говорит, что она лицемерка. А бабка все время его спрашивает: «Когда приведешь невесту?» Моя подруга мучается угрызениями совести, но не может через себя переступить».

«По большому счету, он прав».

«Прав! Но эта новость убьет 82-летнюю женщину, сон был вещим...».

В четыре утра, покрытая горой фотографий из семейного архива Сильвиан, я дослушивала последние фразы из детского дневника ее сына. Перед тем как забыться, рухнув в разложенную для меня постель, я взглянула на афишу, висевшую на стене. Большими красными буквами было выведено: «Мужчина, женщина и ребенок» — фильм 1978 года. Ниже — две головы, соединенные в поцелуе — мужская и женская, а под ними — фигурка мальчика, идущего, опустив голову, с портфелем в руке.

На следующий день, проснувшись поздно и попросив Сильвиан никому из звонивших не говорить, где я и когда вернусь, я пошла к океану. Было пасмурно, небо заволокло белесой пеленой, но парило. Я шла очень медленно, прислушиваясь, как приминается под моей тяжестью песок. «Входи, входи, калифорнийская сила, уйди, уйди — бесконечный людской монолог!» — заговаривала я свои шаги. Все ближе стальная полоска воды, но я начала останавливаться, поглядывая по сторонам. В небе заметила фигурку человека, летящего вместе с чайками, расправив... нет, не собственные крылья, а искусственные. Я решила, что это дельтаплан... Вынула камеру, стала примериваться, с какой точки лучше снять, — он плавно парил в воздухе, не меняя положения тела, — я попыталась подойти поближе. Тут человека закачало, но как-то странно — только ноги, назад, вперед, очень механистично... Я опустила камеру и вгляделась — возле меня стояла группка мальчишек и тоже смотрела на человечка. Один из них побежал, и человечек за ним, помахивая ножками вперед-назад, понесся со страшной силой. Что это он делает? Боже мой, это же воздушный змей и человечек — искусственный! Попалась на обманку. Как-то раздосадованно, еле волоча ноги, подошла к океану и упала на песок. Прямо так и легла — в джинсах, майке, кофте сверху, с очками на носу... «Входи-входи, калифорнийская сила, уйди-уйди-уйди, бесконечный людской монолог и обманка... мне завтра в Москву лететь... там океана нет, нет силы океанского песка, там сплошные монологи, там надо быть очень сильной, со стержнем, который будет крениться туда-сюда, но надо, чтоб он не треснул... все дело в духе, в энергии, в цельности... входи-входи...». Я заснула.

Открыла глаза — прошло примерно полчаса, что я лежала. Приподняла голову — кругом чайки, толстые, белые, как гуси, да еще кто-то лежит неподалеку... а вот и человек бежит, вдоль берега, у самой воды... Вставать не захотелось. Вынула камеру и так, едва приподнявшись, стала отслеживать чаек и снимать их. Вот одна подняла бумажку и с удвоенной силой засеменила своими лапками — бежит, бежит, торопится куда-то с бумажкой в клюве, а бумажка трепещет на ветру, бац — и вылетела из клюва, полетела, подхваченная ветром. Чайка за ней, подобрала, развернулась, понеслась что есть мочи, в обратном направлении, словно кто-то гонится за этой бумажкой... От кого она бежит и куда тащит свою драгоценность? Бумажку трепало на ветру, и она снова вырвалась из клюва. Все повторилось сначала. Так было раз шесть: чайка роняла и подхватывала бумажку, куда-то неслась, пока она не роняла ее в очередной раз и после этого плюнула на бумажку... даже не заметила ее и пошла, переставляя лапки с перепонками по мокрому песку, потом взлетела... Я поднялась, ощутив, что оставила на песке часть своего ночного груза, и, облегченная, пошла вдоль океана, загребая джинсами набегавшую волну. По пути я делала снимки, в основном лежащих на берегу людей или сидевшего с гитарой парня, барабанщиков, вставших в кружок, выбивающих шаманский ритм, чаек, замерших в одной позе, временами наклонялась, чтоб подобрать какой-нибудь камешек покрасивее, но вскоре выбрасывала его, подбирала другой... снова выбрасывала. Посмотрела на часы, ускорила шаг — я обещала вернуться к четырем... Откуда-то сбоку вдруг вынырнула огромная чайка и, расправив крылья, побежала прямо передо мной, демонстрируя свои возможности, потом взмыла в воздух, все выше, выше, сделала почетный круг над головой и унеслась в сторону океана, превращаясь в точку. Я остановилась, проследила ее полет — нет, в них есть, конечно, что-то завораживающее, когда расправят крылья... А если бы еще не было рядом суши, на которой приходится подбирать ненужные бумажки, а было бы безбрежное поле океана и одинокий челнок, и она — белая стрелка в синем небе, и любовь моряка, тоскующего по своей единственной, — любовь, отданная чайке... А если бы еще и шторм, и опасность — тогда чайка совсем была бы прекрасна... последняя весточка, последний свидетель... В чайках что-то есть — я, кажется, начинала это понимать. Есть все — и мусорщик пляжей, похожий телом на гусыню, но также есть одинокий полет белой птицы на фоне стального, синего, ночного, изумрудного, желтого, багрового океана. Она прекрасна в полете, желательно в наиболее драматические моменты — буря, бедствие, одиночество... И не очень привлекательна в будни. В принципе, я готова сказать — «я — чайка», совсем по-новому... Я нравлюсь в полете, в особо драматические моменты, но также собираю мусор — например, камешки — потом его выбрасываю, забыв про него и переключившись на другой мусор. Но на занавес во МХАТе попадает только распластанная птица.

Я вышла на тротуар, пошла вдоль маленьких палаток с развевающимися на ветру майками, легкими сарафанами, мимо гадалок по картам Таро и хиромантов, целого ряда страннейших манекенов и затерявшихся среди них не менее странных продавцов и покупателей. Вышла на дорогу, ведущую к домику Сильвиан, — пальмы, пальмы, стена с нарисованным на ней таким же пальмовым пейзажем и улыбающимся смущенно Чаплином в котелке, в полный рост... Как бы не войти в эту стену, приняв нарисованную дверь за калитку Сильвиан. Что-то мне подсказывает, что я уже перепутала калитки, и настоящая Калифорния где-то в другом пространстве. Как и Москва.

Вот и нарисованная, а может, реальная Сильвиан — торопит меня на вернисаж. Я сама попросила съездить вместе, повидать Билла и его новую галерею... Когда-то мы работали вместе. А он очень милый человек, и жалко его не повидать, а заодно и работы посмотреть — что сейчас пишут в Калифорнии? По тому, что пишут, пойму, чем живут. А чем живут? — тем, что пишут. Это они «в полете», это они «расправили крылья и полетели», а живут тем, что собирают мусор, чего ж там смотреть? Вот, пришли с Сильвиан. Она мечется, ищет какого-то конкретного художника. Только я остановлюсь у картины, она меня дальше тащит. Наконец нашла — вошли в зал. Экспозиция под названием «Bad girls» — «Плохие девчонки». Нет, ну Сильвиан, она что? Сама-то понимает, как у нее психика работает, может, шутит? Подбежала к какому-то женскому портрету — фотография уставшей женщины, брюнетка за 50, карие глаза, сочный рот... копия самой Сильвиан, только похуже. «Сильвиан, зачем мы сюда пришли? Пойдем искать Билла!» Она, не отрываясь от женского портрета: «Я этот портрет хотела посмотреть, видела его в журнале». На меня смотрят две Сильвиан. Я занервничала: «Пошли отсюда!» Она поддалась, и мы пошли искать Билла и его павильон. По пути заглядывали в разные комнаты, где было огромное количество инсталляций — коровий, а может, бычий, язык лежал на подиуме, по которому ходят модели Версаче. Язык был очень длинным и, кажется, натуральным... Коллажи на стене, эмигрантов из Латинской Америки — яростные, пестрые, сделанные в примитивном стиле, вроде граффити или детских рисунков. Много вербальных работ — против насилия, политкорректности, белого расизма, наркотиков, «папы» Буша, католической церкви, голливудских блондинок и силиконовых грудей, против бомбежек Ирака и против войны как таковой, против глобализма и загрязнения среды. Крик, вопль — освобождение от идеологии. В центре залов — искусственные деревья, искусственные мадонны с ушками Микки-Мауса и Христос с поднятыми по-балетному руками на кресте. Экран с живым видео — беженцы всех возрастов и национальностей, снятые документально — говорят, говорят, плачут, обнимают друг друга, комкают свои пожитки, что-то рассказывают, глядя в экран, дети едят из миски похлебку, беременная женщина сидит, уставившись в пустоту, ее муж закрыл лицо руками, хижины, пересадочные пункты, каноэ с выпадающими из них людьми и собаками, босые ноги, лохмотья, лицо старухи, испещренное морщинами, взглянувшей мельком в камеру, стоп-кадр. «Это переселенцы», — говорит мне Сильвиан через плечо. «Откуда?» «Отовсюду».

Мы нашли Билла и его галерею. У него выставлен один художник — небольшие гуаши, масло и коллажи — очень декоративные, плоские, с абстрактными квадратами и волнистыми линиями, песчаных, натуральных тонов. Мне они показались очень похожими на землю, какой она выглядела из иллюминатора при подлете к Сан-Франциско. Как точно я сравнила этот вид с абстрактной живописью! Такие картины вешают дома, в гостиной, над креслом — успокаивает. Подошли к Биллу, споткнувшись по пути о его старую дворнягу, которая тоже пришла на вернисаж. Билл подарил свою белоснежную улыбку с высоты одного метра девяноста пяти сантиметров. «Элейна! — поцеловал. — Ты надолго к нам? Я приглашаю тебя завтра на ланч!» «Нет, завтра улетаю!» «Как же так?» — досадливо протянул Билл. «Дело в том, что я, понимаешь...». Но меня прервал подошедший работник галереи, шепнувший что-то Биллу на ухо. Тот извинился и ушел. «Он расстроился, даже обиделся, по-моему, что ты так поздно зашла его проведать!» — сказала Сильвиан. Ну, только этого не хватало! Я совсем не хотела обидеть Билла. Хорошо, хоть так — заскочила в последний момент. С Биллом мы больше не говорили. Его закрутил поток приглашенных, а мы, разглядывая похожие друг на друга полотна, бочком протиснулись к выходу. Уже в машине, возвращаясь домой, я объясняла Сильвиан: «Как странно — раньше здесь никто не обижался, все общались коротко и довольно формально в таких обстоятельствах, а теперь, как в Москве, — всем надо сесть и подробно рассказывать, что да как! А я не могу больше слушать никаких страшных историй, это мой отдых, редкие каникулы, понимаешь?»

Утром, перед тем как отправиться в аэропорт, я позвонила Биллу и оставила на его автоответчике месседж: «Дорогой Билл, прости, что ушли не попрощавшись. Нам очень понравилась твоя галерея. Это здорово, что у тебя так хорошо идут дела. Я скоро снова приеду и обязательно с тобой пообщаюсь подробнее, посидим где-нибудь. В этот раз я была проездом на очень короткое время, поэтому все так скомкано. В Москве у меня куча дел, не буду перечислять, но правда, я должна вернуться и работать. Но я люблю тебя и думаю о тебе. До скорого! Элейна.

Сильвиан довезла меня до аэропорта. Перед тем как попрощаться, она сказала: «Я в августе буду в Париже, после 15-го, может, приедешь? И Джеймса увидишь. Последний раз, когда я заезжала, у него был роман с женщиной по имени Катинка. Он спросил у меня твой и-мейл. Он не писал тебе?» «Нет... Может, правда поехать в Париж? Было бы весело... там встретиться...». Я вышла из машины, вынула свой чемодан на колесиках и расцеловалась с Сильвиан: «Ну, пока, увидимся в Париже!» «Чао-чао!» — улыбнулась Сильвиан и, включив зажигание, моментально скрылась в потоке машин. Была Сильвиан — и нет.

Присев на парапет возле входа в здание аэропорта, я закурила. Я знала, что в августе не смогу приехать в Париж, — в августе у меня что-то уже было намечено в Москве из дел, но мне приятно было об этом мечтать и обсуждать это с Сильвиан. Да и она... Я не уверена в том, что в августе она поедет в Париж. Мы всегда так расстаемся с Сильвиан, говоря о том, что встретимся в Париже.

Глава 25. **Московский заговор**

Я окуривала комнаты и тех, кто был вокруг, сэйджем — полынью, привезенной из Калифорнии. В Москве было темно. Я включила голубой светильник — телевизор. Из него я узнала, что приехали звезды — Джина Лоллобриджида, Питер Гринуэй, Фанни Ардан. Потом просветлело. Начались грозы и жара.

Я узнала, что:

— закрыли ТВС. На его месте появился «Спорт». Все стали бегать, прыгать, боксировать, гонять мяч, кататься на коньках, играть в теннис, и так — каждый день;

— первого июля освободили из заключения Лимонова. Второго он был в прямом эфире на НТВ;

— прогремели взрывы. Убило девочек на рок-фестивале;

— Тверская — подорвался майор, разминировавший бомбу. Его улыбающееся на фотографии красивое лицо, большие, светлые, смеющиеся глаза. Подбородок с ямочкой, пухлые чувственные губы. Можно влюбиться, если встретишь. Он не дожил до своего тридцатилетия три недели. Последние секунды на видеопленке — он в скафандре, двигается, медленно переставляя ноги, словно астронавт на Луне — на Тверской! Подходит к пакету со взрывчаткой и садится на корточки, протягивает руки, слегка наклонив голову. Все.

Более ранняя видеозапись: «Моя работа? Ну, что... работа как работа, ничего особенного».

Не могу отделаться от впечатления и нелепых мыслей. Почему у людей такие разные «работы»? Может, они все опасные? Строители, водители, летчики, ученые, учителя... Ну, скажем, в чем опасность работы повара? Обварится картошкой, если котел перевернется? Или подавится кусочком того, что дегустировал. Или отравится... Возможно и такое, конечно. Но уходя на работу, знать, что ты будешь разминировать взрывное устройство... и потом, в определенный день месяца, получать за это зарплату... Ко всему человек привыкает. Но хочется спросить: зачем?

Вышла на улицу. И узнала, что:

— тянется цепочка выпускных вечеров. «Шарики, шарики, шарики и фужеры, фужеры, фужеры!» — говорил улыбающийся дядька в супермаркете, стоя с металлической каталкой у кассы;

— забрела на улицу Волгина. Академия МВД тоже праздновала выпуск — в голубых рубашках и съехавших набекрень фуражках. Девушки, распустив белокурые волосы, включив на улице приемники, стреляли пробками шампанского. Милиционеры, работники таможни, пограничники получили долгожданные дипломы. Гоняли на «Ладах» по пешеходной дорожке. Приходилось отскакивать, озираться, быть настороже.

В центре появилось много бледных, худых 17-летних. Смотрят внутрь себя, сосредоточены, и по-моему, голодны... Что-то все время жуют, пирожок какой-нибудь из палатки. Начались вступительные экзамены в ВУЗы.

Из уличных и журнальных афиш узнала, что:

в светской жизни — ага! — приехала Бьёрк. Похожа на Догилеву, на меня, на Баранову — на всех нас;

в культурной жизни — театральный фестиваль имени Чехова. На сцене МХАТа — «Вишневый сад» Э. Някрошюса. По каналу «Культура» прошла «Махабхарата» Питера Брука;

в городе премьера фильма «Накойкаци» режиссера Годфри Реджио. В журнале «Афиша» заявлено: «Фильм о конце света»;

8 июля — юбилей Андрея Мягкова.

Дома включила телевизор. Андрей с Асей в документальном фильме «Двое». Пустой зал театра. Притушены огни. Они беседуют вполголоса.

Я мысленно беседую с ними.

Под их комментарии на экране появляются фотографии Олега Николаевича Ефремова, Лены Майоровой, Олега Борисова... Евгения Евстигнеева...

Я мысленно беседую с ними.

Их лица ломают перегородки, выстроенные временем, — прошлое, настоящее, будущее — одним фактом своего воздействия на сознание и чувства, вопреки их отсутствию в расписании на завтрашний день. Они задают очень личную, интимную интонацию, и я обращаюсь внутрь себя.

Выключаю телевизор.

Настраиваюсь на личное пространство.

У меня — лето.

Огляделась. В квартире прыгают букашки, летает много бабочек и ползают жуки. Окна постоянно открыты — душно. Можно встать босыми ногами на половицы и так, в майке, полураздетой простоять задумавшись, без времени, без возраста. То ли пять лет, то ли десять, когда всякие чудеса были возможны. И мир вокруг — фантастичен.

...Однажды зимой, в новогоднее время, у меня поднялась температура, и я лежала на диване в комнате у бабушки с дедушкой. А у них были гости. Кто-то из гостей вошел в мою комнату и положил возле моего носа на простыню шоколадную конфету «Мишка Косолапый». И я, так любившая эти конфеты, сначала отказалась. Гость удивился, но конфету оставил, сказав: «Может, потом захочешь». И вышел из комнаты. Конфета в фантике лежала возле меня и гипнотизировала своим дремучим лесом и запутавшимся в елках мишкой. Не давала мне покоя. Проглотить этого Мишку было все равно что бомбу проглотить. Но я не выдержала и надкусила — ее надо было ликвидировать. И тут произошло какое-то смещение. Комната вся сузилась, а моя рука, наоборот, приобрела способность вытягиваться на любую длину. Так, когда вошла бабушка и села на кровать, что стояла у противоположной стенки, я вытянула руку и дотронулась до нее. Бабушка почему-то этого не поняла, и когда я протянула ей в этой длинной руке «Мишку», она сказала, что устала и ей тяжело вставать с кровати. Я ей говорила, что вставать не надо, так как у меня рука очень длинная, но она меня не поняла.

В другой раз, когда у меня тоже была высокая температура, было жаркое лето, в Одессе, я была дома и вдруг увидела на потолке малину. Она горсткой висела или лежала там, но ее никто не мог мне достать. Но я даже и не просила, просто любовалась таким красивым зрелищем, которое со мной никто не мог разделить.

Малина для меня вообще ягода особенная. В пионерском лагере я пошла в лес и заблудилась. Шла, шла и дошла до самого темного места — там очень вкусно пахло листвой, крапивой, и малина висела повсюду, темная и крупная. Я долго ее ела, срывая с кустов, а потом у меня стала кружиться голова, и я решила возвращаться в лагерь. Но выбраться не смогла. Совсем потеряла ощущение времени, и тут со мной снова что-то произошло... я выпала из нашего времени и провалилась в какое-то неизвестное мне время — то ли вперед, то ли назад. Убеждена, что была в другом измерении, все впечатления о котором у меня, конечно, стерлись из памяти. Только запомнила, что когда наконец вышла на поляну и увидела сидящих там в кружок пионервожатую и ребят из моего отряда, то не могла понять — кто это такие. Они и двигались, и говорили совсем для меня непонятно и чуждо. Что-то в их движениях напоминало доисторических людей, вроде стада человекообразных обезьян... Эдакие «Люси» — потерянное звено. И какое-то время я не могла с ними общаться, хотя они меня и узнали. Я четко осознала в тот момент, что мы были в разных исторических эпохах. А то место, где я пропадала неопределенное время, — мне ближе и понятнее. Но потом, вечером, в лагере, у меня поднялась температура. Я бредила, говорила все время о малине и о каком-то месте, про которое никто не знал.

А еще раньше, когда я жила в большой квартире на Гоголевском бульваре и к нам подселили соседей, я увидела в приоткрытую дверь две ступни. Это были ступни соседа, кажется, Федора или, может, Сергея. Они были огромные и неподвижные. И взрослые сказали мне, что он умер. А потом стали рассказывать друг другу историю о том, что с ним случилось. Говорили, что у него случился заворот кишок на Сивцевом Вражке. Я очень хорошо запомнила это выражение — заворот кишок на Сивцевом Вражке... Для меня это было так: он шел по овражку и по непонятным причинам сделал кувырок, маленький кульбит, так, что его две большие ступни оказались задранными вверх. Так он и остался — перевернутым. Его принесли домой и положили. Он лежал, а потом умер. В его «замершем» положении не было никакой угрозы, просто, на мой взгляд, «он попал в ситуацию». Я поняла, что просто так кувыркаться в овражке «Сивцев Вражек» рискованно — можно не вернуться в исходное положение — на ноги. Правда, я недоумевала, зачем этот Федор или Сергей, зачем он сделал, ни с того, ни с сего, этот кульбит, ведь он шел куда-то по делу — и вдруг кувырк — в овражек? Каждый раз потом, вспоминая «Федора», представляла человека, идущего по улице колесом.

А впервые я ощутила страсть — к голубям. Во дворе у нас было очень много голубей. И вот однажды, гуляя между какого-то хлама и заглядывая в окна подвалов, где росли золотые шары, я почувствовала вдруг прилив нервной энергии. Она была для меня совсем непривычной, и я не знала, что с ней делать. Потом увидела голубей — белых, сизых, темно-синих, палевых и не могла от них отлепиться взглядом. Долго ходила за ними и выслеживала. Что делать с обуявшей меня страстью, я понять не могла. Голуби ворковали, все время бегали и при моем приближении ускользали. Я хотела дотронуться до них, схватить, но не могла. И бросить это занятие тоже была не в силах. Потом решила поймать хотя бы одного голубя. Устроила на него охоту. Шла то за одним, то за другим. Даже со двора вышла и засеменила по арбатским переулкам. Помню, что старалась делать это тайно от сновавших мимо пешеходов. Вроде я сама по себе иду. А на самом деле — за голубем. Но потом, отчаявшись выследить их в бесконечном переулке, снова вернулась к дому. Придумала ловушку. Открывала дверь черного хода, что выходила во двор, и всякими манипуляциями заманивала их туда. Только влетят, я — хлоп! И мимо. Они в последний момент выскальзывали в щель. Снова жду, держу ручку двери наготове. Один раз мне удалось так поймать голубя. И я испытала крайнее наслаждение от того, что владею живым существом — там, в подсобном помещении. Правда, потом я не знала, что с ним дальше делать, — ведь подсобное помещение было не мое, и мне все равно надо было возвращаться домой. Пережив потрясение от сознания, что его придется выпустить, с тоской на сердце я приоткрыла дверь, и он выскочил, а потом улетел. Да, это было большое открытие — достигнуть цели и понять, что я все равно бессильна. Помню, как голубь заворковал и рванулся вверх. Потом, от безвыходности, я просто постаралась забыть о нем и о своих переживаниях. Мне почему-то стало стыдно за свои чувства. Теперь, когда я слышу о какой-нибудь пагубной страсти, я сравниваю свои ощущения того дня, во дворе, с ощущениями тех, кто впал в эту «страсть». Тяжелая это вещь — слепая тяга. А также — необходимость отпускать на свободу тех, кого полюбил.

Или вот еще любопытная история... — Нет, у меня тогда была нормальная температура. Это у моей соседки по комнате — высокая. На этот раз дело было в зимнем лагере. Родители отправили меня туда во время зимних каникул. Я ехать очень не хотела, но пришлось — аргументов против поездки у меня оказалось недостаточно. Я сидела за праздничным столом, на дне рождения своей одноклассницы, и вдруг за мной пришла мама и сказала: «Пойдем домой, завтра в восемь утра поедешь в зимний лагерь». На улице холодно, вдоль дороги высокие сугробы — уезжать очень не хотелось. Но родители уговаривали: «Ты никогда не ездила в лагерь зимой, попробуй, может, понравится». А мне еще за пару недель до этого настроение испортила зубной врач, которая никак не могла мне вырвать зуб. Она кряхтела, я сидела с открытым ртом, а зуб не вырывался. Она позвала другую женщину ей помочь. Та оказалась еще мощнее первой, взяла и села всем своим весом на мою челюсть и вырвала зуб, но заодно вывихнула мне сустав. Бабушка возмущалась: «Вы ребенку всю жизнь испортили!» — и водила меня на прогревания на Каляевскую улицу. По дороге продавали очень вкусные пончики в сахаре, они призывно пахли, и из-за них я любила эти поездки. Но сустав у меня до сих пор щелкает.

Одним словом, настроение было кислое, но я все-таки поехала в зимний лагерь, единственный раз в жизни. Красота там была неописуемая — высоченные ели, чистейший, синий на ярком солнце снег, прозрачный воздух, бесконечное голубое небо и кружевной пар изо рта! Сказка! Днем мы катались на лыжах по полям, уходящим за горизонт. Вечерами смотрели фильмы в зале, пели, дружили, играли в какие-то шарады. А ночью все затихало, и делалось страшновато — темень кромешная, звезды в небе и замерший простор. Только потрескивают слегка под ветром стволы деревьев. Край земли... и все тут. Я не помню, где это было. И именно там должно было произойти нечто загадочное. Легли мы как-то спать. Свет потушили, я заснула. А потом неожиданно проснулась, точнее, словно очнулась от видения. Будто я общалась с потусторонними существами, очень яркими, от них исходила масса света и колоссальная энергия. А у меня на сердце от контакта с ними осталось очень горячее, родное чувство. Так что когда я очнулась с самым последним впечатлением от их присутствия, то мне стало грустно, что все закончилось. Это как будто вдруг выходишь из очень ярко освещенной комнаты, полной веселого народу, закрываешь за собой дверь и оказываешься в тихом, темном закутке, и голоса резко обрываются...

Как только я поняла, что ночь и я проснулась, то сразу ощутила резкую боль под языком. Попыталась пошевелить им и не смогла. Даже рот не могу закрыть: у меня там словно гвоздь воткнули. Встала и пошла к шкафу с зеркалом. Открыла створку и стала разглядывать, что там у меня. Увидела маленький предметик в форме апельсиновой косточки, он стоял вертикально прямо под языком. Аккуратно потрогала его пальцем. Стоит, не пригрезилось. К тому моменту и моя подружка по палате проснулась. Спрашивает: «Что ты там разглядываешь?» Я решила ей показать, что у меня под языком какой-то посторонний предмет, но замешкалась, и вдруг он выпал, я четко это почувствовала. Мы зажгли верхний свет и стали искать его на полу. Но его нигде не было. Сколько я утром ни искала, все равно не нашла, так что сказать, что это было, не могу. Однако у меня от него остался след — типа оспинки. И иногда зубные врачи спрашивают: «А что у вас тут такое — откуда дырочка?» А я им тот же вопрос задаю: «А у других что, нет такой?» Они: «Нет, первый раз вижу». С тех пор я и подозреваю, что это был мой контакт с инопланетянами. Они ведь оставляют всякие мелкие следы на теле того, с кем контактировали. Правда, мой знакомый нашел другое объяснение — сказал, что бывает такая болезнь слюнной железы, при которой она вздувается. Но в этом случае без вмешательства хирурга не обойтись. Или можно предположить, что та мощная тетка, что вывихнула мне челюсть, вырывая зуб, еще и инструмент там оставила... маленький какой-нибудь... или дырку проколола, так что туда косточка от апельсина попала... Но не знаю... косточку я не нашла. Конечно, про инопланетян — это бред. Но у меня во рту под языком с тех пор осталась лишняя дырка. Есть, правда, еще на руке странное, геометрически правильной формы скопление родинок в форме какого-то созвездия. Может, они оттуда прилетали? Но иногда мне кажется, что родинки-созвездие образуют две буквы «LA» — что значит Лос-Анджелес...

Да нет, ну что вспоминать... столько было всякого интересного! Время было потрясающее.

А между тем и сейчас есть что-то сказочное в природе, в этом моменте. Если настроиться, то притянешь в свою кухню что-нибудь неординарное и загадочное. Важно встать в правильное место в квартире — и чтобы сошлось несколько компонентов — освещение, час дня, выключенный телевизор (по крайней мере, он не должен слепить в лицо своим голубым экраном, а там, на задворках, пусть себе урчит...). Я сама в данный момент как телевизор — я принимаю волны из космоса... Нет, не сидя в позе лотоса, а стоя в неглиже с чашкой чая и разгуливая туда-сюда во времени. Я почти написала свою книгу, правда, еще не поставила точку и не нашла название. Но не буду об этом сейчас думать: в свободе и отсутствии страха — залог вдохновения.

В осмысленных, любимых лицах, которые явились мне сегодня в телеэкране, прорвавшись через рекламу пива, — терапия. Это наш с ними безмолвный заговор, цель которого — протаранить абсурд новостей и сочинить свою сказку...

Хорошо так стало, и думать захотелось только о том, как могло бы быть...

Маленькая Сказка

Жили-были старик и старушка. У них родился ребеночек. С кругленькой головкой, голубыми глазками и тоненьким пухом волос. Розовенький и хорошенький. Старуха со стариком не нарадовались на своего ребеночка. Но одно было плохо — он родился немым. А как только родился, старуха воскликнула: «Миленький!» А старик, увидев, как ребеночек обделался, воскликнул: «Опозорился!» Пытались дать ему имя, но пока выбирали, время шло, и так ни на одном и не остановились — ни на Петре, ни на Михаиле, ни на Кольке, ни на Ваньке, ни на Пашке. Старуха так и стала называть его Миленький, и ребеночек откликался — хитренько улыбался и гладил себя по головке — старался быть «миленьким». Бывало, подойдет к старухе, когда она стирает или в доме убирает, и начинает улыбаться, по головке себя гладить, потом показывает пальчиком на живот и рот открывает. Она сначала: «Чего тебе?» А потом догадывается: «А-а-а, Миленький есть хочет, проголодался?» Он головкой кивает. Она: «Сейчас накормлю». Бросает свои дела и варит ему кашу. А так как старик назвал ребеночка Опозорился, то ребеночек, если гулять собирается, то подскакивает к старику и начинает ладошкой себя по щеке трепать и головкой покачивать, да вздыхать, потом на дверь показывает. Старик понимал, что ребеночек Опозорился просится на улицу погулять, и шел отпирать калитку. Но случалось ребеночку выходить в люди — во двор или в город ехать, когда подрос — и тогда, чтобы объяснить им, кто он и откуда, он начинал гримасничать, изображая Миленького и как он опозорился. Это все, что он тогда знал о себе.

Поначалу его не понимали, но за неимением объяснений, принимали таким. А в разговоре о нем пересказывали его имена другим, прибавляя что-то от себя. Для одних он был Розовым чертиком миленьким — тогда приставляли рожки. Для других — Дурачком опозорившимся — крутили пальцем у виска. Пока он рос, у него накопилось множество имен, — людей-то много пришлось встречать, все больше и больше, — так он стал еще Старушкиным дурачком (тогда он косил глаза и изображал косыночку на голове), Пастушком (брал в руки хворостину), Ангелочком (руками изображал крылышки), Хохотунчиком, так как ребеночек был очень смешлив (беззвучно смеялся), Девчонкой — у ребеночка на голове теперь выросли белокурые локоны (складывал руки по-девчачьи у подбородка), ну и много других. Годы шли, старики стали совсем дряхлыми, маленькими, так что их и не сразу разглядеть можно было, зайдя к ним в дом. Но они были счастливыми старичками и, как все счастливые пары, получили самую высшую награду — умерли в один день. Ребеночек — он теперь был рослым, русоголовым, синеглазым юношей, — вошел в дом и увидел своих родителей лежащими бездыханными на одной постели, словно две маленькие куклы. Заплакал он, да никто его не услышал, и недели две ни одна душа не знала про смерть старика и старушки. Пришлось ребеночку-юноше одному горевать, хоронить их и думать о своем горе. Так было ему одиноко, что стал он пить настойку горькую, как это делал иногда старик и другие мужчины. Но если другим прощалось, то его, немого ребеночка-юношу, никто не хотел прощать. Он стал всех раздражать своим нетрезвым состоянием и неряшливостью. Как завидят его, так отмахиваются, смотреть не хотят. И прозвали его теперь еще и Пьяницей.

Ребеночек-юноша закрылся в своем доме и редко выходил на улицу, а с людьми совсем старался не встречаться. Завел себе кошку и собаку, с ними и жил. Но чтобы не сидеть без дела да думку свою не думать, он стал лепить фигурки из глины. Занятие это его успокаивало и нравилось. И скоро в доме у него повсюду стояли фигурки — они были похожи на его кошку, собаку, его старушку-маму и старика-папу. А также на него самого — в виде Миленького, Опозорился, Ангелочка» Чертика и даже Пьяницы. Правда, пить он к тому времени перестал. Успокоился.

Наступило жаркое лето, он сидел во дворе своего дома и лепил одну из своих игрушек. Соседи проходили мимо, заметили его и стали наблюдать, что он делает. Приходили к нему и подглядывали. А однажды соседский мальчик выкрал у него со стола во дворе игрушку и отнес родителям. Тем она понравилась, и они поставили ее дома на комоде. Показали соседям. И соседям понравилась игрушка. И пошли они все к ребеночку-юноше и стали просить его сделать и им игрушки-фигурки. Обратится к нему сосед: «Девчонка, сделай мне игрушку-фигурку!» И он сделает игрушку — «Ребеночка-девчонки». Обратится другой: «Пастушок, и мне сделай!» — и он слепит ему «Ребеночка-пастушка». Обратится кто: «Пьяница, я тоже хочу фигурку!» — он сделает «Ребеночка-пьяницу». Так у всех появились дома игрушки-фигурки ребеночка-юноши. Поначалу все любовались и дивились такому его уменью, но потом заметили, что от игрушек тоска исходит, словно нотка где-то звучит: ля-ля-ля! И тянет что-то в сердце у них, и плакать хочется. И поняли они, что игрушки его обладают тоскливой силой. И перестали просить его слепить игрушку. Но старые не убрали — не могли от них теперь оторваться. Только плакали теперь часто и без всякой причины. Ребеночек-юноша заметил, что никто его больше не просит об игрушках, и снова замкнулся в своем доме с кошкой и собакой.

Прошло еще немного времени, и в их город приехали новые жители — купили дом и стали в нем жить. Была в той семье одна юная барышня — вся в мелких кудряшках. Налетела как-то гроза и застигла ее на дороге во время прогулки. Она домой побежала, да поскользнулась и упала и ногу сломала. Так и лежала она в луже, громко плакала, и зуб на зуб у нее не попадал — замерзла очень. А случилось это прямо возле дома ребеночка-юноши. Он увидел барышню за калиткой, в грязи на дороге. Бросился к ней. Поднял на руки и в дом принес. Положил на кровать и стал отмывать ее. Потом травы всякие собрал и прикладывал к больной ноге. Нога вспухла, но под травами стала заживать, и опухоль спала. Родители девушки разузнали, где ребеночек-юноша живет, — соседи им донесли, что она неподалеку от его дома упала, — и пришли, хотели ее забрать. Но она не захотела уходить из дома ребеночка-юноши — решила, что снова упадет, если у него не долечится. Так лечил он ее, и ей каждый день становилось все лучше. Однажды он слепил ей игрушку-куколку, очень похожую на нее саму. Ей она понравилась, и она зажала ее в кулачке и с ней спала. Вскоре барышня смогла на ноги встать. И как она это сделала, так подошла к ребеночку-юноше и прижала его к своему сердцу, потом в глаза посмотрела и сказала: «Любовь!» Это имя ее было. Так она была в этот момент хороша и так смотрела на него, что в его сердце вошло какое-то веселье, и он улыбнулся ей в ответ и поцеловал. Так они целовались долго. И барышне это понравилось. Она пошла к родителям и сказала им об этом. Да еще прибавила, что теперь будет жить в доме у ребеночка-юноши, так как боится упасть на дороге и ей хорошо с ним целоваться. Родители увидели, что дочка их здорова и весела, и согласились.

Так барышня и ребеночек-юноша стали жить вместе в его доме. И им обоим это очень нравилось. И шло на пользу. Он лепил игрушки-фигурки, все похожие на барышню. На одних она смотрела горячо, как Любовь, на других — протягивала руки, как Любовь, на третьих — губки складывала в поцелуе, как Любовь. Он и сам теперь стал отзываться на слово Любовь. Так как барышня к нему часто тянула руки и смотрела проникновенно. И он это запомнил и просил ее жестом: «Любовь, любовь, любовь...». И она отзывалась. И он отзывался. Так между ними была любовь. Так они между собой и звали друг друга. Он — Любовь. И она — Любовь.

Соседи заметили перемены, произошедшие с ребеночком-юношей, и что в его доме появилась барышня. А еще, что никто им, кроме кошки, собаки да друг друга не нужен, и потянулись к их калитке, и стали в окна заглядывать. Заметили они фигурки на окне, похожие на барышню, и стали просить их. Слух распустили, как барышня выздоровела, что, мол, помогла ей чудодейственная игрушка. И они тоже захотели. Ведь вокруг дома ребеночка-юноши и его барышни теперь пели птицы и летали стрекозы, квакали лягушки и росли высокие травы. Даже солнце стояло прямо над их крышей, там же появлялось из-за трубы, и там же за трубу заходило — словно жило оно у них на чердаке и светило только им одним. И такие они сами были здоровые, красивые и сильные, что всем тоже захотелось. Ведь у них все это время на сердце была тоска, да плакали они часто.

Подойдут к окнам и зовут ребеночка-юношу: «Дурачок, куколку дай!» А так как он их не может слышать, то все это на языке жестов и показывают, — пальцем у виска крутят, глаза косят, потом на окно показывают и пальцами маленькую куколку изображают. Ребеночек-юноша выйдет к ним, смотрит да не понимает, что они хотят. Вскоре догадались они, что он перестал откликаться на свои старые имена. Значит, имя теперь у него другое. Принялись гадать — какое? Да не знают они его нового имени. А барышню спрашивать тоже оказалось бесполезно. Потому что между ней и ребеночком-юношей на самом деле возникла любовь, и оттого они ее и поняли. А для других — говори «любовь», не говори — пустой звук. Барышня им что-то объясняет, слово какое-то неразборчивое произносит, а они и ее слов разобрать теперь не могут. Домой уходят и голову ломают: как его зовут и что это за слово между ними такое. Тот, кто догадается — на сердце указывает, да руки тянет, словно обнять хочет, да смотрит так неподдельно, что учащается сердцебиение, — того ребеночек-юноша понимает и слушает. Тому делает он игрушку. Тот, кто понял, что его зовут Любовь, тот с игрушкой и ушел. Дома ее поставил и вскоре стал здоровым, веселым. И у него солнце тоже прямо над домом встает. Один день у него, другой день — у ребеночка-юноши. А кто не может вспомнить, что есть такое слово — «любовь» и что оно означает, те сидят и тоскуют, и плачут, и болеют. Так половина соседей выздоровела, а половина гадает — что ж за слово такое из шести букв и почему они его не могут припомнить. Но надежду не теряют — другие-то вспомнили и вылечились. А здоровым каждый хочет быть.

Глава 26. **Родословная**

Можно мысленно коснуться любого события в прошлом и будущем. Побеседовать с кучей людей, не сообщая им об этом. Можно искупаться в море, посидеть на старой даче, перенестись в Мексику, в Египет, в зимнее Переделкино на фотографии, оставаясь стоять на собственной кухне, в один прекрасный летний день, когда творчески настроена душа.

Можно до бесконечности играть со временем в своем маленьком сознании. Можно придумывать истории, которых не было, можно дописывать то, что было. Включить телевизор и заглянуть в окно мира, потом выключить и забыть про этот мир. Можно купить билет на поезд или самолет, доехать до экзотического города и потрогать пальцами мостовую, войти в дом и прожить там много историй, потом уехать и вспоминать обо всем пережитом, глядя в альбом фотографий. Можно дофантазировать увиденную на экране телевизора реальность, войти в нее плотью и кровью и принимать за реальность несуществующий подтасованный факт. Можно плакать по человеку, чью фотографию впервые видишь в сводке новостей, и не замечать уходящую жизнь того, кто рядом. Можно бежать от действительности в сочинения или продолжать ее, сочиняя. Выбор огромен, и ты свободен в нем.

Лица, имена, факты — это только коды, шифровки, символы, за которыми, возможно, скрыты значения космического масштаба и их отгадки. Но даже стремительной мысли и всеядному чувству приходится выбирать — куда направить внимание, ведь быть одновременно во всем невозможно. И оттого, отдаваясь потоку случайностей, называешь судьбой то, что успеваешь прожить. Книги, художественная литература, беллетристика — это биография наших мыслей, желаний, фантазий, — что не может или не успевает быть прожито. То, что фактически было прожито — превращается в строку биографических исследований. Самое странное превращение — это превращение того, что случилось в реальности, в строку на листе бумаги. Событие имеет, пожалуй, только два четких параметра — время, место... Тогда как восприятие события индивидуально и субъективно. Отсюда — неопределенный жанр мемуаров. И одна из самых загадочных книг-свидетельств — родословная (в ней отмечаются даты, имена, вехи — а там фантазируй, что хочешь).

Я никогда ею не интересовалась. Она настигала меня урывками — в разговорах за семейным столом, в детстве, на разных встречах родни. Эпизоды прошлого витали в моем сознании, и я не пыталась ни приблизить их, ни отдалить. Не знаю почему. Может, потому, что живые — ближе. Возможно, в этом было упущение взрослых и печать времени, в которое я росла. Но мое безучастное отношение к рассказам о предках сводилось к формуле: данность — так зачем? Она и так со мной. Все время интересовало то, что впереди. А силы уходили на то, что сейчас. Даже было некоторое сопротивление: что я могу оттуда — из прошлого — почерпнуть?

Но, подчиняясь логике «случайностей», в мои руки попали листки с недописанной пока историей нашей семьи. Что это за литература такая? Ничего не понимаю. Почему именно сейчас, когда я пишу и пытаюсь сопоставить сиюминутное происшествие и свою по этому поводу фантазию, найти в обоих явлениях внутреннюю логику помимо терапии творчеством. Стараюсь понять, что истиннее и в чем их взаимосвязь. Я почти догадалась, что фантазия — «сказки», «притчи», «вымышленные истории» — это дух пережитого события, его продолжение во времени, в иное измерение, которое мы еще только изучаем, оттого называем «вымыслом». Отсюда и возникает обратная связь — «вымышленное» зачастую предсказывает то, что станет реальностью. Но это — что за документ? И что он несет, кроме немого перечисления имен и дат? Закрадывается смутное чувство — подозрение, что это укор. Кому и за что? Но попало в руки — значит, надо.

Жена двоюродного брата принесла небольшой буклет, а вернее, три, если считать все фамилии, представляющие родню. В ней отмечаются вехи, которых выпадает на каждую жизнь ровно столько или чуть больше, чуть меньше. Так пишется малая история — отдельного человека, его семьи, вливаясь в Большую историю. Большая история — удел каждого ученика. Малая — только твоя. Ее не обязывают знать. По ней не равняют судьбу страны. От нее мало что зависит. Она может пылиться в шкафу и редко всплывать в памяти стареющих родственников. Она может стать поводом для личной гордыни или может быть забыта. Делай с ней, что хочешь. Есть только неоспоримое алиби — она была прожита, и ты висишь на ее конце. Ты — ее сегодняшнее завершение. Ты — свидетельство того, что она была. И ты — плод ее многовекового развития. Она указывает на тебя. Есть ли в ней иной смысл? Не знаю. В длинной череде усилий предков, их рождений, мужаний, браков, совершенствований, ударов Большой истории по их малой истории — заложена сила экзистенции. Ее тайна и жестокость в том, что она не изобилует красноречием, только фактами.

Я открыла первые страницы и нырнула в воронку прошлого. Скупые неловкие фразы. Много пробелов. Недописанных биографий. В целом — то, к чему привязана моя пуповина. Это самый интригующий детективный сценарий, развязка которого может быть в тебе или в следующем, после тебя. А может не быть никогда — растянутый на многие поколения саспенс. В его скупости — упрек нашей забывчивости? Или подсказка свыше: это все, что останется на скрижалях. Я, как следователь, уткнувшийся в дело, принимаюсь читать тоненькую брошюрку. Пробежав за пятнадцать минут, откладываю. Снова беру и на этот раз читаю долго и вдумчиво. Снова откладываю. Так я читаю и откладываю много раз и не могу избавиться от тревожащих меня ощущений. В чем секрет моего беспокойства? Я начинаю понимать, что этот документ — наглядная история человеческого исчезновения и сопротивления. В нем — тайна прошлого, протянувшего руку в будущее. И каждый из нас — связующее звено и поводырь нашей прапрапрабабушки по сегодняшнему миру в мир ее прапраправнучки, мы — ее жизнь вечная, здесь... С точки зрения «кармической» — что-то надо доиграть и исправить, прежде чем прекратится поток воплощений... С христианской — продолжение рождений — благо, но и искупление вины грехопадения.

Передо мной даты и вехи нескольких жизней, чей путь и, возможно, случайные поступки запрограммировали мое появление. Запрограммировали чей-то конец и чье-то продолжение...

«Алексей Александрович Коренев — год рождения приблизительно 1800. Жил в Ярославле. У него был сын, Александр. Больше нам о нем ничего не известно».

«Александр — Александр Алексеевич — год рождения приблизительно 1830, город Ярославль. Жену его звали Ольга. По письмам следует, что у них был сын Алексей и несколько сестер, минимум две сестры было. Жили Кореневы в городе Ярославле. Первое письмо к сыну датировано 11 августа 1877 года по старому стилю».

«Любезный Мой Сын Алеша!..»
«Алеша — Алексей Александрович (мой прадедушка. — *Е.К.*) — родился в 1865 году в городе Ярославле. В 1876 году поступил в первый класс гимназии в Ярославле. Учась в гимназии, он познакомился и подружился с Дмитрием Соболевым. После окончания гимназии поехали с Дмитрием поступать в Московский

университет. Алексей поступил и остался учиться, жил на съемной квартире. Дмитрий вернулся в город Ярославль. Из писем мы видим, что отец ему посылал 25 рублей на оплату квартиры и питание».

«Дружа с Дмитрием Соболевым, Алексей познакомился с его сестрой Еленой Соболевой, и они полюбили друг друга. 4 июля 1896 года прошло венчание».

«Елена Константиновна Соболева (моя прабабушка. — _Е.К._) происходила из семьи купцов Соболевых, которые проживали в середине девятнадцатого века в городе Ярославле. Были богаты — имели дом в Ярославле, им принадлежало сельцо Подберезное и усадьба в Усоевке. В городе Романов (Татуев) у них было производство меховых изделий».

«Портреты Ивана Семеновича Соболева, его жены Надежды Ивановны и сына Кости находятся в Художественном музее города Ярославля. Цел и бывший дом Соболевых в Ярославле. В настоящее время дом находится в аренде у Д. Мостославского, который организовал в нем частный музей «Музыка и время».

«Семейное предание гласит, что Иван Соболев был крепостным (предположительно — помещика по фамилии Майков). Помещик сожительствовал со своей горничной и когда она забеременела, выдал ее замуж за Ивана Соболева и даровал ему денег и вольную».

«По словам Александра Алексеевича Коренева (моего дедушки. — _Е.К._), Иван Соболев «объединил, взял опеку над нашим семейством».

«Константин Соболев женился, и у него были дети — Надежда, Лидия, Клавдия, Дмитрий, Елена».

«Дмитрий — Дмитрий Константинович, женился на своей горничной, Пелагее Семеновне. У них родилось восемь детей — Ксения, Елена, Варвара, Клавдия и еще сын, чье имя, как и имена остальных детей, нам неизвестны».

«Надежда вышла замуж за Ивана Рыбкина. Он был почетным гражданином города Ярославля. Детей у них не было. У Ивана Рыбкина была племянница, Варвара Караваева. Из документов мы видим, что Иван Рыбкин и Надежда удочерили Варвару. По указанию

Его Императорского Величества, Ярославский Суд слушал дело об удочерении кандидатом коммерции, лично почетным гражданином И.И. Рыбкиным московской мещанки В.П. Караваевой. Проситель женат, имеет от роду 44 года».

«Лидия замуж не вышла, имела проблемы со слухом, детей не имела».

«Клавдия вышла замуж за Федора Чичерина, он был богат, играл на бегах, ездил в Монте-Карло. В конце концов проиграл свое состояние и стал работать врачом. У них родилось пятеро детей — Константин, Мария, Владимир, Андрей, Иван».

«Владимир Федорович Чичерин жил и работал в Ленинграде. Был актером в театре».

«У Алексея Коренева и Елены Соболевой родилось пятеро детей — Александр, Николай, Татьяна, Иван, Михаил».

«Александр — Александр Алексеевич (дедушка. — *Е.К.*) — год рождения 1900, 26 марта, город Москва. Окончив гимназию, поступил в Московский Государственный Университет им. Ломоносова на физико-математический факультет».

«В 1920 году Александр Алексеевич поехал на поиски еды для семьи. Вернулся домой, а там на столе лежит умершая сестра Татьяна Алексеевна Коренева, она умерла от дизентерии. Ее первой похоронили на Новодевичьем кладбище города Москвы».

«В 1923 году, 29 августа, Александр Алексеевич повенчался с Марией Алексеевной Реминой».

«В это время в Москве умер его отец. Было ему тогда всего 58 лет. Александр Алексеевич вынужден был бросить учебу и пойти работать, так как на руках матери остались маленькие дети».

«Мария Алексеевна Ремина (бабушка. — *Е.К.*) — жена Александра Алексеевича Коренева, происходит из семьи Реминых».

«В городе Москве жила одна барышня — Татьяна Ремина. Родилась около 1835–1840 годов (когда в 1925 году родилась ее правнучка Галина Александровна Коренева, то она приезжала посмотреть на нее, и говорили, что правнучка похожа на прабабушку Татьяну). Была она очень хороша собой и имела много женихов и ухажеров. И еще она была очень богатой невестой. В городе Москве она владела недвижимостью: магазины, фабрики, собственный ресторан на Кавказе. Одним из ее мужей был молодец по фамилии Ремин. К большому нашему сожалению, до нас не дошли сведения об имени. Родился у них сын Афанасий. А у Афанасия родились два сына — Алексей и Михаил».

«Алексей Афанасьевич женился на тихой и хорошей девушке — Анне Кирилловне. У Алексея родились две дочери — Мария, Вера и сын Николай».

«В 1918 году был голод, и Анна Кирилловна поехала достать продуктов для семьи, по дороге заразилась тифом и умерла, ей было всего 43 года. Похоронена Анна Кирилловна на Пятницком кладбище».

«После смерти Анны Кирилловны отец от горя запил и пропил и проиграл в карты все свое состояние. Марии в это время было 17 лет, Вере 12, Николаю 15».

«Старшая дочь, Мария Алексеевна, вынуждена была пойти работать. Хотя домой к отцу приходили учителя и говорили, что она очень умная и способная. Но отец сказал, что она будет шить для армии».

«Когда Николаю было 9 лет, он упал с лестницы, поломал позвоночник и остался на всю жизнь маленького роста, с горбом».

«В 1938 Николай женился на Ольге Владимировне Степановой. Она была высокая, статная и красивая блондинка. До конца жизни она беззаветно любила своего мужа. Умер Николай в 1952 году, хоронили его с большими почестями».

...Существуют истории театров, в которые может попасть твое имя. Есть истории городов и десятилетий, история кинематографа, собственные истории, которые ты пишешь и сочиняешь... Но я знаю, что история, вписанная в эту брошюру, поглотит в себя все, что было рассказано мной или обо мне. «Елена Алексеевна Коренева... родилась в городе Москве... закончила Театральное училище им. Щукина. В 1982 году вышла замуж... и так далее». Еще прибавится пара-тройка строк, и это будет иметь цену для нескольких десятков родственников, носящих несколько пере-численных выше фамилий.

И именно потому я пишу, говорю, сочиняю... Это и есть — мое сопротивление исчезновению...

Вот так, стоя одним знойным полднем на кухне, прочитав свою родословную, испытав, возможно, теп-ловой удар, я стала чувствовать свою судьбу. У меня появилось осознание своей, а не чужой и не общей, судьбы. Она действительно одна — лично твоя судь-ба, и действительно не похожа на другие. Это надо по-нять до самой последней капли и найти в этом объяс-нение всему. Отпадают вопросы: почему у другого так, а у тебя эдак. Точкой отсчета становится не «должно быть так», а прямо противоположное — «не так». Ког-да «не так» предлагает импровизировать в непохоже-сти. Искать повороты, которых не было в предыдущем «фильме». Тогда понимаешь судьбу. Не знаю, кого за это благодарить — прапрапрадедушку, возраст, пол-нолуние, тебя, оставившего меня писать книгу, или всех нас, которые есть Его отражение.

Должна сказать, что это чувство — комфортно, при всем своем дискомфорте. На него можно сослать-ся, если не положиться, к нему можно прижаться, ска-зав себе — это моя судьба, в ней есть смысл, а не про-сто так... Потому что «судьба» сначала прикидывается ошибкой — но смирись с этой «ошибкой», и в ней про-ступит «смысл». Его нужно ждать, предчувствовать. Потому что «даже идущий по грязной улице бомж, и тот часть большого замысла, при исполнении своей миссии, какого-то высшего ритуала. Так он считает, а значит, так и есть. Стоит только поднять голову и под-мигнуть бегущему в небе облаку, чтобы получить не-обходимое подтверждение».

Это не просто объяснение, чтобы легче было, это — существование причины, которая прояснит позже, почему «так» было.

В конце концов, родня подхватит то, что я обро-нила...

Глава 27. **Он**

Он плавал, пел и кормил птиц.

Нам было очень весело. И конечно, всегда после того, как было очень грустно.

Я провожала его на перроне, он ехал к морю. Он получил гонорар, и я пришила деньги к его трусам, завернув в пластиковый пакет. Но было жарко. И я стала волноваться, что пакет порвется. А потом еще больше от мысли, что придется ходить в туалет. Я спросила его: «Как часто ты это делаешь?» И он отвечал — восемь раз. Я всплеснула руками, но он снова повторил: «Восемь раз», и я встревожилась. Попросила его незаметно для окружающих расстегнуть пуговицу на джинсах, чтобы он их немного приспустил, и я проверила, цел ли пакет с гонораром. Он расстегнул пуговицу и поднял вверх руки — брюки тут же упали вниз. Так он и стоял на перроне — с задранными руками и спущенными джинсами, улыбаясь и демонстрируя всем вокруг, что ему нечего скрывать в этой жизни ни от кого. Он сделал все наоборот. Ведь я предупреждала, что на перроне надо вести себя тихо, чтобы не привлекать внимание, — в поезде ехать опасно. Тем более с деньгами, тем более, когда ему ничего не страшно. Теперь на него смотрели все пришедшие на перрон. И бледная девушка с огромным чемоданом была испугана — с кем ехать полтора суток в одном вагоне? Такой — пристанет, или еще хуже. Я попросила проводника за ним присмотреть. Тем более, что рядом был вагон-ресторан. А это шумно, и еще опаснее, насколько я знала. Когда я вернулась домой, то стала очень волноваться, а впереди — еще много часов. И я не находила себе места. Тогда я взяла кусочек того пакета, в который завернула его гонорар, и пришила к своей майке, так и спала. Это шаманство, и оно помогло. Он доехал со своим гонораром цел и невредим, минус то, что истратил в дороге. А в дороге он всех угощал — кормил весь вагон, демонстрируя открыто, что получил гонорар. Я это предвидела. Правда, он сказал, что забыл о пакете и вспомнил только в туалете, но, слава Богу, все обошлось.

А туда спустя год мы летели зимой. Он боялся, что в последний момент я приму решение лететь без него. Это зависело от моего решения, так как я летела туда работать и могла взять себе в помощь человека. Я думала проучить его за что-то... И вот я сидела на кухне и решала вопрос — лететь с ним или без него. Он стоял в коридоре и выглядывал одним глазом из-за двери — наверное, он заговаривал меня, чтоб я приняла лучшее для него решение. И я, помучив его и этим наказав, — согласилась лететь вместе. Он радовался, как ребенок, что его «бормотание» помогло. Но бормотание действительно помогло, и не только его... За десять дней до отлета, когда решался вопрос о визе и мало шансов оставалось на то, что он успеет ее получить, я встретила колдуна. Этот человек был, может, и не колдун — я не верила в него. Но тогда, на ступеньках лестницы, встретив его случайно, решила — попросить. Времени на обдумывание не было, и я попросила не веря. Подошла к нему и сказала: «Вы — колдун, в которого я не верю, тогда сделайте то, что мне очень надо. Одному человеку должны успеть дать визу...». Неколдун спросил его имя, я назвала. Он о чем-то подумал и сказал: «Все будет хорошо». И ему дали визу вовремя. Тем, кто меня ждал, я сказала, что он мой гример. Он должен был научиться прикалывать женский парик, и перед самым отлетом, ночью, знакомая гримерша учила его заплетать мне мелкие косички и закалывать их невидимками, а потом надевать парик и прикалывать его шпильками так, чтоб можно было одним движением распустить пучок и освободить волосы. Это была кропотливая работа — и он репетировал.

Прилетели и тут же пошли купаться в океане. Нас удивило, что никого не было. Мы одни. Стоять одной на мокром песке в темноте было страшно. Я тут же начинала кричать в голос, чтобы быть в контакте с ним, плывущим без оглядки по лунной дорожке. Потом мы возвращались босые, ступая по теплой мостовой. Проходили открытый ресторан, где сидели люди. Они приветствовали нас и удивлялись тому, что мы мокрые и раздетые: купались?! — восторженно спрашивали они. Мы только потом узнали, что ночью никто не купается, так как акулы подходят к самому берегу. Он плавал, он плавал. Я стояла на берегу. Он не плавал, он уплывал... И это он меня хотел за что-то проучить. Я знала, что у него такие способности, что он может прикинуться рыбой или дельфином и уплыть. Он часто меня этим пугал. Но всегда возвращался самим собой на берег.

А утром оказалось, что это самое жаркое лето на континенте за последнюю декаду. Я курила и уходила (репетировать на чужом языке). Он оставался дома. Я возвращалась, и он говорил, что у нас пропадают тарелки и приборы — вилки, ножи. Так повторялось несколько дней. Пока мы не позвонили и не сообщили тем, кто за это отвечал. Они спросили: Вы из Корипупы? Нет. Тогда вы рурикаи? Да. Посмотрите, под умывальником есть шкафчик — это посудомоечная машина и сушка. Мы заглянули туда — так и есть! Вся пропавшая посуда — там. Какие же мы трогательные были в тот момент рурикаи!

Перед представлением я нервничала. Оставалось минут пять до выхода на сцену, на которой мне надо было стоять почти два часа в колпачке... Мы запирали дверь, и я начинала проверять голос — шептала, кричала, топала — меня этому научили в одной студии, для таких, как мы. Он все волновался, что нас не так поймут, но мне было не до того. Потом мы отпирали дверь, и у меня оставалось несколько секунд перед тем, как выйти к лицам в темноте. Я поворачивалась к нему и просила сказать напутственные слова. Он говорил: «Хурум-хурум, всех на хурум!» — и уже потом добавлял: «Светло!» Если он забывал это сказать, я напоминала: «Скажи!» Он спохватывался и произносил: «Хурум-хурум, всех на хурум!» Я добавляла: «И еще?» И он добавлял: «Светло!» Ох, это мне помогало... Я вылетала в кромешную тьму и брала высоту на тарабарщине. Но те, что нас и с переводом не понимали — наставница в костюме и автор с изъянами на лице, еще крашеная администраторша, — я и не знаю, что они про нас думали».

Бывало, к нам заходили, чтобы посмотреть, как он прикалывает мне парик, и тогда приходилось играть. Я отвлекала их своими разговорами, а он в это время маневрировал с незнакомым для него предметом — женской шпилькой, втыкая ее в мой череп с таким усердием, что голова клонилась набекрень — я терпела, и дырочку в голове терпела, продолжая отвлекать разговором от его неловкости тех, кто пришел дать мне последние наставления и посмотреть на его работу. На нашу с ним работу, так как за нами наблюдали с любопытством. Как за инородными существами, коими мы и являлись. Мы всегда, выступая в паре, представляли с ним какой-нибудь отработанный номер. Я пыталась подмигивать ему, делала знаки, и он их понимал, подпрыгивал и тогда ослаблял свои движения, и я могла выпрямить шею. После торопливых усилий парик оказывался прикрепленным к моим волосам. И я мысленно говорила: «Опа!» Я страховала его, а он — меня. Мы были воздушные гимнасты, исполняющие рискованный номер. Я забыла — мы были канатоходцы, поющие свою песню. Мы были кулинары со своей стряпней. Мы были пловцами и отдыхающими. Мы были деревьями и водой. И были солнцем и горизонтом. Мы были в зале и на площади. Мы были без возраста и с часами. Мы были вредными и смирными.

Он кормил птиц. Он готовил для них. Сковорода стояла на плите, и он подсыпал специи, подливал масло, сыпал немного сахару и зелени. Он придавал изобретенному им блюду художественно съедобный вид. «Что это?» — спрашивала я, приподняв крышку и увидев новое блюдо. «Это птицам!» Если у меня оставалась еда, он говорил: «Отдай птицам». Так я отдала свою гречневую кашу, свой сырок, спагетти, немного красной икры и даже паштет. Он размельчал то, что они не смогли бы склевать, до нужной для их клювов кондиции. Иногда критиковал то, как выглядит пища для птиц, — прикреплял сверху бантик или клал оливку — так, он утверждал, выглядело аппетитнее. Это могли быть и не птицы. Это также были кошки и собаки. Он готовил еду и для них. Винегреты, салаты

Оливье, супы, тюри. Он пел, как соловей, и выл, как собака. Я любила его пение соловья и боялась воя собаки. Он всегда выл так протяжно, жалобно и страшно, что я очень боялась за эту собаку. Я чувствовала, что эта собака — последняя собака на этом свете. За этим воем должен наступить конец всему. И оттого я всегда просила его, настаивала, кричала — не выть, уж лучше рыбкой или дельфином, пусть будет гримером или с колпачком... Все смотрели на нас и говорили: «Ах, какой он у вас — какой опасный и веселый!» Ему удавалось их обмануть — они принимали его за настоящего. А если он пел, то за соловья. Он пел «Бесаме мучо» — ставил пластинку и пел вместе с ней. Все поднимали голову и смотрели на его окна. Оттуда выпархивала птичка. Это он их обманул. Случалось, он так здорово играл, что я выходила на улицу с соловьем, погулять. Раскрывала ладони, и он летел. Сядет на ветку и поет с другими — воробьями, галками, стрижами — и он был лучше и красивее всех. Потом я протягивала ладони, и он возвращался. Я входила в дом, и мы хохотали.

Он помогал мне. Я читала ему свою родословную, и он хвалил меня: «Ах, какие интересные народные сказки, былины ты мне прочитала!» Ну кто так может еще похвалить, как он? Я помню, папа говорил: «Дочь, тебе нужен он». А я отвечала: «Я — на коне!» Но папа был прав. Появился он, и мы вместе сели на коня.

Когда я была маленькой, а я всегда была маленькой, но тогда — я рисовала его. Он всегда был в пальто, в шляпе и с портфелем. И он уходил. Если мне говорили про него, то я думала: это тот, в шляпе, с портфелем и спиной. Потому что он идет на работу. У него была работа. Но портфель был обязательно. И когда что-то случалось, я вздыхала: «Если бы он знал!» «Ну неужели он не знает?» «Как же он мог допустить, чтобы мне было как будто с лимоном, а не со сливами?» «Он». «Это он». Это всегда был он. И он должен был знать. Он должен был любить драники. Это такие оладьи из картошки. Няня спросила: «Кто любит драники, которые мы сейчас приготовим?» Я сказала: «Кто?»

Она ответила: «Он!» И открылась дверь, и он вошел. Он приехал. Это был праздник. Теперь я знаю, если мы готовим драники, значит, он приедет. Иногда, когда я вижу шляпу и портфель, уходящие по улице спиной, я иду за ним. Я не заглядываю в лицо, потому что он должен идти на работу. А я должна идти за ним. Потом он сворачивает за угол, и я его не вижу. Потом жду — когда же он придет и положит руку на ухо, и я засну. Он скажет — ты на коне, и он с тобой. А я скажу — я вас всех слеплю, и вы будете большими скульптурами, кто из глины, кто из мрамора, кто из гипса, а кто из папье-маше. Это будет мой зал в Пушкинском, самом красивом музее — его зал.

Я туда прихожу и смотрю. Там есть и совсем младенец — он. Есть и такой, как я. Есть и старичок, дедушка — он. А есть такой, что как бы — он и она. Но я называю его — он.

Он мои ворота, из которых я вышла. Он — ворота, в которые я уйду. Это арка, и я в ней помещаюсь. Я пою в этой арке и эхо выводит — «О-о-о-н-н-О-о-н-н-О-н!» Мне удобно в этом «О» — я в нем лечу, оно охраняет меня. «Н» меня подхватывает и не дает упасть. Я стремлюсь к «О» и отдыхаю, присев на перекладину «Н».

Когда поет Жанна Агузарова: «Ты, ты, ты, только ты...», я пою: «Он, Он, Он, только Он...».

...И вечная музыка, вечная музыка, веч-на-я.

Он ушел.
...и она стала говорить с Ним.
Она ушла.
...и он стал говорить с Ним.
С тех пор они не расставались никогда.

И не только потому, что мы уходим туда же и оттуда же появляемся на свет. А потому, что люди в совокупности своей веры и есть Он. А Он никогда не исчезает. Просто иногда ты о Нем забываешь. Но потом Его ищешь.

Оглавление

Литературно-художественное издание

Елена Коренева

НЕТ-ЛЕНКА

Биографическая проза

Оформление, макет
и художественное редактирование
дизайн-студии «Дикобраз»

Редакторы Л. Маслова и Л. Захарова
Технический редактор Т. Тимошина
Корректор Н. Рязанова
Компьютерная верстка и макет фотоархива К. Парсаданяна

Общероссийский классификатор продукции
ОК-005-93, том 2; 953000 — книги, брошюры

Санитарно-эпидемиологическое заключение
№ 77.99.02.953.Д.003857.05.06 от 05.05.2006

ООО «Издательство Астрель»
129085, Москва, пр. Ольминского, 3а

ООО «Издательство АСТ»
170002, г. Тверь, пр-т Чайковского, 27/32
Наши электронные адреса:
www.ast.ru
E-mail: astpub@aha.ru

Отпечатано на ОАО «Нижполиграф».
603006, Нижний Новгород, ул. Варварская, 32.

По вопросам оптовой покупки книг
«Издательской группы АСТ» обращаться по адресу:
**г. Москва, Звездный бульвар, д. 21, 7-й этаж
Тел. 615-43-38, 615-01-01, 615-55-13**
Книги «Издательской группы АСТ»
можно заказать по адресу:
107140, Москва, а/я 140, АСТ — «Книги по почте»

Издательская группа ACT представляет

✦

Эта книга создавалась трудно. Удивительно, не правда ли? Знаменитый, талантливый, красивый, всеобщий любимец, Народный артист России, из талантливой актерской семьи...

Книга о Николае Еременко-младшем должна была слагаться как песня. Но нет. Оказалось, что у этого блистательного актера трудная судьба, странная личная жизнь, да и актерская, творческая, скажем так, удалась не настолько, насколько могла бы — по таланту Николая...